무함마드 빈 살만

무함마드 빈 살만

벤 허버드 지음
박인식 옮김

초판 1쇄   2023년 6월 26일 발행

책임편집   황정원
디자인   조주희
마케팅   최재희, 신재철, 김지효
인쇄   아트인

펴낸이   김현종
펴낸곳   (주)메디치미디어
경영지원   이도형, 이민주, 김도원
등록일   2008년 8월 20일 제300-2008-76호
주소   서울특별시 중구 중림로7길 4, 3층
전화   02-735-3308
팩스   02-735-3309
이메일   medici@medicimedia.co.kr
페이스북   facebook.com/medicimedia
인스타그램 @medicimedia
홈페이지   www.medicimedia.co.kr

ISBN   979-11-5706-295-9 (03320)

무함마드 빈 살만

중동의 새로운 지배자

벤 허버드 지음

박인식 옮김

메디치

항상 굴러다니는 수많은 책을 잘 챙겨주신
부모님께.

앞장서서 변화를 이끄는 것만큼 민감한 문제도 없고,
이행하기 위험한 일도 없으며,
성공을 장담하기 어려운 일이 없다는 것을 주목해야 한다.
—니콜로 마키아벨리 《군주론》 중에서

젊은이들에게 물어보라. 답은 그들에게 있다.
—조셉 주베르(프랑스의 작가 겸 비평가)

한국 독자를 위한 옮긴이 해설

국가 명칭 사우디아라비아 사람들은 일상 대화에서 자기 나라를 사우디아라비아라고 부르지 않고 '사우디'라고 부른다. 우리나라 국호가 대한민국이지만 한국이라고 부르는 것과 마찬가지다. 왕국이라는 말도 '우리나라'라고 부르는 느낌으로 사용한다. 비즈니스에서는 왕국을 IK(In Kingdom)와 OK(Out Kingdom)로 구분하는데 국내-해외 정도 느낌이다.

사우디(Saudi)는 국호이지만 '사우디 사람'을 뜻하기도 한다. 걸프협력이사회 여섯 나라는 자기 국민을 지칭할 때 국호 뒤에 i를 붙인다. 아랍에미리트는 에미레티(Emirati), 나머지도 쿠웨이티(Kuwaiti), 바레이니(Bahraini), 카타리(Qtari), 오마니(Omani)로 표시한다. 사우디도 나라 이름에 i가 들어 있는데, 이는 사우디라는 국가가 '사우드 왕가의 사람들'이라는 뜻이기 때문이다.

사우디아라비아 왕국 현재 우리가 알고 있는 사우디는 정확하게 '사우디아라비아 제3왕국'이다. 1744년 토후(土侯)였던 무함마드 이븐 사우드가 이슬람 학자인 압둘 와하브와 동맹을 맺고 리야드 근교인 디리야에 토후국을 세운다(제1왕국, 1744~1818). 1814년 오스만제국이 이집트 군대를 보내 전쟁을 선포하고, 1818년 디리야 군이 패배해 제1왕국은 막을 내린다. 1824년 사우드 가문의 투르키 이븐 압둘라가 네지드 토후국(제2왕국, 1824~1891)을 세우고 아라비아 재정복을 시도한다. 투르키 사후 사우드 가문에 내분이 일어나고, 1891년 라시드 가문과의 전쟁에서 패하자 사우드 가문이 이라크와 쿠웨이트로 도피하는 것으로 제2왕국도 막을 내린다. 사우드 가문의 압둘아지즈가 1913년 오스만제국으로부터 알 하사 지역과 카티프를 빼앗아 영역을 확대하고, 1921년 하일 토후국을 병합한다. 1926년에는 하심 가문이 다스리던 헤자즈 토후국을 함락시킨 후 1932년 사우디아라비아 왕국(제3왕국)을 선포해 오늘에 이른다.

와하비즘과 결별 사우디는 최근까지 제3왕국을 수립한 1932년 9월 23일을 건국절로 기념했다. 그러나 2022년 1월에 제1왕국을 수립한 날인 2월 22일을 새로운 건국절로 제정했다. 이때 제1왕국 건국 시점을 디리야 토후국을 세운 1744년이 아닌 1727년으로 명시했다. 사우드 가문과 와하브 가문이 만나 디리야 토후국을 세운 것은 1744년이지만, 사우드 가문의 수장인 무함마드 이븐 사우드가 이미 1727년에 왕위에 올랐다는 것을 강조함으로써 건국 과정에 기여한 이슬람 종교 세력이었던 와하브 가문의 역할을 격하한 것이다.

이와 관련해 무함마드 빈 살만은 "압둘 와하브는 선지자도 아니고 천사도 아니고 단지 종교학자에 지나지 않는다"고 밝히고 이슬람 율법을 해석하는 권한은 최종적으로 국왕에게 있다고 못 박는다. 와하브 가문에서 시작한 와하비즘(Wahhabism)이 더 이상 국왕과 동등한 위치에 있지 않고 국왕의 휘하에 있다는 것을 명시한 셈이자 이슬람도 마찬가지라고 선언한 것이다. 이로써 향후 국정을 운영해 나가는데 이슬람을 의식하지 않겠다는 의지가 분명해졌다.

수다이리 세븐 사우디아라비아 왕국의 초대 압둘아지즈 국왕은 왕자가 45명인데 하사 빈트 아흐메드 알 수다이리 왕비가 그중 일곱을 낳았다. 수다이리 왕비는 다른 이에 비해 왕자도 많이 낳았고 유력한 가문 출신이라 위세가 대단했다. 그녀가 낳은 왕자 일곱 명은 '수다이리 세븐(수다이리 7형제)'이라고 해서 왕자들 중에서도 위력이 단연 앞섰다. 1남은 5대 파드 국왕이고, 2남인 술탄 왕자와 4남인 나예프 왕자는 왕세제에 올랐으나 왕위에는 오르지 못하고 노환으로 사망했으며, 6남이 현 살만 국왕이다.

압둘아지즈 국왕의 아들 중에서 왕위에 오른 아들이 모두 여섯이라는 점을 생각하면 수다이리 세븐의 위세가 어느 정도인지 쉽게 짐작할 수 있다. 수다이리 세븐의 첫째인 5대 파드 국왕이 즉위했을 때 동복동생인 술탄 왕자를 왕세제로 세우려 했다. 하지만 다른 왕자들의 반발이 거세서 타협안으로 압둘라 왕자를 왕세제로 세우고 술탄 왕자를 부왕세제로 세웠다. 그러나 압둘라가 6대 국왕에 오르자 수다이리 세븐을 축출하고 자기 아들을 왕위에 올릴 마음을 먹지만 이를 실행하지 못한 상태에서 압둘라 국왕이 사망하고 우여곡절 끝에 살만이 국왕에 즉위한다.

걸프협력이사회 아라비아반도에는 사우디를 비롯해 쿠웨이트, 바레인, 카타르, 아랍에미리트, 오만, 예멘까지 모두 일곱 나라가 있다. 이 중 왕정 국가가 아닌 예멘을 제외한 여섯 나라가 1981년 걸프협력이사회(GCC, Gulf Cooperation Council)를 이룬다. 당초 공동의 위협에 대응하려는 목적으로 출발했던 걸프협력이사회는 결속을 더욱 굳건하게 만들기 위해 경제통합을 목표로 하게 되었고 한때 왕정 연방까지도 거론된 바가 있었다.

걸프협력이사회가 여섯 나라의 협력체라고는 하지만 현지에서 느낀 감각으로는 사우디가 주축이 되고 아랍에미리트와 카타르가 협력하는 모양새다. 바레인과 쿠웨이트는 존재감이 별로 없고 오만은 마지못해 끌려오거나 따로 노는 듯한 모습을 보일 때가 많다. 요즘은 회원국 간의 관계가 상당히 악화되어 당장 내일 걸프협력이 사회가 해체된다고 해도 이상하지 않아 보인다. 무엇보다 이란과의 관계가 크게 영향을 끼쳤지만, 그것과 아울러 경제적으로 각자도생을 위해 부딪칠 수밖에 없는 상황이 연이어 일어나는 것도 큰 영향을 미치고 있다.

이름 '무함마드 빈 살만'에서 '빈(bin)'은 '~의 아들'을 의미한다. 따라서 '무함마드 빈 살만'은 '살만의 아들 무함마드'라는 뜻이다. 사우디 사람들은 대체로 자기 이름과 아버지 이름과 가문 이름까지 부르고 계보를 밝혀야 할 경우 그 윗대 이름까지 같이 부른다. MBS의 이름은 무함마드이고 공식적으로는 '무함마드 빈 살만 빈 압둘아지즈 알 사우드'로 부른다. 알 사우드 가문의 압둘아지즈의 아들인 살만의 아들이라는 뜻이다. 대체로 '무함마드 빈 살만 알 사우드' 또는 '무함마드 빈 살만 빈 압둘아지즈' 정도까지만 부른다. 우리나라에서는 그를 흔히 빈 살만이라고 부르지만 정작 사우디에서 그런 식으로 이름을 부르는 경우는 보지 못했다. 그렇게 부르자면 살만 국왕의 아들 열두 명이 모두 빈 살만이다. 딸의 이름에는 '빈트(bint)'가 붙는다. 현재 미국 주재 사우디 대사는 리마 빈트 반다르 빈 술탄 빈 압둘아지즈 알 사우드 공주다. 이름으로 알 수 있듯이 MBS는 압둘아지즈 국왕의 2대손이고 그보다 열 살 많은 리마 공주는 3대손이다.

이슬람 이슬람은 유일신인 하나님(알라)을 섬기는 종교이고 선지자 무함마드는 그의 사도일 뿐이다. 이슬람교도인 '무슬림'은 5대 의무인 "하나님 외에는 다른 신은 없고 무함마드는 그의 사도입니다"라는 신앙고백(샤하트), 하루 다섯 번 기도(쌀라), 라마단 금식(써움), 순례(핫지), 자선(자카트)을 지키며 이슬람 방식으로 조리된 할

랄 식품만 먹는다. 세계 무슬림 인구는 19억 명 정도로 추산되는데, 이슬람의 두 성지 메카와 메디나가 모두 사우디에 있고 사우디가 종주국을 자처하고 있다. 하지만 무슬림이 가장 많은 나라는 2018년 기준 인도네시아 약 2억 3,000만 명이고 파키스탄과 인도가 각각 약 2억 명으로 그 뒤를 잇는다.

이슬람은 크게 수니파와 시아파로 나뉜다. 아들이 없던 선지자 무함마드의 계승자를 누구로 보느냐를 놓고 대립하다가 갈라선 것이다. 무슬림 중 다수였던 수니파는 선출된 '칼리파(대표자)'가 후계를 이을 수 있다고 본 반면 시아파는 선지자 무함마드의 사촌이자 사위인 알리(혈족)를 계승자로 여겼다. 이슬람의 종교 율법을 샤리아(Sharia)법이라고 하며 이슬람 국가 상당수가 이 율법에 기반을 둔 법체계를 가지고 있다.

헤지라력 이슬람의 전통적인 역법인 헤지라력(Hijri)은 달의 변화를 기준으로 하는 태음력이다. 선지자 무함마드가 메카에서 메디나로 이주한 서기 622년을 원년으로 삼는다. 태음력에서는 한 달이 29.53일이고 한 해가 354.37일이다. 태양력인 그레고리력에 비해 한 해가 10~11일 짧다. 헤지라력에서는 윤달을 두고 있지 않기 때문에 그레고리력을 기준으로 매년 10~11일씩 앞당겨지며 32.5년마다 그레고리력과 한 해가 차이난다. 이슬람의 명절은 당연히 헤지라력을 기준으로 하고 있어 가장 큰 명절인 '라마단'과 '핫지'도 매년 그만큼씩 앞당겨진다. 헤지라력에서 매달은 초승달이 뜰 때 시작되며 마지막 달을 제외하고는 29일이나 30일이다. 마지막 달은 달의 실제 위치와 맞추기 위해 30년을 단위로 해서 19년은 29일, 11년은 30일로 만들었다. 천체의 움직임을 정확하게 계산할 수 있는 현대에는 이를 기준으로 헤지라력을 결정하지만, 예전에는 초승

달을 육안으로 관측해 매달 초하루가 시작되는 것을 결정했다.

라마단(금식월) 헤지라력으로 아홉 번째 달인 라마단은 금식월인데, 하루 종일 금식하는 것은 아니고 해가 떠 있는 동안만 금식을 한다. 라마단은 무슬림이라면 누구나 지켜야 하지만 임산부나 노약자, 병중에 있거나 여행 중인 사람은 미룰 수 있고, 그것도 어려우면 가난한 이웃에게 음식을 베푸는 것으로 대체한다. 금식하는 동안은 물도 마시지 못하고 담배도 피울 수 없다. 무슬림이 아닌 사람들까지 금식해야 하는 건 아니다. 호텔에서는 무슬림이 아닌 손님들에게 조식을 제공하기는 하는데, 눈에 띄지 않는 구석방에 최소한의 음식만 차려놓고 서빙도 하지 않는다. 그러니 미리 알아서 먹을 것을 준비하지 않으면 낮 동안 꼼짝 없이 굶어야 한다. 저녁기도(마그립)는 해가 떨어질 때 시작하는데, 이때 금식이 끝난다. 라마단 동안에는 미리 음식을 차려놓고 저녁기도를 알리는 아잔 소리가 들리기만을 기다린다. 금식이 끝날 때 먹는 첫 끼니를 이프타(Iftar)라고 한다. 기관이나 기업에서는 직원들에게 이프타를 제공하기도 하고 이 자리에 거래처 사람들을 초대하기도 한다.

라마단의 역설 라마단 때는 뜻밖에도 해가 지는 순간부터 새벽까지 진탕 먹고 마시고 즐긴다. 집집마다 친척이나 이웃을 초대하고, 가는 곳마다 밤새도록 불야성을 이룬다. 그래서 하루 6시간만 근무하는 데도 그 시간에 맞춰 출근하는 사람도, 제대로 근무하는 사람도 찾기 어렵다. 라마단 동안에는 음식물 쓰레기가 평소보다 30퍼센트 정도 늘어난다. 셋째 주쯤 되면 여기저기가 마비되고 오가는 차량도 별로 없다. 이때는 가능한 사람들을 만나지 않는 것이 좋다. 만나는 것 자체가 쉽지 않지만 만나도 몹시 예민해져 있다.

라마단이 끝나면 4일간 '이드 알 피트르'라는 휴일이 시작되는데 상점에는 특별 상품이 산처럼 쌓인다. 축제가 끝날 때쯤 국왕이 다시 한 번 임시 공휴일 명령을 내린다. 라마단은 끝나고도 보름은 지나야 정상 근무가 시작된다. 이처럼 라마단 기간에는 일이 진척되지 않지만 뜻밖에도 중요한 거래나 결정이 오히려 라마단 때 비공식적으로 이루어지기도 한다. 라마단 때는 모든 사람이 집으로 돌아와 있고 친척이나 이웃뿐 아니라 거래 상대를 초대해 함께 먹고 마시고 시간을 보내는 게 일상이기 때문이다.

핫지(Hajj, 순례절) 무슬림은 일생에 한 번 유일신 알라의 신전인 '카바(Kaaba)'가 있는 메카를 반드시 순례해야 한다. 아무 때나 행한다고 모두 인정받는 것은 아니고 헤지라력으로 12월 8일부터 13일까지 엿새 동안 정해진 모든 순서를 마칠 경우만 순례로 인정받는다. 순례를 시작하기 전에 반드시 순례복으로 갈아입는다. 남성은 국적이나 지위고하를 막론하고 똑같이 재봉선이 없는 통천으로 된 두 쪽의 흰옷인 '이흐람(Ihram)'을 입는다. 큰 타월 하나로 상체를 가리고 다른 하나로 하체를 가리는 셈이다. 여성은 정숙한 복장이면 된다.

　순례는 이흐람을 입고 순례 출발을 선언하는 것으로 시작하지만 아무 곳에서나 이흐람으로 갈아입으면 안 된다. 메카에서 수십 킬로미터 떨어져 있는 지정된 몇 곳에서 이흐람으로 갈아입어야 하며 이흐람으로 갈아입지 않은 채로 그 지점을 지나치면 순례는 무효가 된다. 순례절이 아닌 때도 순례객은 끊이지 않는다. 순례절에 하는 순례를 핫지(대순례)라고 하고, 평소에 하는 순례를 움라(Umrah, 소순례)라고 구분한다.

순례 비자 사우디 입국 비자는 일반적으로 외교부에서 발급하지만 이슬람 성지인 메카와 메디나를 방문할 수 있는 순례 비자는 순례부(Ministry of Hajj and Umrah)에서 발급한다. 한 해 발급하는 전체 비자 수량을 정해놓고 그것을 국가별로 배분하는데, 이를 위해 해당 국가의 대표단이 매년 사우디 순례부를 방문해 비자 쿼터 협상을 벌인다. 메카는 순례 비자(내국인은 순례 허가증)가 없으면 아예 도시 진입이 불가능하다. 인도네시아는 2018년 기준 전체 인구 2억 6,700만 명 중에 2억 3,000만 명이 무슬림인데 2017년에 할당된 순례 비자는 22만장에 불과했다. 인도네시아에서는 매년 300만 명이 넘는 무슬림이 순례 비자를 신청하며 평균 대기 기간이 37년에 이른다고 한다.

기도 무슬림은 매일 다섯 번 기도한다. 해 뜨기 전에 파즈르(Fajr), 해가 가장 높을 때 드후르(Dhuhur), 한낮과 해 질 녘 사이에 아스르(Ashar), 해가 질 때 마그립(Maghrib), 해가 진 후 한 시간 반 지나서 이샤(Isya)를 드린다. 기도 시간은 매일 다르고 지역에 따라 다르다. 시계가 없던 예전에는 해시계를 기준으로 기도 시간을 결정했고, 그러다 보니 계절이나 지역에 따라 달라진 것이다.

기도 시간이 되면 모스크에서 스피커로 알리는데, 이를 아잔(adhān)이라고 한다. 기도 시간이 되면 무슬림들은 모스크에 기도하러 가야하고 접객 업소는 모두 문을 닫는 것이 원칙이다. 요즘은 상점이나 음식점 대다수가 더 이상 기도 시간에 문을 닫지 않는다. 무슬림들은 어느 곳에 있든지 기도 시간이 되면 양탄자를 깔고 메카 방향을 향해 기도한다. 그렇게 기도하는 방향을 키블라(Qiblah)라고 한다. 요즘은 이슬람 국가가 아닌 곳이라고 해도 고급 호텔 객실에는 대체로 천정에 이 방향을 표시해 놓고 있으며, 그런 곳에는 책상이나 침대 옆 서랍 안에 쿠란과 양탄자가 함께 들어 있다.

여성 복장 쿠란에서는 여성이 자신과 관련 없는 사람에게 아름다움이나 장신구 보이는 것을 금하고 있다. 따라서 여성은 외출할 때 몸의 형태가 드러나지 않도록 온몸을 검은 천으로 가리는 아바야(Abayah)라는 옷을 입고 스카프로 머리를 가려야 한다. 아바야는 검은색이어야 하고, 몸매가 드러나지 않아야 하며, 옷깃을 여며 벌어지지 않도록 해야 한다. 몸을 가리다 못해 바닥을 쓸고 다닐 정도로 길게 입기도 하지만 형태는 대동소이하다.

머리에 쓰는 것은 얼굴을 내놓는 히잡(Hijab, 스카프로 대신하기도 한다), 눈만 내놓는 니캅(Niqab), 눈조차 가리는 부르카(Burka)로 나뉜다. 아바야는 싼 것은 만 원 안팎인 것도 있지만 수백만 원이 넘는 것도 적지 않다. 2018년 관광 비자가 허용된 후 외국인 여성 관광객에 한해 아바야 대신 온몸을 가리는 어두운 색깔의 옷을 입는 것을 허용했다. 지금은 아바야가 매우 화려해졌고, 아바야를 입지 않는 여성이 더 많고, 심지어 반팔이나 종아리가 보이는 치마를 입는 여성도 생겨났다.

남성 복장 사우디 남성들은 발끝까지 덮는 자루처럼 생긴 토브(Thawb)라는 흰옷을 입는다. 머리에는 우리나라의 망건 같은 흰색 타키야(Taqiyah)를 쓰고 그 위에 붉은색 체크무늬의 큰 천으로 된 슈막을 덮고 이깔이라는 줄을 머리에 둘러 슈막(Shumak)을 고정한다. 사막은 덥고 건조한 곳이라 가능한 몸을 많이 가려야 한다. 모래바람이라도 불면 넓은 슈막으로 얼굴을 감싸고 눈만 내놓는다. 사막에 최적화된 복장이다. 이깔(Iqal)은 낙타를 묶어놓는 줄로 사용하던 것이다. 모든 걸프협력이사회 남성이 전통 복장을 입는다.

주로 입는 게 아니라 늘 입는다. 이들이 입는 복장은 대체로 비슷해 슈막 모양이나 색깔로 구분한다. 사우디는 붉은색 체크무늬 슈막을 쓰고, 오만은 슈막을 쓰지 않고 타키야만 쓰며, 나머지 국가에서는 흰 슈막을 쓰는데 모양이 조금씩 다르다. 이곳은 남자 화장실에 소변기가 없는 곳이 대부분이다. 리야드 공항 국제선 터미널이나 큰 호텔 몇 곳 정도에 소변기가 있을 뿐 최근에 문을 연 리야드 공항 국내선 터미널에도 소변기가 없다. 토브를 입고는 소변기를 사용할 수 없기 때문이다.

종교 경찰　종교 경찰인 '무타와(Mutawa)'는 정부 기구인 권선징악청에 소속되어 있었다. 종교 경찰은 1979년 메카의 그랜드 모스크 습격 사건을 계기로 극단적인 이데올로기로 무장해 영화나 음악을 금지하고, 악기를 파괴하고, 미용실을 습격하고, 규율을 어긴 사람을 채찍질하고, 발렌타인데이 같은 서양 풍습을 따르는 것을 엄격하게 단속했다. 사실 1979년 이전에는 사우디 여성들이 의상과 행동에 불합리한 제약을 받지 않았다. 하지만 극단주의가 확산됨에 따라 여성들의 위상이 낮아지고 사회에서 그들의 역할이 사라졌다. 번창하고 있던 예술 창작 활동도 제한되었다.

　종교 경찰의 폐해가 커지자 2016년 4월 사우디 정부는 종교 경찰의 특권을 박탈하는 왕령을 발표했다. 종교 경찰은 근무시간에만 단속할 수 있으며 범죄 용의자를 추적·심문·신원 확인·체포·구금하는 것을 금지했다. 단속이 필요하면 경찰에게 신고하도록 하고 직접 단속하는 권한을 박탈했다. 그 후로 많이 것이 바뀌었다. 그렇다고 해서 아직 1979년 이전으로 돌아갔다고 평가하기에는 이르지만, 아무튼 종교의 이름으로 여성에게 가해졌던 박해는 상당 부분 해소되었다.

사우디 왕가 계보

1세대	2세대	3세대

압둘아지즈 ─── 2남 사우드(2대 국왕)
(1대 국왕)

└ 4남 파이살(3대 국왕)

└ 7남 칼리드(4대 국왕)

└ 11남 파드*(5대 국왕)

└ 13남 압둘라(6대 국왕)

└ 16남 술탄*(왕세제로 서거)

└ 26남 나예프*(왕세제로 서거) ─ 1남 **무함마드 빈 나예프**
                              (MBN, 왕세자에서 폐위)

└ 32남 살만*(7대 국왕) ─────── 6남 **무함마드 빈 살만**
                              (MBS, 현 왕세자)

└ 42남 무끄린(왕세제에서 폐위)

* 수다이리 세븐

작가의 말

이 책은 6년 동안 여섯 나라에서 수백 명의 인사를 만나 인터뷰한 결과를 바탕으로 집필한 것이다. 영어, 아랍어, 프랑스어, 튀르키예어로 된 출판물을 비롯해 소셜 미디어에 올라온 게시물도 참고했다. 2013년에서 2018년 사이에 사우디아라비아를 여러 번 찾았던 것도 집필에 큰 도움이 되었다. 이 책은 사실을 서술한 것으로, 출처를 감추거나 내용을 강조할 목적으로 이름이나 세세한 내용이나 사실 자체를 바꾼 일이 없다. 독자의 이해를 돕기 위해 인용한 내용의 출처와 보충 자료를 책 마지막에 실었다.

사우디에서 외국 기자로 일하는 동안 이 책에서 다룬 사건이 생길 때마다 사우디 사회는 요동쳤다. 때로는 상황이 나아지기도 했지만 대체로 악화되었다. 사우디 정부가 자말 카슈끄지를 알려진 바와 같이 처리했을 뿐 아니라 국민 수천 명의 여행을 금지하고 온라인에서 자기 의사를 표현하거나 외국 기자들과 소통했다는 이유로 국민을 투옥하고 기소했다. 그런 사정 때문에 이 책을 쓰면서 정보의 출처가 드러나지 않도록 관련 인사를 무명으로 처리해야 하는 경우가 적지 않았다. 물론 이로 인해 이 책의 투명성이 가려지기는 했지만, 그렇다고 자기 경험을 나눠주고 아울러 자기 견해를 밝힌 이들을 위험에 빠뜨릴 수는 없는 일이었다.

아랍 이름이나 관용어를 영어로 표기하는 법칙이 있기는 하지만, 그것을 따르기보다는 일반 독자가 쉽고 선명하게 이해할 수 있도록 표기하려고 했다.

무함마드 빈 살만은 이 책과 관련한 인터뷰 요청을 거부했다.

들어가는 말

아랍 세계에서 가장 부유한 나라를 이끌고 있는 젊은 왕자가 연설할 때쯤 세계 각 곳에서 모여든 투자자들과 거부들이 크리스털 샹들리에로 장식된 호화로운 홀을 가득 메우며 그의 등장을 기다리고 있었다. 이들은 스위스 알프스에서 열리는 유력 인사들의 연례 모임에 비교할 만한 호화로운 투자 회의에 참석하기 위해 2017년 가을 리야드에서 열린 '사막의 다보스'를 찾은 것이다. 이 모임은 여느 모임과 달리 재계의 큰손들에게 사우디에 투자할 때가 되었다는 것을 설득할 목적으로 열렸다.

모임이 열린 지난 며칠 동안 사우디 당국은 참석자들이 가지고 있는 사우디에 대한 선입견이 사실이 아니라는 것을, 혹은 사실이었지만 개선하기 위해 노력하고 있다는 것을 그들에게 인식시키기 위해 큰 힘을 쏟았다. 참석자들에게 사우디가 그동안 가져왔던 극도로 보수적이고 배타적인 이슬람 종주국의 모습에서 벗어나고 있다는 것을 설명한 것이다.

사우디는 오랫동안 석유와 이슬람의 나라로 알려졌다. 무엇보다 땅속에 묻혀 있는 엄청난 양의 석유를 첫째로 꼽을 수 있다. 그로 인해 사우디는 세계에서 가장 부유한 왕조가 되었고 지정학적으로도 중요한 국가가 되었다. 아마 석유가 없었더라면 그런 국가가 되지 못했을 것이다. 막대한 석유로 사우디 경제는 호황을 누렸지만 그 열매는 왕가나 사업가 같은 엘리트 계층에 편중되었다. 시민 대부분은 직업을 가지지 않거나 봉급은 후하고 일은 많지 않은 정부 기관에서 일해왔다.

사우디의 이슬람은 여느 이슬람과는 달랐다. 극도로 보수적이고 쿠란에 대한 해석의 여지를 허용하지 않는 와하비즘에 바탕을 두고 있었다. 이슬람교도인 무슬림에게 이교도를 경계하라고 가르쳤고, 살인자와 마약상을 공개적으로 참수했고, 여성의 기본권을 박탈했다. 이슬람을 다른 이슬람 국가보다 훨씬 엄격하게 적용했으며, 자신들이 '메카와 메디나 두 성지의 수호자'라는 자부심 때문에 세계 18억 명 무슬림에게 대단한 영향을 미치고 있었다.

사우디 지도자들은 자신들의 평판이 좋지 않다는 것을 알고 있었기 때문에 참석자들에게 좋은 인상을 주기 위해 매 순서를 조심스럽게 계획했다. 참석자들을 왕자나 고위 관리의 사저에 초대해 양고기 바비큐와 초콜릿 트뤼프를 대접했다. 그들의 사저는 수영장과 갤러리뿐 아니라 사우디에서는 허용되지 않는 홈바를 갖춘 아주 화려한 곳이었다. 여러 모임에 여성들의 참석이 두드러졌다. 리츠칼튼 호텔에서는 여성들이 남성들과 자연스럽게 어울렸을 뿐 아니라 정부가 금하는 것에는 아랑곳없이 머리카락을 드러내고 있었다.

매끄러운 프레젠테이션에 투자자들의 관심이 집중되었다.

"사우디를 국제 해운의 허브로 만들 것입니다. 2,200만 국민을 위해 종교적 이유로 오랫동안 금지되었던 놀이공원과 영화관과 콘서트장 같은 엔터테인먼트 산업을 대폭 확대할 것이고, 그동안 방치했던 유적지를 개발하고 홍해에 세계적 수준의 생태 리조트를 조성함으로써 관광업 붐을 일으킬 것입니다. 그 변화가 진짜인지 의심하는 사람에게 확신을 심어줄 수 있도록 그동안 여성 억압의 상징으로 비난받았던 규정을 바꿀 것입니다. 2018년 6월부터는 마침내 여성이 운전을 시작할 것입니다."

메시지는 선명했다. 사우디에서 엄청난 변화가 일어나고 있었고, 그 변화를 주도한 사람은 그동안 베일에 싸여있던 무함마드 빈 살만이라는 일 중독자이자 왕의 아들이었다. 당시 32세였던 그는 빠른 시간 안에 사우디뿐 아니라 나아가 중동 전체를 재조직하겠다고 나선 것이다.

참석자들은 푹신한 의자와 황갈색 카펫에 앉아서 젊은 왕자의 발언을 따져보고 있었다. 실체가 있는 것인지, 왕자가 사우디를 보수적인 과거로부터 끌어낼 만한 비전과 역량을 가졌는지 말이다.

홀의 옆문이 열리자 웅성대는 사람들 사이로 왕자가 나타났다. 그는 사우디의 남성 일상복인 흰색으로 길게 늘어진 '토브'를 입고, 붉은색과 흰색의 체크무늬 두건인 '슈막'을 쓰고, 그 위를 검은색 채찍인 '이깔'로 고정하고, 검은 샌들을 신은 모습이었다. 그는 패스트푸드를 좋아해 몸집이 좀 있었다. 턱수염이 뺨 위까지 올라온 모습이었는데, 일하느라 너무 바빠서 이런 부분까지 신경 쓸 여력이 없었기 때문이라고 했다. 그가 단상에 있는 흰 의자에 오르는 동안 보좌관과 사진기자와 TV 카메라가 뒤를 따랐다.

그가 사우디아라비아 왕국의 정상에 서고 싶어 하는 수천 명의 왕자를 제치고 선두에 나서기까지 3년도 채 걸리지 않았다. 2015년 연로한 살만 빈 압둘아지즈가 국왕에 오른 후 아들들에게 사우디의 가장 중요한 분야인 국방, 경제, 종교, 석유를 담당하도록 맡겼다. 이후 무함마드 빈 살만이 사촌 형들을 제치고 왕위 계승 서열 1위인 왕세자 자리에 올랐다. 비록 부왕이 국가권력의 정점에 있기는 했지만, 무함마드 왕자가 국가의 감독자이자 경영 책임자이자 실질적인 통치자인 것은 분명했다.

그런 그를 다른 왕자들과 구분하기 위해 사우디 안에서 뿐 아니라 사우디 밖에서도 MBS로 부르기 시작했다. 그는 존재감이 방을 가득 채울 정도로 기골이 장대한 사람이었다. 그는 아랍 지도자들끼리는 표준 아랍어를 사용한다는 관례에 구애받지 않고 공석에서든 사석에서든 방언으로 빠르게 말했다. 그의 음성은 굵고 깊었으며 말할 때마다 커다란 손을 휘저었다. 에너지가 넘치고 생각이 너무 많아 말이 뒤죽박죽되는 일도 종종 있었다. 외빈을 만났을 때 한 시간 이상 미래에 대한 비전으로 열변을 토하기도 했고, 끊임없이 질문을 쏟아내기도 했다. 그중 한 사람은 회의하는 동안 왕세자가 쉬지 않고 다리를 떠는 것을 보면서 그가 긴장한 것은 아닌지, 혹시 흥분제를 먹은 것은 아닌지 궁금할 정도였다고 했다.

그날 MBS는 무대에서 사회자에게 영어로 이야기를 건네 참석자들에게 자기가 영어로 말할 수 있다는 것을 보여준 뒤, 아랍어로 그동안 공개하지 않았던 매우 야심 찬 계획을 밝혔다.

'네옴(NEOM)'은 홍해 근처 외진 사막에 홀연히 솟아오르는 도시로, 사업가들이 법을 만들고 사우디 토양 위에서 혁신을 일궈나갈 수 있는 세계 최고 인재들이 모여드는 곳이라고 했다. 탈탄소 미래를 계획하고, 사우디에 넘치는 태양을 이용해 태양에너지로 전력을 공급하며, 주민 숫자보다 더 많은 수의 로봇을 투입할 것이라고도 했다. MBS는 5,000억 달러를 들여 만드는 네옴이 '꿈꾸는 이들'을 위한 도시가 될 것이며, 이 사업은 경제개발을 뛰어넘는 '인류 문명을 위한 도약'이 될 것이라고 강조했다.

조명이 꺼지고 도시계획 영상이 돌아가기 시작했다. 그날 사회를 본 외국 여성 기자는 사우디의 종교적 보수주의가 미래에 초점을 맞춘 이 사업에 걸림돌이 되지 않을지 물었다. MBS는 사우디가 역사적으로 편협했을 것이라는 선입견을 일축하며 사우디는 모든 사람의 이익을 위해서 모든 국가와 관계를 맺으려 한다고 강조했다.

"우리는 과거에 이렇지 않았습니다. 우리는 단지 세상과 모든 종교와 모든 전통과 모든 민족에게 열려있는 온건하고 균형 잡힌 이슬람으로 돌아가고 있을 뿐입니다. 사우디 국민 70퍼센트가 30세 이하의 젊은이들입니다. 우리는 앞으로의 인생 30년을 극단주의 사상에 맞서는 데 소모하지 않도록 최선을 다할 것입니다. 우리는 오늘 즉시 그들을 물리칠 것입니다. 우리는 자연스러운 삶, 우리의 종교를 관용과 좋은 관습과 전통으로 바꾸는 삶을 살기를 원하며, 세상과 함께 살며 전 세계의 발전에 기여할 것입니다."

지금까지 어느 사우디 지도자도 공개적으로 그런 서약을 한 경우가 없었다. 참석자들에게서 박수가 터져 나왔다.

———————

2주 후, 가혹한 일이 벌어졌다. 며칠 동안 왕실 요원들과 비밀경찰이 사우디에서 가장 부유하고 영향력 있는 인사 수백 명을 검거했다. 그중에는 MBS의 친척도 적지 않았으며 심지어 그의 결혼식에 참석한 인사도 있었다. 요원들은 검거된 인사들의 수행원과 운전기사를 돌려보내고 휴대전화를 압수한 후 그들을 리츠칼튼 호텔에 감금했다. 호화로운 투자 회의장이 오성급 감옥으로 바뀐 것이다. 로봇과 여성 운전을 뛰어넘는 새로운 미래가 사우디 앞에 펼쳐졌다.

정부가 이 인사들을 구금한 것을 부패 단속의 결과라고 발표하자 많은 국민이 환영했다. 그들은 오랫동안 왕자와 사업가 들이 노다지 같은 계약을 체결하거나 정부 금고에서 재산을 빼돌리는 것을 지켜봐 왔다. 그곳에 구금된 인사 중 몇몇은 그 정도가 아주 심각했다.

하지만 살만 국왕의 가까운 인척을 포함해 유력 인사들이 같은 범죄를 저질렀는데도 구금되지 않자 단속의 궁극적인 목적이 무엇인지 궁금증이 일어났다. 이상한 것은 그것뿐이 아니었다. 체포가 이루어지는 동안 수사를 담당하는 위원회가 발표되었다. MBS가 주도한 그 위원회는 MBS의 재산에 대해서는 조사한 일이 없었다. 그는 요트를 사기 위해 5억 달러나 쓰지 않았는가? 잡지에서 '세계에서 가장 비싼 집'이라고 거론된 바 있는 프랑스에 있는 그의 성은 어떻게 된 일일까? 레오나르도 다빈치의 그림을 4억 5,000만 달러나 들여 사고 난 뒤, 나중에 자신이 MBS를 위해서 일한다고 말한 구매자도 마찬가지다. 그 돈이 다 어디서 났다는 말인가?

리츠칼튼 호텔에 구금되어 있던 인사들이 국왕의 손님이라고 불리기는 했지만, 그들을 대하는 모습은 손님을 대하는 태도와는 너무도 거리가 멀었다. 그들이 고통을 겪는 동안 그들을 아끼는 사람들이 나를 찾아와 MBS에 대해 욕설을 퍼부었다. 유명한 사우디 기업가 집안 사람 한 명은 구금된 친척이 몇 주 동안 아무 소식도 없다가 갑자기 전화를 해왔다고 말했다.

"난 괜찮아요." 구금된 그 친척은 자기가 정말 괜찮다고 이야기했다.

그리고 그 통화는 3분 만에 끝났다.

그 기업가 집안 사람은 MBS가 자신의 목적을 이루기 위해 사우디의 수도를 장악하고, 자신에게 도전하려는 모든 사람의 명성을 더럽히려는 것으로 생각했다.

그는 내게 이렇게 말했다. "MBS는 사이코예요. 그는 악의 화신이에요. 사람을 망가뜨리고 싶어 해요. 그는 자기를 빼놓고 누구도 대접받는 꼴을 보지 않으려 합니다." 그리고 "그는 악마 정도가 아니에요. 악마조차 그에게 배운단 말입니다"라고 말을 이었다.

불과 몇 년 만에 무함마드 빈 살만은 사우디아라비아의 지배자가 되었을 뿐 아니라 세계에서도 가장 역동적이고 눈길을 끄는 지도자가 되었다. 그는 날 때부터 두드러진 사람이 아니었다. 그가 살아온 시간 대부분은 훨씬 더 부유하고 경험이 많은 왕자들 사이에 끼어 존재감조차 없었고 서열도 형편없었다. 이 책은 바로 그런 이야기를 들려주고 있다.

MBS는 그의 할아버지가 80년 전에 사우디아라비아를 건국하고 미국과 어깨를 나란히 하게 만든 이후로 가장 뛰어난 통치자가 될 수도 있다. 그의 할아버지가 사망하고 60년 후, 아랍 세계에서 가장 부유한 국가가 매우 심각한 위협에 처해있던 상황에서 MBS가 권력의 중심으로 떠올랐다. 유가 폭락으로 경제가 위축되고, 국민의 3분의 2를 차지하는 30세 미만의 청년들이 엄격한 사회적 제약 아래 직업을 찾느라 분통을 터뜨렸다. 주변으로 눈을 돌리면 이슬람국가(IS, Islamic State)의 이슬람 근본주의자(지하디스트)들이 이라크와 시리아를 휩쓸고 다니며 사우디에 폭격을 가하고 있었다. 사우디의 천적인 이란은 이런 혼란을 틈타 자기들의 영향력을 확대하려 들었다.

사우디의 가장 중요한 동맹국인 미국이 약속을 지킬 것인지에 대한 의구심이 커지면서 상황은 더욱 악화되었다. 버락 오바마 대통령은 사우디에 별로 호의적이지 않았다. 오바마는 대통령이 되기 전 사우디를 '소위 동맹국'으로 폄하하고 사우디가 와하비즘을 퍼뜨려 이슬람 세계가 더욱 편협해지도록 부채질한다고 비판했다. 오바마 행정부는 미국 의회가 2001년 일어난 9·11 테러 공격과 관련해 미국인들이 사우디를 고소할 수 있도록 허용하는 법안을 통과시키는 동안 이란과 핵 협정을 체결하려고 했다. 의회의 이런 움직임은 9·11 테러의 납치범 19명 중 15명이 사우디 사람이었고 그들의 지도자인 오사마 빈 라덴도 역시 사우디 사람이었기 때문이다. 이 두 조치 모두 미국에 국방을 의존하고 미국 무기를 도입하는 데 수십억 달러를 쓰면서 미국의 의리를 기대했던 사우디로서는 여간 뼈아픈 일이 아니었다.

MBS는 이 문제에 대한 해법으로 사우디를 예멘 전쟁으로 몰아넣고, 경제를 정비하기 위한 계획을 수립하고, 월스트리트와 할리우드와 실리콘밸리에서 매력적인 경영자들을 초청했다. 또 다른 나라의 총리를 납치하고, 트럼프 대통령과 그의 사위 재러드 쿠슈너와 끈끈하고 수상적은 관계를 구축하려 들었다. 국내에서는 성직자들을 내쫓고, 영화관과 콘서트장을 열고, 전통을 깨뜨리고, 자기 어머니를 포함한 왕족을 가두고, 도청하고, 소셜 미디어를 조작하고, 세계를 충격에 빠뜨리는 끔찍한 살인을 저질렀다.

MBS의 부상은 세계적인 흐름에 올라탔다. 더 많은 부가 더 소수의 사람에게 집중되자 포퓰리즘 성향의 독재자들은 국민이 반대 의사를 드러내지 못하도록 만들어 놓고 민족주의로 국민을 규합하려했다. 마치 중국 공산당이나 이집트에서 헝가리까지 부상하는 독재자들이 그러하듯 MBS는 자신의 권력에 대한 견제를 용납하지 않았고 사실이든 아니든 모든 위협을 분쇄하려고 들었다. 그의 시대가 사우디아라비아의 시대였다. 그는 자신이 권좌에 있는 동안 사우디아라비아를 다시 위대하게 만들기 위해 아무도 자신을 막을 수 없도록 만들었다.

서구 국가에서도 민족주의적 조류가 거세졌다. 영국은 투표로 유럽연합(EU) 탈퇴를 결정했고, 미국은 당시 새로 취임한 트럼프 대통령이 국민과 정부의 시선을 국내문제로 돌려놔 권위주의적 동맹국들과 관계가 약화되었다. 이 두 사건은 정치적 진실이 한 사람이 소셜 미디어에서 휘저어 놓은 것만도 못하다는 것을 보여주었다. 그것이 MBS에게 교훈이 되었고 그는 그렇게 배운 것을 자신의 나라에서 써먹었다.

MBS는 매우 분열적인 인물이었다. 하지만 그의 지지자들은 그를 오랫동안 갈망해 왔던 게임체인저로 추앙하고 있었다. 그러나 그를 적으로 여기는 이들은 그를 잔인한 독재자로 여겼다. 사우디 안에서는 그의 얼굴이 휴대전화 커버에도 인쇄되어 나오고 쇼핑몰 입구에도 걸려 있어 그렇지 않은 곳을 찾기 어려울 정도였다. 그가 발표한 모든 계획은 충성스러운 그의 후원자들과 언론인들에 의해 절묘한 작품으로 포장되고 있었다. 하지만 아직도 그에 대한 많은 부분이 감춰져 있다. 체포가 일상화되면서 시중에서는 그의 배경이나 그가 세운 계획의 타당성이나 그가 발표한 계획을 달성할 능력이 있는지 거론하던 모습은 더 이상 보이지 않게 되었다. 반면에 사회 규제가 느슨해지고 여성들이 그들의 어머니는 꿈에도 생각하지 못했던 직업을 얻게 되면서 열정이 넘쳐나기도 했다. 하지만 많은 국민은 소셜 미디어에 올린 게시물이나 댓글 때문에 체포되거나 감옥에 갈 수도 있다는 두려움 때문에 통화를 기피하고 만날 때 휴대전화를 냉장고에 치워놓기도 했다.

2017년 말에 투자 회의에 참석해 매력적인 모습을 보인 것과 거의 같은 시기에 리츠칼튼 호텔에 많은 사람을 가두어 둔 것과 같은 서로 상반된 두 가지 모습이 모두 MBS의 실체였다. 사우디 국민에게 빛나고 번영하는 미래를 가져다주기로 마음먹은 것도 그 자신이었고, 적이라면 단호하게 처단하려는 것 또한 그 자신이었다. 이처럼 상반된 두 모습을 결합해 보면 미래를 위해 그가 어떤 행동을 할 것인지 짐작할 수 있을 것이다.

몇몇 사람은 자신의 나라를 수십 년 통치할 그런 젊은 지도자에 대한 책을 쓰는 것이 현명하지 못하고 무모한 일이라고 생각할지도 모른다. 이 책은 MBS에 대한 모든 것을 다루고 있지는 않다. 다만 그가 어떻게 그렇게 빠르게 부상했는지, 그것이 사우디에 어떤 영향을 미치고 있는지, 미국이나 중동 전체와의 관계에는 어떤 영향을 미칠지 하는 것에 초점을 맞추고 있을 뿐이다. 그의 이야기가 어떻게 전개될지는 MBS 본인에게 달려있다. 이제 이야기를 시작해보겠다.

일러두기

· 이 책은 Ben Hubbard의 *MBS: The Rise to Power of Mohammed bin Salman*(Larry Weissman Literary, 2020)을 우리말로 옮긴 것이다.

· 이 책에 등장하는 주요 인물인 Mohammed bin Salman은 '무함마드 빈 살만'과 'MBS'로, Mohammed bin Nayef는 '무함마드 빈 나예프'와 'MBN'으로 표기했다.

· 원서에 표기된 IS는 '이슬람국가(IS)'로 표기했고, '이슬람 국가'로 띄어쓴 것은 Islamic society, Islamic countries, Muslim world, Muslim land를 번역한 것이다. 저자는 같은 의미를 담은 말을 여러 가지 다른 단어로 표현했는데, 이 단어들을 서로 다르게 표현할 방법이 없어 옮긴이가 '이슬람 국가'라고 하나로 표기한 것이다.

· 이슬람국가(IS)에는 '국가'라는 뜻이 담겨있는데, 《뉴욕 타임스》 등 미국 언론에서는 IS라는 표기 대신 'ISIL(이라크·레반트 이슬람국가)'나 'ISIS(이라크·시리아 이슬람국가)'라는 표현을 사용한다. 여기에는 이라크와 시리아의 극단주의 무장 세력이 이슬람 또는 국가를 대표하지 않기 때문에 이들을 '이슬람국가'로 부르지 말아야 한다는 의미가 담겨있다.

· 외래어 표기는 국립국어원의 외래어 표기법을 따랐으며 일부 관례로 굳어진 것은 예외로 두었다.

1장
왕국

MBS가 권력의 핵심으로 올라선 2015년 이전의 모습을 알아보기 위해 그의 어린 시절을 기억하고 있는 왕족, 그와 함께 학교에 다녔던 급우 세 명, 사우디에서 근무했던 외교관, 그의 가족과 가깝게 지냈던 엘리트층, 살만 일가의 측근을 비롯해 많은 사우디 사람을 인터뷰했다. 이들 대부분은 자신이나 자기 가족에게 피해가 생길 것을 우려해 익명으로 인터뷰에 응했다.

1996년, 사우디 서부 해안에 있는 제다(Jeddah)의 엘리트 학교 교사인 한 영국계 알제리 남성에게 독특한 일자리 제안이 들어왔다. 살만 빈 압둘아지즈라는 이름의 왕자가 그의 아내 한 명과 아이들과 함께 이곳에서 몇 달 동안 머무는데 가족의 영어 교사를 찾는다는 것이었다.

라시드 세카이 선생은 살만 왕자에 대해 조금은 알고 있었다. 사우디 수도인 리야드의 주지사이며 사우디아라비아 왕국을 세운 초대 국왕의 아들로서 왕족의 수많은 왕자와 공주 중에서도 상당히 서열이 높은 편이었다. 세카이 선생은 흥미롭기도 하고 보수도 넉넉할 것으로 생각해 제안을 받아들였다. 그 후로 몇 달 동안 학교 근무시간이 끝날 때쯤 운전기사가 그를 태워 살만 왕자와 가족이 머무는 궁으로 데려갔다.

세카이 선생이 처음 그곳에 도착했을 때 화려한 저택이 여러 채

들어서 있고 잘 다듬어진 정원과 하얀 제복을 입은 정원사들이 일하고 있는 것을 보고 입이 떡 벌어졌다. 그는 고급 자동차들로 가득찬 주차장을 지나갔는데, 거기서 생전 처음으로 분홍색 캐딜락 초기 모델을 보게 되었다. 그는 그곳에서 자기가 가르칠 아이들을 만났다. 살만 왕자의 두 번째 부인에게서 낳은 아들 네 명이었고, 그중 맏이는 무함마드 빈 살만이라는 열한 살짜리 장난꾸러기였다.

어린 왕자들은 공부하는 것보다 놀기를 더 좋아했지만 세카이 선생은 그들을 집중시키기 위해 최선을 다했다. 하지만 MBS가 나타나자 그 노력은 수포로 돌아갔다.

세카이 선생은 "형제들 중 맏이인 그는 하고 싶은 건 뭐든 해도 되는 것처럼 보였다"면서 그 당시 기억을 떠올렸다. MBS는 수업 시간에 경비원에게 워키토키를 달라고 해서 자기 선생님에게 건방진 말을 내뱉었다. 또 그의 형제들을 웃기려고 다른 줄에 있는 경비원들에게 농담을 건넸다.

MBS는 수업을 몇 번 받고 나서 세카이 선생에게 자기 어머니가 그를 진짜 신사로 여긴다고 말해줬다. 세카이 선생은 그 말을 듣고 몹시 놀랐다. 사우디에서는 남녀가 유별했기 때문에 왕자들의 어머니를 볼 수도 없었고, 그러니 자기를 평가할 만한 기회도 없다고 생각했기 때문이다. 그러고 나서 왕자들의 어머니가 감시 카메라를 통해 자기를 지켜보고 있었다는 것을 깨달았다.

그것 때문에 신경이 쓰이기는 했지만 세카이 선생은 계속 자기 방식대로 가르쳤다. 왕자들은 영어가 그다지 늘지 않았다. 그중 MBS는 20대가 되어서는 남들 앞에서 영어로 이야기하는 걸 꺼리게 되었다. 왕자들의 어머니는 세카이 선생에게 프랑스어도 함께 가르쳐 달라고 부탁했는데 왕자들의 프랑스어 실력은 영어만큼도 늘지 않았다. 하지만 세카이 선생은 왕자들을 가르치는 동안 차츰

씩씩한 MBS를 좋아하게 되었다. 그리고 몇 년이 지난 후 그의 성격이 눈길을 끌 만큼 인상적이었다고 회고했다. 세카이 선생은 그것이 MBS가 자기 어머니가 낳은 왕자 중 맏이로서의 위치와 그의 직계가족들이 그에게 쏟은 관심 때문이었다고 생각했다.

세카이 선생은 "그는 가족의 기대를 받고 있었기 때문에 '내가 이곳을 책임져야 한다'는 생각을 하게 된 것 같다"며 "그곳에서 그는 모든 사람이 보살피는 존재였고, 모든 사람에게 주목받았다"고 말했다.

———————

MBS의 아버지 살만 빈 압둘아지즈는 검은색 머리에 수염을 기른 멋진 모습이었고 부지런할 뿐 아니라 청렴하고 강인하다는 평을 받았다. 그가 해외여행을 할 때면 넓은 깃과 줄무늬 넥타이 정장을 갖추곤 했는데 이 모습은 곧잘 월스트리트의 은행가나 제임스 본드 영화에 나오는 배우와 비교될 정도였다. 집에서는 왕자의 위엄을 갖춘 전통 복장을 입었다. 그는 리야드 주지사로서 수도와 주변 지역을 관할했다. 주민들은 다른 왕자들이 일어나는 것보다 몇 시간 일찍 출근하는 그의 차량 대열을 보고 시계를 맞춘다고 농담할 정도였다. 수도의 책임자로서 그는 지역의 부족, 성직자, 그리고 그의 가족을 포함한 큰 가문들에 대한 감시의 눈길을 거두지 않았다. 몇 년 동안 그는 왕실의 규율 대장이었다. 부동산을 둘러싸고 왕족들 사이에 분쟁이 일어나거나, 공주가 파리에서 천문학적인 호텔 청구서 때문에 법원에 보석을 신청해야 하거나, 왕자가 술을 마시고 문제를 일으키면 그 끔찍한 문제를 일으킨 이들을 개인 감옥에 가두고 죄를 가리는 건 살만의 몫이었다.

살만은 영국 작가 로버트 레이시에게 "내 감옥에 왕자들이 여럿 있어요"라고 자랑했다. 미국 외교관 하나는 살만의 형제 중 하나가 새 규정에 대해 불평하자 그가 "입 다물고 네 자리로 돌아가라"며 더 이상 불평하지 못하게 했다고 회고했다.

MBS가 권력의 중심으로 떠오르는 데 살만보다 더 큰 역할을 한 사람은 없을 것이다.

살만은 20세기 동안 사우디의 삶을 혁명적으로 바꾼 거대한 변화를 몸소 겪었다. 그는 아라비아반도 중앙에 왕국을 두 번이나 건설하려다 실패했다. 하지만 처음 그런 생각을 했던 사막의 개척자들조차 믿을 수 없을 만큼 놀랄 만한 성공을 기어코 거두어 낸 왕조의 후손이었다.

1700년대 중반, 살만의 조상인 무함마드 이븐 사우드라는 족장이 왕국 건설을 위한 첫발을 내딛었다. 그는 햇볕에 바랜 진흙 집과 대추야자가 무성한 오아시스가 있는 자기 고향 디리야에서 첫 번째 원시 국가를 세운 것이다. 무함마드는 당시 아라비아를 이루고 있던 주요 부족에 들지 못했다. 무함마드가 속한 알 사우드 가문은 대추야자를 재배하고 대상 무역을 하는 정착민이었다.

부족과 씨족 간의 전투는 흔한 일이었지만, 무함마드 이븐 사우드는 근본주의 성직자와 동맹을 맺어 이후 세대에 걸쳐 아라비아를 통치할 수 있는 체제를 확보함으로써 우위를 점할 수 있게 되었다. 셰이크 무함마드 이븐 압둘 와하브는 우상이나 나무를 숭배하는 전통적인 아라비아 관습이 이슬람을 타락시켰다고 설교했다. 그는 '혁신'을 근절하고 수 세기 전 선지자 무함마드와 그의 동료들이 살아왔던 방식으로 돌아가야 한다며 종교적 정화를 요구하고 나섰다. 그 때문에 셰이크는 그의 고향에서 쫓겨나 디리야로 피난을 갔는데, 거기서 알 사우드 가문을 만나며 그의 종교적 신념과 알 사우드 가문의 정치적 목표가 결합을 이루었다.

이 동맹은 양측 모두에게 이익이 되었다. 이븐 압둘 와하브의 지원을 받은 알 사우드 가문은 더 이상 권력을 추구하는 여러 아라비아 부족 중 하나가 아니라 진정한 유일 신앙을 위한 십자군이었다. 그 대가로 그들은 셰이크와 그 후손에게 종교와 사회 문제를 관할할 수 있는 권한을 내주었다. 그 동맹이 강력하다는 것이 입증되고 이들이 세운 첫 번째 사우디아라비아 국가가 성장함에 따라 셰이크의 종교적 신념을 받아들이지 않은 종족은 무력으로 진압해야 할 이교도로 낙인찍혔다.

국가의 영토가 이슬람 성지인 메카와 메디나를 품을 만큼 확대되었을 때 오스만제국은 군대를 보내 국가를 무너뜨리고, 디리야를 박살 내고, 생존한 알 사우드 가문 사람들을 흩어놓았다. 그 후손들이 19세기에 리야드 근처에서 국가를 재건하려고 했지만 누가 우두머리가 될지 다투는 내분으로 재건 시도는 물거품이 되었다.

20세기 초, 알 사우드 가문의 후손인 압둘아지즈가 조상들의 땅을 되찾기 위한 장정을 시작했다. MBS의 할아버지인 그는 낙타를 타고 군대를 이끌었고 자기 가문의 통치에 종교적 정당성을 제공한 이븐 압둘 와하브의 후손들과 다시 동맹을 맺었다. 그 후로 30년 동안 압둘아지즈는 새로운 수도인 리야드에 머물면서 아라비아반도의 다른 지역을 하나씩 자기 밑으로 복속해 나갔다.

그러나 이 새롭고 근본주의적인 정치체제가 부상함에 따라 페르시아만 주변에 진출해 있는 서구 열강들이 당황하기 시작했다. 압둘아지즈 국왕은 영국과 갈등을 유발하는 지하드(성전—옮긴이)를 계속할 것인지 아니면 현대 국가를 만들 것인지 선택해야 했다. 그는 현대 국가를 만들기로 마음먹고 1932년 사우디아라비아 왕국 수립을 선언했다.

1938년 석유가 발견되지 않았다면 사우디는 아마 세계 여러 나라로부터 관심을 거의 받지 못하는 침체된 사막 국가로 남아 있었을 것이다. 석유가 발견되자 투기꾼과 기술자와 석유회사뿐 아니라 왕국의 검은 황금에 접근하려는 서구 열강의 대표들이 모여들었다. 1945년 미국 프랭클린 루스벨트 대통령과 압둘아지즈 국왕은 수에즈 운하에 정박해 있던 미국 군함에서 비밀 회담을 갖고 미국이 사우디를 외국의 공격으로부터 보호하는 대신, 사우디는 미국이 사우디 석유에 접근할 수 있는 권한을 보장하기로 합의했다. 그 협정은 다음 세기까지 중동에서 미국 정책의 기둥이 되었다.

막대한 석유 수입으로 사우디의 재정이 넘쳐나게 되었다. 사우디는 이븐 압둘 와하브의 가르침을 국제적으로 전파하는 데 자금을 쏟아부어 와하비즘을 세계적인 종교 세력으로 만들었다. 사우디의 석유 독점기업인 아람코(Aramco)는 세계에서 자산 가치가 가장 높은 회사가 되었다. 알 사우드 왕조는 세계에서 가장 부유한 왕실이 되었다. 압둘아지즈 국왕은 1953년 사망할 때까지 적어도 18명의 여성과 결혼해 아들 36명, 딸 27명을 두었다. 그의 후손들도 마찬가지로 많은 자녀를 두어 자손은 더욱 퍼져나갔고, 압둘아지즈의 자손이라는 이름을 가진 그들은 엄청난 부와 특권을 누렸다.

그렇게 태어난 자손들은 수천 명에 이르렀으며 모두 사우디 정부로부터 보조금을 받았다. 1996년에 미국 외교관 하나가 그들에게 월급을 나눠주는 사무실을 방문했다. 그는 그곳에서 왕실 서열에 따라 차등 지급되는 월급을 받으러 온 하인들이 줄 서 있는 것을 목격했다. 압둘아지즈 국왕의 자녀들은 27만 달러(100만 리얄), 손자들은 2만 7,000달러(10만 리얄), 증손자들은 1만 3,000달러(5만 리얄)를 받았다. 가장 먼 친척도 800달러(3,000리얄)를 받았다. 왕자들은 결혼할 때 저택 건축비로 100만 달러를 받고 자녀를 가지는 특권을 얻었다. 그는 이런 보조금 총액이 20억 달러는 될 것으로 예상했지만, 이는 그저 추측에 불과할 뿐이다.

왕족들은 이 돈을 대부분 국민의 충성심을 얻는 데 사용했다. 살만 국왕의 아들 중 하나는 금식월인 라마단 동안 자기 수하의 사람들을 식사에 초대하는 비용으로 100만 달러 이상을 썼다고 했다. 하지만 왕족들은 여전히 엄청난 살림살이에 많은 요트를 소유하고 있었으며, LA에서 모나코까지 곳곳에 저택을 짓고, 해외 휴가는 또 어찌나 호화롭게 보내는지 그들이 머무는 곳마다 경기가 살아날 정도였다.

왕족이 너무 많다 보니 그들만의 규칙이 적용되는 작은 사회가 형성되었다. 심지어 생일을 챙길 정도로 연공서열을 존중하고 서로 간의 권한을 인정했다. 그 사회는 나이 많은 왕족부터 아주 어린 왕족까지 함께 어울려 지냈는데, 마치 겨울을 지내기 위해 V자 모양으로 리더를 따라 줄지어 남쪽으로 날아가는 기러기 떼와 같았다.

이 모든 것이 시작된 사우디아라비아 왕국의 발원지인 디리야 오아시스의 진흙 집과 성벽은, 쇼핑몰과 고층 건물, 넓은 도로로 가득 찬 인구 800만의 현대 도시인 수도 리야드에서 승용차로 잠깐이면 갈 수 있을 정도로 가까이 있다.

살만은 이곳에서 평생을 보냈고 아들의 미래를 준비했다.

———————✦

살만은 사우디아라비아가 건국되고 3년 후에 태어났다. 아마 그는 자신이 어렸을 때 가족과 함께 텐트에서 생활한 것을 기억할 것이다. 하지만 그가 청년이 되었을 때는 막대한 석유 수입 덕분에 궁에 사는 왕족이 되었고 세계 무대를 움직이는 사람으로 탈바꿈할 수 있었다.

집안에서 연장자를 존경하는 모습은 사우디아라비아 왕국을 운영하는 기틀이 되었다. 1953년 압둘아지즈 국왕이 사망한 후 왕위는 그의 아들들이 나이순으로 이어받았다. 일부 아들들은 본인이 원하지 않거나 나머지 형제들이 이의를 제기해 건너뛰었다. (여성은 여기에 포함되지 않았다.) 내무부, 국방부, 국가방위군, 외무부와 같은 주요 정부 기관은 서열이 높은 왕자들이 맡았다. 그들은 중요한 사항을 합의로 결정했다.

살만은 압둘아지즈 국왕의 아들 36명 중 스물다섯 번째로, 왕실 서열이 너무 낮았기 때문에 그의 생전에 국왕이 될 가능성은 거의 없었다. 살만 앞에 줄 서 있는 왕자들이 너무 많았다. 살만은 자기 아들들의 힘을 키워줄 수 있는 영향력 있는 역할을 맡지도 않았다. 그 대신 20대 때 리야드 주지사가 되어 거의 50년간 재직하면서 리야드를 사막의 전초기지에서 대도시로 성장시켰다.

리야드 주지사로 일하는 동안 그는 왕족과 대중 사이의 가교 역할을 맡았다. 살만은 부족들과 좋은 관계를 유지해 부족들의 족보와 역사와 그들 사이의 경쟁 구도에 익숙하게 되었다. 리야드는 와하브의 근거지인 나즈드(Najd) 지역에서 가장 큰 도시였다. 살만은 종종 성직자들을 사저로 초청해 대접했다. 하지만 살만의 중요한 업무는 도움을 기대하는 대중의 청원을 듣는 일이었다. 아픈 친척이 수술하는 데 필요한 돈을 구하는 사람도 있고, 사업가들이 계약을 요청하기도 하고, 농부들이 토지분쟁을 조정해 달라고 찾아오기도 하고, 사형수 아들을 둔 가족들이 참수를 면하게 해달라고 청원하기도 했다.

수년 동안 살만은 강한 인상을 남긴 자식들을 낳았다. 첫 번째 부인인 술타나 빈트 투르키 알 수다이리는 명문가 출신으로 5남 1녀를 낳았다. 가장 나이가 많은 파드는 캘리포니아와 애리조나에서 대학을 다녔고, 서구 문물에 익숙해진 후 영국 경마에 뛰어들었다. 1990년 사담 후세인이 쿠웨이트를 침공한 후 파드는 전쟁 취재를 위해 사우디로 몰려든 서방 기자들을 자주 상대했다.

다음 아들인 술탄은 1985년 디스커버리호를 타고 우주로 간 최초의 아랍인이자 최초의 무슬림인 사우디 공군 대령이었다. 그는 스키 타는 것을 좋아했고, 사우디 관광위원회를 이끌었다. 미국을 너무 좋아해서 한때 미국 외교관에게 "내 삶에서 가장 좋았던 기억 중 몇몇은 미국에 있을 때 일어난 일이다"라고 말하기도 했다.

다음은 아흐메드로, 콜로라도 광산 학교에서 공부하고 공군에 입대하기 전에 웬트워스 사관학교를 졸업했다. 그는 나중에 캘리포니아대학교 어바인 캠퍼스에서 공부했고 가족 미디어 회사의 회장으로 일했다. 2002년 켄터키 더비(미국의 경마 대회—옮긴이) 3주 전에 90만 달러를 들여 산 서러브레드 종 경주마 워엠블렘이 켄터키 더비에서 우승하는 바람에 명성을 얻기도 했다. 그를 아는 이들은 그를 사우디 왕족치고는 의외로 캐주얼한, 잘 다듬은 콧수염과 포켓 손수건이 잘 어울리는 우아한 남성이라고 회상했다.

다음 아들인 압둘아지즈는 드물게 사우디 석유 부문에서 일하는 왕족이었다. 그곳에서 산업 현대화를 위해 노력한 그는 나중에 에너지 장관으로 임명되었다.

술타나의 아들 중 막내인 파이살은 옥스퍼드대학교에서 박사 학위를 받았다. 조지타운에서 연구원으로 일한 후 사우디 투자회사인 자드와를 설립했으며, 서러브레드종 경주마에 일가견이 있다.

살만의 첫 번째 아내에게서 낳은 딸 하사는 사우디 인권위원회에서 일했다. 후일에 프랑스 배관공 한 사람이 하사가 그녀의 경호원을 시켜서 자기를 죽이려고 했다고 고소함에 따라 프랑스에서 소송이 걸리기도 했다.

살만의 첫 번째 부인 술타나는 신장 질환을 앓았는데 상태가 악화됨에 따라 치료를 위해 자주 해외에 나갔다. 그래서 살만은 유력한 부족 출신의 키 작은 여인 파흐다 빈트 팔라 알 하틀린과 결혼해 아들 여섯을 더 얻었다. (살만은 세 번째 여인과 짧은 결혼 생활 동안 아들 사우드를 얻었다.)

파흐다의 장남인 무함마드 빈 살만은 1985년 8월 31일에 태어났다.

MBS는 왕자로서 물려받은 특권에 흠뻑 젖어 자랐다. 궁으로 사람들을 불러들이고 호위병을 거느리고 다니고 유모나 교사나 가신들에게 소란을 피웠다. 가까운 친구들과 친척들만 그의 이름을 부를 수 있었다. 다른 사람들에게는 모두 그를 '탈 오무라크(Tal omrak)'라고 부르게 했는데, 그것은 '알라가 당신의 생명을 연장하기를' 또는 '전하'의 줄임말이었다. 그러나 그의 아버지 살만은 왕실 서열이 한참 뒤졌고 MBS는 그보다 훨씬 더 뒤쪽이었다. 사우디아라비아 왕국을 건국한 국왕의 스물다섯 번째 아들의 여섯 번째 아들이었으니 그가 두각을 나타낼 것이라고 기대할 이유는 거의 없었다. 그리고 주변 사람들 중에서도 그가 두각을 나타낼 것이라고 기대한 사람은 거의 없었다.

훗날 MBS는 아버지가 그와 형제들의 교육을 직접 챙겼으며 매주 각 자녀에게 책을 지정해 준 다음 퀴즈를 내주었다고 회상했다. 그의 어머니는 지식인들을 데려와 토론을 지도하게 하고 자녀들을 교육 현장에 견학 보내기도 했다. 두 부모 모두 엄격했다. 아버지와 점심 먹는 시간에 늦는다는 건 재앙이었다. 그의 어머니도 가혹했다.

그는 "나와 내 형제들은 '우리 어머니가 왜 우리를 이렇게 대할까' 생각하곤 했습니다. 어머니는 우리가 저지른 어떤 실수도 결코 그냥 넘어가지 않았습니다"라고 말했다.

그는 나중에 어머니가 그렇게 감시한 것이 자신을 더 강하게 만들었다고 결론 내렸다.

MBS는 자신의 어린 시절에 대해 공개적으로 말한 적이 거의 없었고, 그의 어린 시절에 대해 아는 사람도 없었다. 그렇기 때문에 그의 어린 시절을 그려내기가 무척 어려웠다. 그의 강한 도전 정신은 후일에 그가 권력을 휘두르게 만든 동력이 되었으며, 그에 대한 공개적인 발언은 그를 칭송하는 것만 허용되었고, 그에 대한 추문은 모두 묻혔다. 그런 가운데에서도 그가 어떤 길을 걸어왔는지 알아내기 위해 수년 동안 그의 어린 시절을 알고 있거나 함께 지내던 사람들을 추적했다. 그들 대부분은 아직 생존해 있거나 사우디에서 사업을 하고 있기 때문에 자신을 보호하기 위해 익명을 조건으로 인터뷰했다.

살만은 왕실 근처에 있는 흰색 기둥이 돋보이는 궁에서 첫째 부인 술타나와 함께 살았다. 그 궁은 '백악관(White House)'이라고 불리기도 했다. MBS와 그의 어머니는 다른 곳에서 살았다. 그의 어머니는 자신의 야망을 이루기 위해서는 자기 아들들이 아버지와 가까이 지내야 한다고 생각해 그 형제들을 자주 백악관에 보내 아버지와 점심 식사를 하도록 만들었다. 그러나 살만과 함께 사는 술타나는 환대는커녕 MBS의 어머니 파흐다의 부족적 배경을 얕잡아보고 MBS의 형제들도 무시했다. (아마 파흐다가 자기보다 더 젊고 건강해서 질투했을 것이다.) 술타나는 그들을 경멸하는 표정을 감추지 않았다. 술타나의 아들들은 제트기를 조종하거나 이력서에 외국에서 받아온 학위를 적어 넣으면서 그렇지 못한 MBS를 조롱했다.

MBS는 그들과 전혀 다른 길을 걸었다. 그는 주로 국내에서 지낸 토종 사우디 사람이었다. 그러나 10대 때는 왕실에서 존재감이 없었고, 자신의 위상을 조금이라도 올릴 만한 방법도 찾지 못했다. 하지만 이복형 두 사람이 죽게 되면서 상황이 바뀌게 된다.

———————

2001년 걸프전 당시 기자들을 상대했던 살만의 장남 파드가 46세로 갑자기 사망했다. 1년 후에 그의 동복동생인 켄터키 더비 우승자 아흐메드도 44세로 사망했다. 두 사람 모두 심장마비로 사망했지만, 사인은 명확하게 밝혀지지 않았다.

두 아들이 이른 나이에 갑자기 사망하자 살만은 깊은 슬픔에 빠졌다. 사망한 아들들의 동복동생들은 자기 직업에 몰두하고 자기 가족을 챙기느라 살만과 소원해졌고, 그 사이 MBS는 고통스러워하는 살만 곁에서 지내면서 아버지의 신임을 얻었다. MBS의 어머니는 살만에게 MBS와 시간을 좀 더 보내라고 졸랐다. MBS는 리야드 주지사인 아버지를 그림자처럼 따라다녔다. 그러다 보니 자연히 누가 오가는지, 어떤 부족에서는 누가 중요한 위치를 차지하는지, 어떤 성직자가 어떤 직책을 맡고 있는지, 어떤 사업가가 경제의 어느 부분에 관심을 두고 있는지, 어떤 왕족이 혁신적인 방법을 찾아내는지 몰입해서 배울 수 있었다.

그 당시 가족 측근 중 한 사람은 MBS가 자기가 가진 왕실 특권을 사용해 대중과 유대감을 형성하려고 노력했다고 회고했다. 어느 여름 그의 가족은 홍해 해안으로 캠핑하러 갔다. 그는 거기서 젊은 이들을 위해 제트스키 여러 대를 빌려 놨다. 겨울에는 자기가 가장 큰 캠프를 가지고 있는 사막에 캠프를 차렸는데, 그는 엄청나게 큰 접시에 밥을 담고 그 위에 구운 양고기를 올려놓은 만디를 차려냈다. 또 사막을 찾은 왕족을 마중하러 나오는 유목민 베두인들이 사용할 수 있도록 사륜구동 오토바이 버기를 여러 대 준비해 놓았다. MBS에게 세계는 사우디였다. 그는 자기 사촌들이 런던과 제네바와 모나코를 사랑하는 만큼 사우디를 사랑하는 것으로 보였다. 그의 아버지는 모국에 대한 그의 애정을 기쁘게 여겼다. MBS가 아버지와 함께 결혼식이나 장례식에 참석하고, 모스크에서도 아버지 곁에서 기도하면서 부자간의 유대는 더욱 깊어졌다.

결국 MBS의 어머니와 자녀들은 자기 궁을 갖게 됐다. 어떤 여름에는 살만이 첫째 부인과 자녀들과 함께 그의 동복형인 파드 국왕이 마르벨라에 지은 궁에서 휴가를 보낸 후, 바르셀로나에 있는 둘째 부인의 가족을 보기 위해 들르곤 했다. 나중에는 MBS의 어머니가 파리의 아테네 플라자 호텔 일부를 인수해 그녀가 데려온 요리사들이 사우디 음식을 준비하게 해서 프랑스 음식을 먹지 않아도 되도록 만들었다.

MBS는 10대 때 못된 행실로 유명했다. 왕족이나 그를 잘 아는 사람은 그가 자주 좌절하고 화를 내고 때로는 분노로 발작을 일으켰다고 말했다. 한 번은 경찰 복장으로 리야드에 있는 야외 쇼핑몰에 나타났는데, 그가 주지사의 아들이라는 것을 아는 경찰관들은 그를 보고도 어쩌지 못했다.

그는 아버지와 함께 당대의 아라비아 문제에 몰두하고 있었지만, 그 또한 21세기 젊은이였다. 그 세대 사우디 젊은이들과 마찬가지로 할리우드 영화, 미국과 일본의 만화, 그리고 소셜 미디어를 즐겼다. 오래된 친구들은 그가 가끔 비디오게임에 빠져들기도 했고 페이스북에 중독된 첫 번째 사람일 거라고 말하기도 했다.

2001년 9월 11일 오사마 빈 라덴 수하의 납치범들이 미국을 공격했을 때 MBS는 16세였다. 그는 몇 년 후 미국 대표단을 만난 자리에서 그의 어머니가 뉴스를 보라고 불러 TV를 보는데, 바로 그

때 두 번째 비행기가 세계무역센터 남쪽 타워에 충돌했다고 말했다. MBS는 그 당시 자기가 한 말을 직접 인용하는 것을 원하지 않았지만, 대표단을 인솔했던 조엘 로젠버그는 MBS가 그 사건으로 세계가 이슬람을 혐오하게 될 것이라는 공포를 느꼈고, 사우디 사람들이 해외에서 지내는 것이 불편해질 것이라고 말했다고 회고했다.

그런 생각이 나중에 그의 통치 방식에 영향을 미친 것으로 보인다.

로젠버그는 MBS가 "나는 세계가 혐오하는 그런 나라에 살고 싶지 않고, 우리를 후진적이고 미친 나라로 인식하게 만드는 사람들을 그냥 두고 보지는 않을 것입니다"라고 했다고 말했다.

MBS는 외국으로 진학하지 않고 리야드에 있는 킹사우드대학교에서 법학을 공부했다. 그의 동창 하나는 그가 학생들 사이에서 토론을 이끌었고, 지도자가 되고 싶어 했으며, 한 번은 차세대 알렉산더대왕이 되고 싶다고 말했다고 했다. 그 또래 왕자 하나는 MBS가 자기 큰아버지인 술탄 왕자가 주례 행사로 조카들을 초대하는 만찬에 참석한 걸 보았다고도 했다.

이어서 "그는 늘 정부에 대해 이야기했고 어떻게 관여하고 싶은지, 무엇을 바꾸고 싶은지 이야기했습니다. 하지만 나는 그가 리야드 주지사 아들이기 때문에 그렇게 이야기한다고 생각했지요. 그는 항상 혼자 말하고 싶어 했고 항상 선두에 서고 싶어 했습니다"라고 말했다.

MBS는 또한 마거릿 대처에 푹 빠져있었다. 또래 왕자는 "그는 '철의 여인'에 대해 이야기하는 것을 좋아했고, 그가 어떻게 영국 경제 시스템을 개선했는지 이야기했습니다"라고 말했다.

하지만 MBS는 누가 미래 권력이 될지 예측하기 위해 왕실의 역학 관계를 들여다보고 있는 다른 나라의 외교관들이나 전문가들의 시야에서는 멀리 벗어나 있었다. 2007년 사우디 주재 미국 대사가 가족의 미국 방문 비자를 받기 위해 도움을 요청한 살만 주지사를 방문했다. 살만의 첫째 부인이 진료를 위해 미국을 방문하는 데 어려움을 겪고 있었다. 살만의 다른 자녀들은 까다로운 절차를 잘 견디고 있었지만, MBS는 범죄자 취급을 받으면서까지 지문 채취를 위해 미국 대사관에 가는 것을 거부했다.

MBS는 2007년 대학을 4등으로 졸업하고 사우디 내각의 연구 기관인 전문가 기구에서 2년 동안 일했다. 2년 후 승진할 차례가 되었지만 압둘라 국왕이 반대해서 그는 아버지가 이끄는 주정부로 돌아왔다. 그는 자그맣게 생긴 사촌 사라 빈트 마슈르라 공주와 리야드의 호화로운 홀에서 결혼식을 올렸다.

외부인들에게는 모든 사우디 왕족이 부유해 보이겠지만 왕실 안에는 뛰어넘기 어려운 계급이 있었고 MBS는 아직 정상에서 멀리 떨어져 있었다. MBS는 그의 아버지가 널리 알려져 있기는 하지만 서열이 높은 다른 왕족에 비해 재산이 얼마 되지 않는다는 것을 깨달았다. 그는 성인이 된 후 그의 사촌들이 호화로운 자동차 부대를 몰고 다니며 호텔 전체를 세내는 것을 보면서 재산의 격차를 실감했고 화가 나기 시작했다. 일부 왕족은 엄청난 현금을 뿌려댔고, 멋진 집을 사들였으며, 아내와 딸들을 위해 영국 헤롯 백화점의 보석 담당자들을 불러들였다. 호텔 객실 안내원에게 팁을 1,000달러씩 주고, 카지노 근처에 머물게 되면 측근들에게 현금을 10만 달러씩 나눠주고, 상점 한 곳에서 40만 달러를 쓰기도 했다.

왕실은 그들의 생활 방식과 소비 습관이 대중에게 알려지지 않도록 막기 위해 적잖은 돈을 썼지만, 그렇다고 그런 사실이 새어나가지 않은 것은 아니었다. 여름철 가장 인기 있는 휴양지인 스페인 코스타 델 솔에 있는 마르벨라는 왕실이 뿌려대는 돈으로 경기가 호황을 이어 나갔다. 한 마리에 1,000달러나 하는 양고기와 조개, 캐비아로 연회를 열었다. 거기에 요트를 빌리고 헬기와 개인 제트기가 더해져 비용은 걷잡을 수 없이 부풀어 올랐다. 왕족 대부분은 공공장소에서는 바르게 행동했지만, 그들과 함께 지냈던 접대부들은 그들이 평소에는 잊고 살아야 했던 술과 돼지고기와 밤샘 파티에 빠져들었다고 했다.

한 지역신문 기자는 "아침 이른 시간의 호텔 복도는 마치 패션모델 무대처럼 보였다"라고 보도하기도 했다.

때때로 이와 같은 왕실의 지나친 행동은 스캔들로 비화되었다. 마하 알 수다이리 공주는 고급 자동차를 빌리는데 40만 달러, 란제리 가게 10만 달러를 포함해 파리에 거의 2,000만 달러의 빚을 남겼다. 3년 후, 그는 다시 돌아와 자기 수행원들과 함께 샹그릴라호텔에서 5개월 동안 객실 41개를 사용하고 숙박비 700만 달러를 지불하지 않고 몰래 빠져나가려고 했다. 다음 해 그의 아들은 자기 졸업을 축하하기 위해 파리 디즈니랜드 전체를 빌리고 그곳에서 그의 손님 수십 명과 함께 희귀한 디즈니 캐릭터들을 즐겼는데, 3일에 걸쳐 발생한 비용은 1,950만 달러나 되었다.

MBS는 그런 돈을 가지고 있지 않았지만 10대 때부터 사우디 주식시장에 참여하기 시작했다. 그는 20대에 접어들자 재산을 불리기 위해 사업에 손을 댔다. 그의 경제활동 중 명확하게 드러난 것은 거의 없지만, 리야드의 자금 운영자들은 그가 주식시장을 조작하고 싸구려 주식을 사서 가격을 부풀린 후 값이 내려가기 전에 팔아치워 이익을 얻은 것으로 의심했다. 하지만 주식시장을 지켜본 금융 관계자들이나 외교관들은 소위 부풀린 뒤 팔아치우는 일이 흔한 만큼, MBS가 그중에서 최악은 아닐 것이라고 말했다.

부동산은 오랫동안 왕자들의 부를 창출하는 쉬운 방법이었고 MBS도 마찬가지였다. 한 번은 MBS가 사고 싶어 하는 땅을 소유주가 팔지 않으려 하자 토지 등기소 담당자에게 그 재산을 자기 소유로 바꿔놓으라고 압력을 가했다. 하지만 그 담당자가 불법적으로 등기를 옮기는 것을 거절하자 MBS는 총알을 봉투에 넣어 그에게 보내기도 했다. (일설에는 총알이 두 개였다고도 한다.) 놀란 담당자가 그의 상사에게 보고하자 압둘라 국왕은 살만에게 아들을 연결하라고 말했다.

이 사건으로 MBS는 국왕에게 나쁜 인상을 남겼고 '총알을 가진 녀석'이라는 뜻의 '아부라사사'라는 별명을 얻었다.

MBS는 분명히 돈을 벌었다. 한 은퇴한 외교관은 2011년경 고급 자동차 딜러에게 MBS가 고급 차량 시장에 대해 물었던 것을 기억해 냈다. 당시 딜러들은 시장을 흔들어 놨다. 서열이 낮은 왕자들은 포르쉐나 BMW를 샀고, 그 위 서열은 마세라티나 페라리를 샀다. 큰손들은 수백만 달러나 하는 부가티를 들여놨다.

"그런 건 어떤 사람들이 삽니까?" 외교관이 이렇게 묻자 딜러는 "방금 빈 살만이라는 사람에게 한 대를 팔았습니다"라고 대답했다. 그 외교관은 들어본 적이 없는 이름이었다. 그러자 딜러는 "주지사의 아들입니다"라고 말했다.

하지만 20대의 MBS는 사업에 뛰어들고 이따금 해외에서 멋진 휴가를 보내는 중간 서열의 왕자 정도였지 그 이상이 되기를 기대할 만한 이유는 보이지 않았다. 그러나 MBS의 아버지 살만은 두 아들의 사망에 이어 두 형이 사망하자 권력의 사다리에 올랐고, MBS도 아버지와 함께했다.

———— ┼ ————

2011년 7월 살만의 첫 부인은 신장병으로 오래 고생하다 세상을 떠났다. 왕위 계승 서열 1위였던 살만의 동복형 술탄 왕자는 암으로 고생하고 있었는데, 살만은 그해 말 형이 사망할 때까지 뉴욕에서 함께 지냈다. 다른 동복형인 나예프 왕자가 왕세제가 되었지만 그도 심장병으로 2012년 사망했다. 압둘라 국왕이 살만을 왕세제로 책봉하자 MBS의 아버지인 그는 왕위 계승 서열 1위에 올랐고, 자기가 가장 아끼는 아들에게 권력을 맡길 수 있는 상황이 되었다.

MBS가 자신의 정치 경력을 시작한 이래 공개적으로 언급한 일은 없지만, 그는 전통을 따르는 지도자가 아니라 실리콘밸리의 거인처럼 옛 질서를 뒤흔드는 새로운 모습의 통치자가 되고 싶다고 말하곤 했다.

"큰 차이가 있습니다. 한 종류의 사람은 애플을 만들 수 있습니다. 다른 종류의 사람은 성공적인 직원이 될 수 있을 뿐이지요. 나는 스티브 잡스나 마크 저커버그나 빌 게이츠보다 훨씬 더 많은 것을 가지고 있습니다. 그들이 하는 방식을 따라 한다면 나는 무엇을 만들 수 있을까요? 나는 어렸을 때부터 이런 계획을 머릿속에 담고 살았습니다."

하지만 압둘라 국왕은 MBS를 자기 야망에도 훨씬 미치지 못하는 경험을 가진 신생 기업쯤으로 여겼다. 국왕은 살만을 국방부 장관에 임명했지만 그때는 MBS가 아버지와 함께 일하는 것을 수락하지 않았다. 얼마 후 국왕은 살만의 요청을 받아들여 MBS를 각료급 왕세제 비서실장으로 임명했다.

MBS의 20대에 대해서는 여전히 많은 부분이 불확실하다. '총알을 가진 녀석'이라는 별명이 만들어진 사건 말고는 관심을 끌 만한 일을 거의 하지 않았고, 과거에 실추된 명예를 회복하기 위해 많은 노력을 기울였기 때문이기도 하다. 중요한 것은 2015년 그가 등장하기 전까지 MBS가 '하지 않은 일'이 무엇이냐 하는 것이다. 그는 두각을 나타내는 회사를 운영한 일이 없다. 그는 군 경력이 없고, 외국 대학에서 공부하지 않았다. 그는 외국어 공부를 하지 않았으며 외국어를 잘하지 못한다. 미국이나 유럽과 같은 서방에서 오랜 시간을 보낸 일이 없다.

이러한 배경은 훗날 그의 통치 방식에 큰 영향을 미쳤다. 국정과 사회에 대해 깊이 이해하고 있었다. 따라서 그가 손대기 전에는 거의 불가능하다고 여겼던 일들을 그는 성공적으로 이루어 낼 수 있었다. 하지만 그는 서구에 대해 제대로 아는 것이 없었기 때문에 동맹국, 특히 미국과 같은 나라가 어떻게 생각하고 어떻게 움직이는지 제대로 이해하지 못했다. 그리고 상대가 자기 생각을 어떻게 읽고 있는지도 제대로 판단하지 못했다.

살만이 MBS를 선택해 자기 뒤를 잇게 한 것은 MBS의 배경이 나이와 경험이 많은 이복형제들의 배경과 완전히 다르기 때문이었다. 살만은 자신의 그런 선택에 대해 공개적으로 이유를 밝힌 적이 없으며 절대군주로서 그래야 할 이유도 없었다. 그래서 내가 입수한 내용에서 크게 더 나아가지 못했다.

살만이 MBS를 선택한 것은 사우디아라비아 왕국을 건국한 그의 아버지가 자식을 해외에서 교육시키라는 미국 사업가의 권고를 물리친 것을 따른 것일지도 모른다.

압둘아지즈 국왕은 "국가의 지도자가 되려면 자기 국민과 함께 살면서, 자기 국민의 전통과 철학에 젖어 들고, 자기 나라에서 교육받아야 한다"고 말했다.

이는 살만 가문과 가까운 두 사람이 익명으로 내게 알려준 것과 같다.

외국에서 교육받고, 영국식 억양을 쓰고, 말 사육장을 가지고 있는 MBS의 형들은 결국 사막을 사랑하고, 맨손으로 고기를 먹는 전통주의자인 그들의 아버지와 멀어지게 되었다. MBS는 그런 아버지를 따랐고 그의 아버지도 그 모습을 높이 평가했다.

어떤 사람은 MBS의 거친 스타일을 많은 친척이 불편해했지만, 그의 아버지는 결코 불편해하지 않았고 오히려 그것이 사우디가 앞으로 나아가는 데 필요한 모습이라고 생각했다고 전해줬다.

한 측근은 이렇게 생각하는 것은 한마디로 "베두인을 상대하려면 베두인이 필요하다"고 정리할 수 있다고 했다.

———◆———

2014년 봄 조셉 웨스트팔 미국 대사가 리야드에 부임했다. 당시 66세였던 웨스트팔은 학계와 정부를 오갔으며 여러 대학에서 근무하고 육군 장관 대행으로 잠시 복무했다. 그는 키와 몸집이 크고 건장한 사람이었는데, 등을 툭툭 건드리며 열심히 일하는 많은 직원을 짜증 나게 했다. 하지만 그런 모습은 사업 이야기를 시작하기 전에 수다 떠는 것을 좋아하는 그의 스타일과 함께 사우디 사람들에게 잘 먹혀들었다.

웨스트팔이 업무에 익숙해질 무렵, 누군가 그에게 살만이 중동 어딘가에 있는 정수 공장을 돌아보는 오래된 영상을 보여주었다. 그 영상에서 살만은 월스트리트의 은행가처럼 차려입고 안내하는 사람에게 자기 곁에서 열심히 받아 적는 자기 아들에게 설명해 주라고 지시하고 있었다.

그가 바로 MBS였다. 웨스트팔은 흥미를 느꼈다.

그는 "이 젊은이에게는 아주 특별한 뭔가가 있다"고 생각했다. 그리고 "그가 아버지 눈에 든 것이 틀림없다"고 생각했다.

압둘라 국왕은 바쁘고 자주 아팠으므로 웨스트팔은 살만을 자주 방문했다. 그는 거기서 MBS가 아버지 옆에 서 있기만 하고 말은 결코 하지 않는 것을 지켜보았다. 그래서 웨스트팔은 젊은 왕자에게 면담을 요청했고, 그때 MBS가 흥분했다는 인상을 받았다. 이전에는 미국 대사 같이 저명한 인사가 그를 만나자고 한 적이 없었기 때문이다.

두 사람은 서로의 가족과 배경에 대해 이야기를 나누며 사이가 좋아졌다. 대사는 그 젊은이가 큰일을 할 것이라고 확신하게 되었다.

대사는 "나는 처음부터 이 사람이 지도자가 될 운명을 지닌 젊고 야심 찬 사람이라고 믿었습니다. 그는 이미 발판을 준비해 놓고 있었습니다"라고 회고했다.

2장

도착

2013년 사우디를 처음 방문했을 때만 해도 나는 이런 왕실 내막에 대해 아는 것이 전혀 없었다. 나는 중동 지역에서 7년 동안 근무한 후 최근에《뉴욕 타임스》중동 특파원으로 고용되었다. 나는 아랍어로 말하고 읽을 줄 알았고 레바논에 살았다. 이집트와 시리아, 이라크와 리비아뿐 아니라 어디서든 필요한 곳에서 기사를 작성했기 때문에 이 지역의 움직임을 폭넓게 이해하고 있었다. 하지만 사우디는 블랙홀과 같았다. 똑같은 흰색 전통복을 입고, 이름도 순서만 다를 뿐 그 이름이 그 이름이고, 사회는 불투명하고, 글자로 된 것 대부분은 이슬람 종주국과 관련된 것이고, 여성이 천대받았다.

나는 아랍 사람들이 사우디를 비난하는 것에 익숙했다. 그들은 사우디에서 특정한 정치적 조류가 부상하는 것이나, 이슬람국가(IS)나 알카에다와 같은 테러리스트를 부추기고 자금을 지원하는 것이나, 사회적으로 보수주의가 확산하는 것과 같은 병폐를 못마땅

해했다. 그러나 특정 주파수 대역의 소리가 맨 귀로는 들을 수 없는 것처럼 중동 지역에 미치는 사우디의 영향력은 존재하기는 하지만 드러나 보이지는 않았다.

이후 5년 동안 내 임무는 그 실체를 밝히는 것이었다. 사우디를 수십 번 방문하고 각 지역을 돌아보는 동안 각계각층의 사우디 사람 수백 명을 만났고 그들을 알아가게 되었다. 사우디를 지상 최고의 나라라고 생각하는 성직자부터 탈출을 갈망하는 젊은이, 자기가 가진 특권의 의미를 망각한 왕자와 공주, 운전하고 싶은 여성, 운전에 관심 없는 여성, 그리고 비록 사회가 조금 더 밝아졌으면 좋겠다고 생각하면서도 자신이 사우디 국민인 것을 자랑스럽게 여기는 사람까지.

그 시간 동안 나는 사우디의 정치와 외교정책과 문화와 종교를 파헤쳐 가며 수백 편의 기사를 작성했다. 나는 멀리 떨어져 있는 유적지를 돌아보고, 왕실 경기장에서 경주마 경기를 보고, 내게 무슬림으로 개종하기를 권하는 종교청의 수장인 이슬람 최고 성직자 '그랜드 무프티(Grand Mufti)'를 만났다. 그리고 자신들이 자기 모국을 어떻게 바라보고 있는지, 자기 모국이 어떻게 변하기를 원하는지를 알려준 많은 친구를 만났다. 하지만 이런 모습은 내가 이곳에 처음 머물던 당시의 옛날 사우디에 지나지 않았다. 그렇지만 이것은 MBS가 나타나 모든 것을 바꾸어 가는 모습을 평가하는 기준점이 되었다.

2013년 시내의 오래된 호텔에 투숙했을 때 일이다. 로비에는 사우디아라비아 왕국을 건국한 압둘아지즈 국왕과 현재 국왕과 왕세제의 사진이 커다랗게 걸려있었다. 직원들은 모두 인도와 파키스탄과 다른 아랍 국가에서 온 남자들이었다. 사우디 사람이라고는 로비에서 흰색 전통 복장을 하고 신문을 읽는 사람을 볼 수 있을 뿐이었다. 왜 그가 거기 있었을까? 내가 누구를 만나는지 감시하는 비밀경찰이었을까? 그냥 장식이었던 것일까? 알 수 없었다.

내가 묵은 방 벽지는 1970년대 것 같았고 바닥 카펫은 그 이전에 깔아놓은 것 같았다. 침대 맡에는 하루 다섯 번 드리는 기도 시간을 알리는 아잔을 들을 수 있는 스피커가 놓여있었다. 내게는 필요 없는 것이었다. 주변에 모스크가 무척 많아서 언제든 아잔이 선명하게 들렸기 때문이다. 아잔 소리는 창문을 닫아도 들렸다. 금요일 오후 예배 시간에는 모든 상점이 문을 닫고 모스크에서는 설교를 크게 틀어놓아서 방안에서도 한마디 한마디 정확하게 들을 수 있었다.

나는 아는 사람이 없어서 외국 언론을 담당하는 문화정보부 직원을 찾아갔다. 그에게 내가 취재하고 싶은 내용을 이야기하자, 그는 내 말을 끊고 한 달 전에 취재 계획을 팩스로 보내야 한다고 했다. 그걸 하지 않았으니 그가 나를 도울 방법은 없었다.

그는 "매우 유감입니다"라고 말했지만 전혀 미안하게 생각하는 것 같지 않았다.

그는 내게 플라스틱 컵에 담긴 차를 내주면서 "사우디 생활을 즐기세요"라고 말했다.

나는 사우디에서 취재 활동을 벌이던 동료 기자에게서 받은 사우디 사람들의 전화번호로 무작정 전화를 걸어 만나자고 하는 것으로 취재를 시작했다. 전화를 받은 사람 대부분은 놀랍게도 선선히 호텔에서 만나자거나 운전기사를 보내 나를 자기 집이나 사무실로 데려갔다. 비밀스러운 것도 없었고 호텔 로비에 앉아 신문을 읽는 친구들도 그런 나를 아랑곳하지 않았다. 당시만 해도 사우디 사람들은 외국 기자와 만나는 데 아무런 거리낌이 없었다.

사우디는 분명 부유했다. 내가 만난 사우디 사람들은 별로 일을 많이 하지 않는데도 재산이 많아 보였다. 하지만 내가 기대했던 만큼은 아니었다. 계속되는 도로 공사로 소란스러웠고 간선도로를 벗어나면 가로등을 찾아보기 어려웠다. 그 당시 사우디는 고유가로 사방이 흥청거리고 정부로 현금이 흘러들어가고 그것이 다시 국민에게 흘러내려가는 호황기 10년의 막바지에 서 있었다. 석유가 없었다면 그 어떤 경제활동도 일어날 수 없었다는 말이다.

눈에 보이는 일은 대부분 외국인 차지였다. 사우디 전체 인구의 3분의 1을 차지하고 있던 외국인이 사우디 경제를 힘겹게 받치고 있었다. 호텔에 투숙하면 십중팔구 이집트 사람이나 인도 사람을 만났다. 택시 기사들은 대부분 아프가니스탄 사람이었다. 건설 현장에는 방글라데시 사람이나 파키스탄 사람으로 북적였다. 전문직은 대부분 아랍 사람이었는데 엔지니어나 매니저나 회계 담당자나 의사는 이라크, 이집트, 시리아, 레바논 사람이었다. 은행이나 대기업이나 석유 기업이나 부유한 왕족의 자문 역할은 소수의 서구 사람 몫이었다.

나는 사우디의 보수주의와 와하비즘이 어떻게 삶의 구석구석에 영향을 미쳤는지 살펴보면서 충격을 받았다. 공공장소에서 모든 여성은 신체 굴곡이 드러나지 않도록 아바야라는 검은 겉옷을 입는데, 그래서 여성이 모인 곳은 늘 검은 물결로 넘실거렸다. 그들은 단지 아바야 밑으로 드러나는 하이힐이나 테니스화 같은 것으로 구별할 수 있을 뿐이었다. 거의 모든 여성이 머리를 가렸고 그중 상당수는 얼굴을 가리고 눈만 빼꼼하게 내놨다. 여성이 가족이 아닌 남성과 섞여 앉는 것은 금지되었다. 그래서 모든 식당은 섞여 앉지 않도록 가족석과 싱글석으로 나눠놨다. 가족석에는 가족인 남성과 여성이 함께 앉을 수 있고 싱글석에는 남성만 앉을 수 있었다. 나는 차츰 많은 사우디 사람이 사석에서는 남녀가 섞여 지내고 호텔 로비에서 남녀가 만나는 것도 별문제가 되지 않는다는 것을 알게 되었다. 물론 개중에는 섞여 앉고 싶어 하지 않는 사람도 있었고, 이런 구분을 문화로 여기는 사람도 있었다. 아주 보수적인 집안에서는 남성이 직계가족이 아닌 여성의 얼굴을 보지 못하고 살았다. 심지어는 형수나 제수 얼굴도 볼 수 없었다.

기도 시간을 알리는 아잔이 들리면 모든 상점이나 음식점은 문을 닫았다. 그렇다고 그들이 모두 기도하러 가는 것은 아니고 건물 뒤편에서 휴대전화를 들여다보는 일이 다반사였다. 종교 경찰이라고 불리는 권선징악위원회의 단속을 피하기 위해서는 어쩔 수 없는 일이었다. 험상궂게 수염을 기른 종교 경찰은 몸을 옷으로 제대로 가리지 않은 여성을 괴롭혔고, 술을 마시거나 마약을 하거나 허가받지 않고 이성과 섞여 지내는 사람을 찾아내려고 공공장소를 순찰했다. 현지 방송에서는 종교 경찰이 인도 기독교인들이 몰래 예배드리는 지하실을 급습하거나 (사우디는 이슬람이 아닌 다른 종교를 용인하지 않는다.) 사우디 젊은이들이 부적절한 춤을 추는 (이슬람에서는 생일 축하를 금한다.) 자리를 해산시켰다는 기사를 보도하곤 했다.

그것은 할 일이 별로 없다는 것을 의미했다. 사실 그것은 매우 지루한 일이기도 했다. 영화도 보지 못하고 노래도 들을 수 없고 공원조차 얼마 없는 곳. 방에 갇혀있다는 생각이 들어서 분위기도 바꿀 겸 쇼핑몰에 나갔지만, 마침 가족만 입장할 수 있는 시간이어서 가족이 없는 남성인 나로서는 밖에 앉아 있을 수밖에 없었다. 그때 사우디 청년들이 젊은 여성을 구경하려고 그곳을 찾은 가족 틈에 섞여 들어가려는 것을 보기도 했다. 커피숍에서 기사를 쓰려다가 기도 시간이 되어서 쫓겨나기도 했고, 기도 시간에 바깥에 앉아 있는데 경찰이 와서 모스크에 가라고 떼민 적도 있다.

젊은 남성들은 어울릴 수 있는 공공장소가 너무 적었기 때문에 그들은 돈을 모아 모여서 이야기하고 차도 마시고 TV도 볼 수 있는 수수한 카페를 빌렸다. 내가 그곳에서 일하기 전에는 대담하게 남의 차를 훔쳐 '타시트'라는 드리프팅을 즐기는 파괴적인 문화가 유행했다. 그들은 사람을 모아놓고 그 앞에서 위험한 자동차 묘기를 보여줬고 시인들은 그 화면을 띄워놓고 주변에 사람을 더 많이 모으기 위해 경쟁하는 운전자들을 찬양하기도 했다. 위험하고 불법적인 일이었지만 마치 제임스 딘 시대의 자동차 경주처럼 사우디의 부유함을 누리지 못하는 도시 하층민에게는 울분을 쏟아내는 유쾌한 일이기도 했다. 하지만 내가 리야드에 도착했을 때는 경찰이 도시 곳곳에 감시 카메라를 설치해 드리프팅을 사전에 막을 수 있게 되었다.

젊은 여성들은 그런 기회마저 없어서 그저 집에서 친구를 만나거나 나가서 식사하는 게 고작이었다. 패스트푸드뿐 아니라 먹을 것이 사방에 넘쳤다. 하지만 여성을 데려다 줄 기사나 남성 가족이 없으면 여성은 집에 있을 수밖에 없었다.

내가 도착하고 며칠 지나지 않아서 여성 운전 금지를 반대하는 시위가 일어났다. 하지만 사우디 정부가 워낙 시위라는 말을 싫어해서 당국은 시위는 아니라고 발표했다. 지난 수십 년 동안 여성 운전 금지에 저항하는 집회를 열어왔던 몇몇 여성 단체들이 2013년 10월 26일에 대규모 집회를 하기로 결정했다. 계획은 단순했다. 합법적인 외국 면허증을 가진 여성이 운전을 하고 그 영상을 인터넷에 올려서 그것이 별로 대단한 일이 아니라는 것을 보여주자는 것이었다.

하지만 그 소식이 알려지자 보수 집단에서는 운전하겠다는 여성들에게 위험성을 경고하고 나섰다. 한 종교학자는 TV에 출연해 시위를 계획하는 이들이 '수상쩍고 조국을 위험에 빠뜨리는 자들'이며 '큰 위험'이라고 분노를 터뜨렸다. 성직자들은 '악의 문을 열 수 있는 정치적, 종교적, 사회적, 경제적 문제'를 일으킬 가능성이 있기 때문에 여성 운전을 금지한다고 말했다. 또 다른 성직자는 사우디 전역에서 100명이 넘는 남성 대표단을 이끌고 압둘라 국왕에게 여성 운전 음모에 대해 경고하고 나섰다.

계획했던 날이 다가오자 해커들은 여성 웹사이트를 모욕적인 글로 도배하고, 어떤 이스라엘계 미국인 활동가가 여성들에게 운전하라고 부추겼으며, 시온주의자들도 이 문제로 사우디를 약화시키려 든다고 비꼬는 영상을 올렸다. 정부는 '편향된 자와 침입자와 포식자와 함께 사회적 평화를 교란하고, 불화의 문을 열고, 병든 꿈을 꾸는 환상에 부응하는 것'을 모두 금지한다고 경고했다. 보안군은 '사회를 분열시키고 쪼개려는' 모든 사람을 처벌하기 위해 '모든 힘과 단호함'으로 대응할 것이라고 말했다. 보안 당국자는 활동가들에게 전화를 걸어 집에 머물라고 말했다.

하지만 그날 몇몇은 여전히 운전을 했다. 주최 측은 수십 명의 여성들에게서 영상을 받았다고 밝혔지만 그 수가 얼마나 되는지는 알기 어려웠다. 어쨌든 2,200만 명의 국민이 사는 나라에서는 미미한 수준이었다. 그날 운전하는 여성보다는 운전하는 여성을 찾는 외국 기자들이 더 많아 보였다.

하지만 영상은 매력적이었다. 한 영상에서는 젊은 여성이 리야드를 질주하며 웃고 있었고 그의 아버지가 조수석에서 그를 촬영할 때 킥킥 웃었다.

"방금 리야드에 도착해 집으로 가는 루자인 알 하틀룰입니다. 그녀는 운전을 할 수 있어서 행복해합니다"라고 영상을 보여준 이가 말했다. 그리고 "신의 뜻에 따라 10년 후에 우리는 이 이미지를 비웃을 수 있을 겁니다"라고 말을 이었다.

나는 많은 참가자와 이야기를 나눴다. 그중 60세의 사진작가이자 정신분석학자인 마데하 알 라즈루시는 압둘라 국왕을 만나게 해달라는 여성들의 요청이 받아들여지지 않았다고 말했다. 성직자들은 원할 때마다 왕을 만나는 것처럼 보였기 때문에 그녀는 짜증이 났다. 그녀가 원하는 것은 단지 차를 몰고 카페에 가는 것이었다.

그녀는 "우리는 그저 평범한 삶을 원할 뿐이에요. 작게는 차를 몰고 가서 카푸치노 한 잔 사 마시는 정도, 크다고 해봐야 아이가 아플 때 응급실에 데려가는 정도에 지나지 않아요"라고 말했다.

아침에 그녀의 운전기사가 그녀를 코스타 커피숍까지 데려다줬다. 그녀는 거기서 그날 운전할 친구를 만났다. 그러나 두 남성이 따라왔기 때문에 그들은 계획을 중단하고 쇼핑몰로 피했다. 그들은 거기서 노란 장난감 차를 사서 자기네들을 따라다니는 남성들에게 선물했다. 그러자 그 남성들이 뛰쳐나갔다.

그들은 그것 때문에 소란스러워지는 것이 괴로웠다.

그녀는 내게 "이것은 혁명이 아닙니다"라고 말했다.

나는 또 리야드대학교 언어학 교수인 에만 알 나프잔과 이야기를 나눴다. 그녀는 블로그에 사우디 여성에 대한 글을 올렸다. 그녀는 면허증이 없어서 다른 여성들이 운전하는 모습을 촬영하는 일을 맡았다. 그런데도 그녀는 베이지색 포드 승용차를 가지고 있었다. 그녀는 내게 그 승용차를 어떻게 타고 다니는지 설명했다.

"우리 집 대문 밖에 있는 작은 방에 방글라데시 운전기사가 있어요. 그가 나를 데려다주지요."

그녀가 말을 마치자, 나도 웃고 그녀도 웃었다.

그리고 그녀는 "그게 사우디예요"라고 말했다.

지금 같아서는 수년 안에 이 세 여성들은 운전하고자 하는 욕구 때문에 MBS와 예기치 못한 방식으로 충돌할지도 모르겠다.

그날 밤 어떤 여성도 투옥되지 않았고 사회가 붕괴되지도 않았다. 그날 가장 큰 화제는 사우디 예술가 그룹이 유튜브에 올린 뮤직비디오였다. 그들은 밥 말리의 〈No Woman, No Cry〉 가사를 〈No Woman, No Drive〉로 바꾸어 무반주로 불렀다.

그들은 그 가사에서 이렇게 비꼬았다. "전에 당신은 가족 승용차에 앉아 있곤 했던 것을 기억합니다. 뒷자리에……"

그들은 운전이 여성의 생식기를 손상시킨다고 주장하는 성직자를 조롱하기도 했다.

"난자와 난소는 안전히 잘 있으니 걱정하지 마세요. 아기를 얼마든지 만들 수 있답니다."

노래가 재미있어서 입소문을 타고 퍼져나갔지만, 꼬투리를 잡히지 않게 비판하다 보니 누구도 화내지 못했고, 그래서 아무도 잡혀가지 않았다.

"이봐~ 꼬마 아가씨, 운전대를 잡지 마세요. 여자는 안 돼요. 운전하면 안 돼요."

이것은 내가 사우디를 방문했던 초기에 일어났던 많은 사건 중 하나였다. 이를 통해 사우디에 어른들과는 전혀 다른 방식으로, 예컨대 연예인을 따라 하거나 소셜 미디어를 통해 자기를 표출하는 젊은이들이 폭발적으로 늘어나고 있다는 것을 알 수 있었다.

나는 자유주의나 보수주의에 대한 내 생각에 이의를 제기하는 사우디 젊은이들을 계속 만났다. 내가 알게 된 한 종교인은 선지자 무함마드의 행동을 그대로 따르는 극단적 보수주의 종파인 '살라피(Salafi)'처럼 수염을 길게 기르고 콧수염은 깎아버린 모습을 하고 다녔는데, 어느 날 그가 힐러리 클린턴 자서전 읽는 것을 본 일도 있다.

그에게 "여성이 정치를 해야 한다는 건 생각조차 안 하지요?"라고 물었다.

그는 그렇기는 한데 자기와는 상관없다고 했다.

그리고 "힐러리는 중요한 인물이고 나는 그녀가 어떻게 생각하는지 알고 싶습니다"라고 말했다.

다음에 만났을 때 그는 《다빈치 코드》를 읽고 있었다.

그에게 그 책을 어떻게 생각하느냐고 물었다.

그는 그 책에 나오는 역사가 사실은 아니지만 자기는 신경 쓰지 않는다고 했다. 그리고 "대단한 이야기 아니에요?"라고 했다.

샤리아법을 적용하는 판사와 친구가 된 일이 있다. 어느 날 내가 쓴 기사에 대해 의논하려고 그를 만났다. 이야기를 잠시 멈추고 차를 마시는데 그가 내게 몸을 기울이면서 "미국 드라마 〈브레이킹 배드〉를 보시나요?"라고 물었다.

그를 알게 되었을 때쯤 그는 휴가 때마다 아내와 딸을 데리고 캘리포니아로 가서 차를 빌려 할리우드를 돌아다니기 좋아했다고 털어놓았다. 그는 대학을 졸업한 후 사실상 사법부에 징집되었고, 당시까지 거기서 벗어나려고 애쓰고 있었는데 생각만큼 만만치가 않았다. 만약 그가 애쓰던 대로 거기서 벗어날 수 있었다면 어떤 삶을 선택했을지 궁금했다.

압둘라 국왕 시기 관료들과 학자들이 지겹도록 강조한 것은 '혁명이 아닌 진화'였다. 당시 누구나 인정하듯 사우디는 정치적으로 안정되어 있었고 압둘라 국왕은 나름 개혁적이었다. 그는 법령을 개정해 여성 취업이 가능하게 만들었고, 국왕 자문 회의인 슈라의회에 여성 의원을 지명했을 뿐 아니라, 여성에게 지방선거 투표권을 부여하고 출마를 허용하겠다고 약속했다. 사우디 사람 대부분은 이런 변화를 환영하면서도 한편으로는 '아랍의 봄(2010년 12월 튀니지에서 시작되어 아랍·중동 국가 및 북아프리카로 확산된 반정부 시위—옮긴이)' 봉기 때문에 주변 국가에 혼란이 적지 않았던 것을 잊지 않았다. 그래서 그들은 변화는 계속 추구하되 감당할 수 있는 정도까지 속도를 조절하고, 통치권은 그대로 왕실에 맡기는 것이 낫다고 생각했다.

아무튼 왕실로서는 당면한 상황을 원만하게 관리해야 하는 것이 큰 숙제였다. 사우디를 건국한 국왕의 젊은 아들들이 늙고 죽어가는 데도 그들이 모두 사망했을 때 누가 그 자리를 물려받을지 분명하지 않았다. 왕위는 결국 다음 세대로 넘어가야 하는데, 과연 어떻게 넘길 것인가? 3세대에는 왕자만 해도 수천 명에 이르는데 과연 그들 중에 누구를 선택할 것인가?

2009년 국왕뿐 아니라 왕자들과도 수십 년을 가까이 지내고 왕실의 역학 관계에 정통한 유명한 사우디 언론인이 미국 외교관에게 이 문제를 제기했다.

그는 사우디 미래와 관련해 까다로운 질문을 받자 사우디는 '전환기에 있는 국가'라고 대답했다. 그는 사우디에서 10년 안에 왕실 3세대 왕자 중에서 지도자가 세워질 것이라고 예측하면서 문제는 "그게 누가 될지 모른다"는 것이라고 덧붙였다.

그는 자말 카슈끄지였다.

그가 옳았다.

3장
즉위

오바마 정부와 관련한 내용을 확인하기 위해 당시 오바마 정부에 참여하고 있던 인사 아홉 명을 직접 또는 서신으로 인터뷰했으며, 사우디를 방문하는 동안 다수의 정부 관계자를 만나 이야기를 나눴다.

2015년 1월 23일, 압둘라 국왕은 오랜 폐암 투병 끝에 리야드의 국가방위군병원에서 사망했다. 국왕의 아들 중 하나가 병실에서 나와 국왕 일가와 각료들에게 국왕의 사망을 알렸고 많은 사람이 눈물을 흘렸다. 이 소식이 전해지자 방계가족의 왕자들이 조문을 다녀갔다. 그중에는 무함마드 빈 살만을 대동한 살만 왕자도 있었다. 어느 시점엔가 젊은 왕자가 왕실 문서에 사용하던 인장을 압둘라 국왕 내각의 실세에게서 넘겨받았는데, 이로써 권력이 누구에게로 넘어가는지 분명해졌다. 압둘라 국왕을 병원으로 옮겼던 왕실 경호원들은 살만을 호위해 병원을 떠났다. 압둘라 국왕은 여느 무슬림과 마찬가지로 조그맣고 아무 장식도 없는 무덤에 안장되고, 살만이 사우디아라비아 국왕으로 즉위했다. 당시 살만은 79세로, 사우디아라비아 왕국을 건국한 압둘아지즈 국왕의 살아남은 아들 중 거의 끄트머리였고 자기 세대 중 국왕에 오른 마지막 왕자였다.

새로운 국왕이 즉위해 사우디가 환호로 뒤덮이고 TV 방송에 축하 프로그램이 넘쳐나고 녹색 불꽃이 리야드 밤하늘을 수놓았지만, 당시는 사우디에 고난의 시기였다. '아랍의 봄'으로 불리는 민중 봉기로 튀니지와 예멘과 리비아와 이집트의 독재 권력이 무너지자 사우디에게 익숙했던 지역 질서가 흔들렸다. 이러한 봉기로 인해 각 국가에서 누가 권력을 휘두를 것이며 사우디와는 어떻게 관계를 맺을지 불투명해졌다.

사우디를 등에 업은 새로운 독재자가 이집트를 장악했지만, 아랍에서 가장 인구가 많은 이집트는 경제 위기에 직면하게 되었다. 포격의 충격에서 벗어나지 못한 리비아는 권력을 잡으려는 두 세력의 충돌로 혼란에 빠졌다. 예멘의 후티 반군은 수도 사나와 사우디 국경 지역인 예멘 북서부를 장악했다. 멀리 떨어져 있는 시리아에서는 사우디의 지원을 받은 반군이 바샤르 알 아시드 대통령을 축출하는 데 실패하자 잔인한 내전으로 번졌다.

그때 이슬람국가(IS)의 지하디스트들은 시리아 동부와 이라크 서부를 휩쓸어 영국 크기의 영토를 점령하고, 무자비한 폭력으로 적들을 공포에 떨게 하고, 세계 무슬림을 통합하기 위해 칼리파가 다스리는 이슬람 정부를 수립했다고 선언했다. 사실 사우디 왕실을 포함한 세계 대부분의 무슬림은 지하디스트를 혐오했고, 그래서 그들이 부상하는 것이 사우디로서는 몹시 부담스러운 일이었다. 이때 그동안 사우디가 이슬람을 자의적으로 해석해 이교도를 박해하고 공개적으로 참수를 자행해 온 모습이 시선을 끌게 되었다. 와하비즘은 칼리프 체제를 받아들이지 않고, 통치자에게 복종하라고 독려하며, 서구 세계와 교류하는 것을 반대하지 않는다는 점에서 지하디스트들과는 두드러지게 달랐다. 그러나 그런 점을 제외한 다른 면에서는 별로 차이가 없어 지하디스트 학교에서는 사우디 교과서를 사용했다. 그런데도 지하디스트들은 왕족들을 위선자, 배신자라고 비난하고 사우디 사람 수천 명을 채용했다. 그들 중 일부는 사우디에 치명적인 공격을 가했다.

그 당시 이란은 이 지역의 혼란을 틈타 레바논과 시리아, 이라크와 예멘의 민병대를 비밀리에 지원해 영향력을 높여가고 있었다. 사우디와 이란은 이슬람의 가장 큰 종파의 대표로서 경쟁하는 사이였다. 수니파 왕국인 사우디는 스스로를 세계 무슬림의 바티칸으로 여겼고 이란의 시아파 신앙을 일탈이라고 무시했다. 시아파 혁명정부가 통치하는 이란은 사우디를 '혁명을 수출하고 미국과 이스라엘의 이익을 훼손하려는 자신들의 의도'를 방해하는 첫째가는 적으로 보았다.

이때 세계 유가가 배럴당 100달러 아래로 떨어지면서 주변 위협에 맞서는 사우디의 능력을 약화시켰다. 이러한 급격한 유가 하락은 앞으로 수년 동안 지속될 어려움의 시작에 불과했다. 유가 하락은 사우디의 국가 수입에 차질을 빚었을 뿐 아니라 사우디 경제 전반에 악영향을 미쳤다. 사우디에는 고유가 시대에 자라나서 큰 기대를 안고 살아가는 젊은이들이 넘쳤지만, 정부는 더 이상 기성세대를 고용했던 것처럼 그들을 고용할 수 없게 되었다.

거기에 더해 미국을 더 이상 신뢰하기 어렵다고 여길 만한 일이 이곳저곳에서 일어나자 사우디는 더욱 불안해졌다. 사우디는 제2차 세계대전 도중 압둘아지즈 국왕이 프랭클린 루스벨트 대통령을 만나 비밀 회담을 가진 이후 미국에 안보를 의존해 왔다. 하지만 최근 들어 기대한 만큼 미국이 협력적이지 않아 보였기 때문이다. 사우디 왕실은 버락 오바마 대통령을 좋아하지도 신뢰하지도 않았다. 오바마 대통령이 사우디를 좋아한다고 믿을 만한 이유도 없었다. 게다가 2011년 이집트에서 시위가 일어났을 때 오바마가 호스니 무바라크 대통령이 하야해야 한다고 언급한 것이 사우디의 분노를 불러일으켰다. 오바마가 시리아 반군에게 무기를 충분히 지원하지도 않고, 2013년 아사드 대통령이 화학무기를 사용해 오바마가 전술적으로 설정한 레드라인을 넘었는데도 그에 대한 폭격을 거부하자 사우디의 실망감은 더욱 커졌다. 그러고 나서 오바마 행정부가 이란과 강도 높은 핵 프로그램 협상을 벌였다는 사실을 알게 되었다. 더구나 이 협상이 사우디 모르게 진행되었기 때문에 사우디로서는 가장 중요한 우방에 배신당했다는 느낌을 지울 수 없게 되었다.

이런 정세 속에서 살만은 MBS를 이끌고 왕위에 올랐다. 이때까지는 관측통조차도 젊은 왕자에 대해 제대로 알지 못했다.

살만은 압둘라 국왕이 부왕세제로 책봉했던 이복동생 무끄린 빈 압둘아지즈를 왕세제로 승격시켜 왕실 서열을 정비했다. 무끄린은 영국 공군사관학교에서 훈련받고 여러 주지사를 역임한 후 사우디 정보국 수장으로 오를 만큼 배경이 탄탄했다. 그와 함께 일했던 외국인 관료들은 그가 두각을 나타냈던 것은 압둘라 국왕이 그를 총애했기 때문이라고 짐작하고 있었다. 압둘라 국왕은 입심 좋은 이야기꾼인 무끄린을 좋아해서 그를 가까이에 두었다. 그는 생존한 압둘아지즈 국왕의 아들 중 막내였지만 그의 어머니가 예멘 사람이어서 국왕에 오르는 건 어려웠을 것이다.

이어서 살만은 조카이자 알카에다 격퇴 작전을 주도한 것으로 유명한 무함마드 빈 나예프(MBN) 내무부 장관을 왕위 계승 서열 두 번째인 부왕세자로 책봉했다. 이로써 MBN은 압둘아지즈 국왕의 손자로서는 첫 번째로 왕위 계승 서열에 이름을 올렸다.

모든 사람의 관심이 정상의 자리에 오르는 유명한 왕족에게 집중되는 사이 29세의 MBS는 그 관심에서 벗어날 수 있었다. 살만은 그를 국방부 장관으로 임명해 군을 통솔하게 했으며, 동시에 국왕

비서실장으로 임명해 국왕에게 보고되는 모든 사안과 왕실 자금을 관리하게 했다. MBS는 두 지위를 이용해 자기 세력을 키웠다.

MBS와 그의 보좌관들은 상황이 어느 정도 정리된 후 저유가와 전임 국왕의 미숙한 국정 운영 때문에 일어난 경제 위기가 다가오는 것을 깨닫고, 그들이 즉각적으로 어떤 조치를 취했는지 설명한 일이 있다. 2010년에서 2014년까지는 유가가 고공비행한 데다가 공교롭게 압둘라 국왕의 건강이 악화하다 보니 정부 지출이 방만해졌고 큰 규모의 계약이 거의 통제 없이 이루어졌다.

압둘라 국왕이 사망한 후 MBS는 보좌관 네 명과 함께 정부 기구를 재편하고 권한을 자기에게 집중시키기 위해 밤새워 일했다. 다음 날 그는 왕명으로 수많은 정부 기구를 폐지하고 최고위원회인 경제개발위원회와 안보위원회로 재편했다. 그는 처음에 경제개발위원회의 의장을 맡아 사우디 경제에 관한 권한을 손에 넣었으며 이어 안보위원회 의장도 맡았다.

MBS는 훗날 "처음 12시간 안에 결정을 내렸고, 열흘 안에 전체 정부 기구 재편을 마쳤습니다"라고 밝혔다.

MBS의 경제 보좌관 중 한 사람은 매년 사우디 국가 예산의 4분의 1에 해당하는 800억 달러에서 1,000억 달러가 비효율적인 집행으로 낭비되었다고 추정했다. 살만이 국왕으로 즉위하고 처음 몇 달 동안 저유가 때문에 쌓여있던 미지급금을 해결하기 위해 석유 매장량을 조사한 일이 있었다. 그 결과 MBS의 팀은 2년 안에 나라가 파산에 이르는 상황인 것을 확인했다. 다가오는 위기가 얼마나 심각한 정도인지 보좌관은 '신경쇠약에 걸리기 직전'에 이르렀다.

첫해 동안 MBS는 정부 예산을 삭감하고 지출을 억제하고 파산을 늦추기 위해 가능한 모든 조치를 취했다. 그러나 오래된 습성을 지우는 것은 쉽지 않았다. 즉위하고 한 달도 채 되지 않아서 살만은 공무원과 군인과 국내외 대학생들에게 두 달 치 봉급에 해당하는 보너스를 지급했다. 이에 소요되는 예산은 무려 320억 달러에 이르는 엄청난 규모인데, 이는 아프리카에서 경제 규모가 가장 크다는 나이지리아의 한 해 예산보다 컸다. 이는 책임 재정을 화두로 삼는 왕실이 자신들의 곳간을 열어 국민의 마음을 얻으려 한 것이다.

사우디 군대는 전쟁을 치른 경험이 없어 MBS가 국방부 장관에 오른 것은 그렇게 주목을 끌지 않았다. 그 사이 MBS는 많은 사우디 남성을 고용할 수 있었고, 미국이나 서구 국가들과 무기 도입 계약을 체결함으로써 동맹을 뒷받침하고 네트워크를 강화할 수 있었다.

MBS는 병력을 실전에 투입하지 않을 이유가 없다고 생각했다. 그는 2015년 3월 26일 사우디 공군에 가난하고 지리멸렬한 남쪽 이웃 예멘을 폭격하라는 명령을 내렸다. 예멘의 수도를 점령한 후티 반군을 몰아내고 그들이 무너뜨린 정부를 재건하기 위해서였다. 미국 고위 관계자들은 사우디 당국자들이 이 작전에 미국의 협조를 기대할 만한지 묻기 전까지 이런 계획을 거의 알지 못했다. 아델 알주바이르 대사를 비롯한 사우디 외교관들은 사우디 동맹국들에 이 전쟁이 몇 주 안에 끝날 것이라는 확신을 주기 위해 동맹국의 수도로 날아갔다. 그러나 그 예측은 완전히 빗나갔고 MBS는 이 지역에 대한 새로운 전략을 세워야 했다.

후속 법령이 줄을 이었다. 예멘 작전의 이름을 '폭풍우(decisive storm)'에서 '희망 탈환(restoring hope)'으로 바꿨는데, 이로써 어려운 작업은 끝났고 이제는 청소할 시간이라는 그들의 인식을 드러냈다. 국왕은 왕세제의 요청에 따른 것이라면서 이야기꾼 무끄린을 왕세제에서 폐위하고, 국민의 존경을 받는 안보 당국의 수장인 무함마드 빈 나예프(MBN)를 왕세자(왕세질)로 책봉했다. (MBN은 살만 국왕의 조카다. 따라서 엄밀히 말하자면 왕세질王世姪에 해당한다. 그러니 정확히는 왕세질이라고 써야 하지만 용어가 낯설어 통상적인 표현인 왕세자로 표기했다.—옮긴이) MBN이 그동안 안보와 관련해서 미국과 의견을 조율해 왔고 중앙정보국과도 가까웠기 때문에 워싱턴에서는 이러한 조치를 호의적으로 받아들였다.

MBS도 따라서 승격되었다. 그의 아버지는 그를 왕위 계승 서열 2위인 부왕세자로 책봉하고, 사우디 경제의 중추인 사우디 아람코 이사회 의장으로 임명해 이를 지휘하게 했다.

만약 미국에서 MBS와 같이 알려지지 않은 인물이 이렇게 빨리 권력을 잡고 정부를 개편하고 새로운 전쟁을 시작했다면 아마 그에 대한 정보를 알아내기 위해 전쟁이 벌어졌을 것이다. 신문에서 그의 배경을 파헤치고, 오래된 친구와 지인과 상사를 추적하고, 사생활과 재무 관계를 뒤졌을 것이라는 말이다. 그러나 사우디에서는 이런 일이 일어나지 않았다. 국왕이 그의 아들을 선택했으므로 아들의 자격을 평가하는 게 아니라 아들을 칭송하는 게 국민의 일이었기 때문이다.

사우디 뉴스 매체가 보도한 MBS의 프로필에는 세부 정보가 들어있지 않았다. 그저 정부 기관 연구원 경력, 아버지 휘하에서 담당했던 업무, 청소년 및 문화유산 기관의 직위 정도가 기재되어 있을 뿐이었다. 누구도 그가 석유산업이나 국방을 지휘할 자격이 있는지 공개적으로 묻지 않았다. 외국의 관계자들은 그만큼도 알지 못했다. 몇 달 동안은 그의 나이조차 분명하지 않았다. 《뉴욕 타임스》 같은 매체는 그가 "30세 정도로 추정된다"고 거듭 언급할 뿐이었다. 《폴리티코》는 "그가 미국 지도자들에게는 수수께끼 같은 인물이지만 사우디 국방부 장관을 맡고 있으며 강경파로 분류된다. 그는 살만 국왕이 가장 총애하는 아들로 흔히 'MBS'로 불린다"고 보도했다.

그가 부왕세자에 오른 지 얼마 되지 않아 워싱턴 당국자들이 처음으로 MBS를 만나게 되었다. 2015년 5월 걸프 아랍 군주국의 지도자들이 오바마와 캠프데이비드(Camp David, 미국 대통령 전용 별장—옮긴이)에서 정상회담을 하기 위해 워싱턴을 방문했다. 시골에 있는 캠프데이비드를 방문하는 것은 걸프 왕족들에게는 매우 낯선 일이었다. 프랭클린 루스벨트 대통령부터 시작해 현재에 이르기까지 미국 대통령들은 고위 인사들을 소란스러운 수도에서 멀리 떨어진 메릴랜드에서 대접하곤 했다. 하지만 그런 정서는 궁전과 최고급 호텔에 익숙해 있는 걸프 왕족들에게는 의미 없는 일이었다. 시골에 있는 오두막에서 잠자고 흙길을 걷고 골프 카트를 타고 숲길을 달리는 것은 그들이 기대하는 대접과는 관계가 먼 것이었다. 게다가 오바마가 이란과 핵 협정을 추진하는 것 때문에 관계는 이미 냉랭해진 상태였다. 미국은 걸프 지도자들이 이미 자존심이 상해 있다는 것을 알고 있었다. 때문에 이번 회담을 통해 미국이 그들의 안보에 전념하고 있다는 것을 확신시키려고 노력했다.

참석이 예상됐던 살만 국왕은 자기 대신 MBN과 MBS를 보냈고, 오바마 대통령은 정상회담에 앞서 대통령 집무실에서 이들을 맞았다. 오바마 행정부의 고위 인사들이 MBS를 만난 것은 이번이 처음이었는데, 그들 대부분은 MBS가 불편하고 부적절해 보였다고 회상했다. 그는 영어에 능통하고 그런 상황에 익숙한 사촌 형에게 대화를 미루고 자신은 거의 말을 하지 않았다. 오바마가 그를 대화에 끌어들이기 위해 영어로 MBS에게 말을 건넸을 때 젊은 왕자는 통역사를 통해 소심하게 대답했다.

그러나 회담 직후 얼마 전 외무부 장관으로 승진한 아델 알 주바이르가 수전 라이스 국가안보보좌관에게 MBS와의 비공개 회담을 요청했다. 그녀가 동의해 그들은 라이스의 사무실에서 만났다. MBS가 긴장이 풀렸는지 그의 아내와 가족에 대해 장황하게 말했다. 그리고 그는 사우디에서 여성 인권을 향상시킬 것이라고 선언했다.

MBS의 행동은 분명히 그녀의 환심을 사기 위한 것이었고, 미래에 클린턴 행정부까지 참여할 것으로 예상되는 힘 있는 여성을 겨냥한 것이었다. 백악관 관계자들은 MBS의 약삭빠른 모습에 충격받고 혼란스러워했다. 그가 현장에 나타나자마자 미국 정보 요원들은 모든 외국 지도자에게 그랬던 것처럼 성격을 파악하기 위해 그에 대한 정보를 수집하기 시작했다. 그러자 당혹스러운 상황이 드러났다. MBS가 그의 어머니와 어머니의 두 여동생을 궁에 가뒀던 것이다. 더욱 놀랍게도 그는 아버지인 국왕에게까지 어머니의 행방을 숨기고 있었다.

당시 MBS의 어머니는 국왕의 아내 중 유일하게 생존한 인물이었고 국왕도 그녀를 아꼈다. 하지만 국왕이 그녀의 행방을 물었을 때 MBS와 그의 보좌관들은 치료를 위해 해외에 나가 있다고 변명하곤 했다.

왕실의 다른 인사들도 MBS의 어머니가 사라진 것을 알고 있었다. 살만이 국왕으로 즉위했을 때도 그랬고, 그녀가 왕실의 결혼식이나 장례식 같은 기념일에도 나타나지 않자 그들은 MBS가 자기 어머니를 어딘가 가뒀다고 결론 내렸다. 하지만 그들도 미국 사람들처럼 그 이유를 알지 못했다.

이와 관련해 추측이 무성했다. 미국 당국자들과 일부 사우디 사람들은 MBS가 자기 어머니가 자신의 야망이 왕실을 분열시킬 것으로 걱정해서 자신의 출세를 막을까 걱정했기 때문이라고 생각했다. 다른 사람들은 MBS의 어머니가 그녀의 집안사람들을 밀어 올리려고 국왕에게 마술을 걸고 있다는 황당한 의심을 하기도 했다.

사우디 당국자들은 국왕 부인의 행방을 알기 위한 어떤 시도도 불쾌하게 여겼고, 당연히 아무 정보도 제공하지 않았다. 다른 왕족들은 미국 당국자들이 그랬듯이 국정 운영과 무관한 일이기 때문에 이런 질문 자체를 부적절한 것으로 여겼다. 하지만 많은 사람이 자기 어머니를 가두고 그 사실을 아버지에게조차 감추는 MBS의 성격을 어떻게 이해해야 하는지 궁금해하고 있었다.

4장

떠오르는 젊은 왕자

MBS가 이처럼 신비에 싸여있었지만 새로운 왕세자 무함마드 빈 나예프(MBN)에 관한 것은 이미 국내외에 널리 알려진 상태였다. MBN는 안경을 쓰고 콧수염을 기른 50대 중반의 내성적인 남성으로, 부상당한 보안 요원이 입원한 병원을 찾았을 때를 빼고는 기자들이 자신을 촬영하는 것을 원하지 않았다. 그는 10년 이상 최전선에서 테러를 맞상대한 사우디 최고의 거인이었다. 처음에는 정보부와 비밀경찰을 총괄하는 내무부 장관인 아버지를 대신해서, 나중에는 내무부 장관으로 대테러 작전을 지휘한 것이다.

2003년 알카에다는 사우디에 선전포고하고 외국인 주택단지를 포함한 민간 시설을 목표물 삼아 공격했다. 그 공격이 너무 위협적이어서 미국은 외교관 가족을 사우디에서 철수시켰다. MBN은 이에 대한 대응 작전을 지휘해 무장 단체의 은신처를 급습함으로써 알카에다의 공격을 중단시키고 사우디 내에 있는 그들의 네트워크를 해체했다. 그로부터 10년이 되기 전 철수했던 외교관 가족들이 사우디로 돌아왔다.

MBN이 미국과 긴밀하게 협력해 이 작전을 성공시키자 워싱턴, 특히 중앙정보국과 관계가 아주 돈독해졌다. MBN과 함께 일했던 미국 당국자들은 그가 진지하고 근면하며 첩보 기관의 수장으로서 사우디의 안보와 사우디-미국 동맹 관계를 유지하는 데 크게 기여했다고 평가했다.

사우디 내에서는 극단주의에 가깝거나 극단주의적 견해를 가진 이들을 포함한 종교계 인사들을 원만하게 관리해서 영웅으로 환영받고 있었다. 그가 지휘하는 경찰은 가정 폭력에 대해서도 단호하게 대처했다. 하지만 그렇지 않은 국민에게는 국가에 대한 그들의 위협을 가라앉히기 위해 '당근과 채찍' 방식을 선호했다. 자국에서 자라난 정치의식은 짓밟는 대신 관리하려 들었다. 심지어 해외에서 극단주의 단체의 일원으로 행동한 사우디 젊은이들도 잠시 잘못된 길로 빠진 것으로 판단하고, 적절한 교육과 인센티브를 통해 사회의 일원으로 재통합할 수 있도록 조치했다.

왕세자의 명령으로 사우디 교도소 안에 설치한 교화소에서 종교교육을 하고, 심리 치료를 하고, 적절한 현금을 지급하는 방식으로 사우디 범죄자들이 새로운 길을 걷게 했다. 이 교화소에서는 미혼 수감자들에게 여성을 소개하고, 기혼 수감자들에게는 가족 방문을 허용해 아이들 놀이터와 룸서비스가 있는 문을 잠글 수 있는 호텔과 같은 시설에서 머물 수 있도록 만들었다. 이러한 조치가 가져온 효과를 독립적으로 평가한 일은 없었지만, 미국 당국자들은 이를 높이 평가했다. 사우디 사람들도 이 방식이 죄인을 무기한 감금하거나 전쟁터에서 드론으로 죽이는 일보다는 훨씬 인도적이라고 주장했다.

무함마드 빈 살만

MBN은 그를 방문한 미국 고위 관리에게 사우디가 9·11 테러에서 엄청난 역할을 했다는 사실 때문에 몹시 고통스러웠다고 말하기도 했다.

이어서 그는 "테러리스트들은 우리가 가진 가장 가치 있는 것을 빼앗아 갔습니다. 그들은 우리의 믿음과 우리 아이들을 빼앗았고, 그들을 이용해 우리를 공격했습니다"라고 말했다.

그는 무장 단체의 자녀들을 범죄자라고 부르지 않고 피해자라고 부를 정도로 이 둘을 구분했다. 이러한 방식은 무장 단체의 자녀들로 인해 일어나는 문제를 해결하고 그들이 급진적으로 변하는 악순환을 깨는 데 효과가 있었다.

MBN은 "테러리스트 5명을 멈춰 세우는 대신 새로 50명을 만드는 것만큼 멍청한 일이 어디 있겠습니까"라고 말했다.

이러한 그의 지론 때문에 그가 거의 죽을 뻔한 일도 있었다. 2009년 예멘에서 알카에다와 함께 숨어있던 전설적인 사우디 폭탄 제조자 형제가 사우디로 돌아가 MBN에게 직접 항복하고 싶다는 의사를 표명했다. 왕자는 자신의 궁에서 그들을 맞으면서 그들이 굴욕감을 느끼지 않도록 수색하지 말라고 명령하고 그 옆에 앉았다. 그러자 그들은 몸속에 감추었던 폭탄을 터뜨렸다. 자살 폭탄인 셈이었는데, 그들은 폭사했지만 다행히 MBN은 가벼운 상처만 입었다.

이듬해 MBN은 백악관과 중앙정보국에 강력한 폭탄이 화물 컨테이너에 실려 미국으로 향하고 있다고 경고하면서 자신이 얼마나 중요한 역할을 하는지 증명했다. 그 폭탄은 두바이에서 가로챈 후 영국이 해체했다.

그 사건으로 인해 미국 당국자들은 사우디의 미래 권력자가 자신들이 아는 사람이라는 사실에 매우 반가워했다. MBN을 왕세자로 책봉한 것은 권력을 압둘아지즈 국왕의 아들 세대에서 손자 세대로 물려주는 현명한 방법이었다는 평가를 받았다. 대중은 MBN이 부인 하나와 딸 둘만 두었기 때문에 자식을 내세우는 데 신경을 쓰지 않을 것이니 국정 운영에 전념할 것이라고 생각했다.

그러나 얼마 지나지 않아 MBN의 위치가 그리 견고하지만은 않다는 징후가 나타났다. 살만 국왕은 왕세자 비서실을 국왕 비서실로 통합했다. 그 결과 MBN은 중요한 특권과 국민과의 관계를 구축할 수 있는 플랫폼을 박탈당했다. 그때부터 왕실은 MBS가 관할하는 비서실 한 곳만 남았다.

그해 여름, 오랫동안 미국 대사를 지내다 외무부 장관으로 승진한 아델 알 주바이르는 존 켈리 미 국무부 장관을 만나기 위해 난투켓 섬으로 날아갔다. 그리고 MBS가 개혁에 중점을 두고 있으므로 사우디의 미래를 이끌어나갈 수 있을 것이라고 말했다. 케리는 누가 왕권을 물려받든 관계없이 미국이 그 싸움에서 누구도 편들지 않을 것이라고 분명히 밝혔다.

MBS는 사우디의 가장 가까운 이웃을 포함한 아랍 세계에서조차 잘 알려지지 않은 인물이었다. 페르시아만에 있는 다른 작은 군주국들처럼 아랍에미리트 역시 사우디를 경제력과 국방력과 인구가 왜소해진 이 지역의 거인으로 조심스럽게 지켜보고 있었다. 아랍에미리트는 사우디 그늘에서 벗어나 국가 위상을 높이려고 수년 동안 애쓰고 있었다. 그 지도자들은 개인적으로 사우디 상대역들을 경직된 방식을 고수하는 보수주의자 노인네들이라고 깔보고 있었다. 어떤 미국 외교관은 아랍에미리트 지도자들이 사우디를 지구가 평평하다고 믿는 보좌관들에게 둘러싸인 심술궂은 노인이 운영하는 나라로 여기고 있다는 글을 쓰기도 했다.

아랍에미리트의 실질적인 통치자는 셰이크 무함마드 빈 자예드 알 나얀이었다. 아부다비의 왕세자인 그는 헬기 조종사로서 자기 이름의 약자를 딴 MBZ이라는 이름으로 알려진 빈틈없는 전술가였다. 그는 키가 크고 몸매가 보기 좋았으며 걸프 왕족들에게서는 쉽게 볼 수 없는 겸손한 태도를 잃지 않았다. 그는 때때로 회의 중에 일어나 손님들에게 커피나 차를 따라주기도 했다. MBZ는 자기 나라의 규모를 능가하는 국제적 영향력을 갖추기 위해 노력했다. 아랍에미리트는 인구가 텍사스의 댈러스 주민보다 적었으며 군사력 역시 그 수준을 넘지 않았다. 그러나 그는 수십억 달러를 들여 미국에서 무기를 도입하고 특수부대를 창설해 미군과 함께 아프가니스탄과 소말리아와 세계 곳곳에서 함께 전투를 벌였다. 비록 미국인 중에 아랍에미리트나 그 나라의 지도자에 대해 들어본 사람이 얼마 없었지만, 그는 중동에 대한 자신의 견해가 권력의 중심에 도달할 수 있도록 만들기 위해 워싱턴에서 막대한 자금을 쏟아 부어가며 로비 활동을 벌였다.

살만 국왕이 MBN을 왕세자로 책봉한 것은 아랍에미리트에 좋은 징조가 아니었다. 언젠가 MBZ가 "늙은 왕자가 꼴사나운 모습을 보이는 것을 보니 '다윈의 말이 옳았다'는 미국 코미디 영화가 사실인 모양"이라며 MBN의 아버지를 대놓고 모욕한 것 때문에 MBN과 관계가 껄끄러웠기 때문이다.

그러나 MBS가 누군지 궁금해하던 MBZ는 지역 전문가들을 불러 그에 대한 정보를 알아보았다. 그는 MBS에 대한 정보를 듣고 깊은 인상을 받아 자기 동생에게 자신을 대신해 젊은 사우디 왕자를 만나보라고 했다. 그렇게 사막 캠프가 차려지고 두 사람은 서로 만나 의기투합하게 되었다. MBZ가 이렇게 능수능란하게 자리를 만들고 이끌어간 결과 두 나라는 지역 동맹을 강화할 수 있었다. 두 사람 모두 남는 장사를 한 셈이다. MBS는 사우디 미래 통치자가 되려는 자신의 모험을 뒷받침할 강력한 멘토를 얻었으며, MBZ는 경험이 충분하지 않은 사우디의 젊은 왕자가 이란과 이슬람을 정치적으로 이용하는 무슬림형제단에 대한 적개심에 불타는 것을 보고 깊은 인상을 받았다.

MBZ는 자기 이야기를 귀담아들을 만한 미국 당국자들을 만날 때마다 MBS를 소개하기 시작했다. 그는 MBN은 흘러간 사람이고 MBS가 미래라고 주장하며 미국 정부에서 미래를 준비하기 위해서는 적절한 인사를 뽑아 MBS와 관계를 세워나가야 한다고 역설했다. 오바마 대통령은 사우디의 차기 국왕이 누가 되느냐 하는 중요한 문제와 관련해 어느 편도 들지 않겠다는 정책을 고수하고 있었다. 그러나 행정부 안에서는 젊은 왕자를 지도할 수 있는 'MBS 위스퍼러(개인 보좌관)'을 찾아야 하지 않느냐는 논의가 시작되었다. 그 적임자로 존 켈리가 추천되었지만 그러기에는 너무 할 일이 많았다. 애슈턴 카터 국방부 장관은 MBS의 당연한 상대였지만 별로 관심을 보이지 않았다. 조 바이든 부통령이 논의되었지만 그러기에는 나이가 너무 많았다.

결국 뉴저지 출신의 젊은 유대인 부동산 투자자 재러드 쿠슈너가 차기 행정부와 함께 백악관에 입성하기 전까지는 그 아이디어는 실현되지 않았다.

───────•──────

MBS는 세력이 커지면서 엄청난 재산을 모으는 일에 관심을 가지기 시작했다. 그가 어렸을 때는 엄청난 재산을 가진 그의 사촌들이 재산을 축적하고 호화로운 휴가를 보내고 알짜배기 부동산에 어마어마한 자금을 쏟아붓는 것을 지켜보고 있어야만 했다면 이제는 그의 차례가 된 것이다.

MBS는 아버지가 국왕이기 때문에 원하는 자금을 쓸 수 있었다. 동시에 MBS는 자기 직위를 이용해 새로운 수입원을 만들 수 있게 되었다. 그중 하나는 사우디 국영항공사인 사우디아(Saudia)와 관련된 일이었다. 사우디아는 에어버스로부터 제트여객기 50대를 구매할 계획이었고 항공기를 업그레이드하면서 상당한 할인을 받았다. MBS는 애초 계획을 바꿔 그의 동생 휘하에 있는 회사가 그 제트여객기를 구매해 사우디아에 임대하도록 만들고 할인액과 다른 수익을 자기 가족들이 차지하게 했다.

계약이 체결된 2015년 6월에 MBS는 친구들과 함께 인도양에 있는, 마치 진주가 뿌려져 있는 듯 아름다운 군도를 이루는 야자수 섬인 몰디브로 휴가를 떠났다. 그들은 벨라 프라이빗 아일랜드라는 초호화 리조트에 캠프를 차렸는데 그곳의 숙박비는 하룻밤에 1,500달러에서 3만 달러에 이르렀다. 아무에게도 방해받고 싶지 않았던 그들은 리조트 전체를 빌리고 수행원들만 드나들게 했다. 이곳은 모래 해변이 섬을 둘러싸고 있었고, 하늘색 바다와 짚으로 지붕을 얹은 빌라와 손님들이 편히 쉴 수 있도록 구름 모양의 욕조를 들여놓은 스파가 있었다. 거기에 더해 햇빛을 피해 휴식도 취하고 북극의 추위를 느끼며 서핑을 즐길 수 있는 몰디브에서 유일한 '눈의 방(snow room)'이 있었다.

이 리조트는 건설할 때 덤불과 파파야 나무를 자연에 있었던 그대로 옮겨 심고, 보르네오에서 목재를 들여오고, 이탈리아에서 테라스에 놓을 의자를 들여오고, 아무리 햇볕에 오래 앉아 있어도 발이 데지 않는 바닥 돌을 요르단에서 들여와 깔았다.

이 리조트를 설계한 체코 건축가는 "나는 이곳을 찾은 손님들이 무인도에서 오도 가도 못하다가 홀연히 나타난 진기한 리조트를 발견했을 때 어떤 것을 꿈꾸었을까 늘 생각했습니다"라고 말했다.

하지만 휴식을 취하고 스노클링을 하고 아기 상어와 돌고래가 산호초 사이를 누비고 다니는 것을 지켜보는 것이 전부가 아니었다. MBS는 손님들을 즐겁게 만들기 위해 신문 헤드라인을 장식하는 연예인들을 실어 날랐다.

한국 가수 싸이가 〈강남스타일〉을 불렀고 미국 래퍼 핏불은 황갈색 정장에 선글라스를 쓰고 호위를 받으며 수상비행기에 오르는 사진이 찍혔다. 며칠 뒤에는 누군가가 콜롬비아 가수 샤키라가 검은색 티셔츠에 타이츠 차림으로 공항 VIP 터미널로 이동하는 사진을 찍었다.

한 지역 언론에서는 "그 파티는 현재 며칠째 계속되고 있으며, 앞으로도 얼마나 계속될지는 우리도 모른다"고 보도했다.

핏불은 여행을 마치고 돌아간 후 리조트 회계 책임자 지미 스맥에게 "몰디브는 마치 천국과 같았습니다. 감사합니다. 그 섬은 도저히 잊을 수 없을 겁니다. 다시 한번 그곳을 여행할 수 있기를 바랍니다"라고 메일을 보냈다.

MBS가 휴가를 떠난 것은 국방부 장관인 자신의 관할 아래 있는 예멘의 군사개입을 시작한 지 3개월 되던 때였다. 당시 MBS와 연락을 취하려던 미국의 당국자 여러 사람 모두 그와 연락이 닿지 않는다는 사실을 확인했다. 그러자 미국 정보기관에서 왕자가 몰디브에서 휴가를 보내고 있다는 보고를 올렸다. 아울러 그곳에 매춘부와 코카인이 넘친다는 사실을 덧붙였다.

파티는 결국 파장이 되었다. 아마 그로 인해 MBS가 지역 기자들이 따라붙고 사진을 찍어 인터넷에 올리는 일을 막을 수 있는 자기만의 장소를 찾게 되지 않았을까 싶다. 그는 한 달 후 프랑스 해안에 가까운 지중해에 떠 있는 바로 그 장소를 찾아냈다. 프랑스 리비에라 지역의 항구 '포트 드 라 시오타(Port De La Ciotat)' 근처에 떠

있는 '세레네(Serene)'라는 요트였다. 여느 보트와 절대 같지 않은 길이 134미터의 슈퍼 요트는 배 양옆이 남색이었고, 갑판은 흰색이었으며, 꼭대기에 헬기 착륙장이 있었다. 2011년 이 요트가 진수되었을 때 요트 산업계에서 발간한 잡지에서도 이를 '지금까지 세계에서 만들어진 상위 10대 요트 중 가장 규모가 큰 요트일 뿐 아니라 정교함과 기술 측면에서도 훌륭한 요트 중 하나'라고 극찬한 바 있었다. 이 요트는 헬기 격납고와 쾌속선을 내릴 수 있도록 수면 높이로 설치한 해치와 잠수함 독을 갖추고 있었다. 내부 면적은 무려 1,240평으로 파르테논 신전이나 뉴욕 그랜드 센트럴 터미널 중앙 홀보다 넓었다.

요트는 손님 스물네 명을 맞을 수 있는 일곱 개 갑판으로 이루어졌는데, 갑판마다 손님들을 위한 호화로운 편의 시설로 가득 차 있었다. 투명 엘리베이터가 손님을 각 층으로 날랐으며 식당에는 나선형 계단이 이어져 있고 그랜드피아노가 놓여 있었다. 체육 시설과 영화관과 암벽등반을 할 수 있는 암장에 더해 전망이 좋은 온수 욕조도 갖춰 놓았다. 썬데크 하나는 바닥을 유리로 만들어 놓아서 그 위에서 몸을 식히면서 유리 바닥 아래 해수 풀에 있는 친구들을 볼 수 있게 되어 있었다.

MBS가 이 요트를 사들이기 전 여름에 타블로이드 신문 기자들은 빌 게이츠가 가족 휴가를 위해 '세레네'를 빌렸고, 테니스 경기가 끝난 후 헬기가 그를 사르데냐 근처에 정박해 있던 세레네에 내려줬다고 보도했다. 하지만 이 배는 스톨리치나야 브랜드 보드카의 소유주로 가장 잘 알려진 러시아 재벌 유리 셰플러가 소유하고 있었다. 그래서 MBS는 그 요트를 사기 위해 셰플러의 사람들에게 측근을 파견했다. 거래는 몇 시간 안에 마무리되었는데, 구매 가격은 무려 4억 2,000만 유로, 혹은 4억 5,600만 달러 이상인 것으로 알려졌다.

새로 국왕으로 즉위한 MBS의 아버지도 씀씀이가 엄청났다. 그해 여름 살만 국왕은 언론인들이 그의 측근이라고 부르는 인사들과 함께 3주 휴가를 보내기 위해 프랑스 남부에 도착했다. 수행원이 수천 명이나 되다 보니 일대의 주택을 모두 빌리고 고급 자동차 수백 대를 빌렸다. 국왕은 배우 리타 헤이워스가 1949년에 파키스탄의 알리 칸 왕자와 결혼한 장소인 바야우리스의 널찍한 해변 별장에서 묵었다. 그 지역의 기업인들은 부유한 사우디 사람들이 엄청나게 많이 찾아온 것을 환영했지만 지역 주민들은 그렇지 않았다. 15만 명 넘는 사람들이 그들이 머무는 숙소 앞에 있는 해변을 폐쇄하는 것에 반대하는 서명을 했다. 그 지역의 시장은 해변 모래밭에 국왕을 위한 엘리베이터를 설치하기 위해 작업자들이 콘크리트 작업을 하는 것을 보고 프랑스 대통령에게 이의를 제기했다. 그래서 국왕은 8일 만에 짐을 싸서 수많은 수행원과 함께 모로코로 휴가지를 옮겼다. 당시 사우디 당국자는 휴가지를 옮긴 것이 부정적인 언론 보도와는 관계가 없다고 밝혔다.

나중에 모로코 탕헤르 해변에 살만 국왕의 휴가를 위한 궁이 들어섰다. 그곳에 파란색 헬기 착륙장이 건설되고 손님들을 위한 빌라가 줄지어 서고 거대한 텐트가 설치되었다.

다른 부동산들도 MBS의 눈에 들어왔다. 왕자의 자금 관리자들과 연결된 한 회사는 남아프리카에 37만 평에 이르는 게임용 목장을 사고 그 둘레에 이중 전기 울타리를 세웠다. 그곳에 빌라 스무 채를 짓고 사냥에 초청한 손님들을 데려올 수 있도록 747 점보 여객기가 착륙할 만한 활주로도 건설했다.

2015년 말 MBS는 잡지 《머니》가 '세계에서 가장 비싼 집'이라고 보도한 프랑스의 성(城) '샤토'를 구입하는 데 3억 달러 이상을 지불했다. 저명한 미국 배우이자 모델인 킴 카시디안이 2014년 카네이 웨스트와 결혼식을 올릴 후보지로 생각하고 사진을 찍기 위해 그곳에 들르기도 했다. 넓이가 6만 7,000평에 이르는 이곳은 파리 교외의 루베시엔 숲으로 둘러싸였으며 처음부터 루이 14세를 위해 건설된 오래된 성이었다. 당시 17세기 장인 정신과 현재 21세기 첨단 기술이 녹아있다고 했다.

부동산 중개업자는 "이것은 왕실 특유의 권위가 담겨있는 건축예술 작품이다"라고 강조했다.

성의 경내는 이리저리 엉킨 꽃밭과 금박을 입힌 분수와 울타리가 쳐져 있는 미로가 채우고 있었다. 손님을 맞는 돔 모양의 리셉션 홀 천장은 날개 달린 천사로 장식되어 있었다. 호화로운 스위트룸, 사우나와 스파, 영화관, 나이트클럽, 와인 저장고, 그리고 손님들이 거대한 물고기를 볼 수 있는 수족관이 있었다. 그러나 그곳에서 정작 성의 주인은 볼 수 없었는데 이웃들은 한 번도 그곳에서 주인을 본 일이 없었다고 했다.

MBS가 샤토를 산 것으로 밝혀진 후 한때 이 땅에서 버섯을 찾아다녔던 이웃 한 사람이 지금은 출입 금지 구역이 되었다고 불평했다.

그녀는 "예전에는 유령들만 사는 폐허였습니다"라고 말했다. 그리고 "이제는 완전히 새로운 유령을 위한 성이 되었습니다"라고 말을 맺었다.

5장
오바마 비위 맞추기

버락 오바마 대통령은 2009년에 미국과 이슬람 세계의 관계에 새
로운 장을 열기를 희망하며 백악관에 입성했다. 그는 미국이 테러
리즘에 초점을 맞추게 되면서 중동의 다른 문제들을 상대적으로 소
홀하게 다룰 수밖에 없었던 상황을 언급했으며, 아랍의 관점에 공
감하면서 이스라엘-팔레스타인 분쟁에 대해 언급했다. 그는 첫 번
째 인터뷰를 사우디가 소유한 방송국과 가졌고, 카이로에 있는 대
학교에서 연설을 통해 이슬람 세계에 대한 선명한 입장을 밝혔으
며, 취임 연설에서 무슬림들을 향해 이야기했다.

그는 "무슬림 형제 여러분, 우리는 상호 이익과 상호 존중을 바탕
으로 앞으로 나아갈 길을 모색할 것입니다"라는 말로 연설을 시작
했다. "갈등을 만들거나 자기 사회의 갈등을 서구 탓으로 돌리는 지
도자 여러분, 당신의 국민은 당신이 파괴하는 것이 무엇인지가 아
니라 당신이 건설할 수 있는 것이 무엇인지를 가지고 판단하리라는

것을 알아야 합니다. 부정부패와 속임수로 권력을 추구하고 반대 의견을 침묵시키려는 여러분, 당신들은 역사의 잘못된 편에 서 있다는 것을 알아야 합니다. 그러나 당신들이 움켜쥔 손을 펼친다면 우리도 당신들에게 손을 내밀 것입니다."

그런 오바마의 구애에도 사우디 사람들은 그를 받아들이지 않았고, 그런 생각은 시간이 지나면서 오히려 악화되었다. 내가 사우디를 방문한 지 얼마 되지 않았을 때 오바마가 '아랍의 봄'에 대응하는 모습이나, 시리아에서 일어난 봉기를 제대로 지원하지 못하는 모습이나, 사우디와 걸프 동맹국들이 미국으로부터 충분히 독립적이지 못한 모습 때문에 사우디 사람들의 실망감이 커지고 있다는 이야기를 들었다. 이런 태도는 미국-이란 협상이 발표된 이후 더욱 확고해졌는데, 이는 사우디 사람들이 자국의 보호자가 교활한 적과 위험한 장난을 벌이고 있다고 느꼈기 때문이다.

2015년 9월 살만 국왕과 MBS는 이러한 견해차로 인해 몹시 불편해진 미국을 방문했다. 대통령 집무실에서 열린 회의에서 오바마는 사우디의 발전을 위해서는 표현의 자유를 더 허용하고 여성들에게도 더 많은 자유를 허용해야 한다면서 국왕에게 인권 문제를 거론했다. 국왕은 오바마가 사우디 사회를 이해하지 못한다고 반발하며 대화가 거칠어졌다.

국왕과 MBS, 오바마와 수전 라이스 국가안보보좌관만 참석한 작은 회의도 열렸다. 그들만 남게 되자 국왕은 MBS에게 발언을 넘겼다. 당시 MBS는 사회를 개방하고 석유 일변도의 경제를 다각화하는 것을 포함해 왕국의 미래에 대한 원대한 계획을 세우고 있었다. 오바마와 라이스는 그의 발언에 귀를 기울였지만, 국왕과 MBS가 미국에 기대하는 것과 같은 전폭적인 지지를 보내는 것은 자제했다. MBS가 그 자리에서 밝힌 계획은 나중에 그가 세운 원대한 계획의

축을 이루는 '사우디 비전 2030'으로 공개되었다. 그러나 당시 오바마와 라이스는 계획 자체는 깊이가 없어 보였어도 목표는 칭찬받을 만하다고 생각했다.

오바마의 국가안보 부보좌관인 벤 로즈는 훗날 "그는 왕국 개조 계획에 대한 핵심을 이야기할 줄은 알았지만, 그 밑에 어떤 문제가 도사리고 있는지는 모르는 것으로 보였습니다"라고 회고했다. "그는 필요한 말은 다 알고 있었지만 정작 그 말대로 실천한다는 것이 무엇을 뜻하는 것인지는 모르는 것처럼 보였습니다."

그들이 방문하고 있는 동안 존 케리 국무부 장관은 MBS를 조지타운에 있는 자기 집으로 초대해 만찬을 베풀었다. 만찬은 1층에 있는 거실에서 환담을 나누는 것으로 시작했다. 어느 순간 MBS의 시선이 피아노에 멈췄다. 케리가 MBS에게 혹시 피아노를 한번 쳐보겠느냐고 권했다. MBS는 머뭇거리지 않고 피아노 앞에 앉아 솜씨 좋게 클래식 소품 하나를 연주해 그 방에 있던 모든 사람을 놀라게 했다. 와하비즘에서는 음악에 대한 반감이 있다는 것을 알고 있는 케리와 그 동료들로서는 그가 피아노를 칠 것이라고는 생각할 수 없었기 때문이다. 그러고 나서 일행은 아래층으로 내려가 뒤쪽 잔디밭이 보이는 식당으로 자리를 옮겼다. 중동 정치에 대해 이야기를 나누는 중에 MBS가 아랍 세계의 어느 곳이라도 자기가 통치자를 결정할 수 있다고 말해 다시 한번 모두를 놀라게 했다.

그는 이집트의 압델 파타 엘시시 대통령을 언급하며 "내가 엘시시를 내보내고 싶다면 그는 그만둬야 할 것입니다"라고 말했다.

당시 미국인 누구도 그가 얼마나 심각한 인물이었는지 모르고 있었지만, 만찬에 대한 공식 보고서가 백악관 안에서 회람되었을 때 많은 사람이 왕자의 건방진 태도에 놀랐다.

당시 미국 안팎의 다양한 계층의 관계자들이나 여론을 주도하는 이들이 MBS의 권력이 강해지는 것을 의식하고 있었지만, 처음에는 그에 대한 평가가 각양각색이었다. 2015년 말, 《뉴욕 타임스》 칼럼니스트인 토머스 프리드먼은 MBS와 함께 저녁을 보내고 나서 그가 시대의 변화를 이끄는 주체라고 칭송하는 칼럼을 썼다. 이처럼 MBS를 입이 마르게 칭송하는 프리드먼의 칼럼은 이후에 이어질 같은 종류 칼럼의 시작에 불과했다.

프리드먼은 MBS가 사우디에서는 거의 일어나지 않을 것으로 생각했던 혁신 계획을 설명해 "나를 지치게 했다"고 썼다. 왕자는 각 부처의 성과를 핵심성과지표(KPI) 기준으로 평가해 온라인 대시보드에 올리는 방식으로 정부 운영 성과를 개선할 계획이라고 했다. 그리고 왕국이 석유에 너무 의존하고 있으므로 사우디 부자들에게 지급하는 보조금을 줄이고, 부가가치세를 도입하고, 담배나 청량음료에 '죄악세(sin tax)'를 부과할 계획이라고 했다. 또한 정부가 보유하고 있는 핵심 분야를 민영화하고, 미개발 토지에 세금을 부과할 계획이라고도 했다. MBS는 이렇게 한다면 유가가 배럴당 30달러까지 떨어지더라도 사우디는 여전히 충분한 현금을 보유할 수 있을 것이라고 주장했다.

프리드먼은 정치 개혁이 왕자가 계획을 이행하는 데 아무런 영향을 미치지는 않을 것으로 예상했다. MBS는 왕실이 국민과 의사소통할 수 있는 창구를 충분히 확보하고 있다고 말했다.

MBS는 "정부는 사회의 일부가 아니고, 사회를 대표하는 것도 아니며, 그렇게 존재할 수도 없습니다"라고 말하면서 "국민은 군주정치에 대해 오해하고 있습니다. 우리는 유럽과 같지 않습니다. 우리가 유지하고 있는 체제는 많은 부족과 씨족과 여러 지역이 왕실과 연결된 부족 형태의 군주정치체제입니다"라고 설명을 덧붙였다.

MBS는 이러한 관계가 정치체제를 이끌었다면서 "국왕은 그저 일어나서 뭔가를 결정할 수는 없습니다"라고 말했다.

얼마 지나지 않아 독일 해외정보국은 완전히 다른 평가를 내놓았다. 그들이 독일 언론사에 보낸 한 페이지 반 분량의 메모에서 새롭고 독단적인 사우디가 중동을 불안정하게 만들 수 있다고 경고하고 나선 것이었다.

보고서는 "왕실의 연로한 지도층이 유지해 왔던 신중한 외교적 입장이 충동적인 개입 정책으로 바뀌고 있다"고 전했다. 이로 인해 사우디는 시리아와 예멘에서 대리전 치르고 있는 이란과 점점 더 대립적인 입장을 취하게 되었다.

또한 보고서는 "사우디는 이 지역에서 불리한 위치에 빠지지 않기 위해 전례 없는 군사적, 재정적, 정치적 위험을 감수할 준비가 되어 있다는 것을 드러내고 싶어 한다"면서 MBS가 너무 많은 것을 너무 급하게 서두를 위험이 있다고 덧붙였다.

"무함마드 빈 살만이 경제와 아울러 외교정책을 결정하는 권한을 자기에게 집중한 것은 그의 아버지가 아직 살아있는 동안 왕위를 계승받으려고 하기 때문인데, 그를 위해 값비싼 대가를 치르는 방식이나 기구 개편과 같은 방식을 고집할 경우 왕실과 국민을 불안정한 상태에 몰아넣을 위험이 있다."

2016년 둘째 날, 세계는 사우디에서 남성 47명을 처형한 일이 일어났다는 소식에 눈을 떴다. 그것은 사우디에서 지난 36년간 일어났던 처형 중 최대 규모였다. 그날 처형된 남성 대부분은 사우디에서 알카에다 공격에 연루된 혐의로 유죄판결을 받은 수니파 무슬림이었다. 그러나 그중 몇몇은 사우디에서는 이슬람 소수파인 시아파

사람이었고, 특히 그중 한 사람은 유명 인사였다. 셰이크 니무르 알니무르는 왕가에 대한 비난으로 명성을 얻은 사람으로, 흰색의 큰 터번을 쓰고 희끗희끗한 수염이 난 깡마른 설교자였다.

사우디 국민 중에 시아파 무슬림은 10퍼센트 정도로 추산된다. 그들은 주로 사우디 동부 지역에 살았는데 그곳에서 지속적으로 차별을 겪었다. 그들 대부분은 정부에 대한 비판을 삼가고 있었지만, 일부는 '아랍의 봄'이 점점 격렬해지고 때로 난폭해지자 정부에 대한 시위에 참여하기 시작했다.

알 니무르는 군주제를 반대해 온 역사를 가진 아와미야 마을 출신이었다. 10년 이상 이란과 시리아에서 이슬람 유학을 마치고 마을로 돌아와 마을 모스크에서 일하면서 시아파 무슬림의 권리를 맹렬하게 주장하고 나섰다. 처음에는 그의 활동 반경이 그리 크지 않았지만 마을 사람들은 그로 인해 문제가 생기지나 않을까 염려해 그를 피하기 시작했다. 한 미국 외교관은 외교 통신문에서 현지인들이 셰이크를 '지역의 정치 2인자 역할'을 했다는 이유로 면직시켰다고 보고했다.

그러나 알 니무르의 존재는 2011년 '아랍의 봄'과 함께 떠올랐다. 여러 곳에서 일어난 저항운동에 영감을 받은 사우디의 시아파 무슬림들과 인근 섬나라인 바레인의 시아파 무슬림들이 연합해 저항운동에 참여하며 보안군과 충돌했다. 큰소리를 내지 않고 양보를 얻어내려는 마을 어른들의 노력이 실패로 돌아가자 분노에 찬 젊은이들은 알 니무르 주위로 몰려들었다. 그는 국가가 석유로 이룬 부를 시아파 무슬림들이 공정하게 나눠가질 자격이 있다고 주장하고, 자신들을 사우디에서 분리 독립시켜 달라고 요구했다. 설교에서는 억압받는 자들을 향해 압제자에 맞서 일어나라고 촉구하기도 했다.

알 니무르는 "알라가 다스리는 곳이면 그곳이 어디든지, 바레인이든지 이곳이든지 예멘이든지 이집트이든지, 불의한 통치자는 미움을 받습니다"라면서 "압제자를 변호하는 사람은 압제를 옹호하는 사람이고, 압제를 당하는 사람과 함께 하는 사람은 알라에게 상을 받을 것입니다"라고 부르짖었다.

그는 왕실을 공격하고, 왕족을 시아파 역사에 등장하는 악당에 비유하고, 그들을 전복시켜야 할 폭군으로 지칭해서 사우디 지도부를 격분시켰다.

그는 설교에서 "왕세자가 죽었으니 새로운 왕세자를 세워야 합니다. 그들에게 우리는 무엇입니까? 우리가 도구입니까? 우리가 그들의 먹잇감입니까?"라고 부르짖었다. "우리는 알 사우드 가문을 우리의 통치차로 받아들일 수 없습니다. 우리는 그들을 받아들이지 않을 것입니다. 우리는 그들을 물러나게 할 것입니다."

2012년 사우디 당국은 알 니무르를 추격하는 도중 다리에 총을 쏴 그를 체포했다. 성직자가 피 묻은 천으로 싸여있는 사진이 공개되자 시위는 더욱 격화되었다. 사우디 법원은 그가 통치자에 대한 충성을 무너뜨리고 종파 분쟁을 선동하고 폭동을 지원하고 재물을 파괴했다는 이유로 사형을 선고했다. 미국과 유럽연합과 유엔은 재판의 공정성에 우려를 표명했다.

알 니무르가 체포되고 재판받는 동안 그는 조그만 마을의 선동가에서 점점 악화되는 사우디와 이란의 경쟁 구도 속의 중요 인물로 격상되었다. 또한 알 니무르는 사우디에 시아파 반란과 이란의 간섭에 대한 두려움을 상징하는 존재가 되었다. 그의 동료들은 사우디 왕실의 원수로 지목된 그를 더할 수 없는 소중한 존재로 여겼으며, 그의 메시지를 확산해 그를 지역의 인물로 만들었다.

성직자가 처형되었다는 소식이 전해지자 이란의 시위대는 "알 사우드 가문에게 죽음을!"이라고 외치며 테헤란에 있는 사우디 대사관에 화염병을 던지고 창문과 가구를 부수고 지붕에서 서류를 내던지고 건물을 불 질렀다. 사우디는 이란과 외교 관계를 끊고 사우디 주재 이란 대사와 다른 외교관들에게 48시간 안에 떠나라고 요구했다. 이란도 같은 조치를 취했다. 그렇지 않아도 사우디와 이란은 오랫동안 반목해 왔는데, 이로 인해 냉전이 급격히 고조되어 앞으로 몇 년간 이 지역의 긴장이 더욱 높아지게 되었다.

━━━━━━━━━━━━

사형이 집행되고 며칠 후 MBS는 경제 잡지 《이코노미스트》의 기자들과 가진 첫 번째 본격 인터뷰에서 지금까지 밝힌 적 없었던 사우디의 미래에 대한 그의 야망을 자세하게 설명했다. 그는 알 니므르를 처형한 것은 법적 절차에 따른 것으로 통치자라고 해도 그 결정에 관여할 수 없는 일이라며 그 조치를 옹호했다. 그보다는 2년 전 그가 오바마에게 설명한 이래 계속 발전시켜 온 그의 경제계획에 인터뷰 초점을 맞췄다. 그는 사우디가 경제를 개편하고 있고, 국가 예산에 가해지는 부담을 덜기 위해 의료와 교육을 민영화하며, 국내 방위산업을 육성하고, 발전 속도가 더딘 지역의 토지를 개발해 가치를 높이며, 메카와 메디나 순례객을 더욱 많이 유치하기 위해 노력할 것이라고 밝혔다. 그리고 엄청나게 야심적인 그 계획을 실현하기 위해 그는 우선 수백억 달러를 투자할 것이라고 밝혔다.

그러나 가장 큰 화제를 모은 것은 사우디 국영 석유 독점기업이자 세계에서 가장 가치 있는 회사인 사우디 아람코의 주식을 매각하겠다고 깜짝 발표한 것이었다.

그는 "사우디 시장과 아람코의 이익에 부합하는 조치이며 아울러 투명성을 높이고 아람코 안팎에서 일어나는 부패에 대응하려는 조치입니다"라고 말했다.

그야말로 눈이 번쩍 뜨이는 발언이었다. 석유산업을 잘 아는 사람에게는 주식 매각 규모가 막대할 것이라는 점이 분명하게 보였다. 외부인은 아람코의 가치가 어느 정도인지 알 수 없었다. 왕국이 보유하고 있는 매장량이 어느 정도인지 평가한 일도 없고 그 결과가 적정한지 감사를 벌인 일도 없었기 때문이다. 그러나 사우디 사람들은 아람코의 가치를 2조 달러에서 3조 달러 사이일 것으로 생각했고, 이 중 5퍼센트를 매각할 경우 1,000억 달러는 조달할 수 있을 것으로 기대했다. 만일 그것이 예상대로 이루어진다면 세계 주식공개 역사상 최대 규모가 될 것이었다.

어떤 사람들은 MBS가 자기가 세운 계획을 설명하기 위해 사용했던 투명성과 부패라는 두 단어에 큰 관심을 보였다. 첫 번째로 투명성에 관심을 보이는 것은 그동안 아람코의 재정 상태가 너무도 불투명했기 때문이다. 특히 수익 일부가 왕실에 돌아가는 것 때문에 더욱 그랬다. 이런 세세한 내용이 공개되면 왕국에서 가장 철저하게 보호되는 비밀 중 하나가 드러나게 될 것이라는 점에서도 그들의 관심을 끌었다. 두 번째는 제대로 관리되는 것이 없고 부패가 만연한 왕국에서 아람코는 가장 깨끗하고 잘 운영되는 기관으로 여겨졌기 때문에 주목을 받았다. 설마 왕자는 아람코가 부패했다고 생각한 것이었을까?

그렇지 않아도 에너지와 금융 시장에 대한 정보를 얻기 위해 몸 달아 하던 애널리스트나 딜러 들이 주식공개 계획 때문에 앞으로 몇 년 동안 그 일에 더 매달리게 되었다.

MBS는 인터뷰에서 자신과 사우디의 젊은이들을 위해서 그가 이루고자 했던 사우디아라비아에 대해 설명했다고 소개했다. 그가 이루고자 하는 나라는 석유에 의존하지 않고, 경제가 성장하고, 법률이 투명하게 적용되고, 세계 강국으로 자리매김하고, 국민이 의사 결정에 참여하고, 장애물을 피하지 않고 세계에 맞서 도전하는 곳이라고 했다.

"사우디의 젊은이로서, 또한 사우디의 남성으로서 내가 가진 꿈은 너무나 많습니다. 더 나은 사우디를 만들기 위해 나는 우리 젊은이들과 젊은이들이 가지고 있는 꿈과 경쟁하고, 그들 또한 나와 내가 가진 꿈과 경쟁하게 할 것입니다."

그것은 사우디에서 한 번도 들어본 적이 없는 무모하고 과장된 이야기였다. 그런데 과연 무엇으로 그것을 가능하게 만들 수 있을까? 그는 여전히 사우디의 세 번째 권력자에 지나지 않았고, 그가 꿈꾸는 것을 이루기 위해서는 넘어야 할 산이 수없이 많았으며, 그 또한 사회의 통념에서 벗어날 수 없는 사람이었으니 말이다.

6장
와하비즘은 없다

사우디의 종교와 사회상의 변화를 이해하기 위해 스테판 라크루
아의 《이슬람의 각성》(*Awakening Islam*)을 참조했다.

내가 사우디를 방문한 지 얼마 되지 않았을 때 미국에서 공부하고
사우디로 돌아온 사업가와 친구가 되었다. 그는 사우디 문화와 서
구 문화에 모두 익숙해 있었고 지저분한 농담을 잘하고 햄버거를
좋아했다. 그는 라마단이면 꼬박 금식하는 명망 있는 집안 출신이
었는데, 그러다 보니 집안에서 좋은 소리를 들을 수가 없었다. 우리
는 함께 저녁을 먹으면서 시사 현안에 대한 이야기를 나누곤 했다.
그는 미국인인 나와 함께 있을 때면 그곳에서 지내던 좋았던 시절
을 떠올리는 것 같았다. 그가 사우디 사회에 대한 통찰력 있는 의견
을 말해줄 때마다 늘 고마웠다.

어느 날 그는 몹시 화가 난 채 나를 데리러 왔다. 이유를 물어보
니 권선징악위원회라는 이름을 가진 종교 경찰 때문이라고 했다.

권선징악위원회는 오래전 왕실과 종교인 사이에 맺어진 동맹의
결과로 만들어진 기관으로, 사우디 역사의 일부가 되어 지금까지

이어져 왔다. 이들은 쿠란의 가르침을 따르는 종교적인 사회를 만들기 위해 이름이 의미하는 것처럼 선행을 장려하고 악행을 금하는 역할을 담당하고 있다. 종교 경찰은 사우디 사회에 큰 영향력을 행사해 왔다. 수염을 기른 남성들이 (여성은 종교 경찰이 될 수 없다.) 순찰차를 타고 공공장소를 돌아다니며 대중의 옷차림이나 행동이 이슬람 율법에 어긋나지 않는지 살피고 그 결과를 국왕에게 보고했다. 이들은 어떤 이슬람 사회보다 훨씬 더 엄격하게 이슬람 율법을 적용하고 있지만, 그들은 그런 것 때문에 힘들어하기는커녕 오히려 즐기고 있는 것처럼 보였다.

그들은 가족이 아닌 남성과 여성이 함께 있으면 이를 '이크티랏(혼합)'이라며 단속했고, 음악을 금지했다. 기도 시간이 되면 가게들이 문을 닫는지 확인하고, 기도를 하라면서 사람들을 모스크로 몰아댔다. 머리를 길게 기른 남성을 잡아 벌을 주고, 여성들이 공공장소에서 몸매가 드러나는 옷을 입은 건 아닌지 머리카락은 제대로 가리고 다니는지 단속했다. 머리카락만 가리는 것이 아니라 얼굴 전체를 가리는 것은 칭찬받을 일이었다. 머리카락을 가리지 않은 여성이 눈에 띄면 그들은 몽둥이를 휘두르며 "머리카락을 가려! 가리란 말이야!"라며 명령하곤 했다. 여성을 모욕하는 일이 아닐 수 없었다.

권선징악위원회는 현장에서 와하비즘을 집행하는 기구였다. 사우디 사람들은 마치 내 친구가 그래야 했듯, 그들의 명령에 따르거나 명령을 따르지 않을 경우 그 대가를 치를 수밖에 없었다.

그 친구는 이틀 전에 자기 아내가 슈퍼에서 장을 본 후 자기 차로 돌아오는데 종교 경찰이 얼굴을 가리라며 무례하게 굴더라고 했다. 그때 친구의 아내는 아기를 안고 있었고 머리카락도 가리고 얼굴만 내놓은 상태였다. 그녀는 차에 들어가 문을 잠근 후 그 남성의 사진을 찍어 남편에게 보내며 자기가 희롱당하고 있다고 전했다.

친구는 화가 머리끝까지 나서 슈퍼로 달려갔지만 자기 아내의 차를 찾을 수 없었다. 그는 종교 경찰의 차를 보자 혹시 자기 아내가 체포된 것은 아닌지 걱정이 되어 달려가 차 뒷문을 열려고 했다. 종교 경찰이 그를 밀어내려고 했고 그도 지지 않고 덤벼들었다. 그리고 종교 경찰 중 한 명이 '스타벅스로 날아가는' 걸 봤다고 했다. 자기 아내가 차 안에 없다는 것을 확인한 친구는 집으로 돌아왔다.

잠시 후 종교 경찰이 내 친구에게 전화를 걸었다. 종교 경찰 간부를 폭행하고 사진을 유포했다는 혐의로 친구와 그의 아내에게 소송을 제기한다는 것이었다. 내 친구는 종교 경찰이 아닌 일반 경찰에 사건을 신고해야 했지만, 그는 그곳에 구금이 되지나 않을까 걱정했다. 그래서 그는 사건을 무마하기 위해 몇 주 동안 연줄을 찾아다녀야 했다. 결국 친구는 종교 경찰에 막대한 벌금을 내야 했는데, 그는 그 벌금을 뇌물이라고 불렀다. 그 경험이 몹시 쓰라렸던 내 친구는 사우디를 포기하고 다시 미국으로 돌아갈까 생각하기도 했다.

친구는 내게 "그놈들은 세균이야. 더러운 범죄자들"이라고 불만을 토로했다.

2016년까지 이라크와 시리아에 자리 잡은 이슬람국가(IS)의 영향력이 커지자 세계의 이목이 와하비즘에 집중되었다. 내가 소속된 언론사의 편집자가 와하비즘이 현재 어떻게 작동하고 있는지 살펴보라며 나를 사우디로 보낸 것이다.

나는 사우디에 갈 때마다 도시 생활과 사막의 전통적인 생활이 독특하게 어우러지는 모습을 보고 늘 충격을 받았다. 그들은 천 년이나 된 쿠란을 여전히 엄격하게 해석하고 있었다. 엄청난 부와 반짝거리는 고층 건물과 SUV로 뒤덮인 자동차 전용 도로 모두 종교 체제 안에 녹아들어 있었다. 다른 신앙을 어떻게 대해야 하는지, 돈은 어떻게 여기고, 동물은 어떻게 대해야 하는지 하는 질문은 선지자 무함마드의 가르침이나 쿠란에서 그 답을 찾았다.

종교는 일상생활에 녹아들어 있었다. 와하비즘은 사람의 모습을 그리는 것을 허용하지 않기 때문에 광고판에 남성이나 여성의 모습을 뚜렷하게 그려 넣지 않았고 백화점 마네킹에는 머리가 없었다. 보험회사에서는 그들이 회사를 운영하는 방식이 이슬람 샤리아법에 어긋나는 것은 아닌지 확인하기 위해 성직자를 고용했다. 교과서에는 여학생들이 어떻게 몸을 가려야 하는지(완전히), 남학생들은 머리를 어떻게 깎아야 하는지(짧게), 남성이나 여성이 음모를 어떻게 다듬어야 하는지(자주) 하는 내용이 들어 있었다.

종교 경찰은 다른 종교를 강력하게 억압했기 때문에 공개적으로 이슬람을 제외한 어떤 종교의 흔적도 찾을 수 없었다. 사우디에서 일하는 유대인들은 자기 신분을 밝힐 수 없었다. 기독교인들은 십자가를 목에 걸 수 없었다. 교회도 없고 심지어 미국 치킨 체인점인 '처치스 치킨(Church's Chicken)'이라는 상호도 '텍사스 치킨(Texas Chicken)'으로 바꿔 달아야 했다. 사우디 당국자들은 바티칸이 기독교인들을 위한 곳인 것처럼 사우디는 이슬람 법률이 적용되는 무슬림만을 위한 곳이라면서 이것은 결코 종교적 편협함이 아니라고 부정했다. (그들은 머리에 스카프를 두른 여성이나 터번을 쓴 남성이 세인트루이스 바실리카 성당에 들어갈 수 있다는 사실은 아랑곳하지 않았다.)

어느 나라에서나 개인의 신앙생활 방식은 다양했지만 국가의 공식 신앙고백을 따르는 사람조차도 서구인들이 그것을 극단주의와 동일시하는 모습을 보고 놀라며 자신들은 '온건한 이슬람'을 지지하고 있다고 말했다. 하지만 '온건한 이슬람'이라는 말은 사실 모호하기 짝이 없는 말이었다. 사우디에서는 범죄자를 참수하고 배교자를 투옥하고 남성 보호자의 허락 없이 여성이 해외여행을 하는 것을 금하는 정도면 '온건한 이슬람'으로 여기기 때문이다.

게이의 권리? 뭐, 그다지.

사우디는 1980년대에 미 중앙정보국의 협조를 받아 아프가니스탄에서 외국인들이 지하드 활동을 벌이는 것을 지원했지만 내가 도착할 무렵에는 더 이상 그런 생각을 하지 않았다. 정부에 소속된 성직자들은 와하비즘의 중요한 가르침 중 하나인 '통치자에 대한 복종'을 가르치는 데 집중했다. 나는 기독교인이나 유대인을 비하하는 말을 거의 듣지 못했지만, 성직자들은 이념적인 이유와 이란과의 경쟁의식 때문에 시아파를 끈질기게 공격했다.

나를 이교도라고 부른 유일한 사우디 사람들은 바로 아이들이었다.

사우디의 한 언론인이 내게 아홉 살짜리 자기 딸을 소개했다. 그 초등학생은 사립학교에 다니며 영어를 배우고 있었다.

"이름이 뭐니?" 내가 물었다.

"다나예요."

"몇 살?"

"아홉 살이에요."

"생일이 언제야?"

그러자 그 아이는 아랍어로 말하기 시작했다.

그 아이는 "사우디에는 그런 것이 없어요. 그건 이교도들이나 챙기는 휴일이에요"라고 대답했다.

그 대답을 들은 아이 아빠가 깜짝 놀라서 그걸 누구에게서 배웠느냐고 묻자, 아이는 정부에서 만든 교과서를 가져와 '금지된 휴일' 목록이 실려 있는 곳을 보여줬다. 거기에는 크리스마스와 추수감사절이 들어있었는데 아이 선생님이 거기에 생일을 추가한 것이었다.

어느 날 보수적인 성향의 친구와 커피를 마시고 있었다. 기도 시간을 알리는 아잔이 들리자, 기도하러 가려던 친구의 두 어린 아들이 눈을 동그랗게 뜨고 나를 쳐다보며 왜 기도하러 가지 않느냐고 물었다.

아이 하나가 "아저씨는 이교도예요?"라고 물었다.

———————

이처럼 분명한 징후가 하나둘이 아닌데도 무함마드 빈 살만은 일관되게 와하비즘이라는 것이 존재하지 않는다고 주장했다.

그는 계속 같은 말을 되풀이했다. "아무도 와하비즘을 정의할 수 없습니다. 와하비즘은 없습니다. 우리는 와하비즘이 있다고 생각하지 않습니다."

그렇게 이야기하는 사람은 그 혼자만이 아니었다. 사우디 사람들과 와하비즘에 대해 이야기하면서 가장 어려웠던 점은 이처럼 와하비즘이 존재하지 않는다고 주장하는 것이었다. 물론 그 이유는 각자 달랐다. 심지어 가장 독실한 사우디 사람들도 자신이 와하브주의자라고 인정하지 않았고, 무함마드 이븐 압둘 와하브는 신앙을 새롭게 만들어 낸 것이 아니라 단지 이슬람의 근본을 회복시켰을 뿐이라고 주장했다. 또 다른 사람들은 와하비즘이라는 말을 싫어하는 사람들이 그런 신앙을 가졌거나 그런 행동을 하는 사람을 비방할 목적으로 사용하기도 한다고 했다.

그러나 사우디 사람들과 외국 학자들 또는 다른 나라 무슬림들은 사우디에서 만들고 사우디 정부가 국내외로 전파한 이슬람의 극단적이고 보수주의적인 해석 방법을 설명하는 데 와하비즘이라는 용어가 가장 적절하다고 생각했다. 이런 정의에 따르면 수백 년 전에 와하비즘을 창시한 성직자 이븐 압둘 와하브의 직계 후손인 히샴 알 셰이크보다 더 진정한 와하브주의자를 찾기는 어려울 것이다.

알 셰이크를 처음 만났을 때 그는 내게 "와하비즘 같은 것은 없습니다. 진정한 이슬람만 있을 뿐이지요"라고 말했다.

이븐 압둘 와하브가 죽고 나자 그가 이끌었던 운동은 사우디 안에서 엄청난 종교 세력으로 변모했다. 샤리아법을 적용하는 사법 시스템이 구축되고 이슬람 학문을 연구하는 대학교 네트워크가 만들어졌으며, 성직자로 구성된 국왕 자문위원회, 모스크 강단에서 정부의 메시지를 전하는 수만 명의 '이맘(Imam)', 그리고 사회 기강을 바로 세우는 권선징악위원회도 당연히 이 세력의 하나로 자리매김하게 되었다. 그리고 텍사스에서 타지키스탄에 이르기까지 이슬람을 해외에 전파하기 위한 조직도 만들어졌다.

알 셰이크가 걸어온 삶은 그가 이루어 놓은 이러한 종교 세력으로 설명할 수 있었다. 그의 삼촌은 사우디의 최고 종교 지도자인 그랜드 무프티였다. 그는 어린 나이에 쿠란을 외우고, 저명한 학자들에게 배우고, 샤리아법으로 박사 학위 과정을 마치고, 기술이 어떻게 샤리아법을 적용하는 방식을 바꾸었는지에 대해 학위논문을 썼다. 이제는 성직자로서 많은 역할을 맡고 있다. 이슬람 장관에게 조언하고, 국왕 자문 위원인 성직자들을 위한 연구를 하고, 메드걸프 보험회사의 샤리아 이사회에 참여하고, 샤리아법으로 재판하는 판사들을 훈련시켰다. 금요일마다 어머니의 집 근처에 있는 모스크에서 설교하고 그의 삼촌을 방문하는 손님들을 맞았다.

내가 알 셰이크를 만났을 때 그는 몸집이 있고 선지자 무함마드처럼 콧수염은 기르지 않고 턱수염만 기른 한창 잘나가는 42세 남성이었다. 우리는 리야드에 있는 호텔 로비에서 보라색 소파에 앉아 차도 마시고 대추도 먹으면서 잡담을 하곤 했다. 여느 사우디 호텔처럼 로비에서 음악이 나오지 않았는데, 그는 이야기 나누는 도중 가끔 아이폰을 들여다보곤 했다.

그가 "저는 열린 마음을 가진 사람입니다"라고 말했다.

그는 내가 무슬림이 되었으면 좋겠다고 생각한 게 확실했다.

알 셰이크는 미국의 이곳저곳을 여행했고 그런 미국을 사랑했다. 오리건, 뉴욕, 매사추세츠, 캘리포니아의 유대인 회당과 흑인 교회와 계율이 엄격한 아미시 공동체를 방문했다. 여행할 때 가장 고생스러웠던 일은 라마단 때 일어났다. 라마단 때는 해가 지고 나야 식사를 할 수 있지만 가는 곳마다 늦게까지 문을 여는 식당이 별로 없었다. 물론 술집은 늦게까지 열지만 무슬림이 술집에 갈 수는 없는 일이었다.

그는 "내가 갈 수 있는 곳은 간단한 아침 식사를 파는 '아이홉(IHOP)' 밖에 없었습니다"라고 말했다.

그는 이슬람에서 사업하는 것을 금하지 않고, 기독교인이나 유대인과 친구가 되는 것도 금하지 않는다고 했다. 내가 시아파에 대해 묻자 눈살을 찌푸리기는 했지만, 집단 전체를 '타크피르(takfir, 부정)'한다고 선언하는 것은 잘못이라고 말했다. 모든 사람은 집단이 아니라 집단에서 독립된 개인으로 판단해야 한다는 것이었다.

그들에게 생일은 이보다는 조금 복잡한 문제였다. 그는 생일 파티를 반대하지 않았지만 그의 아내는 반대했다. 그래서 그의 네 아이는 덜 보수적인 사우디 가정에서 여는 생일 파티에 가지 않았다. 그는 내게 휴대전화에 저장해 놓았던 자기 집에서 생일을 축하하는 동영상을 보여줬다. 15세가 된 그의 아들이 이슬람 가정에서 가장 중요하게 여기는 쿠란을 암송하자 가족들이 케이크를 둘러싸고 환호성을 지르고 폭죽을 켰지만 노래는 부르지 않았다.

엄격한 와하브주의자 무슬림들은 노래를 금했지만 그보다는 열린 마음을 가진 알 셰이크는 음식점에서 틀어주는 배경 정도는 괜찮고 술 취한 듯 펄쩍펄쩍 뛰고 머리를 뱅뱅 돌리는 정도는 허용해서는 안 된다고 생각했다.

그는 "우리는 음악보다 더 좋은 쿠란 낭송을 듣습니다"라고 말했다.

외국인들이 사우디에 와서 충격적이라고 느끼는 일 중 가장 많은 경우가 여성에 대한 차별이었으므로 보수적인 여성과 이야기를 나누어 보고 싶었다. 하지만 사우디에서 가족이 아닌 외국인 남성을 만나줄 여성을 찾는다는 건 매우 어려운 일이었다. 그래서 함께 일했던 사우디 여성 기자에게 알 셰이크의 아내인 미샤엘에게 만날 의사가 있는지 물어보라고 부탁했다.

미샤엘이 만나겠다고 했다는 소식을 듣고 그녀의 남편에게 허락을 구했다.

알 셰이크는 "아내가 매우 바빠요"라면서 화제를 돌렸다.

그래서 미샤엘과 내 동료 여성 기자는 여성 전용 커피숍에서 만났다. 그곳에서는 머리카락을 드러낸 채 자유롭게 이야기할 수 있었다.

미샤엘과 알 셰이크는 사촌으로, 알 셰이크가 21세, 미샤엘이 16세일 때 결혼이 정해졌다. 그들은 결혼식을 올리기 전에 딱 한 번, 한 시간도 안 되게 만났다. 결혼을 결정하기 전에 알 셰이크가 미샤엘의 얼굴을 잠깐 볼 수 있었을 뿐이었다.

미샤엘은 "수줍음이 많아 알 셰이크를 보기도 어려웠고 뭔가를 확인할 수도 없었어요"라고 말했다.

알 셰이크는 미샤엘이 학업을 계속하겠다는 조건을 받아들였다. 미샤엘은 결혼 후 네 자녀를 키우면서 교육학 박사학위를 마쳤다.

그녀는 사우디 여성에게 권리가 없다는 생각에 이의를 달고 나섰다.

그녀는 "그들은 우리가 운전하지 못해서 억압을 받는다고 생각하는지 모르지만 그렇지 않아요"라고 말하면서 여성이 운전하는 게 리야드 교통을 더 복잡하게 만들 것이라고 했다. "이곳에서는 서구와는 다른 면에서 여성이 존중받는 일이 많지요."

아니나 다를까, 그녀는 이븐 압둘 와하브의 후손답게 자기 조상 중 한 명이 종교 경찰을 창설했다고 자랑스럽게 말했다.

"우리는 우리나라를 보호할 이런 종교 경찰을 우리에게 허락하신 알라를 찬양합니다."

사우디 사람들이 이처럼 이슬람에 젖어 살다 보니 정부에 소속된 성직자 말고도 사회 여러 분야에 이슬람 성직자들이 간여하지 않는 곳을 찾기 어렵다. 명성을 얻는 성직자들도 하나둘이 아니다. 나이 든 성직자, 젊은 성직자, 예전에는 극단주의자였지만 지금은 관용을 베풀어야 한다고 설교하는 성직자, 여성이 섹시하다고 생각하는 성직자, 자신을 버락 오바마와 비교하는 흑인 성직자까지. 그들은 인터넷이 지배하는 초(超)연결사회에 살면서 소셜 미디어에서 팔로워를 얻기 위해 경쟁했다. 그들뿐 아니라 심지어 나이 든 그랜드 무프티까지 자기 이름으로 된 TV쇼를 진행하기도 했다.

사실 이러한 최신 기술을 이용하는 모습은 그동안 기술 발전을 이슬람에 대한 위협으로 여겼던 와하비즘 성직자들의 역사를 거스르는 것이기도 하다. 성직자들은 1960년대에 도입된 전보, 라디오, 카메라, 영화, 축구, 여성 교육, TV 같은 신문물이 사회를 망쳤다고 생각해 오랜 세월 이를 몰아내려고 노력해 왔다.

허용을 뜻하는 '할랄'이나 금지를 뜻하는 '하람'을 분명하게 구분하기 어려운 경우에는 성직자들이 공식적으로 쿠란을 해석한 결과인 '파트와(율법 해석)'를 기준으로 삼거나 그들의 견해를 참고했다. 파트와 중에는 이란의 아야톨라 루홀라 호메이니가 작가 살만 루슈디를 처형해야 한다고 해석해 국제적인 뉴스가 된 것도 있지만, 파트와 대부분은 개인의 행동을 종교적으로 어떻게 판단해야 하느냐와 같은 질문에 대한 것이었다.

나중에 없었던 일이 되기는 했지만 미키 마우스를 죽이라는 성직자도 있었고, 온갖 종류 음식이 나오는 뷔페를 금하지 않았다는 사실을 시인해야 하는 성직자도 있었다. 고양이를 데리고 사진을 찍어도 되냐는 질문에 고양이는 문제가 없지만, 사진이 문제라고 대답하는 성직자도 있었다.

그 성직자는 "꼭 필요한 경우가 아니라면 사진은 찍어서는 안 됩니다. 고양이와 찍어도 안 되고 개도 늑대도 마찬가지입니다. 그 어떤 것과도 함께 사진을 찍어서는 안 됩니다"라고 말했다.

성직자가 개인적으로 내리는 파트와가 워낙 들쭉날쭉하다 보니 정부가 파트와 공식 기구에 일관성을 잃지 않도록 조치해 달라고 요구한 일도 있었다. 그런데도 포켓몬 제품을 사려고 돈을 쓰는 것을 '죄를 짓고 관습에 도전하는 일'이라고 판단한 파트와 때문에 여전히 웃음거리가 되기도 했다. 파트와 관련 정부 정책에 반대하는 사람도 있었다. 정부는 압둘라 국왕 재위 시절부터 여성 고용을 늘리기 위해 노력해 오고 있으며, MBS는 거기에 더욱 박차를 가하고 있다. 하지만 파트와 공식 기구는 "여성이 직장에서 남성과 함께 일하는 것이 사회를 파괴할 우려가 있다"는 이유로 정부 정책을 경고하고 나섰다.

파트와 공식 기구 웹사이트 영어판을 살펴보는 동안 그랜드 무프티가 "무슬림으로 개종하지 않는 이교도는 죽이거나 노예로 삼으라"는 파트와를 내놓은 것을 보고 얼마나 놀랐는지 모른다.

이어서 "이와 같은 파트와를 따르지 않는 사람은 정의를 바로 세우고, 안보와 평화와 권익을 보호하고, 명예와 재물을 보호하기 위해 죽거나 노예가 되는 것이 당연하다. 이슬람의 노예가 된다는 것은 마치 기계를 세척하거나 사우나를 하는 것과 같아서 거기에 들어가 먼지를 털어내고 씻고 나면 깨끗하고 순결하고 안전한 모습으로 문을 나서게 된다"고 쓰여 있었다.

한 번은 알 셰이크와 커피를 마시고 있는데 그에게 전화가 왔다. 상대방의 말을 주의 깊게 듣고 있던 그는 그 자리에서 파트와를 내려주었다. 그는 그런 전화를 너무 많이 받는다고 불평했다. 순례자가 순례하러 메카에 갈 때 어느 지점에서 흰 순례복으로 갈아입어야 하느냐는 질문 정도는 매우 간단한 편에 속했다. (순례복을 갈아입지 않은 채 그 지점을 지나면 순례는 무효가 된다.) 그는 '제다(이슬람교 최대 성지인 메카의 관문—옮긴이)'라고 했다. 하지만 그를 당황하게 만든 질문도 많았다. 그는 확실하지 않은 것은 파트와를 내려주지 않았다. 한 번은 어느 여성이 가짜 속눈썹을 달아도 되는지 물어본 일이 있었다. 그는 모른다고 대답했다가 나중에 "그것이 속이기 위한 것이 아니라면" 괜찮다고 대답했다.

여성이 남성에게 프러포즈를 받을 때 그에게 잠깐 얼굴을 보여주는 관습이 있다. 알 셰이크는 그때 여성이 가짜 속눈썹을 달고 있으면 그것은 결혼하기 위한 사기 행위에 해당한다고 해석했다.

그러고 나서 "프러포즈가 끝나고 결혼한 후에 속눈썹이 없어진다면 그것은 허용되지 않습니다"라고 덧붙였다.

어느 금요일, 그는 나를 그랜드 무프티이자 그의 삼촌인 압둘아지즈 알 셰이크 집에 초대했다.

우리는 리야드에 있는 삼촌 집 근처의 커다란 환영회장으로 들어갔는데, 그곳에는 수염을 기른 학생 십여 명이 벽을 따라 놓인 긴 의자에 앉아 있었다. 무프티는 가운데 단 위에 놓여 있는 팔걸이의자에 앉아 갈색 양말을 신은 발을 쿠션 위에 올려놓고 있었다. 학생들이 이슬람 서적을 읽고 나면 무프티가 학생들이 읽은 부분을 해석했다. 알 셰이크는 삼촌이 75세인데 14세 이후로 시력을 잃었다고 했다. 독일 의사가 치료해 보려고 애썼지만 실명을 피할 수는 없었다는 것이다.

내 차례가 오자 나는 많은 서구인이 궁금해하는 질문을 건넸다. 과연 그랜드 무프티는 와하비즘을 이슬람국가(IS)의 이념에 비교한 비평가들의 견해에 어떻게 반응했을까?

"그것은 모두 사실이 아니고 비방에 지나지 않습니다. '다이시'는 공격적이고 폭압적인 집단이기 때문에 이슬람과는 아무 관계가 없습니다." 그는 그 집단을 이슬람국가(IS)라는 이름 대신 아랍어 약자인 '다이시'라고 불렀다.

잠시 후 그는 내게 "당신은 무슬림이 되어야 합니다"라고 말했다. 나는 내 가족은 기독교인이었다고 대답했다.

그는 "당신이 따르는 종교는 근본이 없는 종교예요"라고 말했다. 나는 선지자 무함마드의 계시를 받아들여야 했다.

그는 "당신의 종교는 종교가 아닙니다"라면서 "이 세상의 마지막 날에는 당신도 알라와 마주 설 수밖에 없습니다"라고 말을 맺었다.

———

종교적 갈등에 대해 관심을 가지고 있던 나는 그런 종교 기구와 심한 갈등을 겪고 있는 사람의 집을 찾았다. 아흐메드 카심 알 감디는 평생의 대부분을 권선징악위원회에서 일하면서 사우디를 세속주의와 서구화로부터 보호하고 종교적으로 해이해지지 않도록 만들기 위해 노력했다. 그가 해온 일 중에 국가에서 금지한 술을 밀매하는 업자나 마약상을 잡아들이는 일은 경찰 업무와 비슷했다. 하지만 대부분은 성 문란을 불러일으킬 수 있는 옷차림이나 친족이 아닌 남녀가 섞여 앉아있는 것이나 간통을 단속하고, 파괴된 가정과 고아에 관심을 두어 사회가 붕괴되지 않도록 만드는 데 초점을 맞췄다.

나는 알 감디를 제다에 있는 그의 아파트 거실에서 만났다. 그는 거실을 마치 베두인 텐트처럼 꾸며 놨다. 부르고뉴풍의 직물로 벽지를 삼고 천정에는 금색의 술을 늘어뜨리고 바닥에는 매일 기도할 때 쓰는 카펫을 깔아 놨다. 51세인 그는 알 셰이크처럼 독실한 사우디 남성의 상징인 긴 턱수염과 콧수염으로 덮이지 않은 맨 윗입술을 자랑으로 여겼다. 그가 살아오는 동안 알 셰이크와 같은 믿음의 길을 걸어왔지만, 그러면서도 그는 자기가 지켜온 믿음과 그 믿음을 규정한 종교 기구에 대한 의문이 끊이지 않았다.

그가 자라온 배경만 보면 그가 종교 개혁가가 될 가능성은 매우 낮았다. 그는 대학에 다닐 때 제다 항구에서 일했는데, 성직자가 이슬람에서는 세금 걷는 것을 금지한다고 하는 말을 듣고 그만두었다. 대학을 졸업한 후에는 정부 기관에서 국제 회계 업무를 담당했다. 그 기관은 업무상 비이슬람 국가에 출장을 다녀야 하는 곳이었다. 정부 기관에서 일하면서도 틈틈이 이슬람 공부를 했던 그는 성직자들이 이교도의 땅을 피하라고 하는 말을 듣고 그곳도 그만두었다.

이후 그는 기술 학교에서 경제학을 가르치는 직업을 얻었지만, 이슬람 금융이 커리큘럼에 포함되지 않은 것이 너무 짜증스러워 그것도 그만두었다. 그러다 제다에 있는 권선징악위원회에 일자리를 얻었을 때 마침내 자기의 종교적 신념에 맞는 직업이라는 생각이 들었다.

알 감디는 그곳에서, 또 메카로 옮긴 후에도 참수형에 해당하는 매춘부와 심령술사 단속을 지원하는 업무를 담당했다. 그러나 시간이 지나면서 동료들이 열의가 넘치다 못해 가정집 문을 부수고 들어가 용의자를 체포하거나 그 과정에서 용의자를 모욕하는 것을 보면서 차츰 마음이 불편해졌다.

그가 "누군가 술을 마셨다고 칩시다"라며 말을 꺼냈다. "그렇다고 종교의 이름으로 폭력을 써도 괜찮다는 건 아닙니다. 그들이 용의자를 다루는 방식은 지나쳤습니다."

알 감디가 사건 처리 결과를 검토하는 위치가 되자 그는 그들이 권한을 남용해 용의자를 학대하는 것을 보고하려고 했다. 주말에 혼자 사는 중년 남성이 젊은 여성 둘을 집에 들인 사건이 있었다. 그는 기도 시간에 모스크에 기도하러 가지 않았는데, 그의 이웃이 이것을 보고 최악의 일이 일어난 것으로 의심했다. 그래서 종교 경찰에 신고했고 신고를 받은 종교 경찰이 그 집을 급습해 남성을 현행범으로 체포했는데, 그와 함께 있던 젊은 여성들은 그의 딸들이었다.

알 감디는 "사람들이 종교의 이름으로 비인간적인 굴욕을 당하면 그 종교를 증오할 수 있습니다"라고 말했다.

2005년 알 감디는 권선징악위원회의 메카 지역 책임자로 승진했다. 넓은 지역에서 일어나는 다양한 일을 감시해야 하는 매우 중요한 직책이었다. 그는 열심히 일했지만, 개인적으로는 종교 경찰이 중요하게 여기는 업무가 초점을 벗어난 것 같아서 걱정을 멈출 수가 없었다. 그는 쿠란을 꺼내 선지자 무함마드의 말씀을 다시 읽었다. 그리고 무함마드의 말씀과 권선징악위원회가 적용하는 기준 사이에 커다란 간극이 있다는 것을 깨달았다. 예를 들어 1세대 무슬림들은 가족이 아닌 이성들과 함께 지낸 경우가 많았고, 아무도 그것을 문제로 여기지 않았으며, 심지어 선지자 자신도 이성들과 함께 지냈던 것이다.

결국 알 감디는 사우디 사람들이 이슬람 계율로 알고 따랐던 많은 행동이 사실은 그와 관계없는 아라비아의 문화적 관습이었다는 것을 깨닫게 되었다. 그것은 매우 놀라운 결론이었을 뿐 아니라 그의 위치에 있는 사람에게는 매우 위험한 생각이기도 했다. 그래서 그는 적어도 한동안은 입을 다물고 있었다.

———————

2007년 사우디는 세계적인 대학을 만들겠다는 목표를 가지고 홍해에 킹압둘라과학기술대학(KAUST) 건설에 착수했다. 왕실에서는 이 대학 건설을 위해 100억 달러가 넘는 기부금을 내려보냈는데, 사실 왕실은 이곳에서 애완동물 연구를 시작하기를 희망하고 있었다. 당시 압둘라 국왕은 이 대학이 국제 기준을 충족할 수 있도록 만들기 위해 성직자가 KAUST 운영에 간섭하지 못하도록 했다. 처음부터 여학생들이 원하는 옷을 입을 수 있게 하고 남녀공학으로 수업을 받을 수 있도록 계획했다.

KAUST는 석유 회사 사우디 아람코의 선례를 따르도록 했는데, 이 회사는 성직자들이 발을 들여놓을 수도 없었다. 항상 이슬람 가치를 앞세웠던 왕실이 막상 재정수입을 확보해야 하거나 혁신이 필요할 때에는 성직자들의 조언을 구하는 건 물론 발도 들여놓지 못하게 했으니 모순도 이렇게 큰 모순이 없었다. 한마디로 왕실이 성직자를 원천 배제한 것이다.

성직자 대부분은 국왕에게 복종해야 한다는 생각으로 그 계획에 대해 침묵을 지켰지만, 고위 성직자 그룹 중 한 사람이 방송 전화 인터뷰에서 남녀공학의 위험성을 경고하고 나섰다. 성희롱이 일어날 수 있다는 이유에서였다. 남학생과 여학생이 섞여서 지내다 보면 공부에 방해되기도 하고 남편들이 공부하는 아내를 질투할 수도 있고 강간이 일어날 수도 있다는 것이다.

셰이크 사드 알 샤트리는 "남녀가 섞여 지내는 것은 폐해가 클뿐 아니라 매우 사악한 일입니다"라고 말하면서 국왕이 이런 사실을 알게 된다면 결정을 철회할 것이라고 주장했다.

그러나 KAUST에서 남녀공학을 유지하는 것은 국왕의 결정이었다. 국왕은 즉시 그 성직자를 해임했다.

그 사건으로 알 감디는 크게 실망했다. 그는 성직자들이 사우디에 유익한 결정을 지지하지 않는다고 느꼈다. 그래서 그는 그 문제를 놓고 기도한 후 종교적 관습에 대한 자기 생각을 칼럼 두 편으로 정리해 2009년 《오카즈》 신문에 투고했다.

그것은 알 감디와 종교 기구 사이에 벌어질 장기전의 첫 번째 전투가 되었다. 그는 칼럼을 계속 발표했고 이슬람 경전을 근거로 자기 생각을 반박한 성직자들과 TV 토론에서 만났다. 그가 일하는 권선징악위원회의 동료들이 그를 피하자 그는 조기 퇴직을 신청하고 일찍 은퇴했다.

알 감디는 권선징악위원회를 그만두고 기도 시간에 가게를 닫거나, 사람들에게 모스크에 기도하러 가라고 강요하거나, 여성이 얼굴 가리는 것을 의무화하거나, 운전을 금지하는 모든 관습에 질문을 던지고 그럴 필요가 없다고 목소리를 높였다. 그는 선지자 시대에는 여성이 낙타를 탔는데 이것이 SUV를 운전하는 것보다 더 도발적이지 않냐고 이의를 제기했다. 어느 곳에서는 한 여성이 그에게 얼굴을 드러내는 것뿐 아니라 화장도 할 수 있느냐고 물었다. 그는 그 여성에게 왜 안 되겠느냐고 대답했다. 그는 그가 주장하는 것을 증명하기 위해 아내와 함께 인기 있는 토크쇼에 출연했는데, 아내 자와히르는 화장한 얼굴을 드러내고 있었다.

알 감디의 주장은 종교계 내부에서 폭발을 일으켜 성직자들이 권력을 휘두를 수 있게 만든 사회질서의 근간을 흔들었다. 고위 간부들의 비난이 빗발쳤고 그중 일부는 그의 자격증을 문제 삼으며 알 감디가 실제로는 성직자가 아니라고 주장했다. 성직자 자격을 평가하는 표준화된 절차가 없었기 때문에 그런 비난은 억지스러운 것이었다. 다른 사람들은 그의 이력서를 문제 삼고 나섰다. 그가 종교 관련 학위가 없다거나 그의 박사 학위는 학위 공장으로 알려진 앰버서더 대학에서 발행한 것이라고 지적했다.

사우디 최고성직자위원회의 위원 한 사람은 "이 사람이 나쁘다는 것은 의심의 여지가 없습니다. 국가가 그를 소환하고 고문할 담당자를 지정해야 합니다"라고 말했다.

몇 년 후 내게 무슬림이 되지 않겠냐고 권유하던 그랜드 무프티는 그가 진행하는 전화 인터뷰 쇼에서 이 문제를 다루면서 '종교와 도덕과 사회적인 가치를 부패하게 만드는' 콘텐츠를 금지해야 한다고 말했다.

성직자들의 공격만 거셌던 것은 아니다. 사회적인 후폭풍은 알 감디에게 더 큰 타격을 입혔다. 화가 난 사람들이 알 감디에게 전화를 걸어 그를 조롱했다. 트위터를 통해 그를 죽이겠다는 위협도 받았다. 그가 속한 부족에서는 '문제가 많고 혼란을 일으켰다'는 이유로 그를 파문했다. 그가 설교했던 모스크에서는 그에게 더 이상 오지 말아 달라고 요청했다. 그의 집 벽에 모욕적인 낙서를 휘갈겨 쓰기도 했다. 한 무리의 남자들이 그의 집 문 앞에서 여성과 합석할 테니 집안 여성을 내놓으라고 요구했다. 그는 자녀가 아홉이었는데 결국 아들이 경찰에 신고했다.

알 감디는 어떤 법도 어기지 않았고 어떤 법적인 혐의도 받지 않았지만 그런 공격이 그 가족을 흔들었다. 그의 맏아들과 결혼하기로 했던 여성의 집안에서 알 감디의 가족과 얽히고 싶지 않다면서 파혼을 요구해 왔다. 그의 여동생이 오빠인 알 감디의 편을 들자 남편이 그를 떠나기도 했다. 열다섯 살 먹은 알 감디의 아들 암마르는 친구들에게 "네 엄마가 어떻게 TV에 나왔어? 그건 옳지 않은 일이지. 예의를 모르네"라는 조롱을 받았다.

그리고 아들은 그 친구에게 한 방 먹이기도 했다.

2016년 내가 알 감디를 만났을 때 그 소동은 거의 잦아들었다. 하지만 그가 바깥에 나타나면 낯선 사람들이 여전히 그를 괴롭혔기 때문에 그는 자세를 한껏 낮추고 다녔다. 그는 외국 신문에 칼럼을 기고하고 있는 것 말고는 직업이 없었다. 이슬람 왕국에서는 그의 과거 직업이 오히려 그가 직업을 가질 수 없도록 만드는 올가미가 된 것이다.

그해는 종교 경찰에게 불운한 해였다. 종교 경찰이 쇼핑몰 주차장에서 소녀 한 명과 대치하는 영상이 입소문을 타고 퍼졌다. 종교 경찰이 소녀를 땅에 내동댕이치자 소녀는 비명을 질렀고 소녀의 아바야가 펄럭이며 맨몸이 드러났다. 많은 사우디 사람에게 '나킬 몰 소녀'라는 이름이 붙은 영상은 종교 경찰의 과잉 진압을 상징하는 영상이 되었다. 종교 경찰은 종교계 인사를 비판한 인기 토크쇼 진행자를 체포했고, 그가 술병을 든 채 수갑을 차고 있는 사진이 인터넷에 올라왔다. 하지만 이것이 종교 경찰이 그의 인격을 말살하기

연출한 사진인 것으로 밝혀지자 사람들의 분노가 커지기 시작했다.

이 사건으로 알 감디가 겪고 있는 시련이 얼마나 아이러니한 일인지 화제에 오르게 되었다. 많은 사우디 사람뿐 아니라 왕족, 심지어 일부 성직자까지도 정부의 조치가 너무 지나쳤다는 데 동의했다. MBS도 그중 한 사람이었다. 그는 이 사건을 통해 성직자들의 통제가 그가 세운 개발 계획에 큰 걸림돌이 될 수 있다는 것을 깨달았다. 그래서 2016년 4월 전격적으로 종교 경찰의 권한을 박탈한다는 왕명을 발표했다. 그 이후로 종교 경찰은 일반 경찰이 동행하지 않는 한 누구도 체포하거나 심문하거나 추적할 수 없게 되었다. 그리고 시민을 '점잖고 친절하게' 대하라는 지시를 받았다.

그 소식을 듣고 많은 사우디 친구에게 소감을 물어봤지만 아무도 그것을 어떻게 평가해야 할지 모르고 있었다. 그러한 조치가 사실이었을까? 사실이라고 하기에는 너무나 좋은 조치였다. 아울러 종교 경찰이 사라지기에는 종교 경찰의 힘이 너무 큰 것도 사실이었다. 하지만 시간이 지나면서 많은 사람이 그것이 사실이라는 것을 깨닫기 시작했다. MBS는 왕명 하나로 성직자들의 방해를 제거해 성직자들이 결사적으로 반대했을 거대한 변화를 일으킬 길을 닦았다.

7장
웅대한 비전

사우디에서 이루어지고 있는 컨설팅 산업의 상황을 파악하기 위
해 맥킨지나 보스턴 컨설팅그룹과 같은 기업에서 활동한 전현
직 컨설턴트 다섯 명을 인터뷰했다. 아울러 캘버트 W. 존스가
2019년 펴낸 《모든 국왕의 컨설턴트》(*All the King's Consultants*)를
참조했다.

세련된 정장에 넥타이 차림으로 두바이, 베이루트, 런던에서 일등석
을 타고 도착한 컨설턴트들이 리야드에 있는 리츠칼튼 호텔과 포시
즌스호텔로 속속 모여들었다. 그들은 여러 날 동안 사우디 정부와
사우디 경제에 대한 자료를 바탕으로 상세한 보고서를 만들고 이를
잘 전달할 수 있도록 화려한 파워포인트를 준비했다. 준비한 자료
를 발표할 시간이 되어 화려하고 천장이 높은 왕실 응접실로 들어
선 그들은 그곳에서 언젠가 만났어야 할 여러 경쟁 회사에서 온 컨
설턴트 그룹과 마주쳤다. 그곳에서 기다리는 동안 차와 샤프란 향
의 사우디 커피가 끊임없이 나왔다. 밤 10시로 잡혔던 회의는 새벽
2시까지 밀리기 일쑤였고, 다음 날 다시 오라는 말을 듣지 않은 것
을 다행으로 여겨야 했다. 이런 일에 익숙하지 않은 사람들에게는
실망스럽고 고단한 일이 아닐 수 없었다. 하지만 그 일에 걸린 돈이
엄청났고 중동에서 가장 돈을 많이 쓰는 고객에게서 그 일을 얻어

내기 위해서는 다른 방법이 없었다. 그 주인은 다름 아닌 무함마드 빈 살만이었다.

MBS가 사우디를 재건하려는 계획을 공식화하면서 그는 변화를 반대하고 나설 성직자들의 마음을 돌릴 뿐 아니라 재건을 위해서 무슨 일을 어떻게 해야 하는지 방향을 잡아줄 전문가가 필요하다는 것을 절감했다. 그래서 그는 경영 컨설턴트들을 찾기 시작했다. 사우디가 현금을 풀기 시작하자 최고의 교육을 받은 외국 전문가들이 경제 다각화를 비롯해 군비 조달 효율화와 교육 과정 재구성에 이르기까지 많은 분야에 대해 조언하겠다며 몰려들었다.

이들은 여러모로 천생연분이었다. 사우디는 MBS가 개혁하려고 하는 많은 분야를 감당할 인적 자본이 부족했고 MBS도 그가 계획하는 일에 대한 경험이 거의 없었다. 그러니 필요한 도움을 얻기 위해 다른 나라에서 같은 일을 해오던 옥스퍼드나 하버드를 졸업한 인재들을 데려오는 일을 왜 망설이겠는가. 그들은 그들의 경험을 바탕으로 왕자가 사우디 동료들에게서는 결코 얻을 수 없는 꾸밈없는 조언을 더 많이 할 수 있었으니 말이다.

MBS는 중동 지역에서 컨설팅 산업의 미래가 불확실하던 때에 등장했다. '아랍의 봄'이 기세를 타면서 정부가 무너지고 경제가 혼란에 빠지자 많은 컨설팅 회사가 이집트와 리비아와 예멘에서 사업을 접었다. 그래서 그들은 안정되고 현지에 전문가 그룹이 많지 않을 뿐 아니라 자금도 풍부한 페르시아만의 부유한 군주 국가로 자리를 옮겼다. MBS가 거기에 불을 붙였다. 경제 규모가 훨씬 큰 사우디의 젊은 왕자가 외국 전문가들에게 기대하는 바가 클 것이라는 기대가 있었기 때문이다.

그는 초대형 기업인 맥킨지와 보스턴컨설팅그룹과 스트래티지앤드를 비롯해 소규모 부티크 회사에까지 사업 홍보와 실행을 맡겼다.

그중 몇몇 회사는 왕실 근처에 이미 사무실을 운영하고 있었기 때문에 언제든 왕실의 요구에 즉각 응답할 수 있었다. 때때로 사무실을 24시간 가동해 평상시보다 빠르게 결과물을 만들어 냈다. MBS는 같은 일을 여러 회사에 맡겨 서로 경쟁하게 만들고 경쟁사가 보는 앞에서 결과를 발표하게 만들어 아이디어의 전쟁터로 만들었다.

사우디 정부의 고위층과 함께 일했던 컨설턴트 하나는 "이건 마치 미인 대회와 같아요"라고 말했다.

그리고 예산이 폭발적으로 늘어났다. 사우디가 컨설팅 회사에 지출한 금액은 살만 국왕이 즉위한 이래 두 자릿수 증가를 이어갔을 뿐 아니라 지금도 증가세를 이어가고 있다. MBS도 외국 전문가들에게 매년 10억 달러 이상을 쓰고 있었다.

하지만 컨설턴트들과 사우디 사람들 사이에서 종종 문화적인 차이로 인해 문제가 일어났다. 컨설턴트들은 시간을 엄수하고 투명성과 민주주의와 열린 시장을 중요하게 여기는 반면에 사우디 사람들은 오랫동안 비밀스러운 절대군주 체제에서 살아와 직업윤리나 시간 약속을 신뢰하기가 어려웠다. 맥킨지에서 일했던 컨설턴트 한 명은 내게 '아랍의 봄'이 지난 후 맥킨지 내부에서 독재자들과 일할 때 가져야 할 윤리에 대해 의논한 일이 있었다고 말했다. 하지만 회사의 경영진들은 그런 위험을 무시했다. 대신 그들의 작업 결과가 사우디 같은 나라의 발전에 긍정적인 역할을 할 기회로 생각했다.

맥켄지에서 일했던 컨설턴트는 "MBS와 함께 일하는 것은 아무 문제가 없었습니다. 그들은 거기에 올인했습니다"라고 말했다.

───────

그 컨설턴트들은 일하기 위해 사우디에 입국하는데 아무런 걸림돌이 없었다. 하지만 나는 그렇지 못했다.

내가 운전 금지 규정을 위반하는 여성들에 대한 기사를 쓰기 위해 사우디를 방문했을 때 취재 비자를 받았다. 연장을 할 수 없는 1주일짜리 단수 비자였다. 그 비자가 만료되고 나서 다음 비자를 얻느라고 고생을 좀 했다. 비자를 다시 신청하고 몇 달 후에 2주일짜리 단수 비자를 받았는데 여전히 연장은 불가능했다. 그 비자로 입국해 기사 몇 개를 쓰고 다음 비자를 얻기 위해 다시 몇 달을 기다렸다.

일정 기간 사우디에 입국하려면 자기 회사를 홍보하는 데 관심이 많은 유력한 회사가 후원하는 회의에 참석을 신청하는 수밖에 없었다. 행사는 대부분 경쟁력을 높이고 지식경제를 추구하는 데 초점을 맞추고 있었지만, 참석자들이나 내용 모두 지루하기 짝이 없었다. 그래도 입국한 후에는 마음대로 일할 수 있었다.

한 번은 이틀짜리 회의에 참석하기 위해 1개월짜리 연장할 수 없는 단수 비자를 신청했지만, 주최 측이 너무 부실한 기관이어서 회의를 시작하는 날까지 비자를 받지 못했다. 겨우 회의가 열리는 날 비자를 받아 항공편으로 입국해 둘째 날 회의부터 참석할 수 있었다. 회의가 끝나고 나니 29일이 남았는데, 사우디 당국자에게 면담을 요청하자 그는 내가 취재 비자가 아니라는 이유로 면담을 거절했다.

살만 국왕이 즉위한 이후에는 취재 비자를 얻기가 쉬워졌다. 투명성이 MBS 시대의 화두가 되고 나니 적어도 초기에는 언론인들에게 취재 문호를 넓게 개방했다. 그때는 사우디 사람들이 좋아할 만한 기사를 좀 썼다. 사우디에서도 보수적인 도시로 손꼽히는 부라이다로 취재 여행을 떠나 사형수가 공개적으로 참수형을 당하지 않도록 애쓰는 성직자들의 이야기를 기사로 썼다. 리야드에 있는 국가방위군 병원에서 전 세계 가난한 가정에서 온 몸이 붙은 샴쌍둥이 분리 수술을 장기 사업으로 추진하고 있다는 기사도 썼다. 그런 기사가 나가고 나서 나는 3개월짜리 복수비자를 받았다. 이 비자 역시 연장이 불가능하기는 했지만 그 정도면 훌륭했다.

2016년에 들어서면서 사우디의 미래를 준비하기 위한 MBS의 웅대한 계획이 발표를 앞두게 되자 분위기가 무르익어 갔다. 컨설턴트들이 모든 단계에서 깊숙이 관여했고, 맥킨지가 주도하는 싱크탱크는 사우디가 당면한 도전을 진단하고 이것을 해결할 방안을 보고서로 작성했다. 이것은 마치 이들이 고려하고 있는 여러 대안에 대한 국민 반응을 떠보기 위해 풍선을 띄우는 것 같았다.

그리고 나서 사우디 당국자들이나 현지 언론이 맥킨지가 마련한 MBS의 미래 로드맵인 국가개조계획(NTP, National Transformation Plan)을 거론하기 시작했다. 이 발표를 여러 차례나 미뤄야 했던 MBS는 경쟁사인 보스턴컨설팅그룹을 선정하고, 그가 제안한 국가개조계획에 대한 대안을 마련하라고 요구했다. 이것이 바로 '비전 2030'이었다. 아쉽게도 그 프로그램이 출범하는 날이 내 비자가 만료되고 난 1주일 뒤로 잡혔다. 공보부 담당자가 내 비자가 연장될 것이라고 말했지만 결국 연장되지 않았고, 그래서 떠날 수밖에 없었다. 이틀 후에 그들이 내게 전화를 걸어서 그 프로그램이 출범하는 것을 취재해 달라고 요청했다. 그들은 갱신할 수 없기는 하지만 무려 5년짜리 복수 비자를 발급해 줬다. 아쉽게도 비자가 행사 당일에야 발급되어서 나는 비자를 여권에 끼워 넣기만 하고 베이루트 사무실에서 TV로 그 모습을 지켜봐야 했다.

그날 발표한 비전은 매우 광범위한 것이었다. 여러 제목 아래 중요한 것에 방점을 찍어가며 강조한 그 보고서에서는 MBS가 어떻게 사우디 경제를 재구성하고 국민의 생활양식을 바꿀 것인지 설명하고 있었다. 그것은 거창하고 낙관적인 목표로 가득 차 있었다.

그들은 "우리는 우리가 설정한 중요한 계획과 프로그램을 즉시 공개할 것입니다"라고 약속하고 이어서 "우리는 알라의 도움에 힘입어 사우디를 우리 모두 엄청난 자부심을 느끼는 위대한 나라로 만들 뿐 아니라 우리 위치를 더욱 견고하게 만들 것입니다"라고 선언했다.

사우디아라비아 왕국은 아랍 세계와 이슬람 세계에서 차지하는 위상을 바탕으로 세계적인 투자 거인으로 탈바꿈하고, 유럽과 아시아와 아프리카의 허브로 자리매김할 것이라는 선언이었다. 그 비전에서는 분야별로 변화될 모습을 제시하고 있었다. 구체적으로 아람코를 석유 회사에서 에너지 복합기업으로 성장시키고, 정부는 자국민을 더 많이 고용할 수 있도록 광산 분야 투자를 늘리고, 방위산업을 일으키고, 국민 건강과 주택 보급과 교육 서비스를 증진할 것이라고 했다. 폐기물을 재활용해 자원 순환 경제를 이루고, 전자정부를 만들고, 재생에너지 중심의 정책을 추구하겠다고도 했다.

놀랍게도 이 비전에서 사우디가 살기에 그리 재미있는 곳이 아니라는 점을 시인했다.

그들은 "사실 현재 우리가 보유하고 있는 문화시설이나 위락 시설은 국민과 거주민의 늘어나는 수요를 감당하지 못하고 있고 번영하는 우리 경제와도 조화를 이루지 못하고 있습니다"라고 말했다.

그래서 그들은 위락 시설을 확장하고 사우디 사람들이 그것을 이용하도록 장려하겠다는 것이었다.

'비전 2030'이라는 사우디의 웅대한 비전은 비록 외국 컨설턴트들이 작성한 것이기는 하지만 발표되는 순간에는 이미 MBS의 것이 되어 있었다. 그 계획을 발표한 날 그는 여러 TV쇼에 나와서 '비전 2030' 안에 들어있는 엄청난 숫자를 제시했을 뿐 아니라 그가 계획하고 있는 것이 단지 사우디만을 위한 것이 아니라 '지구라는 행성'을 위한 것이라는 점을 강조했다. 사우디는 그동안 '석유 중독'으로 발전이 지체되었지만 그 시절은 곧 끝날 것이라는 선언이었다.

"나는 2020년이 되면 석유가 아니더라도 우리가 살아갈 수 있다고 생각합니다. 지금 우리는 석유가 필요합니다. 과거에도 석유가 필요했습니다. 그러나 2020년에는 석유 없이도 살 수 있을 것입니다." 그가 말했다.

당시 아람코의 민영화가 추진되고 있었는데, 그는 그것이 '세계 역사상 유례없는 규모의 기업공개'가 될 것이라고 확언했다. 또한 사우디 공공투자기금(PIF, Public Investment Fund)이 보유하고 있는 자금 규모가 엄청나서 '지구상의 필수적인 동력'이 될 것이라고 했다. 또한 홍해를 횡단해 사우디와 이집트를 연결하는 교량은 "세계에서 가장 중요한 의미를 지니는 연(連)육교"가 될 것이라고도 했다.

그것은 야심 차지만 무모한 계획이었다. 그럼에도 내 많은 사우디 친구는 이런 위대한 변화를 이끌어 낼 프로그램에 열광했다. 비전에서는 이러한 변화를 이끌어 내기에는 그동안 사우디가 얼마나 형편없이 운영되었는지, 사우디 국민이 다각화된 경제에 참여하는 데 얼마나 준비가 부족했는지를 자세히 설명하고 있었다. MBS가 설명한 대로 이미 폭발할 준비가 되어 있는 나라에 '결단력을 보상하고, 모두에게 기회를 보장하며, 모든 사람이 개인 목표를 달성하는데 필요한 기술을 습득하도록 돕는 문화'가 필요하지 않겠는가?

이 프로그램에서는 그들이 '비전 2030'을 성취하는 과정에서 맞닥뜨리게 될 거대한 도전을 과소평가한 것으로 보인다. 사우디는 지역의 중추가 되기에는 부족한 점이 많았다. 국가 기반 시설은 이웃 나라에 비해 10년 정도 뒤떨어졌다. 게다가 필요한 기술이나 업무 윤리를 갖춘 인적 자본이 부족했다. 석유산업과 관계되지 않은 산업 기반을 찾을 수 없었고, 자국민 중에서 필요한 기술자도 확보하기 어려웠다. 블루칼라 직종은 거의 외국인 차지였다. 화이트칼라 직종 또한 외국인이 다수를 차지하고 있었다.

이를 비판적으로 바라보는 인사들은 '비전 2030'을 MBS의 개인적인 브랜드로 치부하거나 마치 대학 학위도 없는 비만한 남성이 비건 트라이애슬론 기술의 개척자가 되겠다고 선언하는 것처럼 비현실적인 일로 치부했다. 그렇게 의심한 데에는 그럴 만한 이유가 있었다. 내가 기억하기로는 당시만 해도 MBS는 최소한 자기 나라의 미래에 대해 매우 긍정적이었다. 그것은 아랍 지도자 대부분이 할 수 있는 정도를 넘어선 것이었다. 하지만 내가 비자를 얻는 과정에서 경험해서 아는 것처럼 사우디의 관료 체제는 MBS가 계획한 수준에 이르기까지 아직 갈 길이 멀어 보였다.

8장
저널리즘의 역할

MBS가 성직자와 지식인을 초청해 회의한 내용을 재구성하기 위해 2016년 5월에 아델 칼바니와 히샴 알 셰이크를 인터뷰했다. 히샴 알 셰이크는 당시 촬영했던 사진을 보여주기도 했다. 아울러 회의 참석자들이 남긴 기록을 검토했다. 자말 카슈끄지가 살아온 흔적을 살피기 위해 그에 대한 수많은 기사와 TV 인터뷰를 검토했으며, 그를 알고 있는 인사 십여 명을 인터뷰했다. 또한 내가 2014~2018년 사이에 카슈끄지를 인터뷰한 기사와 당시 남긴 메모를 검토했다.

무함마드 빈 살만은 그의 비전을 선포하고 난 후 사우디 사회의 주요 인물들을 초청해 비공개 리셉션을 열었다. 그는 두 그룹을 초청했다. 하나는 젊은 성직자들로 이루어진 그룹이었다. 이들은 애완동물과 사진 찍는 것이나 포켓몬을 이슬람에서 금하는 것이라고 해석한 파트와를 내려 사우디 젊은이들에게 조롱받았던 케케묵고 나이 든 성직자들과는 달랐다. 그들은 새로운 문물에 익숙했을 뿐 아니라 마치 할리우드 스타들이 서구 젊은이들을 몰고 다니는 것처럼 그들도 많은 사우디 젊은이를 몰고 다녔다. 거기엔 인기 있는 TV쇼 진행자도 있었다. 흑인으로는 처음으로 메카의 그랜드 모스크에서 기도를 인도한 사람도 그들 중에 있었는데, 그는 입술이 관능적이라는 이유로 사우디의 브래드 피트라고 불리기도 했다.

그들이 정부 당국과 항상 좋은 관계를 유지하고 있었던 것은 아니다. 젊은 성직자 중 한 사람은 압둘라 국왕이 KAUST를 남녀공학으로 만든 것을 비판했다가 해임된 바로 그 사람이었다. 다른 한 사람은 사회적 개방으로 인해 이슬람 규율이 끊임없이 달라지는 것을 지적하는 설교를 해서 감옥에 갇히거나 TV쇼에서 퇴출당하거나 가택 연금된 일이 있던 사람이었다. 하지만 그들이 초청된 이유는 분명했다. 바로 트위터나 스냅챗 같은 소셜 미디어의 팔로어 수가 수백만이나 되었기 때문이다. MBS는 이미 거의 모든 사우디 사람이 휴대전화를 사용하고 있는 상태에서 '비전 2030'을 그들보다 더 빨리 안착시킬 수 있는 그룹이 없다고 생각했기 때문이다.

다른 그룹은 국내외 현안에 대한 사우디 정부의 견해와 지도자들의 견해를 보도해 사회적 여론을 조성하는 지식인들과 언론인들이었다. 그들 중에는 몇 년 전에 미국 외교관에게 앞으로 군주정치체제가 직면해야 할 문제에 대해 설명했던 자말 카슈끄지라는 체격이 크고 온화한 언론인이 있었다. 50대 후반의 카슈끄지는 사우디에서 중요한 사회적 변화를 모두 경험한 사람이었다. 그는 그날 그 방에 있던 누구보다 MBS의 거취에 큰 영향을 미친 사람이 되었다.

그는 사우디 서부 헤자즈 지역의 이슬람 성지인 메디나의 엘리트 가정에서 태어났다. 그의 할아버지는 MBS의 할아버지를 치료한 의사였다. 또 다른 친척은 유명한 무기상 아드난 카슈끄지로, 그의 호화로운 생활이 늘 화제가 되었다.

그는 삼촌의 재산을 물려받지는 않았지만 제다에서 아주 편안하게 자라났다. 제다는 옛날부터 이슬람 성지인 메카로 가는 관문이었으며 세계 곳곳에서 모여든 순례객 때문에 사우디에서 가장 국제적인 도시가 되었다. 그는 미국으로 유학을 떠나 1983년 인디애나 주립대학에서 경영학 학위를 취득했다. 그는 그가 살고 있던 인디애나주에서 무슬림형제단에 합류해 활발하게 활동했다. 무슬림형제단은 자기들을 따르는 무슬림들에게 자기 고유의 방식으로 해석한 쿠란을 삶의 방식으로 받아들일 것을 요구하는 국제 이슬람 단체였다.

독실한 무슬림이었던 카슈끄지는 무슬림형제단의 소모임인 '가족'의 일원이 되었다. 이 소모임은 쿠란 스터디 모임과 같은 성격으로, 그는 이곳에서 종교적인 생활과 사회적인 활동을 일치시키는 훈련을 받았다. 당시 해외에 나가 있던 사우디 젊은이들이 무슬림형제단 활동에 참여하는 건 드문 일이 아니었다. 무슬림형제단은 미국 내 사우디 유학생 단체 중에서도 활동이 두드러진 편이었으며, 카슈끄지가 활동한 아랍청년무슬림연합도 무슬림형제단에 속해 있었다. 게다가 무슬림형제단 단원들이 사우디 교육 시스템을 구축하는 데 큰 역할을 했기 때문에 카슈끄지에겐 그들이 운영하는 시스템이 낯설지 않았다. 어느 해인가 무슬림형제단이 개최한 미국 전국 회의에서 그가 책 박람회를 열기도 했다.

대학 졸업 후, 카슈끄지는 제다에서 발행되는 영자 신문인 《아랍뉴스》와 다른 출판사에서 기자로 일했다. 그러는 중에 오늘날 사우디에 가장 중요한 국제 이슈인 아프가니스탄 지하드를 취재하게 되었다.

소련은 아프가니스탄을 침공했고, 미국과 사우디는 나름의 이유로 아프가니스탄에서 소련을 철수시키기 위해 개입했다. 미국은 아프가니스탄을 냉전의 새로운 전선으로 본 반면 사우디와 다른 이슬람 국가들은 소련의 침공을 이슬람 국가에 대한 이교도의 공격으로 여겼다. 그래서 두 나라는 힘을 합쳤고, 중앙정보국은 사우디 정보기관과 협력해 '거룩한 용사들'인 무자헤딘에게 자금을 지원하고 그들을 무장시켰다.

아프가니스탄 지하드는 마치 스페인 내전이 어니스트 헤밍웨이와 조지 오웰 같은 서구 사람들에게 영감을 주었던 것처럼 아랍 세계 젊은이들의 열정을 자극했다. 사우디 왕족들은 전투에 참여하는 젊은이들에게 돈을 지불했고 카슈끄지는 언론인으로서 그 대열에 합류했다. 그는 취재를 위해 아프가니스탄을 여행하는 동안 현지인처럼 옷을 입고 팔레스타인 이슬람 학자이자 지하드 이론가인 압둘라 아잠과 동행했다. 한때 그는 있을지도 모를 공격으로부터 유명한 성직자를 보호하기 위해 붐비는 자동차 뒷좌석에서 그의 곁에 앉곤 했다. 그는 칼라시니코프 자동소총을 들고 사진을 찍었다. (나중에 그 사진을 본 편집자는 대경실색했다.) 카슈끄지가 직접 전투에 참여했다는 기록은 없지만 그들의 대의에 공감한 것은 분명해 보인다. 그는 그 일이 계기가 되어 아프가니스탄에서 이름을 알리고 있던 또 다른 젊은 사우디 사람인 오사마 빈 라덴의 초대를 받았다.

빈 라덴은 사우디 성지인 메카와 메디나에서 왕궁 건축과 토목 공사로 유명해진 건설업체 가문의 자제로 태어나 제다에서 자랐다. 그는 가족 기업을 이어받는 대신 자기 재산을 지하드에 합류하기 위해 몰려든 이른바 '아프간 아랍인'을 위해 아프가니스탄에 훈련 캠프를 세우는 데 사용했다. 자기가 하는 일을 널리 알리고 싶었던 빈 라덴은 카슈끄지를 훈련 캠프로 초대했다. 카슈끄지는 1988년 《아랍뉴스》에서 이들이 주장하는 초국가적 이슬람 정신을 추켜세웠다.

"아프가니스탄의 마사다트 알 안사르와 무슬림은 한 국가다. 지리적 장벽이나 정치적 견해차나 인종이나 언어와 관계없이 이들은 서로를 형제로 여긴다. 이 독특한 형제애는 아프간 무자헤딘에 합류해 공산주의 세력에 대항하는 불굴의 투쟁을 벌이고 있는 아랍 청년들의 태도에서 분명히 드러난다."

카슈끄지는 빈 라덴을 '아프가니스탄에서 아랍 무자헤딘의 최고 지도자 반열에 오른 유명한 사우디 건설업자'라고 표현하고 영광스러운 전투에 대해 그가 언급한 내용을 인용했다.

빈 라덴은 카슈끄지에게 "때때로 우리는 우리 주변에서 일어나는 폭발 소리를 견딜 수 있는 참호나 동굴에서 하루 종일 지냈다. 전투기 소리가 끊임없이 이어졌고 죽음을 재촉하는 노랫소리는 끝없이 울려 퍼졌다. 우리는 며칠을 그렇게 전능하신 알라의 도움을 구하며 견뎠다"고 말했다.

카슈끄지는 나중에 알카에다와 이슬람국가(IS)를 포함한 초국가적 지하드에 대한 전략을 제시한 잘랄루딘 하카니와 이야기를 나누기도 했다.

하카니는 훈련 캠프의 신병을 보며 "우리는 이런 아랍 젊은이들이 자랑스럽습니다. 이들은 무자헤딘이 무엇을 요구하는지 알고 있으며, 나중에 자기 나라로 돌아가서는 지하드의 대사로서 역할을 감당할 것입니다"라고 말했다.

하카니가 이미 알카에다와 연결된 테러 집단으로 지정된 하카니 네트워크의 수장으로 활동하는 동안 빈 라덴은 계속해서 알카에다를 창설하고 미국을 비롯한 다른 곳에 치명적인 공격을 가할 계획을 세웠다. 두 사람은 1980년대 후반에 불의에 맞서 무기를 든 이슬람 민중의 영웅으로 여겨졌다.

그러나 전쟁이 파벌 싸움과 군벌주의로 전락하면서 아프간 지하드가 이 나라의 삶을 개선할 것이라는 카슈끄지의 꿈은 무너졌다.

카슈끄지의 사우디 동료 한 사람은 "그는 투쟁이 끝날 때까지 아프가니스탄 사람들이 서로 화합하지 못한 것을 아쉬워했습니다. 그는 항상 내분에 대해 이야기했지요"라고 말했다.

카슈끄지는 2011년 미국 특공대가 파키스탄에서 빈 라덴을 사살했을 때 빈 라덴의 죽음보다는 한때 그가 걸었던 희망이 무너진 것을 애도했다.

빈 라덴이 사살되고 난 후 카슈끄지는 빈 라덴을 이름 대신 별명으로 부르며 "아부 압둘라! 얼마 전에 참으로 당신을 잃은 슬픔으로 가슴이 무너졌습니다"라는 글을 트위터에 올렸다. 그리고 "증오와 분노에 둘러싸이기 전에 아프가니스탄에서 보낸 세월은 참으로 용감하고 아름다웠습니다"라며 추모했다.

아프간 지하드가 실패로 돌아간 것은 카슈끄지가 겪은 정치적 좌절 중 처음으로 맛본 것이었다.

카슈끄지는 사우디로 돌아와 계속해서 기사를 썼다. 《아랍뉴스》 사무실에서는 신실한 무슬림으로서 기도 시간을 인도했다. 사담 후세인이 쿠웨이트를 침공했을 때 카슈끄지는 전쟁 취재를 위해 사막을 가로질러 운전하다가 도망치는 쿠웨이트 병력과 마주쳤는데, 하마터면 그가 사우디 사람인 것을 미처 알지 못했던 쿠웨이트 병사에게 저격당할 뻔하기도 했다.

그는 신문 편집인으로 승진해 사회 상류층에 속하게 되었고, 국왕과 함께 여행하는 왕족이나 관료들의 사적인 회의에 참석할 수 있게 되었다. 하지만 군주정치체제에서 일을 하면서도 민주주의에 대한 열정으로 아랍 세계의 이슬람주의자들과 관계를 계속 이어갔다.

1992년 알제리 군부가 의회 선거에서 승리한 이슬람 정당의 집권을 금지하는 일이 일어났다. 이로써 카슈끄지는 또 한 번 정치적인 상처를 입었다. 그래서 그는 무슬림형제단의 친구인 아잠 타미미와 함께 '알제리의 민주주의 친구들'이라는 단체를 결성하고 영국 신문에 취지를 소개하는 광고를 실었다. 나중에 이 단체는 활동 영역을 중동 지역의 인권 증진까지 확대했다. 카슈끄지는 타미미를 간판으로 내세우고 자신은 막후에서 자금을 조달했다.

카슈끄지는 사우디 정보기관을 이끌던 3대 파이살 국왕의 아들인 투르키 알 파이살 왕자와 밀접한 관계를 맺었다. 그렇지 않아도 투르키 왕자와 가깝게 지내는 그가 아프가니스탄에 다녀오자 그가 언론인 신분으로 위장한 정보 요원이라는 추측은 더욱 힘을 얻었다. 투르키 왕자와 카슈끄지의 친구들이 그것은 사실이 아니라고 부인했지만, 카슈끄지의 친구 중 몇몇은 그가 사우디를 위해 일한 것은 맞다고 시인했다. 실제로 2005년 서방 당국자들이 팔레스타인 무장 운동 단체인 하마스(Hamas)의 리더를 만나는 자리에 사우디를 대신해 카슈끄지가 입회인으로 참석하기도 했다. 당시 대부분의 아랍 이슬람주의자는 사우디가 자신들의 적이라고 생각하지 않았으므로 누구도 그에 대해 이의를 제기하지 않았다.

그가 초기에 빈 라덴을 감탄의 눈으로 바라본 것과는 별개로 카슈끄지는 어떤 사우디 사람들보다 먼저 알카에다의 위험성을 알아차렸다. 또한 사우디가 펼치는 편협한 정책 때문에 이슬람 무장화가 불가피하다는 것도 알아차렸다. 2011년 9월 11일 테러가 일어난 이후 사우디 당국자들은 사우디 국민이 "테러의 배후에 '유대인'이 있다"는 음모론을 사우디 전역에 퍼뜨렸다는 항간의 소문을 부인했다. 카슈끄지도 그 소문을 일축했다. 그리고 그가 이슬람을 왜곡했다고 비난한 그 사람들에게 정면으로 책임을 돌렸다.

그는 "오사마 빈 라덴 일당이 납치한 비행기들은 뉴욕과 워싱턴을 공격했을 뿐만 아니라, 관용과 공존을 최고의 가치로 여기는 이슬람을 공격했다"라는 기사를 썼다.

이후 10년 동안 사우디 내부에서는 자유주의자와 보수주의자 사이에서 사회문제에 대한 논쟁이 격렬하게 일어났다. 카슈끄지는 개혁주의 진영의 든든한 활동가였다. 《알 와탄》 신문의 편집장으로 임명된 그는 종교 기구의 힘을 비판하고 자기 권한을 여성 권리 증진을 위해 사용했다. 그러나 오래 버티지 못했다. 2003년 알카에다의 폭탄 테러로 리야드에서 25명이 사망하자 카슈끄지는 테러리스트뿐만 아니라 그들을 엄호하는 성직자들을 공격하는 사설을 썼다.

그는 사설에서 "어제 일어난 범죄를 저지른 사람들은 단지 자살 폭탄 테러범만이 아니다. 그 범죄를 선동하거나 정당화한 모든 사람, 그들을 무자헤딘이라고 부르는 사람 모두가 범죄를 저지른 것이다. 그들은 평화를 사랑하는 우리나라의 정체성에 돌이킬 수 없는 피해를 입혔다"라고 썼다.

그는 그러고 나서 두 달도 안 되어 해고됐다. 그를 죽이겠다고 위협하는 사람들이 생기자 당시 영국 대사로 임명된 투르키 왕자는 카슈끄지를 언론 보좌관으로 데려갔다. 몇 년 후 투르키 왕자가 미국 대사로 임명되자 카슈끄지도 그를 따라갔다. 두 곳에서 언론 보좌관으로 일했던 경력 때문에 카슈끄지는 수년간 서방 언론인들이나 당국자들과 연락망을 유지하는 데 큰 도움을 받았다. 그는 미국에 머무는 동안 나중에 은신처로 삼을 생각으로 버지니아의 타이슨스 코너 근처에 콘도를 장만했다.

그는 2007년에 귀국해 마지막으로 사우디 언론에서 일하겠다는 생각으로 모든 분노를 가라앉혔다. 그는 옛 직장이던 《알 와탄》 신문사로 복귀해 개혁주의 싸움을 다시 시작했다. 그는 사우디의 교육 시스템이 후진적이라는 사실을 알리기 위해 신문 기사에서 정부에서 편찬한 교과서에 대해 "더 많은 아이를 낳을 수 있는 여성을 어떻게 식별할 수 있습니까?"라는 질문을 던졌다. 그리고 '전문가'에게 답변을 요청해 그 질문이 부적절하다는 것을 증명하려고 했다.

그는 처음부터 여성 운전을 옹호했는데 워낙 민감한 주제다 보니 그 내용을 신문에 직접 보도할 수 없을 정도였다. 그래서 그것을 에

둘러 비판하기 위해 "한 소녀가 낙타를 타고 대학교에 간다면 어떤 혼란이 일어나겠는가"라는 기사를 실었다. 낙타를 세워둘 곳도 없고 여성이 낙타를 타는 것을 금지하는 법도 없으니 교통 경찰은 물론 운전자들도 어떻게 대응해야 할지 몰라 허둥대지 않겠느냐는 것이었다. 그 후 몇 주 동안 그는 자전거 타는 소녀나 당나귀 타는 소녀를 상상하는 기사를 연이어 실었다. 그 기사가 논란을 일으켰고 카슈끄지는 그곳에서 다시 해고됐다.

그의 경력은 점점 폭을 넓혀갔다. 그는 사우디-아랍 토크쇼의 고정 해설자가 되었고 런던에 기반을 둔 국제 아랍 신문인《알 하야트》에 칼럼을 쓰면서 여러 주제에 대한 글을 발표했다. 그러면서 그는 사우디의 권력 구조에 대해 관심을 계속 유지한 채 사우디 정부의 견해를 세계에 전하는 역할을 자임했다.

그는 언론인으로 일하는 기간 대부분 서구 기자처럼 과오를 인정하지 않으려는 권력에 맞서 사실을 파헤치는 식으로 활동하지는 않았다. 더 정확히 말하자면 그는 기사를 쓰고 신문사를 운영하고 TV에 나와 정부의 견해를 전달하는 동시에 자신의 견해도 소개하는 미디어 인물이었다. 때로는 돈벌이로 기사를 쓰기도 했다. 2009년 말레이시아 나지브 라자크 총리는 자신의 인터뷰를 호의적으로 보도해 달라고 그에게 10만 달러를 송금하기도 했다.

2011년 일어난 '아랍의 봄' 봉기가 중동 전역으로 확산한 이후 그는 간혹 사우디 지도층과 다른 견해를 보이기도 했다. 카슈끄지는 무함마드 부아지의 이야기에 감동했다. 튀니지의 과일 상인이었던 무함마드 부아지는 경찰과 대치한 끝에 분신자살했는데, 그 사건은 억압적인 정권이 아랍 젊은이들의 희망을 얼마나 꺾어 놓았는가 하는 상황을 보여주는 상징이 되었다. 봉기가 확산하자 카슈끄지는 튀니지와 이집트와 시리아에서 일어난 시위가 민주주의로 가는 길

무함마드 빈 살만

을 열어줄 것으로 낙관했다.

그러나 카슈끄지는 그 밖의 봉기에 대해서는 사우디 지도층과 같은 시각을 유지했다. 그는 바레인에서 다수를 이루고 있는 시아파가 수니파 왕정에 반기를 들고 일어선 것을 지지하지 않았다. 그리고 사우디가 예멘 전쟁에 군사 개입한 것은 이란의 야망을 견제하기 위해 불가피한 것으로 여겼다.

'아랍의 봄'이 궤도를 벗어나자 카슈끄지는 다시 한번 충격을 받았다. 이집트는 군사 쿠데타에 이어 혼란에 빠졌고, 예멘은 무너졌으며, 이라크와 시리아에서 이슬람국가(IS)가 부상했다.

내가 카슈끄지를 알게 된 것도 이 시기였다. 당시 50대 중반이었던 그는 키가 크고 몸집이 있고 눈이 조금 처진 모습이었다. 그는 중동 지역에 대해 깊은 관심을 두고 있었으며 토론하기 좋아하고 생전 화낼 것 같지 않아 보였다. 미디어 업계에서 명성을 얻은 그는 곧 아랍 세계에서 누구나 아는 언론인이 되었다. 그는 회의에 참석하기 위해 외국의 수도를 옮겨 다니느라 거의 비행기에서 살다시피 했고, 끊이지 않고 울려대는 여러 대의 휴대전화를 재주 부리듯 받아냈다. 나는 그의 생각을 알아보기 위해 정기적으로 그에게 전화했다. 그는 여느 사우디 사람과 달리 전화하면 언제나 받았다.

나는 계속 그의 견해에 집중했다. 이슬람국가(IS)가 한창 기승을 부릴 때 그는 그들의 이데올로기와 사우디의 이데올로기가 얼마나 겹치는지 내게 설명한 일이 있었다.

2014년 어느 날, 그는 내게 "오늘날 이슬람 자체가 위기에 처해 있습니다"라고 말했다. 이어서 "우리는 현대화, 서방국가와의 관계, 세계와의 관계, 그리고 여성과 민주주의와 선거에 관련된 문제를 해결했다고 생각했습니다. 그러나 그 문제가 다시 돌아와 토론이 되풀이되고 있습니다. 그 문제를 다시 원점으로 되돌린 것은 바로

ISIS입니다"라고 말했다.

그사이 카슈끄지는 화려한 억만장자 투자가인 알 왈리드 빈 탈랄 왕자의 보좌관으로 일했다. 왕자도 카슈끄지처럼 사회 개혁에 대한 열망이 있었다. 왕자는 신설된 《알아랍TV》에 자금을 지원하고 카슈끄지에게 그 운영을 맡겼다. 그러나 그 방송국은 제대로 운영되지 않았다. 《알아랍TV》는 2015년 2월 바레인 왕실을 비판하는 유명한 야당 인사를 토크쇼 생방송에 출연시켰다가 몇 시간 만에 방송이 중단되었다.

살만 국왕이 즉위한 후 카슈끄지는 국왕을 강력한 지도자라고 칭송한 후에 아랍은 미국에 안보를 의존하는 비중을 줄여야 한다고 문제를 제기했다. 그는 신임 국왕의 외교정책을 설명하는 '살만 독트린'이라는 널리 알려진 칼럼에서 이란의 위협을 인정하려는 미국의 태도를 비판하고 나섰다.

그의 견해는 때때로 온라인에서 공격받았지만, 그는 자기 견해를 고수했고 사우디 정부가 공개 토론을 허용한 것에 감사를 표했다.

"아랍 세계에서는 모든 사람이 언론인이 독립적으로 의견을 밝힐 수 없다고 생각하지만 내가 바로 그렇지 않다는 증거입니다. 그것은 옳은 일입니다. 만약 내 의견을 바꾸라는 압력에 굴복한다면 나는 어떤 가치가 있을까요? 언론의 자유가 보장되어야 하며, 우리 정부가 그렇게 하고 있어 기쁩니다"라고 그는 밝혔다. "세상은 내면이 자유로운 사람을 끌어내릴 수 없습니다. 나는 자유롭고, 자유롭게 생각하고, 자유롭게 쓰고 싶습니다. 나는 그렇게 할 자유가 있습니다."

그런 카슈끄지가 2016년 MBS가 개최한 성직자 지식인 회의에 초대된 것은 그가 중요하게 대접받는 인물이라는 것과, 동시에 사우디의 떠오르는 새로운 지도자가 그를 꺾어야 할 상대로 보고 있다는 것을 증명하는 사건이었다. MBS는 그 자리에 모인 사람들에게 그의 경제계획을 설명하고 정치에 대한 자신의 의견을 밝혔다. 그러면서 수단과 파키스탄과 지부티에서 이란의 영향력이 커지고 있다고 경고하고 나섰다.

카슈끄지가 발언할 차례가 되자 그는 MBS에게 왜 그런 문제에 대해 공개적으로 말하지 않았는지 물었다.

왕자는 "당신은 언론인입니다. 그에 대해 쓰고 싶다면 그렇게 하시지요"라고 말했다.

참석자들은 일몰 기도 후에 모였고 그날의 마지막 기도를 함께할 때까지 한 시간 남짓 대화를 나눴다. 그것이 카슈끄지와 MBS의 첫 만남이었다. 카슈끄지는 왕자가 자신의 개혁에 대해 글을 쓰고 심지어 비판하는 것까지 허락한 것으로 믿고 떠났다. 그는 그해 말에 다음과 같은 글을 썼다. "이것은 비전을 가진 인물인 무함마드 빈 살만 부왕세자가 지식인들이 모인 회의에서 '계획이 제대로 이행되고 있는지 감시하는 게 저널리즘의 역할일 것'이라고 약속한 것이기도 하다. 그리고 언론인으로서 우리는 그 역할을 원한다."

9장
두 무함마드

사우디 주재 미국 대사들과 마찬가지로 조셉 웨스트팔은 직업 외교관이 아니었다. 사우디는 가장 중요한 동맹국을 대표하는 인사가 외교 전문가인 것을 선호하지 않기 때문이었다. 사우디는 대사가 지닌 외교관으로서의 능력보다는 그의 개인적인 관계에 더 관심을 가졌다. 그래서 국왕은 신임 대사를 받아들이기 전에 그가 어디서 얼마나 오랫동안 대사로 근무했는지 하는 것보다는 그가 대통령과 얼마나 가까운 사이인지 알고 싶어 했다. 그래서 리야드에 주재하는 미국 대사들은 전원이 남성이었고, 대부분은 대통령과 개인적으로 가까운 사이였다.

2015년 말까지 웨스트팔은 대사 직무에 잘 적응했고 주요 대화 상대방들과 좋은 관계를 유지하고 있었다. 미국과의 관계를 중요하게 여긴 국왕은 그와 정기적으로 만났다. 웨스트팔은 차츰 위상이 높아지고 있는 MBS와도 자주 만났다. 그러나 그의 공식적인 업무

무함마드 빈 살만

는 대부분 대테러 총괄 책임자인 무함마드 빈 나예프 왕세자를 통해서 이루어졌다.

그해 가을 웨스트팔은 왕세자를 만나기 위해 제다로 날아갔다. 그가 착륙했을 때 활주로에서 헬기가 기다리고 있었지만 그를 회의 장소로 데려가지 않았다. 대신 MBS가 보낸 사람들이 젊은 왕자가 그를 만나고 싶어 하니 함께 가자고 하면서 회의에 늦지 않도록 다시 데려다주겠다고 했다. 웨스트팔은 헬기에 올랐다. 헬기는 생각보다 멀리까지 날아갔고 MBS와 가진 회의가 길어져서 왕세자와의 약속을 놓치게 되었다. 백악관의 많은 인사는 그것이 대사가 자기 사촌 형과 만나지 못하게 하려는 MBS의 의도였던 것으로 결론 지었다.

MBS는 왕실 행사나 미국 당국자들과 갖는 회담 같은 공개적인 행사에서는 나이도 많고 경험도 많은 사촌 형을 예의를 갖춰 대했다. 사촌 형인 무함마드 빈 나예프(MBN) 왕세자가 말하는 동안 그는 왕세자에게 경의를 표하는 자세로 종종 고개를 숙이고 뒷짐을 진 채 왕세자의 뒤에 서 있었다. 사우디 당국자들은 공적으로나 사적으로나 '두 무함마드'는 끈끈한 관계를 유지하고 있으며 MBS가 MBN을 존중하고 있다고 강조했다. 하지만 시간이 흐르면서 그것이 사실이 아니라는 것이 분명해졌다. MBS가 자기 사촌 형의 자리를 노리고 있었던 것이다.

MBS는 MBN을 조금씩 무장 해제시켜 나갔다. MBN은 수년 동안 스코틀랜드 에든버러대학교에서 인공지능 박사 학위를 받은 언어학자이자 컴퓨터 과학자인 사드 알 자브리 박사를 비서실장으로 임명해 그에게 크게 의존하고 있었다. 알 자브리 박사는 내무부 안에서 승진해 장성급 비서실장이 되었으며 미국 당국자들에게 왕자가 다루는 다양한 현안에 대한 '해결사'라는 평가를 받았다. 그는 왕세자보다 영어를 더 잘하는 데다가 외향적이기까지 해서 미국 당국자들과 자주 만나 알카에다의 위협이나 이란의 움직임, 그리고 이라크와 아프가니스탄의 발전 방향에 대해 의논했다.

2015년 9월 MBS는 웨스트팔 대사가 왕세자 편에 서 있을 것으로 확신하고 있었다. MBN과 알자브리 박사가 함께 일하고 있는데, TV에 국왕이 알자브리 박사를 해고했다는 속보가 나왔다. 누구도 그 상황을 예상하지 못했고 달리 저항할 방법도 없었기 때문에 알자브리 박사는 짐을 꾸려 내무부를 떠났다. MBN은 그렇게 가장 신뢰했던 조력자를 잃었다.

몇 달 후, MBS는 첫 번째 기자회견을 열었다. MBS에게 호의적인 사우디 기자들은 그 자리에서 테러에 대항하는 이슬람 국가들의 국제 동맹에 대한 MBS의 새로운 계획에 대해 질문했다. MBS는 이 동맹에 34개 회원국이 가입했으며 다른 회원국들도 곧 가입할 것으로 예상된다고 말했다. 이어서 '이슬람 세계의 전체 지역이나 일부 지역에서 수행하는 대테러 작전을 조정하고 지원하기 위한' 작전 본부를 리야드에 설치하겠다고 말했다.

그 계획은 입지가 어중간해 보였다. 대테러 작전의 오랜 파트너인 미국과 영국은 공개적으로 지지를 보냈지만, 개인적으로는 큰 기대를 걸지 않았다. 곧이어 사우디가 회원국이라고 거론했던 많은 국가는 새로운 연합에 대해 들어본 적이 없거나 가입 여부를 결정하기 위해 더 많은 정보가 필요하다고 말했다. 더구나 유력한 시아파 국가인 이라크와 이란이 포함되지 않아 종파적인 논쟁만 불러일으켰다.

중동 지역과 미국에서 사우디를 주목하고 있던 관계자들은 이 발표가 자기 사촌 형의 대표적인 업적으로 알려진 대테러 작전을 자기 것으로 만들려는 MBS의 계획이라고 판단했다.

당시 오바마 대통령의 대테러 보좌관이었던 리사 모나코는 "MBS가 발표한 대테러 계획이 제대로 이루어질 거라고 생각하지는 않았던 것으로 기억한다"며 "하지만 오랫동안 확실하게 MBN의 역할로 여겨졌던 것을 자기 것으로 만드는 데는 성공한 것으로 보였다"고 말했다.

오바마 행정부는 사우디에서 누가 미래의 통치자가 될 것인지를 놓고 투쟁을 벌이고 있다는 것을 알고 있었고, 중앙정보국에 그것을 평가하는 업무를 맡겼다. MBN이 오랫동안 신뢰를 쌓아온 것으로 명성을 얻고 있었지만, 일부 국무부 당국자들은 젊고 야망 있는 MBS의 가능성에 주목했다. 그러나 오바마 대통령의 입장은 분명했다. 사우디의 통치자를 선택하는 것은 미국이 할 일이 아니며 그의 행정부는 어느 왕자의 편도 들지 않겠다는 것이었다.

모나코는 "우리는 그 상황을 주의 깊게 살펴보고 있었고, 그로 인해 역학 관계가 바뀌는 상황을 잘 따라가고 있었습니다"라고 말했다. "아무튼 그가 이 상황을 끌고 가는 것은 분명해졌습니다. 비록 우리도 MBS가 통치자가 될 것으로 예상하고 있고, 그럴 경우 그와 좋은 관계를 만들어 나가야 하겠지만, 우리는 어떤 방식으로든 그 일에 간여하지 않는다는 것은 분명히 하고 싶었습니다."

하지만 미국에 있는 MBN의 열렬한 팬조차도 그의 시대가 저물어 가고 있다는 것을 깨닫고 있었다. 이와 같은 MBS의 지속적인 압박으로 인해 MBN은 위장 자수한 범인들이 터뜨린 폭탄 때문에 상처를 입었을 때보다 더 큰 내상을 입었고, 그래서 강한 진통제를 복용하기 시작했다. 그들이 MBN의 진을 빼놓는 바람에 MBN은 늘 기진맥진해 있었던 것이다. 한 번은 오바마와 회의하는 도중에 졸기도 했다. 미국 정보 관계자들은 그가 약물에 중독된 것으로 보였고 활력을 찾기 위해 불법 약물을 쓴 것으로도 보인다고 보고했다.

또 다른 보고서에서는 그가 여장을 즐기고 동성애를 선호하는 문제가 있다고 언급하기도 했다.

이러한 주장은 MBN이 국왕에 오르는 것을 원하지 않았던 아랍에미리트의 셰이크 무함마드 빈 자이드(MBZ)를 포함한 다른 걸프 왕족들 사이에도 널리 알려진 것이었다. 2015년 버지니아 맥린에 있는 그의 저택에서 점심을 먹는 동안 그는 많은 미국 당국자에게 그의 입장을 설명했다.

MBZ는 한쪽으로는 MBN의 문제점을 흘리면서, 다른 한편으로는 사우디의 미래인 MBS를 자기 품 안에 두려고 했다.

MBZ는 "당신은 MBN이 왜 국왕이 될 수 없는지 알고 있지 않습니까. 사우디 사람 누구도, 그리고 우리 중 누구도 그를 사우디 국왕으로 받아들이지 않을 겁니다. 그는 국왕이 될 수 없습니다. 그는 국왕이 되지 않을 거예요"라고 말했다.

2016년 초, MBN은 사우디를 떠나 알제리에 있는 그의 가족 별장으로 향했다. 그의 가족 별장은 알제리 수도인 알제에서 한 시간쯤 떨어진 한적한 곳에 있었는데, 그는 휴가 대부분을 그곳에서 보냈다. 그는 그곳에서 휴가를 보내는 것을 무척 기다리곤 했다. 국가의 안보를 책임지는 중압감에서 벗어나 매사냥을 즐길 수 있었기 때문이었다. 하지만 그는 여느 때와 달리 이번에는 몇 주나 그곳에서 머물렀다. 존 브레넌 중앙정보국 국장을 비롯해 오랫동안 관계를 맺어온 워싱턴 인사들과도 연락이 끊겼다.

예멘 전쟁이 격화되고 이슬람국가(IS)의 지하디스트들이 사우디 목표물에 폭탄을 떨어뜨리는 위중한 시기에 안보 기구의 수장에게 연락이 닿지 않는다는 것은 이상한 일이었다. 하지만 다수의 미국 당국자는 그가 국왕에 오르는 길이 위태로워졌다고 느끼고 MBS와의 마찰을 피해 도망친 것으로 추정했다.

MBN이 물러서자 MBS가 나섰다.

2016년 3월 미국 의회 사절단이 리야드를 방문했을 때, MBS는 왕실 예복을 입고 나타나 사우스캐롤라이나의 린지 그레이엄 공화당 상원의원을 매혹시켰다. MBS는 여느 때와 다르게 왕실 예복을 입고 싶었다고 말했다.

그레이엄은 MBS가 그에게 "옷이 사람을 만들지는 않습니다"라고 말했다고 회고했다.

그레이엄 상원의원은 내게 "깜짝 놀라 넘어질 뻔했어요"라고 말했다. 이어서 "당신이 말하는 그 친구는 수입이 유한한 것을 보고 당황하기보다는 그것을 전략적 기회로 보는 사람이었습니다. 그는 기본적으로 이제는 사우디 사회가 소수에게 돌아가는 혜택을 줄이고 다수에게 더 많은 것을 돌려줘야 할 때라고 생각하고 있었습니다"라고 말했다.

미국-사우디 외교 관계자들은 싱크탱크가 사우디를 방문하는 것이 얼마나 중요한지를 간과하는 경우가 많았다. 워싱턴 전문가 그룹의 대표단은 일 년 내내 사우디를 방문해 사우디 고위 당국자들과 함께 일련의 브리핑을 받고, 그들에게 그들이 미국으로부터 듣고 싶어 하는 것을 말해주곤 했다. 그 그룹에는 학자나 연구자뿐 아니라 종종 전직 대사나 의회 직원, 의회 의원, 대통령 보좌관 같은 정부 직책을 가진 사람들이 가득했다. 또한 공화당이나 민주당 인사들도 포함되어 있었는데, 그들이 기대하는 것은 분명했다. 워싱턴 사람들도 더위와 무료한 시간을 견뎌낼 수만 있다면 그들이 방문하는 동안 평소에는 접근하기 어려운 인사를 만날 수도 있었다. 사우디 사람들에게도 좋은 기회가 되기는 마찬가지였다. 이 기회를 통해 그들은 미국 관계자들과 유대를 맺었고, 미국 관계자들이 제공하는 보고서나 관련 정보를 얻었으며, 그들의 도움을 받아 자기 의견을 미국에 전달할 수 있었기 때문이었다.

2016년 8월 사우디에서는 가장 덥고 불쾌한 달에 그 그룹이 리야드에 나타나 사우디의 가장 강력한 두 왕자가 경쟁하는 무대의 맨 앞줄에 앉았다. 국왕은 거의 말을 하지 않았지만, 방문객들은 국왕을 만나게 된 것을 고마워했다. 그들은 예민한 현안에 대한 질문을 받아도 딱히 대답할 말이 없는 왕세자도 만났다. 예멘에 대한 전략은 무엇인가? 경제개혁은 어떻게 진행되고 있는가? 시리아 전쟁은 어디로 가고 있나? MBN은 그 질문에서 비켜나 있었다. 그는 시리아와 예멘에 대해서는 외무부 장관에게 물어보라고 말했다. 개혁에 대해서는 부왕세자와 이야기해 보라고 했다. MBN은 자신이 안보 책임자라고 말하고 싶은 것 같아 보였지만, 그는 안보에 대해서도 별로 말을 하지 않았다. 그는 지쳐보였고, 회의는 한 시간도 채되지 않아 끝났다.

그리고 그들은 MBS를 만났다. 그는 독백하듯 미국-사우디 관계의 중요성을 이야기하는 것으로 말문을 열었다. 그리고 연이어 시리아, 예멘, 이란, 이스라엘-팔레스타인 분쟁, 석유 정책, 그리고 종교개혁까지 언급했다.

그는 활기찼고 말이 빨랐다. 한 참석자는 그가 날카롭고 열정적이고 '국가원수'처럼 보였다고 기억했다. 개혁에 대한 질문에 그는 시스템에 충격을 가하고 국민에게 동기를 부여하려 했다고 말했다. 그는 서구 사람들에게 사우디의 이미지가 좋지 않다는 것을 인정했지만, 당시 사우디 사회가 보수적이었고 이슬람 성지를 관할하다 보니 그렇게 될 수밖에 없었다고 했다.

어느 순간 그가 "이스라엘은 우리의 적이 아닙니다"라고 말해 모두를 놀라게 했다. 그러면서 곁에 앉은 군 당국자에게 몸을 돌리면서 "그렇지요?"라고 물었다.

군 당국자가 동의했다.

MBS는 "이스라엘은 사우디 사람을 죽이지 않았습니다"라고 말했다.

그는 질문받는 것을 즐기는 것처럼 보였고, 방문객들은 그 기회를 놓치지 않았다.

공화당과 민주당 정부에서 외교정책 고위직을 역임한 데니스 로스는 "MBS를 통해 우리는 사우디 국내외의 모든 현안을 두 시간 만에 다룰 수 있었습니다"라고 말했다. "그는 모든 현안에 간여하고 싶어 했습니다. 무슨 질문을 해도 그는 즉각 대답했습니다. 질문이 어려울수록 그는 그 질문을 더 즐기는 것 같았습니다."

데니스 로스는 MBS가 전하고 싶었던 것이 "이 자리가 우리는 모든 질문에 대한 답을 갖고 있다는 것을 보여줄 기회라고 생각한다"는 메시지였을 것이라고 말했다.

회의가 끝나자 오바마 행정부의 중동 최고책임자였던 필립 고든은 MBS가 사우디-이란의 경쟁 자체나 그 경쟁이 가져올 여파를 줄이는 게 불가능하다고 여기는 것으로 보인다고 말했다.

필립 고든은 "이 이야기는 두 시간에 걸친 회의가 거의 끝날 무렵에 거론된 것입니다. 그는 그 회의를 마칠 수도 있었지만 '이란에 대해 이야기합시다'라며 다시 그 이야기를 이어갔습니다"라고 회고했다.

두 장면이 보여주는 차이는 극명했다.

"우리는 그와 함께 질문과 답변을 나누는 것으로 거의 두 시간을 보냈을 겁니다. 그 자리를 떠날 수 없어서 무척 곤혹스러웠지만 그러면서도 '그가 바로 저런 사람이었구나'하는 생각을 지울 수 없었습니다."

웨스트팔 대사는 누가 왕좌의 싸움에서 승리해 권력의 꼭대기에 서게 될지 하는 데는 다른 미국 관계자들만큼 흥미를 느끼지 못했다. 어쨌든 웨스트팔 대사는 계속해서 두 왕자와 만났다. MBN은 아직 왕세자 자리에 있었고 웨스트팔 대사는 제다에 있는 그의 해변 궁전에서 그와 함께 시가를 즐겼다. 그러나 오바마 행정부 말기가 되어 이임하기 전에 웨스트팔 대사는 두 왕자에게 누가 차기 국왕이 되겠느냐고 물었다.

MBN은 질문을 비켜나갔다.

웨스트팔은 "그는 내게 아무런 답을 주지 않았습니다"라며 "그는 다른 형태의 답을 하려는 시도조차 하지 않았습니다. 그는 질문을 비켜나갔고, 그래서 그가 질문에 답변하는 걸 원하지 않는구나 싶었습니다"라고 말했다.

MBS는 피하지 않고 답변했고 그 대답이 사실이기는 했지만, 정직한 답변은 아니었다.

사우디에서는 왕세자가 왕이 되도록 정해져 있다는 것이었다.

웨스트팔 대사는 MBS가 자신에게 "우리는 언제나 정해진 왕위 계승 서열을 따랐으며, 그렇기 때문에 무함마드 빈 나예프가 차기 국왕이 되고 내가 왕세자가 될 것이라고 전적으로 믿습니다"라고 말한 것을 떠올렸다.

웨스트팔 대사는 "그는 권리의 반을 확보했습니다"라고 말을 맺었다.

10장
MBS의 전쟁

이 장에서 언급한 위키리크스 자료는 《뉴욕 타임스》에 2015년 6월 20일 보도된 기사 〈위키리크스가 공개한 문서가 사우디의 수표 외교를 드러내다〉와 같은 신문에 같은 해 7월 16일 보도된 기사 〈위키리크스가 이란에 대한 사우디의 집착을 보여주다〉를 인용했다.

2015년 6월 무함마드 빈 살만이 사우디아라비아에서 가장 중요한 권력자로 자리 잡고 있을 때 '위키리크스(Wikileaks)'는 그동안 수집한 자료를 온라인에 공개해 사우디의 외교정책을 폭로하고 나섰다. 이란으로부터 자금을 받은 것으로 보이는 해커들이 사우디 외교부에서 문서 수만 건을 훔쳤다. 외교부는 사우디 정부가 우군을 확보하고, 여러 사람에게 영향을 끼치고, 적의 치부를 들추고, 사우디 방식으로 해석한 이슬람을 전파하는 신경중추 역할을 담당하고 있었다. 팩스와 메모, 전문과 보고서가 공개됨에 따라 사우디가 외국 관계 기관과 주고받은 많은 정보가 노출되었다.

이 사건은 사우디뿐 아니라 사우디를 중동의 부유한 집안 어른 정도로 여기고 자금을 요구한 사람들을 매우 당혹스럽게 만들었다. 무슬림형제단의 도움으로 대통령에 오르고 또한 그들에 의해 대통령 자리에서 내려와야 했던 모하메드 무르시 이집트 대통령은

2012년 자기 가족을 메카 순례에 데려오기 위해 순례 비자를 요청했다. 이라크 총리 자리를 놓고 사우디에 적대적인 상대방과 경쟁하던 정치인 이야드 알라위는 유권자들을 자기편으로 끌어들이기 위해 특별한 도움을 받았다. 순례 비자 2,000개를 받아 유권자들에게 나눠 주었는데, 그러고도 그는 선거에서 패배했다. 레바논의 정치인 사미르 게아는 자신이 언론에서 사우디를 옹호하고 있으며 실제로도 "사우디가 요구하는 것이라면 무엇이든지 이행할 준비가 되어있습니다"라고 발언했다면서 자기 경호원에게 지급해야 할 비용을 요청했다. 가난한 서아프리카 국가인 기니의 국영 통신사는 "통신사가 직면하고 있는 많은 문제를 해결하기 위해" 사우디 왕족에게는 용돈에 불과한 2,000달러를 요청한 일도 있다.

그것보다 훨씬 비싼 가격표가 붙은 경우도 많다. 2011년 이집트의 호스니 무바라크 대통령을 축출한 혁명이 일어난 후 당시 위세를 떨치던 무슬림형제단은 사우디에 무바라크가 투옥되는 것을 막으려면 100억 달러를 내놓으라고 요구했다. 그러나 그 서류에는 무슬림형제단도 그가 투옥되는 것을 막을 수 없다며 그런 몸값을 지급하지 말라는 손으로 쓴 메모가 남아 있었다. 돌이켜보면 그것은 합리적인 판단이었다. 무슬림형제단이 군사 쿠데타로 축출되고 무바라크는 결국 자유의 몸이 되었으니 말이다.

그 문서에는 사우디의 해외 이슬람 선교 정책과 같은 매우 드문 자료도 포함되어 있었다. 세계 각국의 이슬람 공동체를 위해 사우디가 감당해 온 거대한 역할은 오래전부터 널리 알려져 있었다. 타지키스탄, 필리핀, 영국, 휴스턴, 텍사스와 같이 다양한 곳에 이슬람 사원을 건설하고 이슬람 성직자인 이맘을 고용했다. 위성 TV 방송국에 자금을 지원해 수염을 기른 이념가들이 직접 가정을 교육할 수 있도록 했다. 그리고 와하비즘을 바탕으로 한 종교 서적과 쿠란을 무료로 배포했다. 2009년 연례 보고서에 따르면 사우디는 55개 국 150단체에 2,240만 달러를 지원했고 이슬람 사원 22개소, 이슬 람 센터 16개소를 세웠다. 이전 두 해의 통계자료에 따르면 사우디 의 노력으로 캐나다와 프랑스와 여러 국가에서 2,495명이 무슬림 으로 개종했고 설교자 1,153명이 탄생했다.

이 문서로 인해 사우디 정부가 벌인 세계적인 선교 활동 뒤에 방 대한 정부 조직이 가동되고 있다는 것이 드러났다. 해외에서 근무 하는 사우디 외교관들에게 자금 지원 요청이나 지원할 만한 사업에 대한 제안이 밀려들어왔다. 이 제안이 리야드로 넘겨지면 외교부, 내무부, 순례부, 그리고 정보기관에서 수혜 대상자를 면밀하게 검 토했다. 이에 대한 전략은 사우디가 후원하는 무슬림세계연맹에서 조율했다. 그리고 국왕이 그 많은 요청을 직접 승인했다.

그 과정이 그다지 짜임새가 있지는 않았지만 규모는 엄청났다. 말리나 아프가니스탄 출신 지망생들은 사우디 대학에서 전액 장학 금을 받으며 샤리아법을 공부했고, 자국으로 돌아가서도 이슬람 사 원과 이슬람 협회에서 일하면서 급여를 받았다. 한 케이블 방송에 서는 기니에서 고용한 14명을 새로운 설교자로 세웠고, 타지키스탄 에서도 12명과 고용계약을 맺었다. 영국에서 이슬람 샤리아평의회 를 설립하는 데 도움을 준 인도 태생의 학자와 같은 성직자들은 수 십 년 동안 사우디에서 급여를 받았다.

그 자금은 단지 이슬람을 장려하기 위한 것이 아니라 '바른' 이슬 람을 장려하기 위한 것이었다. 이는 '잘못된' 이슬람을 몰아내기 위 한 것이라는 뜻으로, 바로 이란의 공식 신앙인 시아파를 겨냥한 것 이었다. 중국과 스리랑카와 아프가니스탄에서 시아파 확장을 막기 위한 프로그램에 한 번에 수십만 달러를 지원했다. 사우디는 인도 이슬람 협회에 100만 달러 이상을 지원했고, 아프리카에 주재하는 사우디 대사들은 주재국 내에서 이란이 벌이는 활동에 대한 보고서를 제출해야 했다. 우간다 주재 사우디 대사는 기독교 인구가 압도적으로 많은 우간다에서 일어나는 '시아파 확장'에 대한 상세한 보고서를 제출하기도 했다. 스리랑카에 주재한 사우디 외교관은 이란 대사와 현지 종교학자 그룹이 비공개로 회동한 사실을 보고했다.

이와 같은 문서가 공개되자 그동안 보상을 바라고 행동한 공인들을 마치 사우디의 장점 때문에 그렇게 행동한 것처럼 보이게 하려고 큰 노력을 기울인 사우디를 곤란하게 만들었다. 사우디 외교부 대변인은 해당 문서가 부처 해킹으로 노출된 것임을 시인하면서 사우디 국민에게 이를 공유할 경우 기소될 수 있다고 상기시켰다. 그들은 확인된 사실의 논점을 흐리려고 했고, 그중 상당수가 '분명하게 조작되었다'고 주장했다. 또한 못마땅하다는 듯이 그 문서는 '정부의 투명한 정책'이 반영된 것이며 '수많은 지역적·국제적 현안에 대한 공개 문서'라고 언급했다.

돌이켜 보면 이 문서는 마치 타임캡슐처럼 사우디가 천천히 막후에서 현금을 동원해 가며 외교정책을 구현해 가는 과정을 그대로 박제해 놓은 것과 다름이 없었다. 이 시스템은 MBS가 권력을 장악하고 나서 좀 더 실질적인 접근 방식이라며 밀어붙인 결과물이다.

———┼———

2016년 가을, 나는 MBS의 새로운 접근 방식이라는 것이 무엇인지 알아보기 위해 사진작가인 타일러 힉스와 함께 동아프리카 지부티에서 유엔의 소형 항공기를 타고 홍해를 건너 예멘으로 날아갔다. 1년 반 전에 국방부 장관으로 임명된 MBS는 취임 직후 새로운 전쟁에 뛰어들었다. 사우디와 동맹국들이 민간 항공을 중지시켰기 때문에 구호 요원이나 유엔 요원이 예멘의 수도 '사나'에 가기 위해서는 요동치는 항공기를 탈 수밖에 없었다.

도착해 보니 전쟁으로 파괴된 현장이 선명하게 눈에 들어왔다. 우리는 활주로로 뛰어내려 사우디 공습으로 생긴 웅덩이를 넘어서 달렸다. 그 웅덩이는 급하게 콘크리트로 메워놓은 상태였다. 공항 게이트에 도착하자 파괴된 항공기 잔해가 쓰레기처럼 널려 있는 것이 눈에 들어왔다. 저만치에 폭격으로 지붕과 벽이 날아간 격납고가 서 있었다. 터미널은 창문이 날아갔고 휴지나 담배를 파는 행상과 우리의 입국 절차를 담당할 직원을 빼고는 텅 비어 있었다.

"예멘에 오신 것을 환영합니다."

우리는 아랍에서 가장 부유한 나라가 가장 가난한 나라를 공습한 결과가 어떤 것인지 살펴보기 위해 예멘의 북서부를 돌아다녔다. 수도에서는 폭격과 파괴로 집을 잃은 거지들이 돈이나 음식을 구걸하기 위해 우리 차로 몰려들었다. 공습으로 무너진 건물이 동네 곳곳에 흩어져 있었다. 사우디 공군은 후티 반군이 점령하고 있던 곳을 공습해 국방부와 내무부 청사, 육군사령부와 보안군사령부, 경찰학교와 장교클럽, 사나 상공회의소가 부서지거나 완전히 파괴되었다. 반군에 동조한 관료들의 집도 공습 대상에 포함되었다.

내가 도착했을 때 예멘은 전쟁으로 나라가 쪼개진 상태였다. 사우디의 지원을 등에 업은 예멘 정부군과 동맹군은 남부와 동부 지역을, 후티 반군과 연합한 예멘 육군은 북서부를 장악하고 있었다. 우리가 간 곳은 반군이 통제하던 곳이어서 그들이 검문소에서 우리의 신분증을 확인했다. 사나의 구시가지에 있는 유네스코 세계문화유산으로 지정된 독특한 진흙 건물은 반군 순교자를 담은 포스터가 벽지처럼 뒤덮고 있었다. 기관총을 장착한 트럭이 병력을 태우고 질주했다. 도시 전역의 벽과 검문소에는 "신은 위대하다! 미국에 죽

음을! 이스라엘에 죽음을! 유대인에게 재앙을! 이슬람의 승리를!"이
라는 후티 반군의 구호가 스프레이 페인트로 채워져 있었다.

———————

예멘 전쟁은 2015년 3월 사우디의 개입으로 시작된 것이 아니라
2년 전 예멘 북부 출신 이슬람 단체인 후티족이 예멘군 일부와 동
맹을 맺고 예멘 북서부를 점령하면서 시작되었다.

2012년 '아랍의 봄' 봉기가 일어나자 그로 인해 예멘의 오랜 강
자였던 알리 압둘라 살레 대통령이 축출되었다. 미국과 사우디는
그의 후임자인 아베드 랍부 만수르 하디가 분열된 국가를 통합하기
를 기대하며 그가 정부를 구성하는 것을 도왔다. 그러나 후티 반군
이 사나를 공격하자 하디는 남쪽으로 도망쳤고 그의 정부도 사실상
무너졌다.

예멘이 후티 반군에게 떨어지자 예멘을 안정시키려는 노력에 큰
차질이 생겼다. 하디는 국가를 통일하는 데 실패했고, 그의 휘하에 있
던 인사들은 대부분 사우디로 피신해 사우디에서 주는 돈으로 생활
하고 있었다. 한편 슬리퍼를 신고 지저분한 모습으로 칼라시니코프
소총을 휘두르는 반군 병사들은 정부를 어떻게 운영해야 하는지도
모르고, 국민에게 어떤 서비스를 제공해야 하는지도 모르고 있었다.

사우디는 자국 남쪽 국경 근처에 근거를 둔 후티 반군을 오랫동
안 불신해 왔다. 후티 반군이 정권을 인수하게 되자 사우디 당국자
한 사람은 미국의 관련 인사에게 후티 반군이 사우디를 위협하는
미사일을 설치하고 있다며 우려를 표명했다. 반군이 더 넓은 영토
를 차지하고 군수물자도 확보함에 따라 그들에 대한 공포가 증폭되
었다. 반군은 테헤란으로 가는 정기 항공편을 개설해 그들이 지역

냉전에서 어느 편에 서 있는지를 분명히 했다.

MBS는 그에 대응하기 위해 아랍에미리트를 포함한 연합군을 창설하고 후티 반군 축출과 하디 정부 복원을 위한 군사작전을 시작했다. 이 모든 것은 매우 급하게 이루어졌다. 사우디는 마지막 순간에 미국 측에 이 계획을 알리며 "미국은 우리와 함께 할 건가요, 아닌가요?"라는 질문을 던져서 당시 오바마의 최고 대테러 보좌관이었던 리사 모나코를 끌어들이는 데 성공했다.

이 전쟁은 오바마 행정부를 딜레마에 빠뜨렸다. 한편으로는 중동에서 또 다른 전쟁에 참여하는 것이 꺼림칙했으면서도, 다른 한편으로는 미국이 오래전부터 사우디 안보를 책임져 온 까닭에 사우디의 요청을 거부하는 게 어려웠기 때문이었다. 사실 미국으로서는 미국 본토의 안보와 직접 관련되지 않은 전쟁에 관여하는 것이 내키지 않았고, 예멘 전쟁이 잘될 것으로 예상한 관료들도 거의 없었다. 반면에 일부 관료들은 예멘 전쟁을 치르는 사우디 편에 설 경우 이란 협정에 대해 분노한 사우디를 진정시킬 수 있다고 생각했다.

그래서 오바마 행정부는 사우디에 군사 지원과 국경 보호에 초점을 맞춘 제한적인 지원을 제공하는 데 동의했지만 전투에는 참여하지 않기로 했다. 미국은 이와 같은 제한적인 개입으로 이 지역의 조정자 역할을 할 수 있을 것으로 기대했다. 그러나 그 희망은 근거가 없는 것으로 드러났다. 미국이 군사작전을 좌우할 만큼 충분히 관여하지는 않았기 때문에 전쟁을 승리로 이끌지도 못했고, 그렇다고 전혀 관여하지 않은 것도 아니어서 중대한 실책에 대한 책임을 피하지도 못했다.

사우디 내부에서는 전쟁 자체도 그렇고 당시 29세였던 신임 국방부 장관 MBS가 전쟁을 이끌 노하우가 있는지에 대한 논쟁도 거의 일어나지 않았다. 군사적 수단을 사용해 정치 지형을 바꾸려 했던 외국 세력에게 피비린내를 안겼던 예멘 역사에 대해서도 별로 생각하지 않았다. 수 세기에 걸쳐 로마, 오스만, 영국, 이집트, 심지어 사우디도 예멘에 군대를 보냈지만 목표를 달성하는 데 실패하고 패퇴하는 것으로 막을 내려야 했다. 예멘은 아라비아반도의 아프가니스탄이었다. 그런데도 워싱턴과 리야드의 사우디 당국자들은 미국 관계자들에게 몇 주 안에 전쟁이 끝날 것이라고 장담했다.

하지만 경험이 많은 왕실 인사들은 불안을 떨쳐버릴 수 없었다. 사우디에는 정규군 외에도 안보를 담당하는 기관이 두 곳이나 더 있었다. 둘 다 왕자들이 관할했지만 MBS는 그들과 충분히 협의하지 않은 채 전쟁을 시작했다. 내무부 장관인 MBN은 막강한 알카에다의 예멘지부가 가세해 최악의 결과를 얻게 되지 않을까 염려했다. 사우디 국가방위군의 수장인 미탑 빈 압둘라 왕자는 첫 번째 폭격이 있고 나서야 개입이 시작되었다는 것을 알게 되었다. 그는 아랍에미리트 방문을 마치고 돌아오자마자 집으로 달려가 자신이 지휘하는 국가방위군 다수를 사우디-예멘 국경에 배치했다.

나중에 국가방위군의 한 고위급 장교는 내게 "그것은 원맨쇼였습니다"라고 말했다. 그는 그 전쟁을 시작하기로 한 것이 사우디를 보호하기 위한 것이 아니라 MBS가 자신을 강인한 지도자로 인식시키고 싶어서 저지른 행동인 것으로 의심했다.

그는 스스로 이렇게 묻고 답했다. "당신은 당신 자신을 위해 무엇인가 하고 싶은 건가요, 아니면 국가를 위해 무엇인가 하고 싶은 건가요? 만약 당신이 국가를 위해 일어선다면 모든 사람이 당신을 따를 것입니다."

전쟁 초기에는 사우디 연합군이 승리해 아덴의 남부와 예멘 남부 지역에서 후티 반군을 몰아낼 수 있었다. 그러나 전쟁은 곧 교착상태에 빠졌다. 그러자 사우디 연합군이 교착상태를 타개할 능력이 없을 뿐 아니라 목표물을 선정하는 데에도 어려움을 겪고 있다는 것이 분명해졌다. 전쟁이 시작된 이래 아파트 건물이나 학교나 다른 민간 장소들이 치명적인 공격을 받았다는 보고가 연이어 들어왔다. 2015년 한 결혼식장에 폭탄이 떨어져 수십 명이 사망했다. 내가 방문했던 병원에서는 내가 도착하기 직전에 공격을 받아 15명이 사망했다.

사우디가 미국에서 수백억 달러에 달하는 무기를 도입해 미국-사우디 동맹이 견고해지기는 했지만, 한편으로는 일반인의 피해가 늘어나면서 동맹에 먹구름이 끼기 시작한 것도 사실이다. 사우디 국방력에 미치는 미국의 중요성은 아무리 강조해도 지나치지 않았다. 제트전투기에서 시작해 트럭과 탱크에 이르는 하드웨어는 모두 미국 제품이었다. 장교 중 상당수가 미국에서 훈련받았으며 500파운드짜리 폭탄도 대부분 미국 제품이었다.

지난 수십 년 동안 미국 정부는 사우디가 무기를 사용하지 않을 것이라는 가정을 근거로 거래를 성사시켰다. 그러나 예멘 전쟁이 시작되자 사우디 공습의 잔해를 파헤치는 예멘 민간인들이 어렵지 않게 미국 폭탄의 파편을 찾아냈고, 결과적으로 그런 전제가 사실이 아니었다는 것이 드러났다. 그러니 예멘으로서는 미국에서 훈련받은 조종사들이 미국에서 만든 제트전투기를 몰고 미국 공군에게 공중 급유를 받으며 폭탄을 떨어뜨렸다고 생각할 수밖에 없었다.

민간인 희생자가 속속 드러났는데도 오바마 행정부는 무기를 계속 판매했을 뿐 아니라 판매 속도는 오히려 더 빨라졌다. 2015년 11월 오바마는 12억 9,000만 달러 상당의 대규모 무기 판매를 승인했다. 그가 연임하는 동안 미국은 이전의 어떤 대통령 때보다도 많은 650억 달러 규모의 무기 판매를 승인했다.

하지만 그런 지원에도 사우디 군의 전적은 더 나아지지 않았다.

작전이 시작되고 1년 정도 지난 후 사우디 군 지도부는 작전이 계획대로 진행되지 않는다는 것을 인정할 수밖에 없었다.

당시 사우디의 정보부 장관이던 아델 알 토라이피는 워싱턴에서 열린 회담에서 "우리는 전쟁 초기에 전쟁이 빨리 끝나기를 바랐고, 아울러 후티 반군이 사우디를 공격하는 것이 예멘에 도움이 되지 않는다는 것을 깨닫기를 바랐습니다"라고 말했다.

이제 그는 "끝없는 전쟁"이 되었다고 덧붙이고 있었다.

내가 타일러 힉스와 사나에 도착했을 때쯤 예멘 사람들은 미국이 그들의 나라를 파괴하는 데 어떤 역할을 하고 있는지 알게 되었다. 내가 방문했던 많은 장소에서 현지인들이 폭탄 잔해를 들고 쫓아와 잔해에 남아 있는 미국에서 제조되었다는 표시를 가리켰다. 사나의 한 건물에는 "미국이 예멘 사람들을 죽이고 있다"고 적힌 큰 벽화가 그려져 있었다.

전쟁에 들어간 비용과 사우디가 민간인의 삶을 얼마나 가볍게 여기는지 짐작할 수 있는 흔적이 마을 외곽에 남아 있었다. 우뚝 솟은 격납고를 고쳐 만든 그레이트홀은 높은 지붕을 양철로 덮었고 그 안에 붉은 카펫이 깔리고 긴 의자가 놓여있었다. 그곳에서 수도의 엘리트들을 위한 수많은 사교 행사가 열렸다. 한 달쯤 전 뜨거웠던 토요일 오후, 그 지역 정치인의 아버지 장례식에 수백 명이 모여들었다. 조문객들은 예멘 남성들의 전통 복장인 가벼운 치마를 두르고, 그 위에 벨트를 차고 벨트 안으로 둥글게 휜 단검을 찔러 넣었다. 쿠란이 확성기에서 소리가 흘러나오는 동안 그들은 의자에 앉거나 몸을 눕힌 채 약한 흥분제인 카트를 씹으며 이야기를 나누고 있었다.

갑자기 굉음이 홀을 뒤흔들자 조문객들은 바닥에 쓰러지고 방안은 화염과 연기로 가득 찼다. 조문객 중 일부는 바깥으로 뛰어나갔지만 나머지 조문객들은 무너진 지붕에 깔리고 화염이 의자와 양탄자와 커튼을 감싸자 그것과 함께 불에 타 죽어갔다.

폭발이 일어나는 소리가 수도 전체에 울려 퍼졌다. 구급차와 함께 민간인들이 부상자를 대피시키기 위해 몰려들었다. 그러나 그들이 도착하고 얼마 지나지 않아 두 번째 폭탄이 지붕을 뚫고 떨어졌다. 첫 번째 폭격에 부상당한 사람들이 죽고 그들을 돕기 위해 달려온 의료진도 불에 타 죽었다.

두 차례 폭격으로 홀은 지옥으로 변했다. 심지어 지하 차고에 주차해 놓은 차까지 불이 붙었다. 끔찍한 대학살이 일어난 것이다. 그 폭격으로 140명이 사망했는데, 시신 대부분은 신원을 확인하기 어려울 정도로 훼손되었다. 어린아이 수십 명을 포함해 수백 명이 부상당했다. 사방에서 의료진이 몰려들었다. 보건부에서는 라디오 방송을 통해 비번인 의료진도 현장으로 와달라고 요청했다. 절망에 빠진 가족들은 시내에 있는 병원 앞에 서서 행인들에게 그들의 사랑하는 가족을 위해 헌혈해 달라고 애원했다.

나중에 유엔에서 발표한 보고서에서는 이 폭격을 사실상 '더블탭(단발 총기를 두 발 연달아 쏘는 것—옮긴이)'으로 간주했고 국제인권감시기구에서는 '명백한 전쟁범죄'로 규정했다. 유엔 당국자들은 당시 현장에서 촬영한 500파운드짜리 레이저 유도탄을 포함한 여러 미국제 무기 사진을 내게 건네줬다.

이 소름 끼치는 폭격은 비군사적 표적을 겨냥한 것이 분명했기 때문에 미국으로서는 드물게 공개적으로 비난하고 나설 수밖에 없었다. 국가안보회의(NSC) 대변인은 미국이 사우디 주도 연합군에 대한 지원을 '즉각 재검토'하고 '미국의 원칙과 가치와 이익에 더 부합하도록' 조정할 것이라고 발표했다.

사우디는 처음에 책임을 부인했다. 사우디 주도 연합군 대변인인 아흐메드 아시리 장군은 사우디 당국자들도 이 공습에 대해 알고 있지만, 공습 원인이 다른 것일 가능성을 시사했다고 발표했다. 사우디가 소유한 TV 방송인 《알 아라비야》는 연합군이 해당 지역에서 어떤 공습도 감행하지 않았다고 보도했다. 그리고 아시리 장군은 그 보도가 정확한 것이라고 내게 말했다.

그러나 그것은 사실이 아니었다.

다음 날 사우디는 '유감스럽고 고통스러운 폭격에 대한 보도'에 대한 조사에 착수하겠다고 발표했다.

그 공습으로 사나의 시장인 압둘카다르 힐랄을 포함한 많은 저명한 공직자가 사망했다. 그는 후티 반군이 수도를 접수한 뒤에도 수도에 남아 있기로 했지만, 그렇다고 그들 집단에 합류한 것은 아니었다. 분쟁을 조사하기 위해 파견된 외교관들과 분석가들은 그가 전쟁 종식에 도움이 될 수 있을 정도로 양측 모두에 충분한 신뢰를 받고 있던 매우 드문 인물로 여겼다. 하지만 이제 그는 가고 없었다.

이 폭격은 전쟁의 분수령이 되었고, 이로써 수도에 거주하던 많은 주민의 인간관계가 파괴되었다.

첫 번째 공습 후 홀에서 도망쳐 나와 근처에서 두 번째 공습을 지켜본 예멘 기자 알리 알 샤바니는 "매시간 내가 알았던 사람들이 죽거나 다쳤다는 소식이 들려왔습니다. 마치 작은 히로시마와 같았습니다"라고 말했다.

MBS는 전쟁과 관련한 공식 성명에서 낙관적인 태도를 유지했다.

그는 2016년 4월에 "우리는 어느 때보다 정치적인 해결책에 가까워졌다고 믿습니다"라고 말하면서도 "원래 상태로 되돌아간다 해도 우리는 준비가 되어 있습니다"라고 주장했다.

이후에 있었던 인터뷰에서 그는 이 전쟁을 "정부를 무너뜨리고, 예멘 해안에서 선박 통행을 위협하고, 사우디에 대한 테러 위협을 악화시킨 무장 세력을 뿌리 뽑기 위한 어쩔 수 없는 선택"이었다며 옹호했다.

그는 2017년 5월에는 "우리가 조금 더 머뭇거렸다면 위협이 더 복잡해졌을 것이고, 사우디 국내뿐 아니라 주변 국가와 그 너머까지 위협이 확산되었을 것입니다. 선택의 여지가 없었습니다"라고 말했다.

후티 반군은 천사가 아니었다. 그들은 국가가 소요 사태에서 벗어나도록 돕는 조건으로 받기로 한 자기 몫을 수도를 차지하고 있던 권력층이 반대하고 나서자 수도를 공격한 것이었다. 사나를 장악하고 나자 그들은 먼저 자체 보안 등급을 설정했다. 그리고 자기 사람들이 경험이 전혀 없었음에도 병원과 같은 주요 시설을 담당하도록 배치했다. 그들은 남아 있던 정부 기구를 장악했고, 그 요원들은 그들을 비난하거나 후티 반군의 여러 적과 협력한 것으로 의심되는 예멘 사람들을 괴롭혔다. 때때로 그런 예멘 사람들이 사라지기도 했다. 시간이 지나면서 그들은 인도주의 지원 물품 배급 방법을 바꾸었으며, 검문소에서 수수료를 부과하고 물품에 세금을 부과하는 정교한 전쟁 경제체제를 확립했다.

역설적으로 사우디의 선교 정책은 후티 반군이 위협적인 세력으로 진화하는 데 기여한 셈이 됐다. 공식적으로 '안사르 알라' 또는 '신의 유격대'라고 알려진 이 단체는 1990년대 예멘 북부의 소수 종파인 자이디 무슬림들이 와하비즘을 전파하려는 사우디에 맞

서기 위해 시작한 종교 부흥 운동에서 비롯되었다. 이 단체의 이름
은 2004년 예멘군이 살해한 후세인 바드르 에드딘 알 후티에서 따
온 것으로, 그가 살해되자 그의 추종자들이 폭동을 일으켰다. 그 폭
동으로 후티 반군이 원하는 것을 얻지는 못했지만, 대신 그들은 사
우디를 맞상대할 수 있는 잘 조련된 게릴라로 거듭났으며 결국 여
섯 번의 내전을 일으켰다.

그런 내전을 거치는 동안 그들은 스스로를 레바논의 헤즈볼라
(Hezbollah, 레바논의 이슬람교 시아파 교전단체이자 정당 조직 — 옮긴
이)나 가자의 하마스 같은 형태의 혁명가로 생각하게 되었다. 그들
은 외세에 기대어 부패를 저지르고 있는 지도자들을 축출하고 국가
를 정화하는 것을 명분으로 삼았다.

나는 후티 반군이 점령한 사나의 장교 클럽 안에서 반군이 수도
에 들어갔을 때 합류하기 위해 대학을 중퇴한 한 전투원을 만났다.

그는 내게 "나는 그들이 정의와 함께 억압받는 자들과 함께 서 있
는 것을 보았습니다. 우리의 목표는 지배하는 데 있는 것이 아니라
억압받는 사람들과 약한 사람들을 돕는 것이었습니다"라고 말했다.

사우디는 후티 반군이 이란이 영향력을 확대하기 위해 사용하는
위험한 대리인에 지나지 않으며, 후티 반군이 헤즈볼라가 이스라엘
을 위협하는 방식으로 사우디를 위협하는 것을 막기 위해서는 전쟁
이 필요하다고 주장했다.

그러나 이 분쟁을 조사해 온 분석가들과 외교관들은 현실은 그것
보다 훨씬 더 복잡하다고 말했다. 역사적으로 후티 반군과 이란 사
이의 관계가 매끄럽기만 한 것은 아니었다. 이란 종교 기관에서는
후티 반군이 속해 있는 자이디(Zaydi) 무슬림을 경시하고 있었기
때문이다. 하지만 일단 전쟁이 시작되고 후티 반군이 훨씬 더 강력
한 군대에 맞서야 하는 상황이 되자 그들은 반격할 힘을 갖추기 위

해 이란의 도움을 기꺼이 받아들였다. 전쟁이 진행되면서 후티 반군과 이란의 사이는 더욱 가까워졌다. 예멘으로서는 이란이 사우디에 위협을 가하는 것이 결과적으로 자기들이 다짐한 것을 이루는 모양새가 되었다.

내가 2016년에 예멘을 방문했을 때, 최근까지 진행되었던 평화 회담이 결렬되고 전투원들은 전쟁에서 유리한 위치를 차지하기 위해 다시 전쟁터로 돌아갔다. 후티 반군은 그들이 점령하고 있는 지역을 통치하기 위해 정치 위원회를 만들었다. 추방된 대통령 하디는 중앙은행을 사나에서 아덴으로 옮겼다. 그로 인해 공무원 120만 명에게 지급되던 급여가 중단됐고, 그들은 가족을 먹여 살리기 위해 고군분투해야 했다.

공습으로 예멘 사람들의 삶은 더할 수 없이 피폐해졌다. 콜레라가 창궐했고, 수백만 명의 사람들이 먹을 것을 찾기 위해 헤매야 했고, 영양실조에 걸린 아기들이 병원에 넘쳐났다. 사우디의 공습을 피할 수 있는 곳은 어디에도 없었다. 사우디와 연합군들은 학교를 파괴하고 깊은 계곡을 가로질러 마을을 연결하는 다리도 파괴했다. 발전소와 양계장을 날려버렸고 요구르트와 차와 휴지를 만드는 공장과 코카콜라 공장도 날려버렸다.

지난해에는 연합군이 예멘 서쪽 해안에 있는 주요 항구를 폭격해 하역용 크레인을 파괴했다. 예멘으로 수입되는 식량이나 연료, 의약품의 90퍼센트가 그 항구를 통해 들어오기 때문에 크레인 파괴로 인한 피해가 엄청났다. 이제야 겨우 수입 물자가 조금씩 회복되기 시작했다. 당시 유엔 고위 관계자였던 제이미 맥골드릭은 공습 양상을 보면 후티 반군에게 항복을 강요하기 위해 예멘 경제를 파괴하려는 의도가 있었던 것 같다고 말했다.

이어서 그는 "그들은 예멘 경제를 세계경제로부터 격리하고 압박하고 질식시키겠다는 의지를 모든 사람에게 똑똑히 보여주겠다는 것이지요. 그래서 그들은 일관되게 항구와 교량과 공장을 파괴해 정치인들에게 압박을 가하는 것입니다"라고 말했다.

어느 날 오후, 나는 예멘에서 가장 인기 있는 간식을 생산했던 가족이 운영하는 공장을 방문했다. 30여 년 전에 생산을 시작했는데, 그때까지는 그런 공장이 없었다. 예멘 아이들 세대에게는 거기서 만들어 내는 간식이 어린 시절의 일부였다. 그 공장에서는 짠맛, 치즈 맛, 식초 맛, 케첩 맛 감자 칩뿐 아니라 '세사미 스트리트(Sesame Street)'의 어니 사진이 포장지에 들어있는 옥수수 꽈배기도 생산했다. 회계사 한 사람이 내게 그 공장을 안내해 주었는데, 그는 무스타파 엘라길이라는 자기 이름이 그 공장의 상표와 같아서 예멘 사람들이 만날 때마다 "혹시 감자 칩 만드는 분이세요?"라고 묻곤 했다고 말했다.

그의 할아버지는 1970년대 후반 공장을 지을 땅을 샀는데, 나중에 예멘 정부가 공장 옆에 군사기지를 세웠다. 가족 누구도 그것이 문제가 될 것이라고 예상하지 못했다. 그러나 전쟁이 시작되자 사우디는 군사기지를 폭격하기 시작했다. 그렇기는 해도 설마 사우디가 군사기지도 아닌 공장을 폭격하겠나 하고 안심하고 있었다.

하지만 사우디는 아무것도 가리지 않았다.

내가 방문하기 몇 달 전에 사우디는 근무 교대를 하고 있는 공장을 폭격했다. 공장 지붕이 무너지고 불까지 나서 직원 스물다섯 명이 빠져나오지 못하고 안에 갇혔다. 소방관들이 불길을 잡으러 달려왔지만, 결국 직원 열 명이 숨졌다. 급한 불을 끄고 공장 주인이 안에 들어갔을 때 직원들이 검게 그을린 시체가 되어 작업대에 걸쳐져 있었다. 그중 한 사람은 공장이 문을 열었을 때부터 일했던 사람으로 곧 은퇴할 계획이었다. 그의 시신은 너무 심하게 훼손되어 그의 딸이 그의 금니를 보고서야 알아볼 수 있을 정도였다.

엘라길은 피해를 복구하는 데 300만 달러 정도는 들 것이라고 짐작하면서 그 돈을 마련하려면 가족들이 무척 고생해야 할 것이라고 말했다.

그는 그을린 포장을 뜯고 감자 칩을 땅에 쏟으면서 "이게 바로 그 제품이에요. 이게 우리 전부였습니다"라고 말했다.

나는 암란에 있는 국영 시멘트 공장을 방문했는데, 연이은 폭격으로 직원 열다섯 명이 목숨을 잃어 가동을 중단하기 전까지는 직원이 수백 명에 이르렀다고 했다. 직원들은 후티 반군이 그 지역을 점령하기는 했지만, 그들이 공장 일에 간섭하지는 않았다고 말했다. 그들은 공장 사무실로 나를 데려가 후티 반군이 공장에서 쓰던 군수물자 잔해를 보여주었다. 대부분은 들쭉날쭉한 폭탄 파편이나 뒤틀린 금속 조각이었지만, 그중 하나는 미국 로드아일랜드주에서 제조된 집속탄 장치의 일부인 것이 분명해 보였다.

다른 곳에서 농기구를 파는 가족 사업을 운영하는 두 형제를 방문했다. 사무실 벽에는 60년 전에 회사를 설립한 그들 할아버지의 흑백사진이 여전히 걸려있었다. 그들은 트랙터와 발전기 같은 장비를 수입했고, 이탈리아 회사와 손잡고 양수기 생산 공장을 운영했다. 그들은 전쟁이 시작되기 전에 다른 이탈리아 회사와 손잡고 파이프 공장 건축을 마치고 기술자가 와서 소프트웨어를 설치하기를 기다리고 있었다. 그러고 나서 공장을 가동할 계획이었다.

그러나 전쟁이 시작되자 이탈리아 기술자들은 출장을 연기했고 공장을 짓는 일은 더 이상 진척되지 않았다.

그러고 나서 사우디는 두 공장에 폭격을 가했다. 그것도 두 번씩이나.

양수기 공장을 관리했던 칼리드 알 소니다르는 잔해 속을 걸어가면서 내게 "그들은 모든 것을 완전히 파괴했습니다"라고 말했다. 그는 손실이 5,000만 달러가 넘을 것으로 추정했다.

그의 형 압둘라는 파이프 공장을 가동하기 위해 수년간 일했다면서 "제 인생의 8년이 허공으로 사라졌습니다"라고 말했다.

그 형제는 워싱턴주에 있는 시애틀퍼시픽대학교에서 학위를 받고 예멘으로 돌아와 가족 기업에서 일하기 시작했다. 그들이 미국에 대해 갖고 있던 애틋한 기억 때문에 미국산 폭탄으로 공장이 파괴된 것이 그들을 더욱 고통스럽게 만들었다.

동생인 압둘라 알 소니다르는 내게 이렇게 말했다. "저는 미국이 왜 사우디와 협력하는지 알지요. 그들은 자기 이익을 놓치지 않으려고 하는 것이지요. 저는 미국이 사우디가 무슨 일을 하든 큰 관심이 없다고 생각합니다. 굳이 막으려는 생각도 없는 것 같습니다."

하지만 그는 미국 사람들이 미국-사우디 협력의 대가를 정확하게 바라볼 수 있기를 바라고 있었다.

이어서 그는 이렇게 말을 맺었다. "사우디에 무기를 판매하는 것은 미국 경제에 도움이 됩니다. 하지만 미국은 무기가 어떻게 사용되는지 알게 된다면 판매를 중단해야 한다고 생각할 수밖에 없을 것입니다. 우리는 쓸데없는 이야기를 하는 것이 아닙니다. 우리는 사회 기반 시설과 사회를 이루는 사람들의 삶에 대해 이야기하고 있습니다. 이런 공습은 가족을 파멸시키고야 말 것입니다."

나는 공장에서 사용된 군수물자의 잔해 사진을 동료에게 보냈는데, 동료는 그것이 500파운드와 1,000파운드 폭탄의 정확도를 높이기 위해 폭탄에 부착한 유도장치라고 확인해 줬다.

무함마드 빈 살만

예멘 방문에서 돌아온 후, 나는 사우디 정부에 내가 방문했던 장소의 상황에 대해 질문했다. 연합군 대변인인 아시리 장군은 사우디는 그곳이 후티가 무기를 보관하거나 지휘 통제 센터로 사용했다는 '정확한 정보'를 가지고 있다고 말했다. 하지만 그는 그것이 어느 장소였는지 말해주지도 않았고 증거를 보여주지도 않았다.

내가 예멘을 여행했던 기사가 공개되자 아시리 장군이 화난 목소리로 전화를 걸어왔다. 아시리 장군은 내게 왜 사우디가 예멘의 경제를 파괴하고 있다고 썼냐고 물었다. 그리고 그것은 사실이 아니라고 말했다.

그러고 나서 얼마 되지 않아 사우디 정부는 기자들이 예멘으로 가기 위해 유엔 소속 비행기 타는 것을 금지했다.

11장
이른바 동맹

2016년 4월 보스턴에서 발간되는 월간지 《디 애틀랜틱》은 버락 오바마와 그의 보좌관들을 폭넓은 주제로 인터뷰한 뒤 대통령이 미국과 세계의 관계를 어떻게 설정하고 있는지에 대한 방대한 기사를 게재했다. 거기에서 언급된 '오바마 독트린'은 사우디에 그다지 호의적이지 않았다.

이 기사에서 오바마가 호주의 맬컴 턴불 총리에게 사우디와 다른 걸프 국가들이 살포한 현금이 인도네시아의 이슬람을 얼마나 어렵게 만들었는지 모른다며 불평했다고 언급하고 있었다. 인도네시아는 바로 오바마가 어린 시절을 보낸 곳이다.

"사우디와 친구가 아니었습니까?"하고 턴불이 물었다.

그러자 오바마는 "그게 그렇게 간단한 문제가 아닙니다"라고 대답했다.

오바마는 "국민의 절반을 억압하는 국가는 현대 세계에서 제 기능을 할 수 없습니다"라며 사우디에서 벌어지는 여성 차별을 비난했다. 오바마는 사우디가 시리아나 이라크나 예멘에서 일어나는 대리전을 진정시키기 위해 이란과 중동 지역을 '공유'하고 있다고도 말했는데, 사우디로서는 몹시 귀에 거슬리는 말이 아닐 수 없었다. 미국은 '이란이 이 지역에서 일어나는 모든 문제의 근원이라는 사우디의 견해'를 지지해서는 안 되는 일이었다. 그런 견해는 분쟁을 영구화하고 미국의 군사개입을 초래할 뿐이기 때문이었다.

오바마는 "그것은 미국이나 중동 모두에 이익이 되지 않을 것"이라고 말했다.

사우디는 이란을 이 지역에서 일어나는 문제의 원인이었다고 생각하고 있었다. 그렇기 때문에 무함마드 빈 살만은 이란의 최고 지도자를 아돌프 히틀러에 비교하는 것을 즐겼다. 그러다 보니 사우디로서는 오바마가 자신들과 이란을 한통속으로 취급하는 것을 모욕으로 받아들이게 된 것이다.

그렇지 않아도 미국과 사우디의 관계가 꼬여 있었는데 2016년에 들어서면서 MBS는 오바마 행정부를 더 불편하게 여겼다. 그것과 별개로 미국과 사우디는 중요한 문제에서는 협력을 이어 나갔다. 미국은 사우디가 예멘에서 벌이는 공습 작전에 협력했고, 사우디는 이라크와 시리아에서 이슬람국가(IS)에 대항하는 합동작전에 참가했다. 하지만 미국이 이란과 협상을 진행하는 것이나 시리아의 바샤르 알 아사드 대통령의 행동에 대해서 오바마가 침묵을 지키고 있는 것 때문에 사우디는 미국에 상당한 배신감을 느끼고 있었다. 한편 미국에서는 사우디에 반대하는 기류가 형성되고 있었다. 의회는 사우디 관계자들이 연루된 것으로 알려진 9·11 테러에 대한 28페이지짜리 의회 보고서에 대한 기밀 해제를 촉구했다. 또한 테러 지원국에 반대하는 정의법(JASTA) 투표를 앞두고 있었는데, 이는 미국인들이 9·11 테러에 연루된 사우디 사람을 고소할 수 있도록 허용하는 법안이었다.

이런 문제들은 2016년 4월 오바마 대통령이 마지막으로 사우디를 방문하기 위해 리야드에 도착할 때까지 해결되지 않았다. 사우디는 그가 도착한 순간부터 불만을 쏟아냈다. 살만 국왕이 공항에 영접하러 나오지 않은 것은 물론, MBN 왕세자도 MBS도 공항에 나오지 않았다. 그 순간 사우디 국영TV 방송에서는 국왕이 일련의 아랍 지도자들을 따뜻하게 맞이하는 행사를 중계하고 있었다. 오바마는 공항에서 리야드 주지사의 영접을 받았다. 푸대접이 분명했지만 양측은 모두 그 사실을 부인했다.

오바마 대통령의 국가안보보좌관인 벤 로즈가 팟캐스트에서 사우디가 극단주의를 지지한다는 발언을 했다는 이유로 MBS가 그에게 투덜댔다는 소문도 돌았다. 로즈는 9·11 테러 이전에는 알카에다와 같은 테러 그룹에 자금을 지원하는 것이 사우디의 공식 정책이 아니었지만 어쨌든 부유한 사우디 사람들이 자금을 조달한 것은 사실이 아니냐고 지적한 일이 있었다. 그것은 미국 외교 관계자의 입장에서는 그다지 파격적인 견해라고는 할 수 없다. 하지만 어쨌든 MBS로서는 모욕을 당했다고 느낀 것이다.

로즈는 내게 "그 모습을 보니 MBS가 자신감이 있는 것 같지도 않았고 상황을 제대로 파악하고 있다는 생각도 들지 않았습니다. 그저 민감하기만 한 사람이 아닌가 싶은 생각이 들었습니다"라고 말했다.

이날 오바마 대통령과 국왕의 회담은 화려하게 꾸며놓은 동굴 같은 방에서 열렸다. 스무 명이 넘는 참석자들은 미국 측과 사우디 측으로 나눠 앉았다. 한쪽 끝에 대통령과 국왕이 안락의자에 앉았고 그 뒤로 양국 국기가 놓여있었다. 회의가 시작되었을 때 미국 측 참석자들은 국왕 앞에 놓인 라임 꽃으로 장식한 찻상 위에 사탕 접시가 놓였고 그 앞에 아이패드가 놓여있는 것을 알아차렸다. 연로한 국왕은 발언할 때마다 그 아이패드에서 눈을 떼지 않았다. 미국 측 참석자 중 몇몇은 이전에 열렸던 회의에서 MBS나 그의 보좌관이 국왕에게서 조금 떨어진 자리에서 타이핑하고 있던 것을 기억했다. 모두 국왕이 발언할 요점을 알려주는 것으로 생각했다. 하지만 백악관 대통령 집무실은 외국인 방문객이 전자기기를 가지고 들어갈 수 없었기 때문에 MBS는 어쩔 수 없이 보좌관들이 전달해 주는 메모에 의존할 수밖에 없었다.

미국은 오래전부터 사우디 지도자들과 회담할 때 인권 문제를 제기하곤 했다. 하지만 대개는 형식적인 것이었고 실제로는 무기 거래나 석유나 대테러 작전과 같은 구체적인 사안을 하나씩 정리해 나갔다. 하지만 이번에는 오바마가 왜 사우디가 여성과 언론인을 포함한 국민에게 더 많은 권리를 보장해야 하는지에 대해 구체적으로 주장하고 나섰다. 오바마는 저명한 시아파 사람들을 참수하는 것은 종파 간 긴장을 완화하는 데 도움이 되지 않을 뿐 아니라 미국 행정부가 워싱턴에서 사우디를 방어하는 것을 더 어렵게 만들었다고 지적했다. 그리고 국민에게 더 많은 권리를 보장하는 것은 옳은 일일 뿐 아니라 사우디가 그들의 목표를 달성하는 데 필요한 일이라고 주장했다.

국왕이 물러섰는데도 오바마는 계속 주장을 펼쳐나갔다.

그러자 MBS가 일어나서 목소리를 높였다. 그는 오바마 대통령이 사우디의 사법 제도를 이해하지 못할 뿐 아니라 사우디 지도자들이 사회 보수층의 반발에 직면해 있는 상황이나 국민이 범죄자를 복수의 대상으로 생각하는 정서를 이해하지 못한다고 주장했다. 그는 오바마 대통령이 그와 관련해 더 알고 싶은 것이 있다면 브리핑을 준비하겠다고 말했다.

그때부터 회의가 험악해지기 시작했다. 사우디는《디 애틀랜틱》에 게재된 기사를 꺼내 들었고, 오바마는 익명의 걸프 관계자들이 공개적으로 자신의 외교정책을 얼마나 자주 비판하는지 불평했다. 오바마가 익명의 걸프 관계자라고는 했지만, 사실은 그 자리에 참석한 아델 알 주바이르 외교부 장관을 겨냥한 것이었다.

벤 로즈는 나중에 그 회담이 '사우디와 가졌던 회담 중 가장 솔직한 회담'이었을 것이라고 말했다.

이후에 이 사태를 수습하기 위해 회담이 몇 번 더 열렸지만, 미국 측 참석자들에게는 자리를 박차고 일어서서 자기 나라 대통령에게 강의하던 30세 왕자의 모습이 충격으로 남아 있을 수밖에 없었다. 그들은 한 번도 그런 일을 겪어보지 않았기 때문이다.

MBS는 오바마를 혐오했지만 그래도 그는 미국을 사랑했다. 그리고 자기가 이루려고 하는 일에 대한 열쇠를 미국이 쥐고 있다고 생각해 늘 미국과 긴밀한 관계를 유지하려고 노력했다. 회담이 있고 두 달 뒤인 6월에 그는 미국을 방문해 미국의 영향력 있는 인사들에게 자기가 계획하는 개혁에 동참해 달라고 호소하고, 그들에게 자신을 사우디의 미래로 각인시키려고 노력했다.

그의 방문을 앞두고 백악관에서는 그의 의전 수준을 어떻게 결정해야 할지 고민에 빠졌다. 그는 국가원수도 아니고 왕세자도 아니었으니 그가 대통령을 면담하는 게 적절한지 망설였던 것이다. 그는 워싱턴에 도착한 다음 날 존 케리 국무부 장관과 식사하고 의원들을 만나고 중앙정보국 국장을 만났지만, 백악관 일정에는 그와 관련된 일정이 들어있지 않았다.

하지만 결국 MBS는 오바마를 만났다. 미국 측에서는 그 자리에서 '비전 2030'에 대해 논의할 수 있도록 최고 경제 전문가들을 모아놓았다. 그들은 개혁안에 대한 프레젠테이션을 보고 사우디에 질문을 퍼붓기 시작했다. 아람코를 상장하는 데 필요한 투명성은 어떻게 확보할 것인가? 관광업이나 광산업의 비즈니스 모델은 무엇인가?

'비전 2030'에 대한 평가는 엇갈렸다. 일부 참석자들은 사우디가 자신들이 발표한 것을 넘어서는 질문에 제대로 대답하지 못하자 그 계획이 '속 빈 강정(more sizzle than steak)'이라고 일축했다. 몇몇 참석자들은 MBS가 경력이 화려한 보좌관들과 긴밀한 관계를 유지하고 있는 점을 높이 평가했다. MBS는 계획을 세우는 과정에 깊이 관여했으면서도 과거에 그들이 자주 실패했다는 사실이 오히려 개혁을 성공시키는 동력이 될 것으로 여기는 것처럼 보였다. 또한 사회적 장벽에 가로막혀 지도자가 원하는 변화를 이룰 수 없다는 것은 그에게는 상상할 수 없는 일처럼 보였다. 사실 그런 장벽은 하나둘이 아니었다. MBS 곁에는 능력 있는 보좌관들과 장관들이 있었지만, 실무자들은 그들보다 능력이 상당히 떨어져 한두 수 아래로 보일 정도였다. 그리고 일부 정부 기관들은 상당한 수준의 재정비가 필요해 보였다. 예를 들면 성직자들이 운영하는 법원을 보면서 외국인 투자자들이 안심하기는 어려운 일이었다.

워싱턴에서 일정을 마친 MBS는 실리콘밸리로 가서 그가 영웅으로 여기는 기술자들을 만났다. 그리고 자신이 그들에게 열광했던 것처럼 그들도 사우디에 대해 열정을 가지도록 설득하려고 애썼다. 미국 언론은 이 방문을 비중 있게 보도하지 않았다. 그러나 사우디 언론들은 MBS의 일거수일투족을 상세하게 보도했다. 구속력도 없는 합의를 높이 평가하고 미국의 거대 기술 기업들이 '비전 2030'에 깊은 관심을 보인다는 인상을 받도록 기사를 작성했다. '식스 플래그(Six Flags)'의 최고경영자는 자기 회사가 사우디에 테마파크를 세우는 것을 고려할 것이라는 의사를 표명했다. '시스코 시스템즈 (Cisco Systems)'는 사우디의 디지털 기반을 향상시키기 위한 예비 계약에 합의했다. 마이크로소프트는 사우디 젊은이들을 훈련시키는 프로그램에 합의했다. '다우 케미칼(Dow Chemical)'은 최초로 사우디 파트너 없이도 사우디에서 영업할 수 있는 사업 허가를 받았다. MBS는 애플의 팀 쿡과 페이스북의 마크 주커버그와 자리를 함께 하기도 했다. 청바지에 스포츠웨어를 걸친 젊은 왕자가 페이스북 본사에서 가상현실 헤드셋을 착용하고 있는 사진들이 사우디 곳곳에 뿌려졌다. 많은 사우디 젊은이는 이 왕자가 다른 왕자들과 정말 다르다고 확신하게 되었다. MBS는 참석하는 회의마다 사우디의 밝은 미래를 제시하고 권위주의가 그것을 실현하는 데 도움이 될 것이라고 주장했다.

그는 실리콘밸리에서 열린 회의에서 "결정은 빠를수록 좋은데, 이는 군주 국가가 가질 수 있는 큰 장점입니다. 전통적인 민주주의에서는 열 걸음을 걸어야 할 수 있는 일을 군주국가에서는 한 걸음 만에 이룰 수 있기 때문입니다"라고 말했다.

그는 뉴욕에서 그의 미국 방문 일정을 마쳤다. 하지만 유엔을 방문하는 일은 유엔 연례 보고서 때문에 불투명하게 되었다. 유엔은 연례 보고서에서 폭격으로 예멘 어린이들을 죽게 만든 사우디와 동맹국들을 블랙리스트에 올려놓았다. 그 보고서 때문에 매우 당혹스러워진 사우디는 리야드발 기사로 유엔 프로그램에 대한 자금 지원을 중단하겠다고 위협하면서 반기문 사무총장에게 블랙리스트에서 사우디를 제외하라고 요구했다. MBS는 뉴욕에서 반기문 총장과 가진 회담에 45분 늦게 나타나 세계 최고 외교관의 하루 일정을 뒤죽박죽으로 만들었다. 그의 보좌관들이 당황한 것은 더 말할 것도 없다. 그 회담에서 반기문 총장은 왕자에게 연례 보고서에 언급된 내용을 지지한다고 말했다. MBS는 그저 미소를 지을 뿐이었다.

그해 말, 오바마가 추진한 11억 5,000만 달러 규모의 무기 거래가 이를 저지하려는 상원을 뚫고 살아남았다. 얼마 지나지 않아 의회는 미국인들이 9·11 공격에 대해 사우디를 고소할 수 있도록 허용하는 법안인 JASTA에 대한 오바마 대통령의 거부권을 무효화했다. 일부 의원들은 이러한 서로 모순된 결과에 경악했다.

무기 거래 승인을 저지하려 했던 켄터키주 공화당 상원의원인 랜드 폴은 "의회가 만장일치로 9·11 희생자들이 사우디를 고소하도록 결의해 놓고, 이제는 사우디에게 무기를 공급하겠다는 것인가요?"라고 물었다. 그리고 "아무도 이런 모순을 느끼지 못한다는 말입니까?"라며 분노를 터트렸다.

오바마가 퇴임하기 한 달 전, 예멘의 수도 사나의 그레이트홀에 가해진 처참한 폭격과 관련해 오바마 행정부는 사우디가 표적을 설정하는 과정에서 일어나는 '구조적이고 고질적인' 문제를 이유로 사우디에 대한 정밀 유도폭탄 공급을 차단했다.

그러나 미국에서 주목할 만한 대통령 선거가 막을 내리자 사우디 사람들은 다음 행정부가 상대하기 좀 더 나을 것으로 기대하고 다음 행정부의 출범을 기다리기 시작했다.

12장
백악관의 진정한 친구

사우디와 트럼프 행정부의 관계를 확인하기 위해 사우디 정책에 관여한 전직 행정부 관계자 세 명과 다른 부서 관계자 십여 명을 인터뷰하고 공개된 보고서를 검토했다. 재러드 쿠슈너와 그 일가에 관한 내용은 2019년 비키 워드가 펴낸 《쿠슈너 컴퍼니의 욕심과 야망과 부패》(*Kushner Inc: Greed, Ambition, Corruption*)를 참조했다. 레바논의 《알 아크바르》 신문은 자신들이 입수한 〈사우디의 전략적 동반자 관계 제안서〉를 《뉴욕 타임스》와 공유했다.

2016년 3월 미국 대통령 선거운동이 가열되자 뉴욕의 부동산 개발업자이자 TV 리얼리티 쇼의 스타인 도널드 트럼프는 CNN 인터뷰에서 이슬람에 대한 자신의 의견을 밝혔다.

"나는 이슬람이 우리를 싫어한다고 생각합니다. 엄청난 증오가 도사리고 있다는 말입니다. 우리는 그 진상을 밝혀내야 합니다."

인터뷰 진행자는 그에게 미국을 공격하려는 테러리스트와 법을 준수하는 무슬림을 어떻게 구분하는지 질문했지만 그는 대답할 수 없는 일이라고 말했다.

"누가 누구인지 모르는데 어떻게 구분하겠습니까?"

앞서 트럼프는 "미국에 입국하려는 모든 무슬림을 완벽하게 저지"해야 한다고 요구한 일이 있었다. 그의 '무슬림 금지' 정책은 이슬람 신앙을 가졌다는 이유만으로 사람을 의심하게 했고, 시간이 지나면서 그의 강령으로 자리 잡았다.

그는 민주당 경쟁자인 힐러리 클린턴과 토론할 때 오바마가 이슬람 기피증을 악화시키지 않으려고 의도적으로 사용하지 않았던 '이슬람 근본주의 테러'라는 용어를 다시 꺼내 들었다. 트럼프는 다른 자리에서 이슬람국가(IS)가 미국과 유럽에서 자행한 공격에 대해 언급하며 무슬림을 추적할 데이터베이스를 구축하겠다고 약속하고 아울러 모스크 감시를 촉구하고 나섰다.

그는 "우리는 무슬림과 문제가 있을 뿐 아니라 무슬림이 이 나라에 들어오는 것도 문제라고 생각합니다"라고 말하며 "무슬림 당신들은 감시가 필요합니다. 원하든 원하지 않든 당신들은 모스크를 상대해야 합니다. 이런 공격을 한 것이 스웨덴 사람들은 아니지 않습니까?"라고 물었다.

이 말은 사우디가 스스로를 '이슬람의 심장부'로 정의하고 쿠란을 헌법으로 간주하는 것이 아무런 문제가 되지 않는다고 생각한다면, 트럼프도 드러내 놓고 사우디를 좋아하지 않는다고 말할 수 있지 않느냐는 것이었다.

그는 클린턴과 가진 또 다른 토론에서 클린턴 재단이 걸프 국가들로부터 자금을 받은 것을 비난하면서 "걸프 사람들은 게이를 건물에서 밀어내는 사람들입니다"라고 말했다. 그러면서 "걸프 사람들은 여자들을 죽이고 여자들을 끔찍하게 대하는데도 당신 재단은 그들에게서 돈을 받았습니다"라며 비난을 쏟아냈다.

아마 사우디로서는 트럼프가 하루에 두 번이나 사우디가 9·11 테러의 배후라고 말한 것을 보면서 일이 심상치 않게 돌아간다고 생각했을 것이다.

그는 "누가 세계무역센터를 폭파했습니까? 이라크 사람들이 아니었습니다. 사우디 사람들이었어요. 사우디를 주목해야 합니다"라고 말했다.

하지만 트럼프는 사우디를 포기하라고 요구하지는 않았다. 대신 그는 사우디를 "미국이 이란으로부터 보호해야 하는 나라이고, 그를 위해 상당한 비용을 지불해야 하는 무력하고 부유한 나라"로 묘사했다.

그러면서 "솔직히 말해서 사우디 사람들은 우리 없이는 살아남을 수 없습니다. 문제는 우리가 어느 시점에 관여하고 사우디가 그 비용으로 우리에게 얼마를 지불할 것인가 하는 것입니다"라고 강조했다.

(트럼프는 사우디에서 인기가 없었다. 선거 전에 실시된 한 여론 조사에 따르면 사우디 사람 중 68퍼센트가 클린턴이 승리하기를 원한다고 답했다. 트럼프를 지지한 것은 6퍼센트에 지나지 않았다.)

트럼프 시대에 모순되는 일이 일어난 것이 한두 번이 아니지만, 그중 대표적인 것이 트럼프가 선거운동 기간 내내 사우디를 깎아내려 놓고선 몇 달 후에 사우디를 미국이 선호하는 파트너이자 그가 세운 중동 정책을 이행하기 위한 주춧돌로 지목했다는 점이다.

무함마드 빈 살만이 사우디의 새로운 권력으로 떠오르는 시점이 중동 지역에서 장기 전략이 바뀌고 있던 시점과 맞물리면서 이전까지는 일어날 것이라고 기대하기 어려웠던 새로운 유대 관계가 형성되었다. 이전 사우디 지도자들과는 다른 시대에서 자란 젊은 왕자는 와하비즘을 널리 알리고 팔레스타인을 지원하는 것 같은 사우디가 전통적으로 중요하게 여겼던 일에 대해서는 별로 관심이 없었다. 대신 이란과 무슬림형제단에 맞서는 일을 중요하게 여겼다. 그 결과 오랫동안 유대 관계를 이어오던 지역의 동맹국으로부터 멀어졌고, 이스라엘 같은 국가나 이스라엘의 우파 총리 베냐민 네타냐후 같은 한때 적으로 여겼던 쪽으로 기울었다.

트럼프가 대통령으로 취임한 초기 사우디는 트럼프 행정부의 외교가 장기적인 이익이나 때로는 가치에 초점을 맞춘 방식이 아니라 마치 손익에 집착하는 협상가들이 거래하는 것과 같은 방식으로 운영된다고 판단하고 있었다. 이와 같은 트럼프의 게임 방식은 사우디도 익숙한 방식이었다.

두 나라 사이의 실무 협상은 이 지역의 통념에 구애받지 않는 두 정치 신인, MBS와 트럼프 대통령의 사위이자 선임 보좌관인 재러드 쿠슈너 사이에서 이루어졌다. 이들은 이를 위해 자주 대화를 나눴다. 시간이 지나면서 트럼프 행정부와 사우디의 협력 관계는 기존의 양국 협력 방식을 바꾸어 나갔고, 아울러 중동 전역에 영향을 미쳤다.

재러드 쿠슈너는 비록 유서 있는 가문도 아니고 왕족도 아니었지만, MBS와 마찬가지로 그의 아버지가 이루어 놓은 가족 제국의 지위를 물려받았다. 재러드 쿠슈너의 아버지인 찰스 쿠슈너는 부동산 시장에 정통했을 뿐 아니라 때로는 범죄에 가까운 방식을 동원해 뉴저지에 그의 제국을 이루어 놓았다. 홀로코스트 생존자의 손자인 재러드는 그의 아버지 찰스가 군림하는 엄격한 정통 유대인 가정에서 자랐다. 재러드 쿠슈너의 아버지는 수억 달러를 들여 부동산을 매입하고 개발했으며 자식들을 엘리트로 키워냈다.

재러드 쿠슈너는 키가 크고 말랐으며 매너가 좋았다. 생머리에 늘 소년 같은 미소를 띠고 다녔다. 그는 아버지의 세계에 젖어 자랐다. 자기 아버지가 쌓아 올린 부가 그 모든 것을 가능하게 한 것이다. 그렇지 않았더라면 그런 삶은 꿈꾸기 어려웠을 것이다. 재러드 쿠슈너는 고등학교 때 공부를 썩 잘하는 편이 아니었는데도 하버드에 입학해 그의 성적을 잘 알고 있는 학교 관계자들을 놀라게 했다.

학교 관계자 한 사람은 "그의 GPA 성적으로도 그렇고 SAT 점수로도 하버드에 가는 것은 불가능했습니다. 우리는 이런 일이 일어날 리가 없다고 장담했습니다. 그런데 세상에나, 재러드가 입학한 겁니다"라고 회상했다. 몇 년 후, 그의 아버지가 대학에 250만 달러를 약속했다는 것이 밝혀졌다. 그의 아버지는 프린스턴과 코넬에 이보다 적은 금액을 기부했다. (쿠슈너 컴퍼니의 대변인은 아버지 찰스 쿠슈너의 선물이 재러드 쿠슈너가 하버드에 입학하는 데 도움이 되었다는 '주장'은 '이전이나 지금이나 항상 거짓'이었다고 말했다.)

대학을 졸업한 후 재러드 쿠슈너는 뉴욕대학교에서 공동경영 및 법학 학위를 취득하고 가족 기업인 쿠슈너 컴퍼니에서 일하기 시작했다. 하지만 2004년 아버지 찰스 쿠슈너가 18건의 불법 선거 기부와 탈세와 위증 혐의에 대해 유죄를 인정하면서 쿠슈너 제국이 흔들렸다. 찰스 쿠슈너는 매춘부를 사서 자기 매제와 잠자리를 같이 하게 만들고 그것을 녹음한 테이프를 자기 여동생에게 보냈다. 그는 그 사건으로 인해 2년 형을 선고받고 앨라배마 몽고메리에 있는 연방 교도소에서 복역했다. 재러드 쿠슈너는 거의 매 주말 아버지를 면회하러 날아가곤 했다.

당시 재러드 쿠슈너는 20대 중반에 불과하고 사업 경험도 별로 없었지만, 누군가 책임져야 할 커다란 가족 기업이 있는 상황에서 큰아들로서 책임을 피할 수 없었다. 사실 감옥에 갇힌 가장을 대신하는 일을 큰아들 말고 누가 감당할 수 있었겠는가. 말하자면 뉴저지 스타일의 군주제였던 셈이다.

젊은 나이에 큰 권력을 물려받은 여느 청년처럼 쿠슈너는 새로운 사업을 시작하는 것으로 그의 시대를 열었다. 2006년 7월, 그는 주간지 《뉴욕 옵서버》를 1,000만 달러에 사들여 주간지 《맨해튼》 신문을 설립하고 스스로 발행인이 되었다. 그해가 지나기 전 그의 지휘 아래 쿠슈너 컴퍼니가 5번가 666번지에 있는 41층짜리 오피스 타워를 18억 달러에 매입했는데, 그때까지 미국에서 단일 부동산에 지불한 가격 중 가장 높은 가격이었다. 얼마 지나지 않아 부동산 시장이 폭락하자 회사는 투자자를 찾고 부채를 메울 혁신적인 방법을 모색하는 데 수년을 보내야 했다.

쿠슈너는 이와 같은 두 건의 인수를 성공시켜 자기 이름을 뉴욕의 지역 사회와 금융계에 알렸다. 더구나 뉴욕의 가장 큰 부동산 명사 중 한 사람인 도널드 트럼프의 조각같이 생긴 딸과 사귀면서 그의 위치는 더욱 확고해졌다. 하지만 유대교 집안에서 자란 쿠슈너가 이방인인 이방카와 사귀는 것에 대해 쿠슈너 집안의 대다수가 심하게 반대하자 그들은 헤어질 수밖에 없었다. 나중에 이방카가 유대교로 개종하고 나서야 다시 만나 결혼할 수 있었다. 그로 인해 쿠슈너는 세간의 이목을 끄는 트럼프 집안의 일원이 되었다. 당시 쿠슈너는 TV 리얼리티 쇼에 출연했던 주교가 대통령 선거운동 본부로 옮기는 데 어려움을 겪자 그것을 해결했는데, 트럼프는 쿠슈너의 역할을 높이 평가해 자기가 대통령에 당선되자 그를 백악관으로 불러들였고, 사위인 그에게 중동 문제를 관할하도록 했다.

재러드 쿠슈너는 넓은 중동 지역에 대한 경험이 거의 없었지만 이스라엘에 대해서는 많이 알고 있었다. 재러드가 어렸을 때 그의 친척들이 유대인 운동에 자금을 기부했고, 그의 아버지는 베냐민 네타냐후가 뉴저지에서 여러 번 연설하는 데 필요한 비용을 지급했다. 오랫동안 이스라엘 총리를 지낸 네타냐후는 쿠슈너 집안과 매우 가깝게 지냈다. 한 번은 재러드가 손님으로 온 네타냐후에게 침실을 양보하기도 했다. 재러드는 아랍 사람들을 별로 상대한 일이 없었고, 있다고 해봐야 고가의 부동산 거래 정도였다. 그와 그의 아버지가 아부다비 투자청으로부터 자금을 조달하는 데 실패하자 카타르의 전 외교부 장관은 뉴욕 5번가 666번지 건물에 5억 달러를 투자할 생각이었다. 하지만 미국 대통령 선거가 가열되면서 당선 가능성이 낮은 외부인 정도로 여겨지던 트럼프가 막강한 경쟁자로 올라서자 카타르 전직 장관이 손을 털고 나갔다.

그때까지 쿠슈너는 정치에 크게 관여하지 않았다. 많은 사람은 그와 이방카가 백악관에 들어가려고 하는 것이 정책 결정에 참여하기 위해서가 아니라, 미국의 가장 막강한 사무실을 이용해 자기들의 위치를 강화하고 사업 네트워크를 확장하기 위해서인 것이라고 의심했다. 백악관에서 쿠슈너와 함께 일했던 일부 인사들은 쿠슈너가 똑똑하다고 평가했고, 종종 혼란에 빠진 행정부를 진정시키는 역할을 했다고 칭찬하기도 했다. 하지만 다른 사람들은 그의 능력이 그의 지식이나 근면함 때문에 생긴 것이 아니라, 엄청난 재산을 상속받고 그것을 잘 관리한 것이 바탕이 되었다고 생각해 그를 그렇게 대단하게 여기지 않았다. 주간 《뉴욕 옵서버》에서 쿠슈너 밑에서 편집자로 일했던 아론 겔은 나중에 쿠슈너가 종종 자신이 뭘 하고 있는지 모르는 것처럼 보였지만, 그가 부유하고 힘이 있었기 때문에 그런 문제를 잘 모면했다는 기사를 쓰기도 했다.

아론 겔은 이어서 "문제를 모면하는 방법이 그렇게 복잡한 것은 아닙니다"라면서 "만약 당신이 문제를 보고도 입을 다물고 있으면 사람들은 그것이 당신이 유능하기 때문인지 돈이 많기 때문이지 혼동할 것입니다. 여러분이 돈이 많다면 사람들은 여러분이 실제로 가지고 있지도 않은 장점을 마치 가지고 있는 것처럼 생각할 수도 있습니다. 그러다 보면 여러분은 그들이 보고 있는 것이 진실이라고 믿게 될지도 모릅니다"라고 언급했다.

쿠슈너는 백악관에 들어간 후 거대한 부와 권력을 가지고 큰일을 이루고 싶어 하는 또 다른 젊은 상속자인 MBS를 보고 동지 의식을 느꼈다.

———————

트럼프의 승리가 리야드에 미칠 영향에 대비하기 위해 사우디는 비밀리에 새 행정부의 환심을 사기 위한 작전에 돌입했다. 트럼프와 가까운 기업인들과 MBS를 지지하는 아랍에미리트 관계자들이 선거운동 기간 준비 작업을 시작했다. 쿠슈너가 트럼프의 중동 정책에서 큰 역할을 할 것이라는 추측을 바탕으로 먼저 쿠슈너에게 초점을 맞췄다.

선거운동 기간 레바논계 미국인 사업가이자 트럼프의 친구인 톰 배럭은 쿠슈너가 가치가 있을 만한 중동 인사들과 만나도록 만들었다.

배럭은 2016년 5월에 워싱턴 주재 아랍에미리트 대사인 유수프 우타이바에게 "그를 만나보면 아마 당신도 그를 좋아하게 될 겁니다. 그가 우리가 가진 의제에 동의하고 있거든요"라는 메일을 보냈다. 그 메일을 계기로 쿠슈너가 우타이바와 가까워졌다. 그리고 우타이바는 "이란과 무슬림형제단이 중동에서 일어나는 여러 문제의 근원이며 MBS가 사우디의 미래"라는 아랍에미리트의 관점을 쿠슈너에게 전달할 수 있었다.

우타이바는 2016년 6월 배럭과 함께 MBS가 트럼프 팀과 만나도록 주선하면서 배럭에게 "MBS는 믿을 수 없을 정도로 인상적입니다"라는 메일을 보내기도 했다.

새 행정부는 아랍에미리트 사람들에게서도 같은 의견을 들었다. 트럼프가 당선된 후 트럼프와 중동에 인연이 있는 헤지펀드 매니저릭 거슨은 쿠슈너가 아랍에미리트의 사실상 통치자인 무함마드 빈 자이드(MBZ)와 뉴욕에서 회동할 수 있도록 주선했다. 사실 MBZ는 이미 12월에 오바마 행정부에 알리지도 않고 뉴욕으로 날아가 쿠슈너와 이스라엘-팔레스타인 평화협정에 대한 회담을 가졌다. 이는 매우 이례적인 경우로서 외교 절차를 위반한 일이기도 했다. MBZ는 그 자리에서 MBS에 대해 호의적으로 평가했다.

이 회담이 끝난 후 거슨은 아랍에미리트의 왕자에게 "이 회담이 양국 관계에 특별하고 역사적인 계기가 될 것이라고 믿어 의심치 않습니다"라고 메시지를 보냈다.

그는 대통령 취임 전날 밤에 트럼프에게도 메일을 보냈다.

거슨은 편지에서 "대통령께서는 백악관 안에 진정한 친구를 두고 계십니다"라고 언급했다.

사우디는 차기 행정부에도 손을 내밀었다. 트럼프가 선거에서 승리한 후 사우디 관계자들로 구성된 대표단은 뉴욕으로 날아가 트럼프를 아는 정치인과 기업인과 전직 관료로부터 그들의 견해를 청취했다. 그들은 안보, 군사, 경제, 에너지 문제에 대해 미국과 사우디가 전례 없는 협력을 이루기 위해 마련한 '전략적 동반자 관계' 계획을 제안했다. 그 제안 중 일부는 이미 오바마 행정부에 제출된 일이 있었지만, 오바마 행정부는 이를 지나치게 야심적이라고 평가절하했다. 따라서 사우디에서 트럼프에 맞게 제안을 수정한 것이었다.

이 제안서에서 사우디는 '대통령 당선인이 그들을 배치하기를 원할 때' 이슬람 국가들이 수만 명 규모의 연합군을 구성할 것을 제안하고 있었다. 이대로 하면 미국이 사우디 홍해 연안에 무역 지대와 군사기지를 둘 수 있었고, 극단주의와 맞서 싸울 미국-사우디 연합체를 구성할 수 있었다. 또 트럼프가 이민자들을 선별하기 위해 설립하기로 약속한 '극단적인 조사(미국 입국 허용 여부를 결정하기 위해 개인의 배경과 성격을 포함한 모든 것을 확인하는 과정—옮긴이)' 기구와 그 절차를 사우디 정보부가 도울 수 있었다.

여기에는 트럼프가 선거공약을 달성하는 데 사우디가 도움을 줄 수 있는 계획과 자금 규모도 들어 있었다. 사우디는 미국과 방위 계약을 체결해 4년 동안 500억 달러를 지출하고, 미국에 대한 투자 규모를 2,000억 달러로 늘리고, 다른 걸프 국가들과 함께 미국 기반 시설 건설에 최대 1,000억 달러를 투자하겠다고 제안했다. 제안서에서는 이렇게 투자할 경우 10년 동안 2,500만 개의 일자리가 창출될 것이라고 언급하고 있었다. 하지만 어떻게 그렇게 불가능해 보이는 숫자를 만들어 냈는지는 설명하지 않았다.

이 제안서는 신임 대통령의 사우디 방문을 요청하는 것으로 끝을 맺고 있었다. 사우디에 와서 '역사적인 환영'을 받으며 새로운 계획을 시작하라는 초청장인 셈이었다. 트럼프 행정부가 '전략적 동반자 관계'를 전면 수용하지는 않았지만, 여기에 언급된 제안들은 이후 몇 년 동안 다른 형태로 실현되었다.

리야드로 돌아온 대표단은 트럼프 팀이 전임자들과 어떻게 다른지 분석한 보고서를 왕실에 제출했다.

보고서에서는 트럼프 팀을 이렇게 정의했다. "그들은 거래 전문가로서, 정치제도나 관습에 익숙하지 않으며, 재러드 쿠슈너를 지지함."

대표단은 보고서에서 새 행정부는 중동이 미국 경제에 대한 투자를 활성화하고, 이슬람국가(IS)를 물리치고 극단주의와 싸우는 데 나서줄 것인지에 큰 관심을 기울이고 있다고 언급했다. 아울러 이에 대한 관심을 이란의 위협보다 더 큰 비중으로 다루고 있다고 첨언했다. 그러나 전체적인 관점에서 볼 때 새 행정부는 이슬람 성지를 품고 있는 사우디 이외의 중동에 대해서는 막연한 생각을 가지고 있는 것으로 보인다고 언급했다.

대표단이 확인한 내용 중 일부는 사우디에 별로 고무적이지 않았다. 미국인 상당수는 사우디가 테러와 연관되어 있다고 생각해 사우디에 대한 인상이 좋지 않았으며, 사우디가 여성 인권을 제한하는 것이 사우디에 대한 인식에 부정적으로 작용했다는 것이다. 대표단이 쿠슈너를 만나고 나서 작성한 보고서에는 여느 때처럼 미소 띤 그의 사진과 함께 그의 직함과 이력이 간단하게 정리되어 있었다. 쿠슈너는 사우디가 제안한 투자 계획에 대해 '열의를 보이지 않았으며' 사우디에 대해서 아는 게 거의 없었다.

보고서에서는 이어서 쿠슈너의 발언을 이렇게 정리하고 있었다. "쿠슈너는 미국-사우디 관계의 역사에 대해 알지 못한다는 것을 분명히 했으며, 사우디가 테러를 지지하는지 질문함. 회담 후 그는 제안서 내용 중 테러리즘을 격퇴하는 임무에 대한 사우디의 역할에 감사한다는 자기 뜻을 분명하게 밝힘."

그러나 쿠슈너가 다른 사안과 비교되지 않을 만큼 큰 관심을 두는 일은 바로 이스라엘과 팔레스타인의 갈등에 관한 것이었다.

"팔레스타인 문제를 최우선 과제로 여김. 미국 행정부에서는 아직 중동에 대해 분명한 전략을 세운 것이 없어 보임. 다만, 이스라엘의 안정을 지원하고 이스라엘-팔레스타인 분쟁을 해결할 수 있는 역사에 남을 해결책을 수립하는 것을 가장 중요한 과제로 여기고 있음."

이 보고서는 MBS가 미국 새 행정부에 접근하는 전략을 세우는 데 바탕이 되었다. MBS는 트럼프와 쿠슈너가 가장 중요하게 여기는 문제를 지원하는 방식을 택하기로 한 것이다. 그리고 그 전략은 엄청난 성공을 거두었다.

아라비아반도에서 온 아랍인 왕자와 뉴저지에서 온 유대인 왕자는 보이는 것보다 더 많은 공통점을 가지고 있었다. 그들은 모두 30대의 부유한 집안 후손이었으며, 집안 어른의 선택을 받아 대단한 권력을 행사하게 되었다. 그들은 모두 국정 운영에 참여한 경험이 없었고 정부의 제약에 얽매일 필요가 없어 보였다. 쿠슈너가 사우디를 방문하는 동안 회의 석상에 마주 앉아 협의 내용을 기록하는 것과 같은 공식적인 자리를 없애고, MBS의 사막 캠프에서 만났으며 그들이 협의한 내용도 극히 제한된 인사들에게만 알렸다. 그들은 공식 통역사가 배석한 보안 통화 대신 왓츠앱 같은 메신저로 대화를 나누고 이모티콘도 주고받았다.

트럼프가 백악관에 입성하고 나자 사우디는 그의 행정부를 마치 신선한 공기를 들여 마시는 것처럼 편안하게 여겼다. 인권이니 이란 협정이니 예멘 전쟁과 같은 문제를 두고 오바마 대통령과 8년간 벌여온 논쟁을 끝내고 새 대통령과 함께 나아갈 길을 찾은 것이기 때문이었다. 트럼프는 이란 협정을 뒤집으려고 노력했고 이란을 이 지역 문제의 뿌리로 보는 자신의 견해를 공유했다. 또한 무슬림형제단과 같은 정치적 이슬람주의자들을 싫어했다. 그는 자기 자금을 미국으로 가져올 수 있는 부자들에게는 특히 우호적이었으며 무기가 어떻게 사용되든 상관없이 무기를 파는 것을 좋아했다. 그리고 인권에 대해 걱정하지 않았고 미국의 아랍 동맹국들이 자신들이 적절하다고 생각하는 대로 통치할 수 있다는 것을 분명히 했다.

MBS와 쿠슈너 두 사람 모두 서로가 중요하게 여기는 사안을 추진할 능력이 있다고 믿게 되면서 두 사람의 관계는 꽃피기 시작했다. 쿠슈너는 MBS가 중동에서 미국의 군사 활동에 자금을 지원하고 이스라엘과 아랍 사이에 평화의 다리를 놓을 수 있는 사람으로 생각했다. MBS는 쿠슈너가 미국이 '비전 2030'을 옹호하도록 만들고, 이란에 맞서고, 왕세자 자리를 놓고 무함마드 빈 나예프와 벌이는 경쟁에서 자기를 지지할 것으로 생각했다.

그 두 사람의 관계는 2017년 MBS가 워싱턴을 방문했을 때 이미 상당히 긴밀해진 상태였다. 백악관 직원 중 일부는 방문 계획의 상당 부분이 암암리에 결정되었다고 말했다. 쿠슈너가 MBS와 왓츠앱으로 직접 조율한 것이었다.

이전에 MBS가 방문했을 때와 마찬가지로 그가 도착할 때가 다가오자 국가원수도 아니고 왕세자도 아닌 그에 대한 의전을 어떤 수준으로 해야 하는지 고민에 빠졌다. 쿠슈너는 MBS가 국왕의 아들 중 실세로 부상하는 왕자이기 때문에 의전도 그에 걸맞아야 한다고 주장했다. MBS도 운이 좋았다. 눈보라가 동해안을 강타해 트럼프와 만날 예정이던 앙겔라 메르켈 독일 총리의 도착이 지연됐다. 그 빈 시간이 MBS에게 돌아갔다. MBS는 대통령 집무실에서 트럼프를 만나 환담한 후에 국빈 식당에서 오찬을 대접받았다. 쿠슈너가 동석한 건 당연한 일이었다.

두 젊은이가 직접 만난 것은 이번이 처음이었지만 쿠슈너가 MBS와 이미 여러 차례 대화를 나눴다고 말해 백악관 사람들을 놀라게 했다.

MBS가 방문하는 동안 트럼프는 몇 년 전에 오바마가 그랬던 것처럼 경제 전문가들을 소집해 '비전 2030'에 대해 의논하도록 했다. 사우디 측에서 계획을 발표하자 미국 측에서 질문을 쏟아냈다. 그들 대부분은 오바마가 불렀던 전문가들과 같은 결론을 내렸다. 의도는 좋지만, 계획에 깊이가 없다는 것이었다. 그러나 쿠슈너가 젊은 왕자에게 열광하고 있다는 것은 분명했다.

쿠슈너는 5월까지 워싱턴에서 사우디를 옹호했다. 1,000억 달러가 넘는 규모의 무기 거래를 의논하기 위해 사우디 대표단을 만난 쿠슈너는 그 자리에서 미국-사우디 협력에 대한 자신의 전략적 관점을 설명했다.

그는 회의장에서 "오늘 이 거래를 끝내시지요"라고 말했다.

양측은 제트기와 선박과 폭탄 같은 거래 목록을 검토했다. 미국 측에서는 탄도미사일을 방어하기 위해 록히드마틴에서 제작한 레이더 시스템을 구매할 것을 권했다. 이 제안이 마음에 들었던 쿠슈너는 당장 록히드마틴 경영 책임자인 매릴린 휴슨에게 전화를 걸어 자신의 사우디 친구에게 가격을 낮춰달라고 요청했다. 그 모습을 보고 회의에 참석했던 사람들이 모두 깜짝 놀랐다. 휴슨은 한번 챙겨보겠다고 했다.

그 요청이 불법적인 것은 아니었지만 매우 파격적인 것이었다. 미국 관료들은 미국 기업을 위해 로비하지 외국 고객을 위해 로비하는 경우가 없었기 때문이다.

시간이 지나면서 국무부와 중앙정보국과 백악관에서 쿠슈너와 MBS가 직접 대화를 나누는 것에 대한 우려가 불거져 나왔다. 정부 어디에도 보고되지 않고 개인적인 채널로만 연락을 하고 있었기 때문이다. 쿠슈너가 공적인 것과 사적인 것을 구분하지 않는 것은 아닌가? MBS가 미국의 이익에 반하는 방식으로 쿠슈너를 흔드는 것은 아닌가? 그에 대해 확신할 수 있는 사람이 아무도 없었다. 그래서 백악관은 절차를 복원하고 외국 지도자들과 통화할 때 다른 직원들이 입회하도록 했다.

언젠가 쿠슈너는 정보 담당 관계자에게 미국이 사우디 승계 과정에 영향을 끼쳐 MBS가 그의 사촌 형보다 유리한 위치에 서게 만들 방법이 없는지 물었다. 그 일로 인해 미국이 왕실 정치에 관여하면

안 된다는 뜻을 고수해 온 외교관들과 정보 담당 관계자들에게 비상벨이 울렸다. (백악관 대변인은 쿠슈너가 외국 지도자들과 대화할 때 항상 백악관의 적법한 절차를 따랐으며, 사우디 왕위 승계에 영향을 미칠 수 있는지 질문한 일이 없다고 부인했다.)

MBS는 이처럼 달라진 워싱턴의 분위기에 깊은 인상을 받았다. 그리고 인터뷰에서 "나는 미국을 올바른 궤도로 되돌려 놓을 수 있는 분이 대통령이 되었기 때문에 향후 양국 관계를 매우 낙관하고 있습니다"라고 새 행정부에 대한 기대를 밝혔다.

MBS는 "트럼프 대통령이 취임하고 아직 백일도 되지 않았는데 미국은 전통적인 동맹국들과의 관계를 모두 복원했습니다"라고 말했다.

새 행정부와 사우디 관계가 개선되면서 나와 사우디 행정부의 관계는 오히려 악화되고 있었다. '비전 2030'이 출범할 무렵에 갱신이 불가능한 5년짜리 복수 비자를 발급받았을 때 마치 복권에 당첨된 기분이었다. 그 복수 비자 덕분에 발급을 받고 나서 1년 정도는 필요할 때마다 자유롭게 사우디를 드나들 수 있었다.

하지만 2016년 동료 기자와 함께 《뉴욕 타임스》에 〈왕국의 비밀〉이라는 기사를 연재했다. 그 기사에서 나는 사우디가 극단주의와 이념적으로 연결되어 있다는 견해와 함께 왕실 재정과 MBS의 실체에 대해 언급했다. 사우디에서 대부분의 시간을 보내다 보니 여러 사건에 내가 직간접적으로 간여하고 있었다. MBS가 마크 마제티와 함께 있을 때였는데, MBS가 '슈퍼 요트' 세렌을 샀다는 소식이 보도되었다. MBS가 구설에 오르는 것을 막으려는 인사들이 그 보도 내용에 대해 이의를 제기했다. 사우디 정부에서 내게 직접 불만을 제기한 사람은 없었지만, 얼마 후 누군지도 모르는 관계자에게서 내 비자가 취소되었다는 메일을 받았다.

정보부 관계자에게 메시지를 보내니 그는 내 비자가 '특정 사건'을 취재하는 조건으로 발급된 것이라고 했다. 나는 그 특정 사건이 어떤 것이며 어떤 근거로 취재 기간을 5년으로 판단한 것이냐고 물었다.

그는 "나는 지금 해외에서 회의 중입니다. 대사관에 연락해 보세요"라는 대답을 보냈다.

이런 상황에서 내가 다시 사우디를 방문할 수 있게 된 것이 도널드 트럼프 때문일 것이라고 누가 상상이나 했겠는가.

하지만 그것은 사실이었다.

트럼프는 쿠슈너의 요청을 받아들여 취임 후 첫 방문국을 사우디로 정했다. 그 사실에 흥분한 사우디 당국은 그 방문을 취재하기 위해 가능한 많은 기자가 와주기를 원했고 덕분에 나도 비자를 얻게 되었다.

그래서 나는 갱신이 불가능한 2주일짜리 단수 비자를 발급받았다.

나는 2017년 5월 리야드 공항에 착륙했다. 리야드는 상당히 달라져 있었다. 40도가 넘는 무더운 날이었는데도 공항은 고위 인사들과 기자들의 입국을 환영하기 위해 나온 승무원들로 붐볐다. 도심으로 향하는 도로변에는 사우디 국기와 미국 국기가 나란히 꽂혀있어 거리는 온통 빨간색과 흰색과 파란색과 녹색 천지였다. 곳곳에 트럼프와 살만 국왕의 사진이 내걸렸고, 광고판마다 "우리는 함께 극복할 것입니다!"라는 구호로 가득 찼다. 이 같은 구호는 공식 행사장에 입장하는 데 필요한 비표에도 적혔고, 국영TV 방송이나 심지어는 금요일에 메카에서 열리는 예배 중계방송에도 등장했다.

12장 백악관의 진정한 친구

첫 해외 방문에 나선 트럼프의 호감을 얻기 위해서 사우디는 일반적인 양자 회담보다 격을 높이자고 제안했다. 그들은 이 행사를 '아랍-이슬람-미국 정상회담'으로 명명한 후 이슬람 세계에서 국가원수와 고위 당국자 수십 명을 초청해 이를 국제적인 행사로 만들었다.

공식 회담 외에도 사우디는 여러 행사를 준비했다. 그들은 MBS가 국민이 더욱 즐겁게 지낼 수 있도록 노력하는 모습과 사우디와 미국이 생각만큼 다르지 않다는 것을 보여주려고 했다. 클래식 카 전시회를 열었고, 스카이다이버들이 자동차 경기장에 내렸고, 할렘 글로버트로터스 팀의 농구 묘기도 선보였다. 유명한 컨트리음악 가수인 토비 키스는 남성 관객으로 가득 찬 공연장에서 자신의 히트곡인 〈Beer for My Hourse〉나 오래전에 유행한 〈Johnny B. Goode〉 같은 노래를 불렀다. 사우디에서는 미국 손님들이 집처럼 편안하게 지낼 수 있도록 하고 싶어서 그런 행사를 준비했겠지만, 어쩔 수 없는 한계도 있었다. 이 방문 행사를 총괄하는 기관의 웹사이트에서는 남성은 긴 바지에 긴 팔 셔츠를 입어야 하고 여성은 아바야를 입어야 한다는 조건을 달았다.

나는 호텔에 체크인 하고 나서 할리 데이비슨 랠리가 열린다는 것을 알고 우버 택시를 불렀다. 27세 사우디 남성이 닷지 차저(Dodge Charger)를 몰고 태우러 왔다. 실내는 빨간색으로 꾸며졌고 카스테레오에서는 힙합이 흘러나오고 있었다. 그 친구에게 랠리를 따라잡아 달라고 부탁했다.

그는 "운전이 뭔지 보여드릴 테니 안전벨트를 잘 매어놓으세요"라고 말했다.

그는 내게 자기가 리야드에서 자랐지만, 그의 아버지가 대학에 있는 동안 자기는 캘리포니아 몬터레이에서 6년을 보냈다고 했다.

사우디로 돌아온 후 그는 은행에서도 일해보고 푸드 트럭도 운영해 봤다면서, 지금은 워낙 운전을 좋아해 우버 택시를 하고 있다는 것이었다. 그는 사우디 사람 중에 변화를 거부하는 사람들이 상당히 많지만, 그럼에도 세상은 달라지고 있다고 했다.

그는 "처음에는 사우디 가족이 사우디 사람이 운전하는 차를 타는 것을 이상하게 여겼지만 지금은 젊은이를 도와준다는 생각으로 우버 택시를 이용합니다"라고 말하면서 "그것이 달라진 점이고 나아진 점이지요"라고 했다.

랠리를 따라잡고 나서 보니 수백 명에 이르는 사우디 바이커들이 미국에서 만든 기계를 타고 미국과 사우디 양국 국기를 달고 시내 자동차전용도로를 누비고 있었다. 그야말로 장관이었다. 몇몇 바이커들은 친트럼프인 것으로 보였다. 그 모습을 보니 놀랍게도 그들은 트럼프의 반이슬람 구호를 대수롭지 않은 것으로 여기거나 의도적으로 무시하는 것 같았다. 소매점을 운영하는 한 바이커는 사우디 사람들이 트럼프 스타일을 낯설지 않은 것으로 여긴다고 말했다.

그들 중 하나는 내게 그 이유를 이렇게 설명했다. "아랍 세계, 특히 사우디에서 지도자는 항상 강력한 힘을 행사합니다. 사우디에 의회가 있지만 결국에는 국왕이 결정한 대로 이루어집니다. 트럼프가 행동하는 모습도 아랍 지도자들이 행동하는 모습과 그다지 다르지 않습니다. 아마 그래서 일부 미국인들이 그를 반대하는 것이겠지만 말이지요. '그는 해냈습니다. 그는 FBI의 수장을 해고했어요.' 이것이 바로 이곳에서 우리 지도자들이 하는 일입니다."

자기 아버지가 아내 여섯을 얻어 자녀를 모두 43명이나 두었다는 어느 바이커는 내게 물어보지도 않은 말을 했다. "나는 미국을 사랑합니다."

그는 18세 때 미국으로 건너가 로스앤젤레스 근처에서 영어를 배우고 마이애미로 옮겨 그곳에서 경제학을 전공했다고 했다.

미국에서 지낼 때 선생님이 자기에게 집 마당에 석유를 개발하는 펌프가 있냐고 물었다면서 "미국 사람들 대부분은 사우디에 대해 잘 모릅니다"라고 말했다. 그 역시 트럼프를 좋아했다.

그는 "사업가들은 어떻게 해야 일이 굴러가게 만들 수 있는지 잘 압니다"라고 말했다.

또 "사우디에서 가정마다 운전기사를 두는 것처럼 미국에서도 가정마다 운전기사를 고용한다면 미국 여성이라고 해도 운전하지 않는 것을 오히려 기뻐하지 않겠어요"라고 말했다.

이어서 "그냥 집에서 애나 키우면서 지내면 되지요. 열심히 일할 필요가 없어요"라고 말했다.

랠리는 그런 행사와 거리가 멀어 보이는 이맘 무함마드 이븐 사우디 이슬람 대학 앞에서 끝났다. 그 대학은 젊은 학생과 성직자와 판사에게 와하비즘 몰입 교육을 하는 중요한 교육기관 중 하나였다. 바이커들은 오토바이들을 풀밭에 세워놓고 다이어트 펩시를 마시다가 기도 시간을 알리는 아잔이 들리자 기도하기 위해 메카를 향해 줄지어 섰다. 어떤 면에서는 이 행사가 여느 랠리와 다를 것이 없었다. 으르렁대는 오토바이 기계음이나 남성 호르몬이 솟구칠 것 같은 분위기, 거기에 찢어진 청바지와 검은색 가죽 재킷을 입은 모습이 그랬다. 하지만 그곳에는 술 파티도 여자도 없었다.

근처 축구경기장에서는 사우디 젊은이들이 미국과 사우디가 자동차경주를 벌이는 것을 관람하고 있었다. 버거와 부리토를 파는 푸드 트럭이 줄지어 서 있었고, 사우디 국가와 〈성조기여 영원하라〉라는 미국 국가로 행사가 시작되었다.

그 경기에서 미국인 운전자가 간발의 차이로 사우디 운전자를 앞섰다.

무함마드 빈 살만

리야드 공항에 도착한 대통령 전용기 '에어포스 원'에서 도널드 트럼프가 내리자 버락 오바마가 마지막으로 사우디를 방문했을 때 의도적으로 외면했던 살만 국왕이 그를 기다리고 있었다. 비행기 트랩 앞에는 붉은 카펫이 길게 깔려 있었고 왕실 경호대가 새 대통령을 맞이하기 위해 도열해 있었다. 트럼프가 미국 대표단이 주로 묵었던 리야드 리츠칼튼 호텔에 도착하자 건물 외벽은 밖에서 비추는 미국 국기와 사우디 국기로 뒤덮였다. 하지만 트럼프는 거기 머물지 않고 바로 왕궁으로 이동했다.

트럼프가 방문하는 동안 수많은 회의가 열렸지만 가장 중요한 행사는 뭐니 뭐니 해도 고위 인사들이 모인 자리에서 트럼프가 행한 기조연설이었다. 준비한 원고를 무시하고 무슬림에게 불쾌한 발언을 쏟아낸 전력이 화려했던 그였지만, 자신의 메시지를 고수하면서도 미국과 이슬람 세계의 유대 관계에 대한 비전을 제시하는 것으로 기조연설을 원만하게 마무리 지었다.

그는 이슬람을 '세계의 위대한 신앙 중 하나'라고 말하는 것으로 자신을 초청한 국왕에게 경의를 표했다. 아울러 서로의 종교를 존중하자고 말했지만, 그의 연설은 역시 테러리즘에 초점을 맞추고 있었다.

"이것은 서로 다른 신앙 사이에서 일어나는 싸움이 아닙니다. 이것은 종교의 이름으로 인간의 생명을 말살하려는 야만적인 범죄자들과 선량한 사람들 사이의 싸움입니다. 바로 선과 악의 싸움이라는 말입니다." 트럼프는 연설을 이어갔다.

그는 그곳에 모인 지도자들에게 '사악한 이념'에 대한 투쟁을 강화하고 그들의 사회에서 '악마의 보병'을 몰아낼 것을 촉구했다.

이어서 그는 "당신네 나라에서 테러리스트와 극단주의자를 몰아 내야만 더 나은 미래를 맞이할 수 있습니다"라고 말하며 "그들을 몰아내십시오. 그들을 당신의 예배 처소에서 몰아내야 합니다. 그들을 당신의 공동체에서 몰아내야 합니다. 그들을 당신의 거룩한 땅에서 몰아내야 합니다. 그들을 이 세계에서 몰아내야 합니다"라고 요구했다.

트럼프는 테러리스트들에게 '안전한 피난처와 재정과 대원을 모집하는 데 필요한 사회적 지위'를 제공한 이란을 지목하며 그들이 "지역을 엄청나게 불안정하게 만들었다"고 비난했다.

그러나 그는 '완벽한 모습을 갖춘 국가가 아닌 미국의 파트너'를 원했고, 파트너가 된다면 원하는 대로 국가를 운영할 수 있도록 돕겠다고 제안했다.

트럼프는 다음과 같은 발언으로 기조연설을 마쳤다. "우리는 강의하러 온 것이 아닙니다. 우리는 다른 사람들에게 어떻게 살아야 하는지, 무엇을 해야 하는지, 어떤 사람이 되어야 하는지, 어떻게 예배를 드려야 하는지 알려주기 위해 이곳에 온 것이 아닙니다. 우리는 우리 모두를 위한 더 나은 미래를 추구하기 위해 공통 관심사와 가치를 기반으로 파트너십을 제안하기 위해 여기에 왔습니다."

청중의 기립 박수는 끊어질 줄 몰랐다.

방문을 앞두고 백악관은 사우디 측에 트럼프 대통령이 리야드를 그의 첫 해외 방문지로 삼은 만큼 방문 기간 중에 그에 걸맞은 '성과'를 만들어 내야 한다고 말했다. 그중 가장 중요한 것은 1,100억 달러 규모의 무기 거래였다. 이 중에는 예멘에서 민간인 사상자가 발생한 폭격을 문제 삼아 오바마 대통령이 수출을 금지한 정밀 유도폭탄이 포함되어 있었다. 트럼프는 이를 승인하면서 이 거래가 '미국에 수천억 달러를 투자하게 만들고 일자리, 일자리, 일자리를 만들어 낼 것'이라고 강조했다.

트럼프의 기조연설이 끝난 후 사우디는 또 다른 방문 '성과'인 '극단주의 이념에 대항하기 위한 글로벌센터(Etidal)' 개소식으로 그를 안내했다. 글로벌센터는 군사기지에 지은 대규모 돔형 건물 안에 있었는데, 내부는 마치 공상과학영화에 나오는 우주선 사령부처럼 보였다. 벽에 높다랗게 걸려있는 화면은 각종 영상과 그래프와 통계 숫자로 번쩍였고, 사우디 남성 수백 명이 같은 복장으로 컴퓨터 단말기 앞에 앉아 있었다. 개소식에서 트럼프와 살만 국왕과 이집트의 아델 파타 엘시시 대통령이 빛나는 공 위에 손을 얹은 모습이 공개되었다. 이 이미지는 곧 세계 곳곳으로 퍼져나갔다. 이 모습은 세 지도자를 우주의 주인으로 캐스팅한 것으로 보이기도 하고, 〈반지의 제왕〉 홍보 영상이나 알카에다 대원 모집 홍보물 같기도 해서 이를 비웃는 사람도 여럿 있었다.

그것 말고도 유쾌하게 여길 만한 일정이 여럿 있었다. 트럼프 일가와 사우디 엘리트가 함께하는 많은 행사는 마치 배경이 서로 다른 두 가족이 함께 모여 새로운 인연을 축하하는 다문화 결혼식 같은 느낌을 주었다. 많은 미국인은 트럼프가 그의 딸과 사위에게 지나치게 의존하는 것을 몹시 불편하게 여겼지만, 사우디에서는 그것이 일상적인 사업 방식이었다. 국왕이 왕세자도 아닌 자기 아들에게 엄청난 권력을 넘겨준 것이 그 좋은 예가 아닌가. 미국의 감시 단체에서 트럼프와 그 일가가 대통령이라는 직위를 개인적인 사업을 위해 사용하는 것은 아닌지 지켜보고 있었지만, 사우디로서는 신경 쓸 일이 아니었다. '사우디'라는 이름 자체가 '사우드 왕가의 사람들'이라는 뜻이 있는 나라이고, 국가 재정이 왕실 것인지 국가 것인지도 불분명한 나라이니 말이다.

트럼프의 보좌관 스티브 배넌이 당시 순례부 장관이던 수염을 길게 기른 성직자와 채팅을 하는 것이 사진기자에게 포착되었다. 그는 한때 반무슬림 성향의 기사를 자주 게재하던 웹사이트인 '브레이트바트 뉴스 네트워크'를 운영했다. 서열 높은 왕자 하나가 트럼프의 딸 이방카에게 아랍 커피를 그만 마시려면 커피 잔을 좌우로 가볍게 흔들어야 하는 사우디 관습을 가르쳐주는 영상이 온라인에 퍼지기도 했다. 사우디에는 아이에게 '사우디의 문화나 종교에 어긋나거나, 낯설거나, 부적절한' 이름을 사용하지 못하도록 하는 법령이 있는데, 사우디 당국은 이 법령을 근거로 사우디 아버지들에게 딸 이름으로 이방카를 사용하지 못하도록 하는 규칙을 발표했다. 어느 아이 아버지 하나는 집에서는 딸을 이방카라고 부르면서 출생 신고서에는 어두운 진홍색 입술을 뜻하는 '루마'라고 이름을 올렸다.

트럼프 행정부에 대해 열광하는 것은 사우디뿐만은 아니었다. 수백 명의 시위대를 사살한 뒤 군사 쿠데타로 집권한 엘시시 이집트 대통령은 트럼프 대통령에게 "대통령께는 불가능한 일을 가능하게 만드는 독특한 모습이 있습니다"라고 칭송했다.

트럼프가 "동의합니다"라고 말하자 홀에는 웃음이 터져 나왔다.

트럼프는 이어서 자기 행정부가 이집트와 '환상적인 관계'를 맺고 있다고 선언하면서 엘시시의 패션 감각까지 칭찬했다.

그리고 엘시시에게 이런 말을 건넸다. "당신네 나라를 사랑하세요. 이보세요, 바로 그 나라 말입니다."

사우디는 트럼프의 집으로 80개가 넘는 선물을 보냈다. 엄청난 옷장 안에 '치타 모피 안감이 있는 주황색과 금색 양모 로브', '흰 호랑이 털 안감이 있는 파란색과 은색 양모 로브', 여러 색깔의 셔츠, 탄띠와 권총집, 그리고 '사우디 전통 의상'에 관한 책 두 권까지 선물이 그득하게 들어 있었다. 그것 말고도 향수 상자, 아동 도서, 양모 담요, 쿠웨이트 헌법, 단검 세 개, 대검 세 개, 가죽 샌들 열한 켤레, 트럼프 대통령 얼굴이 그려진 미술품도 들어 있었다.

어느 날 밤 트럼프는 초청자들이 개최한 '아르다'라는 사우디 민속춤 공연에 참석했다. 그는 거기서 그들과 손을 맞잡고, 검과 지팡이를 높이 들고, 북과 구호에 맞춰 전후좌우로 왔다 갔다 하는 아르다를 추기도 했다.

13장
배신

2017년 5월 23일 사우디와 이웃하고 있는 페르시아만의 작지만 부유한 국가인 카타르의 국영 통신사에서 이상한 보도가 나왔다. 카타르 국왕이 국가방위군 졸업식에서 연설하면서 중동과 미국에 대해 몇 가지 놀라운 언급을 했다는 보도였다.

그 연설에서 국왕이 "이란이 중동 지역과 이슬람 세계에 미치는 영향을 무시하는 것은 불가능하며, 이란과 갈등을 키우는 것은 현명하지 못한 일입니다"라고 발언했다는 것이다.

이 보도에 따르면 국왕은 사우디를 '이슬람 극단주의자를 받아들여 테러가 일어나도록 만든 특정 정부'로 빗대어 에둘러 비판했다. 아울러 무슬림형제단과 헤즈볼라와 하마스를 긍정적으로 평가했는데, 이 중 헤즈볼라와 하마스는 미국이 테러 단체로 간주하고 있었다. 특히 하마스를 '팔레스타인 국민의 합법적인 대표'라고 지칭하며 팔레스타인과 이스라엘의 평화를 중재하겠다고 나섰다. 사실 팔레스타인과 이스라엘의 평화를 중재한다는 것은 실현 가능성이 희박한 시나리오였다.

미국과 관련한 발언도 쏟아냈다. 국왕은 카타르에 있는 미군 기지를 '일부 이웃 국가들의 탐욕으로부터 이 나라를 방어하는 카타르의 요새'라고 언급했다. 더욱이 이 기지를 '이 지역에서 군사적 주도권을 유지하기 위한 유일한 기회'라고 언급했는데, 이는 국민이 30만 명에 불과한 국가의 원수가 내세우기에는 너무나 거창한 구호였다.

국왕은 "트럼프 행정부와 카타르의 관계가 경색되어 있다"고도 발언했다. 이 발언이 있고 얼마 지나지 않아 트럼프는 소송으로 그의 임기를 채우지 못할 상황에 놓이게 되었다.

이와 같은 발언은 카타르의 이웃 국가들과 미국 관계자들에게는 매우 선동적으로 들릴 수 있는 것이었지만, 중동 지역에서 근무하는 외교관들은 그 발언이 무엇을 노리는 것인지 바로 알아차렸다. 국왕은 여느 때처럼 국가방위군 졸업식에 참석했지만 그 자리에서 그런 내용을 발언한 사실이 없었다. 그 자리에 영국 대사관의 무관(武官)이 참석했는데, 그런 발언이 있었다면 무심히 지나칠 수가 없는 일이었기 때문이다.

이 기사는 발언 당사자로 지목된 36세의 셰이크 타밈 빈 하마드 알사니 국왕을 매우 곤혹스럽게 만들었다. 그는 아침에 일어나서 이와 같은 기사를 보고 장관들을 호출해 이 기사를 즉시 내리도록 조치했다. 30분쯤 지나서 국영 소셜 미디어 계정에 올라왔던 기사가 내려졌고 국영TV 화면 하단에 송출되던 자막도 내려졌다. 정부는 국영 통신사가 해킹당한 것이라고 설명하면서 그 보도를 부인했다. 그리고 그 사건이 빨리 가라앉기를 기대했다.

하지만 일은 기대대로 돌아가지 않았다.

사우디 정부와 아랍에미리트 정부가 소유한 언론사에서는 관련 기사를 쏟아내면서 소위 동맹국의 수장이라는 사람이 어떻게 그런 발언을 할 수 있느냐고 맹렬하게 비난하고 나섰다. 그들은 TV에서 이 사건을 다양한 형태로 다루면서 공포 영화에나 나옴 직한 음악을 배경으로 깔기도 했다. 그들은 비난을 확대해 나갔다. 카타르가 알카에다와 탈레반과 이슬람국가(IS)를 지원한다고 비난했으며, 평론가들을 동원해 자국의 중요성을 과대평가하고 있는 보잘것없는 나라인 카타르가 이번 일을 의도적으로 흘린 것으로 몰아갔다.

사우디 신문의 한 평론가는 "카타르는 자기들이 마치 중동 국가들의 문제를 다룰 만한 정치적 무게나 영향력이 있는 것처럼 착각하는 데 익숙해져 있다"고 언급했다.

같은 신문은 "카타르 국왕이 이란 단검으로 이웃을 찌른다!"는 헤드라인을 내걸었다.

카타르 기자들은 사우디 동료 언론인들이 '미디어 매춘'을 벌이고 있다고 비난하는 것에 대해 사우디에 느끼는 배신감을 토로하며 맞섰다.

카타르의 한 언론인은 그의 칼럼에서 "배신자에게 등을 찔리는 것은 항상 치명적이다. 배신자가 가장 가까운 이웃, 특히 우리 형제들이라면 더욱 그렇다"고 언급했다.

미국 정보기관에서는 이번 해킹이 아랍에미리트가 주도한 것이라고 판단했다. 하지만 사우디에서 즉각적인 반응이 나온 것으로 보아 사우디도 이에 가담한 것이 분명해 보였다. (아랍에미리트는 해킹에 관여했다는 의혹을 부인했다.)

걸프 국가들 사이의 불화는 빠르게 고조되었다. 6월 5일, 사우디는 아랍에미리트, 이집트, 바레인과 함께 카타르와 외교를 단절하고 자국민을 철수시키겠다고 발표했다. 그들은 영공을 폐쇄해 카타르 국영 항공이 이 지역을 우회하게 만들고, 해상운송로도 봉쇄해 해상운송을 위협했다. 사우디는 카타르의 유일한 육로인 국경을 봉쇄하고 사우디 동쪽 사막에서 목축을 하던 카타르 목동들과 그들이 기르던 낙타 1만 2,000마리, 양 5,000마리를 내쫓았다.

———————

걸프 위기라는 이름으로 알려진 이 사태는 해커, 가짜 뉴스, 왕자들의 반목, 산산조각이 난 동맹, 그리고 도널드 트럼프가 빚어낸 그야말로 완벽한 21세기의 폭풍이었다. 이 사태는 걸프 지역을 안정시켜 온 기둥이었던 군주국 그룹을 갈라놓았고 미국을 곤경에 빠뜨렸다. 양쪽 진영 모두 미군이 주둔하고 있는 미국의 파트너였을 뿐 아니라, 미국으로부터 수백억 달러에 이르는 무기를 구매하는 큰손이었기 때문이었다.

이것을 계기로 무함마드 빈 살만의 공격적인 외교정책이 더욱 격화되었다. 사우디는 더 이상 비밀리에 갈등을 해결하려고 하지 않았다. 사우디가 앞으로는 공공연하게 적국을 악마화하고, 그들에 대항하려는 국민을 규합하기 위해 국가의 모든 기구를 동원하리라는 것이 너무도 분명해졌다. 사우디의 이웃 중 작고 가난한 나라들은 카타르에서 일어난 일이 자기에게 일어나지 말라는 법이 없다는 생각으로 공포에 휩싸였다.

이 보이콧은 페르시아만으로 돌출해 나온 모래로 된 반도국인 카타르에 충격이었다. 이 사태가 일어나기 전까지 카타르는 엄청난 천연가스 매장량으로 인해 1인당 연간 국민소득이 12만 7,700달러에 달했다. 카타르 지도자들은 그 돈으로 몸집을 불려 나갔다. 그들은 아랍 세계에서 시청률이 가장 높은 뉴스 방송인 《알자지라》

에 자금을 지원했는데, 걸프 지역의 통치자들은 이 방송 때문에 자주 골머리를 썩여야 했다. 그들은 '아랍의 봄' 봉기를 옹호했고, 이로 인해 권력을 얻고 그들의 주장을 확산시켰던 이슬람주의자들도 옹호했다. 그 과정에서 카타르의 자금이 이 지역에 흘러넘쳤다. 그중 일부는 리비아와 시리아를 비롯한 여러 지역의 무장 단체와 극단주의자들에게 넘어갔다. 또한 카타르는 2022년 월드컵 개최권을 따내는 데도 성공했다. 월드컵이야말로 소국인 카타르가 세계의 이목을 끌고 이웃 국가들이 분통을 터뜨리게 만들 수 있는 황금 같은 기회였다.

국왕은 "그들은 우리가 홀로 서는 것을 좋아하지 않습니다. 그들은 이것을 위협으로 보고 있습니다"라고 말했다.

그러나 미국은 종종 이와 같은 카타르의 독불장군 전략이 유용하다고 생각했다. 그래서 카타르의 수도인 도하를 자기들이 적국을 감시하고 때로는 적국에 조용하게 대화를 건넬 수 있는 무덥고 모래가 많은 중동의 스위스쯤으로 생각했다. 카타르는 인질 협상에 써먹을 수 있는 무장 단체들과도 관계를 유지했다. 하마스의 정치 지도자 칼리드 메샬은 2012년 시리아에서 도하로 근거지를 옮겼다. 아프가니스탄 탈레반도 그곳에 본부를 두었다. 이로 인해 그들이 포로로 잡았던 미군 보우 버그달의 석방 협상에 도움이 되기도 했고, 아프가니스탄 전쟁 종식을 위한 평화 회담에도 도움이 되었다. 그러는 동안에도 카타르는 이란과 관계를 유지했다. 그러나 그것은 정치적인 관계가 아니라 페르시아만 아래에 매장되어 있는, 특히 이란과 공유하고 있는 엄청난 가스전에 한정된 것이었다. 그것이 카타르 부의 원천이었기 때문이다.

그러나 불화가 고조되면서 이 지역에서 가장 큰 미군 기지 중 하나인 카타르 알 우데이드 공군기지가 워싱턴의 최우선 과제로 떠올랐다. 카타르는 자국 안보를 위해 최대 1만 3,000명의 미군이 주둔하도록 만들고 이를 위해 2002년부터 2019년까지 80억 달러를 지출했다. 이 비용에는 알 우데이드 공군기지를 운영하는 것뿐 아니라 미군이 아프가니스탄과 이라크와 시리아에서 벌인 작전 비용도 포함되었다. 이와 같은 공군기지의 중요성을 잘 알고 있는 제임스 매티스 국방부 장관과 렉스 틸러슨 국무부 장관 같은 트럼프 행정부의 인사들은 즉각 경종을 울리고 나섰다.

하지만 트럼프는 이 사태를 균열로 여기는 사우디와 아랍에미리트의 견해를 지지했으며, 그가 리야드 방문 때 요구했던 '극단주의와의 전쟁'의 한 방편으로 카타르를 고립시킨 것을 칭찬했다.

트럼프는 "최근 중동을 여행하는 동안 나는 더 이상 급진적인 이념에 자금을 지원할 수 없다고 말했습니다. 지도자들이 카타르를 가리키고 있지 않습니까? 보세요!"라는 트윗을 올렸다. 그리고 "어쩌면 이것이 테러에 대한 공포를 종식할 수 있는 출발점이 될 것입니다"라는 트윗을 연속해서 올렸다.

카타르와 주변국 사이의 긴장은 새로운 것이 아니었다. 2013년 이전에 있었던 위기에서는 카타르 국왕이 카타르의 노선을 바꾸겠다고 약속한 후에야 소환했던 대사들이 주재국으로 귀임한 일이 있었다. 그러나 카타르 사람들은 살만 국왕이 즉위하자 그가 전임 국왕보다 정치적인 이슬람주의자들에게 덜 적대적이라는 이유로 그와 함께 새로운 역사를 써나가기를 기대할 정도로 상황을 낙관했다. 실제로 칼리드 메샬을 비롯한 하마스 지도자들이 2015년 순례를 위해 방문했을 때 살만 국왕이 메카에서 그들을 만나기도 했다. 당시에는 그것을 하마스를 이란에서 떼어놓기 위한 손짓으로 해석했다. 카타르 사람들은 무함마드 빈 나예프를 좋아했기 때문에 살만 국왕이 그를 왕세자로 지명하자 더욱 고무되었다.

그러나 MBS가 부상하고 그가 아랍에미리트의 무함마드 빈 자예드가 보여주는 지역에 대한 견해를 받아들이면서 카타르 사람들은 새로운 냉기를 느꼈다. 또 다른 사건이 이런 거리감을 늘렸다. 도하에 거주하는 아랍에미리트 반체제 인사가 《알자지라》에 여성 인권에 관한 논평을 게재하자 아랍에미리트는 그녀를 본국으로 소환하라고 요구하고 나섰다. 카타르가 거절했다. 그리고 3억 달러가 넘는 카타르 현금이 이라크로 넘어갔다. 친이란 민병대에 의해 납치된 카타르 매사냥꾼 26명의 석방 대금으로 지급된 것이었다. 거기에는 왕실 가족 9명도 포함되었다. 카타르의 적국에서는 그것을 카타르 국왕이 악역 배우를 매수하는 것으로 여겼다.

카타르 국왕은 사우디를 방문한 트럼프를 만나기 위해 리야드로 떠났고, 그곳에서 새 대통령을 만나 회의를 성공적으로 마쳤다고 생각하고 카타르로 돌아왔다. 하지만 카타르 외무부 장관이 틸러슨 국무부 장관과 중동 지역의 인사들과 함께 오찬장에 들어서는데 자기 자리가 주방 가까운 곳에 놓인 것을 보고 몹시 놀랐다. 그는 그것이 의도적인 푸대접이라는 것을 바로 깨달았다.

카타르 대표단이 귀국하고 이틀 후에 국왕은 해킹 소식을 듣고 잠에서 깨어났다. 국왕은 MBS가 트럼프 행정부로부터 명시적인 동의를 얻지 못했다면 최소한 자신을 곤경에 빠뜨리지는 않았을 것이라고 추측했다.

카타르에 씌워진 혐의를 인정하지 않거나 보이콧에 동참하지 않은 나라는 거의 없었다. 미 국무부 대변인은 카타르의 적국들이 자기주장을 뒷받침할 만한 증거를 공개하지 않는 것에 대해 미국이 "어리둥절하고 있다"면서 '오래 쌓여왔던 불만'이 그 사태를 키운 것은 아닌지 의문을 제기했다.

사우디와 그 동맹국들은 카타르에 13개에 달하는 요구 사항을 내밀었다. 거기에는《알자지라》폐쇄, 무슬림형제단과 관계 단절, 이란 및 튀르키예와 협력 축소, 그리고 매달 준수 여부를 확인해 보고하라는 요구가 포함되었다. 사우디와 동맹국들이 카타르를 속국으로 격하시킨 것이다. '요구사항'은 나중에 '카타르가 지켜야 할 일련의 원칙' 정도로 순화되었지만, 트럼프가 미국의 걸프 동맹국들에게 이란에 맞서 단결할 것을 촉구한 지 불과 몇 달 만에 그들 사이에 균열이 깊어진 것이다.

MBS는 보이콧이 현명하지 못한 조치였다는 데 전혀 동의하지 않았다. 그리고 원상태로 되돌리는 것은 카타르에 달렸다고 주장했다.

이어서 그는 "언젠가 일어날 일이었습니다. 그저 그들이 빨리 깨닫기를 바랄 뿐이지요. 그들이 풀어야 할 일입니다"라고 말했다.

***

트럼프는 처음부터 리야드를 자신의 첫 번째 해외 방문지로 생각했던 것은 아니다. 2017년 2월, 마이크 폼페이오는 중앙정보국 국장으로 취임하고 나서 그 기관의 오랜 친구인 무함마드 빈 나예프(MBN) 왕세자를 만나기 위해 사우디로 날아갔다. 그는 공식 석상에서 왕세자의 대테러 활동을 기리기 위해 중앙정보국의 조지 테닛 메달을 수여했다. 어쩌면 그것은 궁지에 몰린 왕세자에게 워싱턴에 여전히 친구들이 포진해 있다는 것을 확신시키기 위한 수단이었을지도 모른다. 하지만 사우디 첩보 기관의 수장인 왕세자를 지지하는 미국 인사들이 왕세자가 사촌 동생과 경쟁하는 데 힘을 실어주기에는 때가 이미 너무 늦었다. MBN은 MBS의 열정을 따라가지 못했다. 그는 카타르 보이콧에 반대했다. 카타르 국왕과 친분을 생각해서도 그렇고, 이 조치가 예멘에서 벌어지는 대테러 작전을 희석

시킬 수 있다고 생각했기 때문이다. MBS는 이러한 왕세자의 생각을 용납할 수 없는 일이라고 여겼다.

여름이 시작되면서 라마단도 시작되었다. 라마단 때는 모든 무슬림이 새벽부터 해 질 녘까지 금식하기 때문에 정부의 업무도 느슨해질 수밖에 없는데, 그런 가운데에서도 MBS는 그의 팀과 함께 자기 계획을 추진하기 위해 계속 일했다. 6월 중순, MBS는 2015년에 해고된 MBN의 전 비서실장 사드 알 자브리에게 전화를 걸어 사우디로 돌아오면 새로운 일자리를 주겠다고 제안했다. 그해 초 사우디를 떠난 알 자브리는 문제가 될 만한 일을 피하고 싶기도 했고 MBS를 믿을 수도 없어서 치료를 핑계로 그의 제안을 거절했다. 알 자브리는 MBN의 보좌관들에게 이 사실을 알렸고, 젊은 왕자가 뭔가 일을 꾸미고 있다고 의심했다.

그가 옳았다.

6월 20일 밤, 많은 왕족이 이슬람 전통에 따라 라마단의 마지막 날을 보내기 위해 메카로 모여들었다. MBN이 위원장으로 있는 정치안보협의회는 금식이 끝나고 저녁 기도를 드린 후에 회의를 하기로 되어있었다. 하지만 회의가 시작되기 전에 MBN에게 국왕이 만나고 싶다는 전갈이 왔다.

그래서 그는 경호원들과 함께 헬기를 타고 국왕이 머무는 사파 궁으로 날아갔다. 경호원 두 명과 함께 국왕에게 올라가기 위해 엘리베이터를 타려는데 문이 열리면서 왕실 경호원들이 달려들어 그들에게서 총과 휴대전화를 빼앗고 MBN을 옆방으로 안내했다.

그곳에서 그는 MBS의 보좌관들에게 왕세자에서 물러나라는 압박을 받았다. 그는 꼼짝 없이 그곳에서 밤을 보내야 했다. 이 모든 과정을 주도한 것은 투르키 알 셰이크라는 건방지기 짝이 없는 평민이었다. 그는 몸집이 좀 있고 수염을 제대로 다듬지 않은 전직 보안 요원이었는데, 몇 년 전 살만 국왕이 리야드 주지사였을 때 MBS와 가까워진 사이였다. 알 셰이크는 살만 보좌관의 딸과 결혼해 차기 국왕의 측근으로 자리를 굳혔고, MBS가 가장 중요하게 여기는 충성심을 보여줌으로써 MBS에게 깊은 인상을 주었다. 시간이 지나면서 알 셰이크는 왕자의 정적들에게 맞서는 일에 적극 나서 결국 MBS의 행동대장이 되었다.

MBN이 왕세자에서 물러나라는 요구를 거부하자 압박은 강도를 더해갔다. 그를 가둔 요원들은 그를 마약중독자라고 모욕하고 문제가 있는 그의 의료 기록을 공개하겠다고 위협했다. 그렇다고 그들이 왕세자를 밀어낼 수는 없는 일이었다. 그가 왕세자가 되었을 때 왕실 인사들과 최고 성직자들은 그에게 충성을 맹세했다. 이는 이슬람 초기부터 종교적으로 중요한 의미가 있는 의식이었다. 그 충성 맹세는 일반적으로 죽거나 퇴위할 때만 깨질 수 있는 것인데 MBS의 보좌관들이 무력으로 이를 깨려고 한 것이다.

수년 전에 압둘라 국왕은 왕위 계승 절차를 결정하는 충성위원회라는 기구를 만들었다. 이 위원회의 구성원들은 압둘아지즈 초대 국왕의 아들 일가를 대표하는 왕자들이었고, 왕위 계승 서열을 바꾸려면 그들의 승인을 받아야 했다. 하지만 압둘라 국왕 자신조차도 자기가 원하는 왕자를 차기 국왕으로 확정하지 못할 만큼 이 위원회는 유명무실한 존재였다.

그날 밤 MBN이 궁에 갇혀 통신이 두절된 사이 왕실 관계자들은 위원회 위원들에게 전화를 걸어 국왕이 MBS를 왕세자로 세우기로 했다는 사실을 알리고 거기에 동의하는지 물었다. 위원 대부분은 국왕의 뜻에 반대하는 목소리 내는 것을 주저했다. 최종적으로 위원 34명 중 31명이 이에 동의했다. 왕실 관계자들은 얼마나 많은 왕실 인사가 그에게 등을 돌렸는지 알려주면서 MBN을 압박하기 위해 그날 밤 녹음한 통화 내용을 그에게 들려주었다. 말하자면 장기를 두다가 외통수로 장군을 부른 셈이었다.

밤이 깊어 가는 데도 MBN을 가둔 요원들이 그에게 음식도 주지 않고 당뇨병 약도 주지 않자 그는 지쳐가기 시작했다. 아마 새벽쯤 항복하고 자기 자리에서 물러나겠다는 문서에 서명했을 것이다. 그 일이 끝나자 알 셰이크는 그를 옆방으로 안내했다. 놀랍게도 그 방에는 경호원들과 카메라를 든 요원들과 함께 MBS가 기다리고 있었다. 젊은 왕자는 그의 손에 입을 맞추고 무릎을 꿇어 겉옷 자락에도 입을 맞추며 경의를 표하면서 그를 따뜻하게 맞이했다.

MBN은 사우디의 새 왕세자에게 거의 들리지 않는 목소리로 중얼거리듯 충성을 맹세했다.

MBS는 "우리는 당신이 지시한 것과 조언한 것을 절대 포기하지 않을 것입니다"라고 말했다.

MBN은 "행운을 빕니다. 알라가 함께 하기를"이라고 대답했다.

알 셰이크는 MBN의 어깨에 공식적인 자리에서 입는 '비슈트(Bisht)'라는 검은 겉옷을 걸쳐주었다. 그것이 그의 출발을 알리는 신호가 되었다. 이 영상은 권력이 우호적으로 이양되었다는 증거로 소셜 미디어뿐 아니라 사우디TV를 통해 전국에 공개되었다. MBN이 사라진 자기 경호원을 찾기 위해 방을 나서자 왕실 경호원들이 '모터케이드'로 그를 호위해 제다 해안에 있는 그의 궁으로 데려갔다. 그리고 그는 MBS의 경호원들에 의해 그곳에 연금되었다.

MBN은 내무부 장관에서도 해임되었다. 그 자리에는 MBN의 조카가 임명되었는데 그는 MBS의 측근으로 알려졌다. 그 일이 있고 얼마 지나지 않아 내무부의 가장 중요한 기능이었던 대테러 업무와 보안 업무는 내무부 관할에서 신설된 MBS 직속 기관으로 이전되었다.

이와 관련해 《뉴욕 타임스》가 왕실에 질의하자 왕실에서는 그날 밤 일어났던 것과 거리가 먼 대답을 내놨다. 충성위원회가 '국가 최고의 이익'을 위해서 '공개 금지로 분류된, 밝힐 수 없는' 이유로 MBN을 해임했다는 것이었다.

왕실은 답변서에서 "이번 결정은 국가의 미래와 안정과 지속적인 발전을 보장하기 위한 조치였다"면서 MBN이 누구보다 먼저 MBS에게 충성을 맹세했으며, 그가 이 영상을 공개할 것을 요구했다고 덧붙였다. 그리고 전임 왕세자는 현재 제다에 있는 자신의 궁에 머물며 매일 손님을 받고 있다고 밝혔다.

이어서 "사우디와 사우디의 가치를 이해하고 왕실 구성원 간의 관계를 본질적으로 이해하고 있는 사람이라면 무함마드 빈 나예프 왕자가 압력을 받았다거나 무례한 대접을 받았다고 믿는 것은 불가능하다"며 반대 주장을 '근거 없는 주장'이라고 일축했다.

나중에 MBS는 인터뷰에서 왕세자를 선택하는 것은 국왕의 권리이며 국왕의 결정을 승인한 투표는 사우디 역사상 찬성률이 가장 높았다고 밝혔다.

그리고 "나는 왕실의 승인 투표에서 역사적으로 가장 높은 지지율을 얻는 기록을 세웠습니다. 그리고 그들은 투표에 참여한 것으로 그들의 역할은 끝난 것입니다"라고 덧붙였다.

한 달 후, 익명의 '사우디 소식통'은 《로이터》의 기자들에게 국왕이 MBN을 해임하기로 한 것은 "모르핀과 코카인 중독으로 그가 무력해졌기 때문"이라고 밝혔다.

그해 말, 그의 은행 계좌가 동결되었다.

다음 해 라마단 기간에는 그의 많은 재산이 몰수되었다.

나중에 MBN에 대한 규제가 완화되자 그가 가끔 가족 행사에 얼굴을 비치기도 했다. 하지만 그는 대부분 제다 해변에 있는 궁에서 머물렀다. 물론 그의 행동과 통화 기록은 실시간으로 감시되고 있었다. 그는 자기가 어떤 일을 겪었는지, MBS에 대해 어떤 감정이 있는지 한 번도 공개적으로 밝힌 적이 없다.

그가 왕세자 자리에서 쫓겨난 지 1년쯤 지났을 때 MBN의 아내를 방문했던 공주 한 사람이 내게 "그녀는 몹시 우울해하고 있어요. 죽고 싶답니다"라고 말했다.

14장
저널리스트

카슈끄지가 2015~2018년 사이에 매기 미첼 세일럼과 주고받은 왓츠앱 메시지는 미첼 세일럼에게서 직접 입수했다. 독자들이 쉽게 이해할 수 있도록 일부 메시지의 비문과 오탈자를 바로 잡았다.

왕자는 '비전 2030'을 출범시킨 후 기자들에게 여러분은 기자이니 필요하다고 느끼는 대로 기사를 쓰라고 말했다.

자말 카슈끄지는 왕자의 말을 명령으로 받아들여 그대로 따랐다. 그는 사우디에서 언론의 조명을 받는 인물에 대한 취재 규칙이 바뀌었다고 의심할 이유가 없었기 때문에 그저 그가 수십 년 동안 해 온 일을 수행했다. 그가 한 일이라고는 사우디 정부의 정책을 독자들에게 잘 전달하고 그 과정에서 수위를 한껏 낮춘 비평을 가하는 정도였다.

하지만 개인적으로는 왕자가 지향하는 새로운 방향에 대한 의구심이 있었다. 그는 '비전 2030'이 출범하기도 전인 2015년에 내게 자기 생각을 털어놓은 일이 있었다. 자기는 경제 다각화를 추구하고, 사우디 젊은이들을 노동시장으로 끌어들이고, 사회적 규제를 완화하는 데 동의한다는 것이었다. 사실 그는 몇 년 전부터 그런 변화를 촉구해 왔다. 그렇지만 그는 MBS가 정작 자신의 계획으로 인해 가장 크게 영향받는 국민의 의견을 허용하지는 않을 것 같다는 느낌을 받았다고 했다.

카슈끄지가 말을 이었다. "사우디는 민주주의가 없는 현대 국가가 되기를 원하지요. 그런데 그것이 가능하겠어요? 우리는 사우디 국민을 더 고용하기를 원해요. 우리는 번영을 원해요. 우리는 국민을 좀 더 즐겁게 만들 수 있는 시설을 원합니다. 그렇게 되면 국민이 사우디를 떠날 생각을 하겠어요? 그리고 중앙정부나 지방정부 모두 좀 더 생산적이 되기를 원하지만, 그런 곳에는 좀처럼 견제와 균형을 찾아보기 어려워요."

"MBS는 목표를 설정하고 자신이 세운 목표가 달성되었는지 점검하는 기업과 같은 행정을 펼치겠다고 하지 않았어요?" 그는 이 말을 마치고 내게 물었다. "그렇게 하면 앞으로 사우디가 나아질까요?"

사우디 뉴스 매체는 '비전 2030'을 숨 가쁠 정도로 홍보했지만 카슈끄지는 다른 방식으로 이에 접근했다. 그는 《알하이야트》에 게재한 일련의 칼럼에서 '사우디 국민의 비전 2030'이라고 이름 붙인 방식을 제안했다. 지금처럼 왕실이 주도하고 외국 컨설턴트들이 계획을 세우는 방식이 아니라 일상생활을 이어가는 국민의 관점에서 계획을 세우는 것으로 방향을 전환해야 한다고 제안한 것이다. 그는 나이가 60세에 가까워지다 보니 '삶의 질'에 초점을 맞춰 글을 쓰게 되었고, 그 글에 자기 가족의 경험이 자연스럽게 녹아들게 되었다. 그랬던 그로서는 '비전 2030'에 '삶의 질'이 강조되는 것이 반가울 수밖에 없었다.

그는 그가 생각했던 일을 시작했다. 그는 외국인 노동자가 너무 많아서 노동시장이 왜곡되었다고 주장하며 정부가 나서 사우디 국민에게 더 많은 일자리를 제공해야 한다고 요구했다. 그는 학교교육을 부모들이 참여하는 경쟁 체제로 전환해야 한다고 요구했다. 그러면서 쿠란에 언급되지 않았다는 이유로 공룡을 믿지 않는다는 여성 교사를 떠올렸다.

그는 정부가 적절한 의료를 제공한다면 왜 국민이 자기 가족이나 친척을 민간 병원에 입원시키려 들겠느냐고 물으면서 의료 서비스의 수준을 높일 것을 요구했다. 또한 도로에 사람이 걸어 다닐 수 있는 인도가 제대로 마련되어 있지 않은 것은 그만큼 도시계획이 형편없다는 것이라고 지적하며, 시 당국에 '보행인을 위한 인도'를 설치하라고 요구했다. 그는 주차장을 더 많이 설치하고, 주택단지와 상업 시설을 적절하게 배치하고, 축구장을 더 설치하고, 공원도 더 많이 설치하고, 나무도 더 많이 심으라고 요구했다.

카슈끄지가 제안한 것은 소박하지만 매력적이었으며 국민의 삶을 개선하기 위해 정부가 어렵지 않게 취할 수 있는 조치였다. 그의 요구를 읽은 사람 중 몇몇은 거기에 정치적 의도가 있다는 것을 눈치챘다. 그는 국민이 의사 결정에 참여할 수 있도록 문호를 개방하고 정보에 자유롭게 접근할 수 있도록 허용하라고 요구했다. 그는 이것이 지도층이 의도하는 목표를 달성하는 데 필요한 조치라고 설명했다. 모든 사람이 '부패는 나쁜 것'이라는 데 동의한다면 국민이 공금이 책임 있게 집행되는지 확인하겠다는 것을 막는 이유는 무엇인가? 실제로 그는 제다 시청에 도로포장 공사에 예산이 얼마나 쓰였는지, 어느 기업에서 공사를 수행했는지, 그리고 왜 인도를 50센티미터 높이로 만들었는지 묻곤 했다. 왜 시장은 매달 기자회견을 열어 그들이 계획하고 있는 것을 설명하지 않는가? 언론은 공무원들에게 책임을 묻고, 아울러 국민이 법정에 가지 않고도 불만을 제기할 수 있는 수단이 아닌가.

그는 칼럼에서 "만약 이런 시스템이 자리 잡는다면 그것이 언론의 혁명으로 이어질 것이고, 국민이 그 시스템을 신뢰할 것이며, 공무원들은 뉴스와 보도를 통해 도움받을 것입니다"라고 언급했다.

카슈끄지는 미국에서 대통령 선거운동이 벌어지는 동안 신문에 여러 칼럼을 발표했다. 트럼프가 대통령에 당선되자 카슈끄지는 그런 결과를 받아들이는 것이 힘들었다. 그는 내게 리야드의 어떤 인사가 버락 오바마와 만난 다음, 알라에게 백악관을 바꿔 달라고 요청한 모양이라고 농담을 던졌다.

"그리고 알라는 말 그대로 그의 기도에 응답했답니다"라고 그가 말했다.

하지만 카슈끄지는 무엇을 기대해야 할지 알 수가 없었다. 트럼프는 무슬림을 맹비난했고 사우디가 미국이 안보를 지켜주는 데 대한 대가를 지급해야 한다고 말했다. 하지만 트럼프가 사업가인 만큼 그가 사우디의 일자리 창출을 돕기 위해 경제협력을 늘릴 수도 있었다.

카슈끄지는 내게 "그는 이제 자신이 대통령이라는 것을 분명히 해야 해요. 그래야 우리가 그를 어떻게 다루어야 하는지 알 수 있을 겁니다"라고 말했다.

그는 사우디가 트럼프를 두려워할 것이 아니라 트럼프를 상대할 준비를 해야 한다는 칼럼을 실었다. 그는 미사여구에도 불구하고 트럼프가 이 지역에서 전쟁을 일으키거나, 미국에서 무슬림을 쫓아내거나, 사우디를 보호하는 것에 대한 대가를 요구할 가능성은 작다고 독자들을 안심시켰다. 그러나 그는 트럼프를 '걸프 국가들을 단순히 유정으로만 보는 극우 포퓰리스트'라고 불렀다. 하지만 사우디가 중동 지역에서 진정한 미국의 친구가 될 수 있고 트럼프에게 '사우디는 유정 이상의 존재'라는 인상을 줄 수 있다면 이런 상황은 오히려 사우디에 기회가 될 수도 있는 일이었다.

그를 다른 포럼에서 만났을 때는 이전과 달리 무뚝뚝했다. 그는 트위터에서 트럼프의 스타일을 비판했고, 워싱턴에서 열린 한 행사에서는 사우디가 트럼프 대통령이 당선되고 나서 후보일 때와 다르게 행동할 것으로 기대한다면 그것은 스스로를 속이는 일이라고 말했다. 말하자면 사우디가 앞으로 트럼프 행정부 때문에 놀라고 그들에게 모욕당할 각오를 해야 한다는 것이었다.

그의 비판적인 견해는 리야드에서 환영받지 못했다. 트럼프가 승리한 지 몇 주 후, 사우드 알 카타니라는 강력한 권한을 가진 MBS의 보좌관이 카슈끄지에게 전화를 걸어 그가 트위터에 글을 올리거나 기사를 쓰거나 언론에 의견을 발표하는 것이 금지되었다고 통보했다. 다른 사우디 언론인들이 그를 비난했다. 외교부는 성명을 내고 카슈끄지의 입장이 "사우디의 입장이 아닌 개인적 견해에 불과할 뿐"이라고 밝혔다.

이처럼 의견을 발표할 수 있는 모든 방법을 차단당한 것은 수십년 동안 사우디 정부의 견해를 독자에게 전달했던 한 남자에게 충격이 아닐 수 없었다. 그는 이전에 이슬람 혐오증에 대한 의구심을 표명한 일은 있었지만, 사우디를 비난해 문제가 된 일은 없었다.

카슈끄지는 오래된 미국인 친구 매기 미첼 세일럼에게 새로운 금지 조치 때문에 속상한 마음을 털어놓으려고 메시지를 보냈다.

카슈끄지: 트윗도 하지 말고 글도 쓰지 말고 외국 언론과 얘기도 하지 말라네요. 게다가 《오카즈》 신문의 한 작가는 나를 체포해 재판에 회부해야 한다고 주장했다는군요!!
미첼 세일럼: 뭐라고요?!?! 정말요?!? 말도 안 돼요!!!

그는 이틀 동안 트윗을 하지 않았지만, 그녀에게 상황을 악화시키지 않도록 조심해 달라고 부탁했다. 미첼 세일럼은 그러겠다고 했다. 하지만 워싱턴에 있는 친구들에게 카슈끄지가 왜 평소와 다르게 조용한지 궁금해하는 글을 트위터에 올려달라고 부탁했다.

> **카슈끄지:** 넵. 도움이 될지도 몰라요.
>
> **미첼 세일럼:** 임무 완료.

언론인 동료로서 작은 부탁을 건넨 것으로 시작된 그들의 관계는 시간이 지나면서 더욱 친밀해졌다.

몇 주 후 그는 다시 메시지를 보냈다.

> **카슈끄지:** 메리 크리스마스! 사랑스러운 당신 아이들에게도 인사 전해주세요. 휴일 잘 보내시고요.
>
> **미첼 세일럼:** 아! 마침 당신 생각하고 있었어요. 괜찮아요?
>
> **카슈끄지:** 난 괜찮아요. 좀 지루하고 걱정도 되네요.

아무 일도 할 수 없었던 카슈끄지는 수십 년 전 알제리에서 함께 민주화 운동에 헌신했던 오랜 친구 아잠 타미미를 보기 위해 런던으로 여행을 떠났다. 그들은 카슈끄지가 체포될 가능성이 있는지 함께 검토했다. 전에는 한 번도 해보지 않은 생각이었다. 타미미는 만약에 그런 일이 생기면 누구에게 전화해야 하는지 물었고 카슈끄지는 자기 아내 알라 나시프에게 전화하라고 대답했다. 하지만 아직 그런 일이 일어날 정도는 아니라고 생각한 카슈끄지는 제다로 돌아와 문제가 해결되기를 기다리며 숨죽여 지냈다.

하지만 그렇게 되지는 않았다.

2017년 2월이 되어서 그가 이끌기로 한 새로운 TV 채널인 《알 아랍》이 문을 열지 못할 것이 분명해지자 그는 대안을 찾기 시작했다.

> **카슈끄지:** 난 공식적인 실업자가 되었어요. 정말 별로예요.
> **미첼 세일럼:** 제가 어떻게 도와야 할지 모르겠네요. 방법이 생각
> 나면 제게 알려주세요.
> **카슈끄지:** 여러 가지 방법을 궁리하고 있어요. 사우디를 벗어날까
> 싶기도 하고. 입을 다물고 있어야 하고 항상 자유롭지 못할까 봐
> 걱정하려니 참 답답하네요.

미첼 세일럼은 카슈끄지에게 이전에 그를 후원했던 투르키 알 파이살 왕자나 알 왈리드 빈 탈랄 왕자에게 부탁해 보라고 권했다. 투르키 왕자는 카슈끄지가 런던 대사관과 워싱턴 대사관에서 일할 때 그의 상사였고, 알 왈리드 왕자는 그가 일하던 TV 채널에 후원한 일이 있었다. 그들이라면 카슈끄지를 싱크탱크 같은 곳에서 일하게 도와줄 수도 있기 때문이었다. 하지만 카슈끄지는 그들이 자신과 연결될 경우 해를 입지나 않을까 걱정스러워 그 권고를 받아들이지 않았다. 그는 해외로 나갈 생각으로 《알자지라》나 카타르 위성방송에 일자리를 알아보기로 했다.

> **카슈끄지:** 나는 글을 자유롭게 쓰고 싶어요. 내가 남아 있으면 그
> 런 일은 없을 거예요.

트럼프 대통령이 리야드를 방문한 후 카슈끄지의 상황은 더욱 악화되었다. 사우디 뉴스 매체와 소셜 미디어에 등장하는 저명인사들은 MBS의 위상이 날로 높아지는 것을 찬양하고 카타르 봉쇄 결정을 높이 평가했다. 다른 사우디 언론인들도 이 대열에 곧 동참할 것

으로 보였는데, 그들은 모두 카슈끄지만큼이나 인지도가 높은 이들이었다. 그는 그들이 벌이는 찬반양론을 마땅치 않게 여겨 거기에 끼어들지 않았다. 그러자 정부에서 일하는 그의 친구들은 그가 거기에 어울리지 않으면 여행을 금지당할 수도 있고 국내에 머물다 보면 체포될지도 모른다고 경고했다.

6월에 미첼 세일럼이 그에게 안부를 물어왔다.

카슈끄지: 좋지 않아요. 숨이 막힙니다.

미첼 세일럼: 당신을 도울 수 있었으면 좋겠어요.

카슈끄지: 여기는 멍청한 매카시즘이 휩쓸고 있어요. 모두 미쳐 돌아가요. 지금 신문 편집인이 아니라는 게 얼마나 다행인지 모르겠어요. 만약 그들이 하는 걸 지금 내가 하고 있었다면 무척 부끄러웠을 거예요.

미첼 세일럼: 나갈 수 있어요?

카슈끄지: 물론이죠. 그런데 뭣 때문에요? 당장은 자유롭게 여행할 수 있지만, 지금처럼 미쳐 돌아가는 걸 보면 그것도 장담하기 어렵네요.

그는 곧 미국으로 떠났다.

카슈끄지: 여보! 나 지금 미국으로 가는 길이에요. 집에 있으면 숨이 막혀요!! 1주일 정도 LA에 있을 거예요. 어쩌면 나중에 워싱턴으로 갈지도 몰라요. 일단 멀리 떠나 있을 수만 있다면 뭐라도 할 생각이에요. 돌아가는 꼴을 보니 무척 속상하네요.

그는 7월까지는 집에 가는 것이 위험하다고 생각했다.

무함마드 빈 살만

카슈끄지: 변호사와 얘기했어요. 여기 조금 더 있다가 런던으로 가야겠어요. 술이라도 마실 줄 알면 술집에라도 가겠는데. 인생을 계획해야 한다는 게 싫네요. 시가나 한 대 피워야겠어요. 안녕.

15장
파리대왕

사우드 알 카타니가 부상하는 과정을 파악하기 위해서 위키리크스가 공개한 해킹 팀의 메일 전체를 확인했다.

2012년 비트코인과 봇과 온라인 비디오게임에 관심이 있는 아마추어 해커이자 시인이 '해킹 팀'에 연락해 왔다. '해킹 팀'은 각국 정부에 휴대전화나 다른 장치를 해킹할 수 있는 장치를 판매하는 이탈리아 회사였다.

담당자 귀하, 우리는 통합 디스플레이를 구축하는 데 필요한 고도의 기술력과 권위를 갖춘 전문가를 찾고 있습니다. 통합 디스플레이 장비를 공급하고, 사용법을 설명하고, 사용자를 훈련시키는 일입니다. 이에 드는 비용을 준비해 우리를 방문해 주시기를 바랍니다. 우리는 사우디 정부가 운영하는 기관으로, 우리를 방문하는 데 드는 비용은 처음부터 끝까지 모두 우리가 지불합니다. 이를 준비하는 데 필요한 것이 무엇인지 우리에게 알려주십시오.
사우드로부터

계정 담당자는 질의를 보낸 곳이 정부 기관이라는 것을 확인해야 한다고 답변했다.

고객에게서 '사우디아라비아 왕실의 국왕 집무실'이라는 회신이 왔다.

회사는 이에 필요한 조치를 확보하고 나서 '해킹 팀' 기술자 두 명을 리야드로 보낼 준비를 했다. 이들을 초청한 측에서 그들이 '왕실 귀빈' 대접을 받을 것이라고 말했다.

몇 년 전, 같은 이메일 주소를 가진 사용자가 '해커 포럼'에서 유명해졌던 일이 있었다. '해커 포럼'은 사이버 범죄자나 한탕을 노리는 해커나 그들을 먹이로 삼으려는 사람들이 우글대는 온라인 모임이었다. 그는 6년 넘게 그곳에서 활동하면서 게시물을 수백 개 올리고 1만 달러가 넘는 금액을 기부해서 모임 관리자에게서 상을 받기도 했고, 위키에서 '가장 유명한 해커 포럼 이용자 중 하나'라고 언급되기도 했다. 그는 보안 감시 기술에 대해 자주 질문하고, 간단한 작업에도 적지 않은 비용을 지급하고, 특정한 주제에 대한 도움을 요청하면서 명성을 얻었다.

2014년 3월, 그는 목표로 삼은 장치에 접근해 이를 장악할 수 있는 원격 접속 프로그램인 '트로이목마'를 언급하며 "MAC PC를 감염시킬 방법이 있습니까?"라고 물었다.

그의 계좌 정보에는 거주지가 사우디로 되어 있었다.

사우드 알 카타니라는 이름을 가진 그는 MBS 휘하의 사람 중에서 가장 두렵고 힘 있는 보좌관 중 하나가 되었고, 결국에는 그의 아킬레스건이 되었다.

사우디 정부의 산하기관들은 2013년부터 '해킹 팀'을 상대해 왔다. 내무부와 국방부는 사우디 사람들을 훈련시키기 위해 기술자들을 리야드로 불러왔지만, 기술자들은 훈련 결과에 늘 불만스러워했다. 기술자 중 한 사람은 훈련 보고서에 참석자 대부분이 주의를 기울이지 않거나 직원답지 않게 행동했거나 아예 나타나지도 않았다고 언급했다.

"나는 그들 중 90퍼센트가 훈련생으로 적절하지 않다고 생각합니다"라고도 했다.

알 카타니는 온라인 세계에서 혹독하게 당하고 나서 사우디 해커들 사이에서 무적이 되었다. 알 카타니는 큰 부족 출신으로 법학으로 학위를 받기 전에 사우디 수도에서 최고의 학생이었다. 그는 사우디 공군에서 훈련받고 하사가 되었으며, 형법으로 석사 학위를 받았다. 그는 압둘라 국왕이 재위하던 2008년 왕실에 고용되어 언론 감시 업무를 담당했다.

그는 다음 해에 '해커 포럼'에 나타났는데 나타나자마자 해킹을 당했다. 그가 다른 사용자에게서 산 프로그램이 컴퓨터 시스템을 파괴하는 소프트웨어인 멀웨어였고, 바로 그 소프트웨어에 감염되었다. 그는 자기가 해커에게 해킹당했다는 것을 믿기 어려웠다.

그는 "그가 매우 좋은 사람이 같았고 믿을 만해 보였거든!!"이라고 말했다.

그 후로도 알 카타니는 자기에게 프로그램을 판 해커들에게 최소한 세 번이나 더 그런 일을 당했다. 그는 핫메일 계정을 되살리기 위해 150달러를 지불했고, 비트코인으로 3,000달러를 잃었다. 2015년에는 '해커 포럼'에서 함께 활동하는 누군가에게 해킹당하기도 했다. 그는 2주 후에 돌아와서 다른 멤버에게 자기 계정을 잘 지킬 수 있게 도와달라고 부탁했다.

그러면서 그의 기술은 향상되었다. 어느 날인가 그는 자기 핫메일 계정을 해킹할 수 있는 사람에게 500달러를 주겠다고 약속했지만, 그가 스스로 자기 계정을 해킹하는 데 성공하고는 곧 그 약속을 취소했다. 그로서는 의외의 일이기도 한데, 아무튼 그가 2010년 오바마 대통령을 '지구를 위한 진정한 인류의 지도자'라고 칭찬하는 글을 온라인에 올린 일이 있었다. 그리고 미국 대통령이 이란에 맞서기 위해서는 하드 파워, 소프트 파워, 스마트 파워를 막론하고 필요한 힘을 모두 사용해야 한다고 주장한 것이다. 이 글은 술에 취한 상태에서 올린 것인데, 그런 일이 세 번이나 있었다.

알 카타니는 게시판에 "나는 파티 중이고, 술에 취했고, 지금은 정말 행복해"라면서 "타킬라를 마시고 춤추러 갈 거야"라고 올렸다.

그는 매크로 기술에 관심이 많았다. 그는 그 기술로 유튜브나 페이스북 같은 소셜 미디어를 장악해 게시물 조회 수를 늘리고, 다른 사람의 트위터 계정을 막아놓고, 서버를 조작해 악성 프로그램을 심어놓고 싶어 했다.

그는 그 기술 때문에 2015년 살만 국왕이 즉위하고 MBS가 왕실을 인수하고 나서도 숙청되지 않고 살아남았다. 알 카타니가 부상하는 것을 지켜본 미국 관계자들에 따르면 그는 MBS가 정적이나 경쟁자들이 음모를 벌이지 않을까 두려워하는 것을 재빨리 알아차렸고, 그가 가진 불법적인 컴퓨터 기술이 승리하는 데 도움이 될 수 있다고 왕자를 설득했다는 것이다. 2015년 알 카타니는 장관급 왕실 보좌관으로 임명돼 언론사를 관장하게 되었다. 얼마 지나지 않아 그는 다시 '해킹 팀'을 찾았다. 그리고 왕실 이메일 주소로 '해킹 팀'의 CEO에게 직접 편지를 썼다.

데이비드, 우리 사우디 왕실의 미디어 감시분석센터(국왕 집무실)에서는 귀사의 명성과 전문성을 고려해 귀사와 생산적인 협력 관계를 맺고 장기적이고 전략적인 파트너십을 발전시키기를 희망합니다. 귀사가 제공하는 서비스의 전체 목록과 가격을 상세한 설명과 함께 가능한 한 빨리 보내주시기를 바랍니다.

계정 담당자는 회사에 비공개 동의서를 보내주면 업무 협의를 진행하겠다고 답변했다.

알 카타니가 "좋습니다. 기다리고 있었습니다. 내가 서명해서 보낼 테니 다음 단계로 넘어갑시다"라면서 "귀사가 보낸 비공개 동의서가 매우 전문적이어서 보안에 대해서는 걱정하지 않아도 될 것이라고 확신합니다"라고 답변을 마쳤다.

계정 담당자는 자기 상사에게 그가 지나치게 의심이 많아 보인다고 보고했다.

━━━━━━━✦━━━

알 카타니가 '해킹 팀'과 협력한 것은 왕실 미디어 연구센터의 책임자로 수행한 여러 사업 중 하나였다. 시간이 흐르면서 진부한 이름만큼이나 내용이 없던 조직이 명실상부한 제국으로 거듭났다. 이 센터는 알려진 것처럼 언론을 다루었다. 알 카타니는 MBS가 외국 언론과 인터뷰하는 것을 관장했으며, 종종 보도해야 할 것과 보도하지 말아야 할 것을 결정했다. 또한 MBS가 발언한 것을 잘 포장하기 위해서 보이지 않는 곳에서 여러 조치를 취했다. 국내외를 막론하고 MBS의 발언에 이의를 다는 사람들을 그냥 놔두지 않았다.

사우디는 민주국가였던 적은 없지만 정도가 덜한 독재국가에 가까웠다. 국민은 공공장소에서는 조심해야 하지만, 그들이 시위를 계획하는 시아파 무슬림이나 정부를 공격하려는 지하디스트가 아니라면 개인적으로 무슨 말이나 행동을 하든 정부에서는 별로 간여하지 않았다. 직접 왕실을 겨냥하거나 부패에 대해 너무 구체적으로 밝히지만 않는다면 신문에 비판 기사를 싣는 것도 별로 문제가 되지 않았다.

하지만 MBS가 실권을 잡으면서 분위기가 달라졌다. 그리고 그런 작업은 무함마드 빈 나예프 전 왕세자와 알 카타니 축출을 주도했던 전직 보안 요원 투르키 알 셰이크가 진두지휘했다. 사우디 주재 캐나다 대사였던 데니스 호락은 캐나다 정부 트위터에 투르키 알 셰이크와 알 카타니 두 사람을 '좋은 경찰과 나쁜 경찰이 아니라 더 나쁜 경찰과 덜 나쁜 경찰'이라고 표현했다가 2018년 추방되기도 했다.

MBS의 권력이 강해짐에 따라 그들의 세력도 커졌고, MBS가 왕세자가 되었을 때 알 카타니는 왕세자 휘하의 미디어 '차르(czar, 제정 러시아 때 황제의 칭호—옮긴이)'이자 가장 강력한 보호자로 올라섰다. 몇 년 지나지 않아 왕세자는 알 카타니를 수석 과학자로 임명해 사우디를 '새로운 종류의 권위주의적 전자 정부'라는 실험실로 만들었다.

당시 이 기술은 러시아에서 중국에 이르는 권위주의 정부가 국민의 삶을 엿보는 새로운 도구가 되었다. 이로 인해 반체제 인사를 추적하거나 유선전화를 도청하기 위해 더 이상 요원을 투입할 필요가 없게 되었고, 그 대신 강력한 기술로 국민의 통신기기에 침투해 이동을 추적하고 통신을 도청할 수 있게 되었다. 사우디는 자체적으로 기술을 개발할 만한 전문 지식이 부족했지만 대신 해외에서 제작된 최고의 기성 제품을 들여올 수 있는 현금이 있었다.

소셜 미디어가 확산되고 그것이 뉴스와 정보의 주요 출처가 되자 그들은 더 많은 기회를 얻게 되었다. 정부가 누군가 온라인에서 본 정보를 조작할 수 있다면, 누군가가 현실을 인식하는 것을 조작하는 것도 가능하다. 한 연구원은 이런 기술을 '선제적 사고 권위주의'라고 불렀다. 말하자면 '빅 브라더(Big Brother)'인 셈이다. 다만 소설에서처럼 국가가 국민을 거실에 몰아넣고 감시하는 것이 아니라 국민이 오히려 자기 주머니 안에 있는 휴대전화로 국가의 감시망을 끌어들인 것이다.

MBS는 이 기술이 얼마나 강력한지 알아차리고 이 기술을 적용하는 일을 알 카타니에게 위임했다. 그는 주로 트위터를 이용했다. 사우디에서는 소셜 미디어 중에 트위터가 가장 널리 이용되고 있었기 때문이다. 사우디에서는 자기 의사를 공개적으로 드러낼 수단이 별로 많지 않았다. 그렇기는 해도 국민 대다수는 휴대전화를 여러 대 갖고 있고 자유 시간도 많다. 그렇다 보니 유튜브 사용자가 세계 상위에 들어가기도 하고 트위터에서 논란이 되는 주제에 대한 토론도 많이 이루어졌다. 트위터가 일종의 마을 광장이 된 셈인데, 그곳에서는 대부분 자기 이름을 사용하지 않아 마치 가면을 쓴 사람들만 모여 있는 것 같았다.

트위터 팔로어가 100만 명이 넘는 위세를 자랑하는 알 카타니는 그곳의 주연으로 떠올랐다. 그는 그곳에서 자기 상사인 왕세자의 업적을 칭송했다. 적이라고 여길 만한 상대라면 외국 언론 기관이든, 이란이나 카타르이든, 심지어 왕세자의 결정에 충분히 협조적이지 않은 사우디 사람들에게까지 집중적으로 포화를 쏟아부었다. 알 카타니가 누군가를 공격하면 많은 사람이 이에 동조했는데, 동조자들이 목표물에 달려드는 모습 때문에 이를 비판하는 사람들은 그들을 '전자 파리 떼'로 여겼다. 그러다 보니 알 카타니를 비방하는

224
무함마드 빈 살만

사람들은 그를 '사우디의 스티브 배넌'이라고 하기도 하고 '파리대왕'이라고 부르기도 했다.

카타르 보이콧이 벌어지고 난 후 알 카타니는 열광적인 온라인 매카시즘을 주도하며 열기를 더했다. 그는 #The_Black_List라는 공식 해시태그를 알리면서 그의 팔로어들에게 이 해시태그를 사용해 달라고 요청했다.

그는 "사우디와 사우디 형제들은 한다면 합니다. 이것은 약속입니다"라는 글을 올렸다. "해시태그 #The_Black_List에 포함되어야 한다고 생각하는 모든 이름을 덧붙이십시오. 지금부터 그들을 분류하고 추적할 것입니다."

그는 그 목록에 있는 사람들은 처벌받거나 기소될 것이라고 말하면서, 가짜 이름 뒤에 숨어도 결국은 국가가 누군지 밝혀낼 것이므로 소용이 없을 것이라고 위협했다. 알 카타니는 자신이 누구에게서 권한을 위임받아 이렇게 행동하는지를 분명하게 밝혔다.

알 카타니는 "당신은 내가 아무 지시도 받지 않고 내 뜻대로 행동한다고 생각하나요?"라는 글을 올렸다. 그러면서 "나는 국왕 폐하와 충직한 왕세자 전하의 명을 받드는 신하이자 충직한 수행자입니다"라고 명령의 근원을 밝혔다.

그는 다양한 방법을 사용했다. 기성 언론에서 보도하는 기사를 통제하기 위해 왓츠앱으로 사우디 언론의 모든 편집인에게 다루어야 할 범위를 제시했다. 그는 비록 수백만 명이 트위터에 올린 주제라고 해도 트위터 계정 수백 개만으로도 분위기를 바꿀 수 있다는 것을 깨달았다. 그래서 그는 수많은 자동화된 계정이나 봇을 운영하는 것 외에도 리야드나 그 주변에 '트롤 농장'이라는 댓글 공장을 만들고, 그곳에 고용된 사우디 사람 수백 명을 감독했다. 그들은 대부분 소셜 미디어를 통해 채용되었는데, 채용된 후에야 업무 성격을 알게 되었다. 그들은 사우디에서 일어나는 온라인 활동을 감시하고, 비판적인 목소리 내는 사람들을 공격했으며, 온라인 대화를 특정한 방향으로 유도하고, 정부가 원하는 메시지 알리는 임무를 수행했다. 상근 직원으로 일한 그들은 한 달에 3,000달러 정도를 받았다.

이들은 매일 왓츠앱이나 텔레그램으로 업무 지시를 받았다. 이들은 예멘 전쟁이나 카타르 봉쇄 또는 여성의 권리를 주제로 대화를 시작하면서 친정부적인 해시태그를 퍼뜨렸다. 수위를 넘는 공격적인 대화가 올라올 때는 상부에 보고하고 즉시 트위터 계정을 중지시키기도 했다. 2018년까지 사우디에서 이런 조작이 너무 확대되다 보니 어느 것이 진짜 사람이 올린 것인지 구분하는 것조차 어려울 정도가 되었다. 그래서 어떤 연구원은 사우디 트위터를 '황무지'라고 부르기도 했다.

알 카타니가 가상의 세계만 목표로 삼았던 것은 아니다. 일부 비판을 받기도 했지만 현실 세계에서도 같은 행동을 했다. 2017년 투르키 알 로키라는 사우디 기자는 한 남성이 온라인에서 열차가 연착됐다고 불평한 뒤 체포됐다는 소식을 들었다. 이 정도 불평은 사우디에서도 그동안 아무런 문제가 되지 않았다. 그래서 알 로키 기자는 여러 차례 트윗을 올려 그 남성을 체포한 것을 비판했다.

알 카타니는 알 로키의 온라인 뉴스 매체에 전화를 걸어 트윗을 삭제하도록 지시하고 알 로키에게 자신의 계정이 해킹당한 것이라고 해명하고 국왕에게 사과문을 쓰라고 종용했다. 알 로키는 동료들이 위험을 당하지 않도록 사임하고 편지를 썼다. 하지만 알 카타니는 그에게 막 체포된 성직자를 비난하는 트위터 캠페인에 참여하라고 요구했다. 알 로키는 그의 요구를 받아들이지 않았다.

알 로키는 이번 사건과 관련해 온라인에 알 카타니에 대해 올린 글에서 "내가 우리나라 최고위직인 장관이나 보좌관에 대해 말하고 있는 것인가, 아니면 명예훼손과 해킹에 익숙한 10대에 대해 말하고 있는 것인가?"라고 물었다.

사우디 정부는 트위터 본사 내부로도 침투하려고 했다. 2015년 말, 서방 정보기관들은 트위터에 사우디가 반체제 계정 소유주에 대한 정보를 얻으려고 사우디 기술자를 양성하고 있다고 경고했다. 2013년부터 트위터에 근무한 알리 알 자바라는 그곳에서 IP주소와 전화번호와 사용자 식별 정보 같은 계정 정보에 접근할 수 있는 직급으로 승진했다.

트위터 본사는 알 자바라를 휴가 보낸 후 그 사건을 조사했지만 그가 민감한 자료를 사우디 정부에 전달했다는 증거를 찾지 못했다. 어쨌든 그는 해고되었고, 정부에서 일하기 위해 사우디로 돌아왔다.

그러는 동안 사우디는 온라인 분위기를 파악하기 위해 해외에서 전문가 집단을 초빙했다. 2015년 MBS가 전기와 수돗물에 지급하는 보조금을 줄이자 사용료가 급등했다. 이후 컨설팅 회사인 맥킨지가 그 조치가 어떻게 받아들여지고 있는지 조사해 9페이지 분량의 보고서를 작성했다. 보고서에서는 온라인 반응이 매우 부정적이라고 언급하면서 트위터 사용자 세 명이 그런 분위기를 주도하고 있다고 지적했다. 칼리드 알 카미라는 작가, 아흐메드라는 이름의 패러디 계정, 그리고 캐나다에 거주하는 사우디 반체제 인사 오마르 압둘아지즈였다. 보고서에서는 알 카미는 '보조금 축소와 관련한 여러 건의 부정적인 트윗'을 올렸으며, 압둘아지즈는 '보조금 축소 및 왕령과 관련한 다수의 트윗'을 올렸다고 언급하고 있었다.

2017년 중반에 알 카미는 체포되었고 패러디 계정은 삭제되었다. 사우디 사람들은 나중에 압둘아지즈를 따라 하려고 했다.

《뉴욕 타임스》에 있는 내 동료가 맥킨지에 보고서에 대해 물어보자 그들은 분노를 터트렸다.

그리고 이렇게 답변했다. "아무리 먼 곳의 일이라고는 하지만 그 보고서가 잘못 사용될 수 있다는 것만으로도 소름이 끼칩니다. 그것이 잘못 사용되었을 것이라는 증거를 보지는 못했지만, 그 보고서가 어떻게 누구와 공유되었는지 긴급히 조사하고 있습니다."

———————✦———————

살만이 국왕으로 즉위한 이듬해에 정부를 비판했던 사우디 왕자 세 명이 해외에서 납치되어 사우디로 돌아왔다. 살만 국왕이 즉위하고 1년 6개월 후에 타렉 오바이드라는 사우디 기업인이 테러 자금을 제공했다는 의혹으로 베이징 공항에서 내리다가 체포되었다. 그는 곧 풀려났는데, 나중에 중국에서는 사우디 정부가 오바이드를 소환하기 위해 자기들에게 가짜 정보를 제공했다는 것을 알게 되었다.

1년 후에는 잘 알려지지 않은 사우디 왕자가 모로코에서 체포되어 집으로 끌려왔다. 같은 달에 살렘 알 무자이니라는 사우디 사업가가 두바이에서 체포되어 사우디로 끌려온 후 그곳에서 혐의도 없이 수감되었다. 알 무자이니는 저명한 반체제 인사는 아니었지만, 스카이프라임이라는 개인 제트기 임대 서비스를 운영하고 있었다. 그가 운영하던 제트기 대부분은 폐위된 왕세자 무함마드 빈 나예프가 소유하고 있었다. 알 무자이니가 체포된 후 두 사람은 모두 회사의 지분을 잃었다.

MBS는 알 카타니에게 두 가지 권한을 부여했다. 가상 세계에서 사상을 통제하는 것이 그중 하나였고, 다른 하나는 현실 세계에서 반체제 인사들을 추적하는 것이었다. 중앙정보국의 평가에 따르면, MBS는 자기 아버지 통치 초기에 알 카타니와 그의 조직에 "국내외를 막론하고 반대자들을 목표로 삼으라. 경우에 따라서는 폭력도 허용한다"는 지시를 내렸다. 사우디 정보국은 해외에서 반체제 인사들을 본국으로 데려오라는 명령을 내리기는 하지만 그 방법을 설명하지는 않았다. 알 카타니가 휘하의 '신속개입그룹'이라는 작전팀이 이를 해결했다. 시간이 지나면서 이들은 해외에 체류하는 자국민을 감시하고 괴롭히고 납치했을 뿐만 아니라 그들을 구금하고, 때로는 MBS와 그의 아버지 궁 안에서 고문하기도 했다.

초기에는 팀원 대부분이 군 출신이었다. 알 카타니는 자기 상사인 왕세자가 국방부 장관을 겸임하고 있었기 때문에 그들을 원하는 대로 통제할 수 있었다. MBN이 왕세자와 내무부 장관에서 해임된 후 알 카타니는 MBN가 관할하던 정보부 요원까지 끌어와 인재 풀을 넓혔다. 그때로부터 그의 그룹이 비상하기 시작했다.

2017년 가을, 사우디 전역에서 체포 광풍이 일어 80명 가까운 인사가 잡혀 들어왔다. 이슬람형제단과 관련된 극단적인 보수주의자이자 이슬람주의자인 저명한 성직자들이 대부분이었다. 나머지는 몇 년 전에 정치 개혁을 요구했지만 그 이후로는 대부분 침묵했던 활동가들이거나, MBS와 그의 보좌관들을 어떤 식으로든 짜증나게 했던 사람들이었다. 한 사람은 아람코를 민영화하는 것이 현명한 일인지 의문을 제기했던 경제학자였다. 또 다른 사람은 카타르와 분쟁이 일어났을 때 거친 말을 하지 말라고 기자들에게 호소하던 시인이었다.

정부는 억류된 사람들의 이름을 공개하지 않았지만 관계 당국이 이들의 '외국 기관의 이익을 위한 정보활동'을 밝혀냈다면서 이 남성들이 "간첩 활동을 하고 무슬림형제단을 포함한 외부 단체와 접촉하고 있다"고 비난했다고 발표했다. 그중 어떤 사람들은 나중에 징역형을 받았고 다른 사람들은 기소되지도 않은 채 구금되어 고통을 받았다.

체포된 사람 중에는 살만 알 아우다라는 62세의 성직자도 있었다. 그는 오랫동안 사우디 종교계의 거인이었고 이슬람 세계에서 많은 추종자를 거느린 유명한 학자였다.

알 아우다는 젊은 시절에 극단주의자들의 견해를 지지했다. 그는 왕실의 종교적 정당성에 의문을 제기하고 개혁 요구에 참여한 혐의로 상당히 오래 감옥 생활을 했다. 하지만 그는 나이가 들면서 유연해졌다. 그의 책이 널리 읽히자 그는 TV와 유튜브에서 인기 있는 종교 프로그램을 진행했고 트위터 팔로어도 1,300만 명이 넘었다. 그의 많은 팬은 스냅챗에서도 그의 팔로어가 되었다. 알 아우다는 그곳에서 자신을 '대중의 성직자'로 규정하고 자상한 모습으로 일상생활에서 발견할 수 있는 밝은 이슬람 이야기를 올렸다. 그는 입헌군주제에 대해 호의적으로 언급했으며, 사우디 지도자들이 '아랍의 봄'과 같은 봉기를 다시 겪지 않도록 국민의 마음을 달래주기를 기대한다고도 언급했다. 카타르와 분쟁이 확대되자 알 아우다는 트위터에 이 지역 지도자들을 위한 기도문을 올렸다. "알라께서 그들이 다스리는 국민이 행복해지도록 그들의 마음을 조화시켜 주옵소서."

몇 시간 뒤 민간인 복장을 한 보안 요원들이 그의 집에 나타나 가족들에게 곧 돌려보내겠다고 말하며 그를 데려갔다.

그러나 그는 돌아오지 못했다.

며칠 후 교육학 교수인 그의 형이 트위터에서 자기 동생을 체포한 것을 비판했다.

"불행하게도 우리가 즐겨 따르던 지도자가 얼마나 큰 존재였는지 드러났습니다"라는 글을 올리고 몇 시간이 지나지 않아 그 역시 체포되었다.

MBS는 사우디에서 공개 토론에 적용할 기준을 재작성했다. 그 기준에서 논평과 비판의 허용 범위를 축소했는데, 이 때문에 기준을 따르지 않을 경우 치러야 할 대가는 이전보다 훨씬 더 커졌다. 사우드 알 카타니는 새로운 질서의 주요 집행자였고, 셰이크 알 아우다가 바로 그 새로운 질서의 본보기가 되었다. 알 카타니는 5년 전 팔로어가 160만 명에 이르렀다. 그때 트위터의 확산이 사우디 국민과 지도자들 사이에 의사소통 창구를 넓혔다고 찬사를 보낸 사람도 바로 알 카타니였다.

알 아우다는 "트위터에서 많은 사람이 현 상황에 대해 크게 좌절을 느끼고 또 그것을 받아들이지 않으려는 것으로 보입니다. 지배자와 피지배자 사이에는 뛰어넘을 수 없는 격차가 있고, 안보를 담당하는 사람들도 국민의 진정한 생각을 모릅니다. 이것은 정말 좋지 않습니다"라고 말했다.

그가 체포되었을 때 그의 팔로어는 1,000만 명이 넘었다. 1년 후, 사우디는 그가 대중의 불화를 부추기고, 통치자들을 무시하고, 샤리아법을 심각하게 위반한 '세상에 부패를 퍼뜨리는' 것을 포함한 37개 혐의로 재판에 회부되었다. 검사는 그에게 사형을 구형했다.

2017년 늦여름, 침묵을 강요당한 자말 카슈끄지 기자는 조국으로
돌아가는 문이 닫혀버리지나 않을까 하는 두려움을 안고 서글픈 마
음으로 워싱턴에 도착했다. 사우디 정부가 카슈끄지에게 기사 게재
를 금지하고 트위터 사용도 금지한 지 8개월이 지났다. 그동안 그
는 자신의 수백만 팔로어들에게 이전처럼 맹렬한 기세로 후속 기사
를 올릴 수 없었다. 그가 온라인에 접속하기만 하면 알 카타니가 지
휘하는 댓글 부대와 봇들이 악성 댓글로 도배를 해놨기 때문이었
다. 그로 인한 압박감 때문에 가족과의 관계는 물론 아내와의 관계
도 위협받아 그의 외로움은 점점 더 깊어졌다. 수십 년 동안 작가로
서 또 평론가로서 활동하는 데 익숙했던 그가 한순간에 모든 것을
박탈당한 국외자가 된 것이었다. 그는 그것을 견딜 수 없었다.

　워싱턴에서 우중충한 여름을 보내는 동안 그는 몇 년 전 사우디
대사관에서 근무할 때 샀던 여행 가방 두 개를 들고 타이슨스 코너

에 있는 콘도로 돌아왔다. 그는 우울감에 빠졌고 종종 눈물도 흘렸다. 자신의 나라가 아닌 남의 땅에서 앞으로 어떻게 살아야 할지 고민했다.

카슈끄지는 수년에 걸쳐 종교적, 정치적 견해의 폭을 넓히려고 애썼다. 그래서 종종 이념이 카멜레온처럼 바뀌는 것으로 보였고, 그러다 보니 그와 대화하는 누구나 그가 자기 의견에 동조하는 것처럼 느꼈다. 그는 자신을 동료 여행자처럼 여기는 무슬림형제단과 관계를 계속 유지하면서도 거기에 머물지 않고 아랍 세계와 튀르키예, 영국, 그리고 미국의 지식인들로 관계를 넓혀갔다. 그들 대부분이 세속주의자들이다 보니 카슈끄지 역시 그들과 어울리면서 시가도 피우고 와인도 즐겼다. 그는 가끔 젊은 시절을 떠올리며 웃음을 터뜨리기도 했다. 한 번은 아프가니스탄 전쟁 동안 페샤와르의 식당에서 있었던 일을 떠올리기도 했다. 그때 그와 함께 있었던 일행 중 한 명이 바에서 술을 마시고 있는 이교도 술꾼들과 섞이지 않으려고 허겁지겁 그들과의 사이를 커튼으로 막기도 했다.

그렇다고 그의 신심이 얕아진 것은 아니었다. 여느 무슬림처럼 기도 시간이 되면 기도하고 라마단이 되면 금식했다. 워싱턴에서는 기도할 때 바닥에 까는 작은 양탄자를 가지고 다녔고, 길을 떠나기 전에 기도하려고 그의 오랜 친구인 매기 미첼 세일럼의 사무실에 들르기도 했다.

미첼 세일럼은 미국 외교관이었으나 싱크탱크 보도 부문에서 일하기 위해 정부를 떠났다. 간혹 사우디 사람들을 위해 일하기도 했다. 그녀는 10년 반 전 어떤 행사에서 카슈끄지를 만났다. 그때 그의 이름을 정확하게 발음하기 위해 상당히 연습하기도 했다. 그들은 모두 중동에 열정을 갖고 있다는 공통점으로 가까워져서 수년간 연락을 유지하고 있었다.

카슈끄지가 워싱턴으로 돌아왔을 때 미첼 세일럼은 49세였다. 두 번 이혼했고 아이가 넷이 있었다. 그녀는 워싱턴에 있는 중동 인사들과 관련된 업무로 일정표가 빽빽했다. 그녀는 빈번한 저녁 약속으로 늘 바빴고, 중동 지역과 관련된 일을 했던 전직 관료나 유명 언론인을 거의 모두 아는 것 같았다. 그녀는 최근에 추방된 친구인 카슈끄지 때문에 걱정을 많이 하고 있었다. 그래서 그를 살피고 그의 정신적, 정서적 건강을 돌보는 것을 일과로 여겼다.

하지만 그들의 관계가 그렇게 단순한 것만은 아니었다. 미첼 세일럼이 사우디가 몇 달 전부터 적국으로 여기는 카타르를 위해 일하고 있었기 때문이다. 그렇다고 그녀가 등록된 카타르 로비스트는 아니었다. 그녀는 교육 문화 프로그램을 운영하는 국제 카타르 재단의 임원으로 일하고 있었다. 형태가 어찌 되었든 그녀가 사우디와 그 동맹국들의 보이콧에 맞서기 위해 언론을 동원했던 카타르로부터 돈을 받은 것은 사실이었다. 카슈끄지가 카타르에 고용된 미첼 세일럼과 만나는 것이 후일 카슈끄지를 비난하는 사람들에게 빌미를 준 격이 되었다.

여름이 가을로 바뀌어 가는데도 카슈끄지는 자기와 사우디 정부 사이의 관계가 어떻게 진전될지 짐작할 수가 없었다. 8월에는 사우디 정보부 장관이 그에게 전화를 걸어 MBS가 안부를 묻고 집으로 돌아오라고 했다는 소식을 전했다. 카슈끄지는 미국 장기 비자를 신청해 놓고 있어서 돌아갈 수 없다고 대답했다. 그러면서도 다시 글을 쓰기 시작해도 되는지 물었고 장관은 그렇다고 대답했다. 그래서 카슈끄지는 트위터를 통해 장관과 MBS에 감사를 표하며 9개월간의 공백기를 마무리했다.

그는 트위터에 "자유로운 펜이 부러지지 않기를, 트위터가 침묵하지 않기를"이라고 썼다.

장관은 카슈끄지에게 좀 더 긴밀하게 협력하자고 제안하면서 워싱턴에 있는 사우디 싱크탱크를 위해 최대 200만 달러 규모의 투자 요청서를 작성해 달라고 부탁했다. 그렇게 하면 리야드가 '긍정적인 역할과 이미지를 되찾는데' 도움이 될 것이라고 했다. 카슈끄지는 호기심을 느꼈고 아내의 도움을 얻어 제안서를 작성해 리야드로 보냈다.

하지만 그는 아직도 아침에 일어날 때마다 사우디 댓글 부대가 그를 반역자라거나 그의 피부가 하얗다는 이유로 진짜 사우디 사람이 아니라고 공격하는 댓글을 봐야 했다. 그들은 카슈끄지가 무슬림형제단을 지지하는 것처럼 보이는 발언을 했다며 비난했다. 카슈끄지는 2017년 9월 8일 《알하야트》에 게재한 〈나는 사우디 사람이다. 하지만 다르다〉라는 칼럼에서 사회가 발전하기 위해서는 '반대할 권리'가 필요하다고 주장했던 것이다.

그러나 그해 가을 MBS의 경제계획에 의문을 제기했던 경제학자이자 기업가인 에삼 알 자밀을 비롯한 자기 친구 여러 명이 체포되자 그의 인내심은 바닥을 드러냈다. 알 자밀은 체포되기 전에 사우디 대표단과 함께 워싱턴에 있었다. 분위기가 심상치 않다고 생각한 카슈끄지는 알 자밀에게 돌아가지 말라고 경고했지만 그는 돌아갔고, 도착하자마자 구금된 것이었다.

내가 그 사건에 대해 물어보자 카슈끄지는 화를 내며 구금된 인사들이 국가 반역 음모를 꾸미고 있다는 정부의 비난을 일축했다.

그는 "음모라니요. 터무니없는 말이에요. 그런 일은 없었습니다"라고 대답했다.

구금된 인사들은 그저 카타르에 대한 비난에 동참하지 않겠다는 의사를 공유했을 뿐이었다.

이어서 그는 "그들은 침묵을 지켰거나 정부가 카타르를 비난하는 대열에 동참하기를 거절했을 뿐입니다"라고 말했다.

카슈끄지가 그런 친구들과 가깝게 지낸다는 것이 그에게 어떤 의미가 있는지 더욱 분명해졌다.

그는 아잠 타미미에게 "이제 끝났어. 이젠 돌아갈 수 없겠어. 에삼에게 이런 짓을 한 사람들이 내게 무슨 짓인들 못 하겠어?"라고 말했다.

알고 보니 MBS는 그때 이미 카슈끄지를 골칫덩이로 여기고 있었다. 지난여름에 왕자는 보좌관에게 카슈끄지를 사우디로 유인할 수 없다면 사우디 요원이 그를 제3국으로 유인할 수 있지 않겠냐며 '준비'를 지시했던 것이다.

같은 해 9월, MBS는 알 카타니에게 카슈끄지의 영향력이 지나치게 커졌고 그가 왕세자의 이미지를 훼손하고 있다고 불평한 일이 있었다. 알 카타니는 그런 유명 인사를 압박하는 것이 오히려 문제를 키울 수 있다며 우려를 표명했지만, MBS는 외국에서 사우디 정부가 국민을 어떻게 다루는지 지켜보는 것에 신경 쓸 필요가 없다고 말했다. 아울러 그는 반쪽짜리 조치는 믿지도 않았다고 말했다.

얼마 지나지 않아 MBS의 또 다른 측근이 사우디 정부 소유의 TV 네트워크에 자리를 만들어 카슈끄지를 유인하면 어떻겠냐고 제안했다. MBS는 그 계획이 먹히겠냐면서 카슈끄지를 강제로 데려오라고 지시했다. 왕자는 그것도 어렵다면 '총알을 들고'서라도 카슈끄지를 쫓으라고 지시했다. (보좌관은 이런 지시가 있었다는 사실을 부인했다.)

왕자가 꼭 이런 말로 지시했는지는 분명하지 않다. 하지만 그의 보좌관들에게 보낸 메시지는 분명했다. 카슈끄지는 손 봐야 할 골칫덩이라는 것이다.

무함마드 빈 살만

카슈끄지가 워싱턴에 있다는 소문이 퍼지자 《워싱턴포스트》의 편집자가 그에게 체포에 대한 의견을 써달라고 요청했다. 그는 그 부탁을 받고 흥분을 느꼈다. 흥분을 느끼기는 미첼 세일럼도 마찬가지였다. 그녀는 그때 이미 카슈끄지가 미국에서 아랍을 대변할 수 있는 존경받는 언론인으로 자리 잡을 수 있도록 무대 뒤에서 돕고 있었다. 카슈끄지는 워싱턴에 익숙하지 않고 영어로 기사를 쓸 때마다 남을 의식했다. 그래서 그녀는 그때 다른 사람들이 알고 있었던 것보다 훨씬 다양한 방법으로 그를 도왔다. 그녀는 프로그래머에게 부탁해 카슈끄지의 글을 영어와 아랍어로 올릴 수 있는 웹사이트 jamalkhashoggi.com를 만들었다. 그리고 카슈끄지에게 그의 프로필 사진과 왕족들과 함께 찍은 사진을 같이 보내달라고 졸랐다. 왕족들과 함께 찍은 사진으로 그가 '오래전부터 신뢰할 수 있는 조언자'였다는 사실을 증명하려고 했던 것이다.

그들의 우정은 카타르와 사우디가 갈라선 때보다 10년이나 먼저 시작됐다. 그러나 MBS의 주도로 사우디가 이웃의 작은 왕국을 공격하는 상황에서는 규칙이 달라질 수밖에 없었고, 그래서 그들은 매사에 조심해야 했다.

미첼 세일럼은 카슈끄지에게 "웹사이트를 지문 없이 접속할 수 있도록 만들 거예요"라는 메시지를 보냈다. 그리고 "이것이 우리가 당신을 온라인에서 지원할 수 있는 한 가지 방법이 될 거예요"라고 말했다.

이후 그녀가 《뉴욕 타임스》 편집자에게 이메일을 보내 카슈끄지가 논평을 쓰게 해줄 수 있는지 알아보자 카슈끄지는 그녀에게 조심하라고 말했다.

카슈끄지: 우리 관계가 드러나지 않도록 조심해야 해요. 당신이 《뉴욕 타임스》에 메일을 보내면 그들이 구글 검색으로 당신이 카타르를 위해 일한다는 걸 알게 될 거예요! 다칠지도 몰라요. 전략적으로 접근해야 해요. 감정에 끌릴 것이 아니라.

미첼 세일럼은 사우디가 카슈끄지의 컴퓨터를 해킹할까 봐 걱정했다. 그래서 그녀는 그의 컴퓨터를 맥북으로 교체하면서 그가 사는 콘도에 도청 장치가 있으면 없애버리라고 했다.

카슈끄지: 아주 잘하고 있어요!!
미첼 세일럼: 그렇게 한가한 이야기 할 때가 아니에요!! 당신은 이미 리더예요. 당신을 골칫덩이로 찍은 건 사실이잖아요. 그러니 좀 진지하게 받아들이세요. 농담이 아니에요.

카슈끄지는 펄쩍 뛰었다. 그러면서 언젠가 저녁 식사 때 카슈끄지는 시가를 피우면서 MBS에게 자기 글에서 그에 대해 얼마나 좋게 표현해 줬는지 말할 날이 올 거라고 농담을 던졌다.

그리고 "MBS는 비열해요, 추악한 일을 저질렀어요"라고 말했다.

카슈끄지는 《워싱턴포스트》에 실릴 논평의 초고를 먼저 미첼 세일럼에게 보내 검토해 달라고 부탁했다.

9월 중순, 미첼 세일럼과 카슈끄지는 뉴욕에서 열린 미국 브루킹스-이슬람 세계 포럼에 참석했다. 이는 동해안 외교정책 담당자들을 위한 연례행사로 카타르가 공동 주최했다. 미첼 세일럼과 카슈

끄지, 그리고 몇몇 친구들이 뉴욕으로 가기 위해 미첼 세일럼의 폭스바겐 투아렉에 올랐다. 그들은 카슈끄지가 BBC와 전화 인터뷰를 할 수 있도록 잠깐 멈췄다가 주를 연결하는 95번 고속도로로 들어섰다. 그리고 아직도 게재가 확정되지 않은 《워싱턴포스트》에 올릴 그의 칼럼에 대해 이야기를 나눴다. 미첼 세일럼은 그에게 자신의 이야기를 좀 더 많이 쓰고 감정도 더 드러내라고 격려했다. 하지만 카슈끄지는 그녀의 말에 동의하지 않고 《워싱턴포스트》의 베테랑 외교 칼럼니스트인 데이비드 이그나티우스처럼 쓰고 싶다고 했다.

그녀는 카슈끄지에게 "당신은 데이비드 이그나티우스에게 없는 것을 가지고 있어요"라고 말했다. 이어서 "칼럼에 당신 이야기를 좀 더 넣어야 해요. 믿든지 말든지 독자들은 당신이 누군지도 모른다니까요"라고 말했다.

뉴욕에 도착해서야 그들은 카슈끄지가 워싱턴을 떠날 때 카키색 옷을 입고 운동화를 신고 농구 모자를 쓰고 있다는 것을 깨달았다. 행사에 어울리는 복장이 아니었던 것이다. 미첼 세일럼은 삭스 피프스 애비뉴로 가자고 했지만, 그들은 결국 멘즈 웨어하우스로 가기로 했다. 그곳에서 판매원이 이집트 사람이라는 것을 알아차린 카슈끄지는 그와 한참 동안 정치 이야기를 나누었다. 그곳에서 제품 하나를 정가로 구매하면 두 번째 제품은 할인해 주는 행사를 하고 있었지만 카슈끄지는 하나만 샀다.

그리고 "매기, 나는 미니멀리스트예요. 필요한 것 이상을 가져서는 안 됩니다"라고 말했다.

많은 사람이 포럼에서 카슈끄지를 환영했다. 그는 자신의 안부를 묻는 옛 친구와 마주치자 울음을 터뜨렸다. 그는 참석자 중 유일한 사우디 사람이었다. 많은 사람이 그와 그의 글을 알고 있었고 그가 워싱턴으로 온 사연도 알고 있었다. 그들은 카슈끄지에게 다가와 인사를 나누고 사우디에 대해서도 이야기를 나누었다. 사실 그런 이야기는 본국에서는 공격이 심해서 꺼낼 수도 없는 것이었는데 이곳에서는 긍정적인 관심을 끌고 있었다.

포럼이 열리는 동안, 《워싱턴포스트》는 〈사우디가 항상 이렇게 억압적인 것은 아니었습니다. 이제는 견딜 수가 없어요〉라는 그의 칼럼을 게재했다.

그는 "내가 겁 없이 자기 생각을 말하는 지식인들과 종교 지도자들이 겪는 두려움과 협박과 체포와 공개적인 수치심에 대해 말할 때, 내가 사우디에서 왔다고 말할 때, 여러분은 놀랐습니까?"라는 물음으로 칼럼을 시작했다. 그는 개혁을 주도하려는 MBS의 열망을 '우리나라 지도자와 반대되는 의견을 감히 표출하는 지식인과 종교 지도자'를 체포한 것과 비교했다.

그는 미첼 세일럼의 조언을 받아들여 자신의 이야기를 썼다. 국외로 탈출한 다른 사우디인 사람들과 대화하면서 그들이 '사우디 디아스포라의 핵심'이 될 수 있을지 염려하는 자신의 고통을 언급한 것이다. 그리고 MBS가 만든 '공포와 협박으로 가득 찬 분위기'는 "젊고 카리스마 있는 지도자가 경제성장에 박차를 가하고 우리 경제를 다양화하기 위해 오랫동안 기다려 온 개혁을 약속하는데" 불필요한 것이라고 했다. 그는 목소리를 내기로 한 자신의 결정을 설명했다.

"몇 년 전, 친구 몇 명이 체포되었을 때 고통스러웠습니다. 아무 말도 하지 않았습니다. 직업이나 자유를 잃고 싶지 않습니다. 내 가족을 걱정했습니다. 지금 나는 다른 길을 선택했습니다. 나는 집을 떠났고, 가족을 떠났으며, 직장도 떠났습니다. 그리고 지금 목소리를 높이고 있는 것입니다. 그렇게 하지 않는다면 감옥에서 고통받는 사람들을 배신하는 일이 될 것이기 때문입니다. 지금 많은 사람

무함마드 빈 살만

이 말할 수 없는 처지에 있지만, 나는 말할 수 있습니다. 사우디가 항상 지금처럼 그랬던 것은 아니라는 것을 알아주시기를 바랍니다. 우리 사우디 사람들은 더 나은 대우를 받을 자격이 있습니다."

이 칼럼은 카슈끄지가 지금까지 남긴 것 중에서 가장 기억에 남을 글이 되었다.

겨울이 다가오자 그는 친구들 때문에 바빠졌다. 친구들은 그를 저녁 식사와 행사에 초대해 사람들에게 소개했고, 그가 낙심하지 않게 하려고 애썼다. 하지만 그가 《워싱턴포스트》에 게재한 칼럼은 사우디에서 제대로 받아들여지지 않았다. 그가 제안한 싱크탱크가 깨졌고, 그의 결혼 생활도 막을 내렸다. 그의 거침없는 발언이 가족을 위험에 빠뜨릴 것이라고 경고했던 그의 아내 알라 나시프가 이혼을 요구한 것이다. 카슈끄지의 친구 대다수는 사우디 정부가 그녀를 그렇게 만들었다고 의심했다.

그는 TV 아랍 채널과 서구 채널에 고정 해설자로 복귀했고, 자기 생각과 관련 기사와 모국에서 일어난 반응으로 자기 트위터를 채웠다. 그는 자기가 관심을 가진 일에 몰두하면서 기분이 조금씩 나아졌다. 그는 워싱턴에 있는 사우디 사람들에게 잘 알려져 있었을 뿐 아니라 심지어 자기에게 긍정적인 정부 인사들과도 연락을 유지했다. 어느 날 그는 여권을 잃어버렸고, 여권을 재발급받기 위해 사우디 대사관에 가게 되었다. 그가 걱정된 미첼 세일럼은 그가 대사관에 들어갈 때나 나올 때 자기에게 메시지를 보내라고 말했다.

카슈끄지: 대사관 갈 시간이네요.

미첼 세일럼: 그래요. 그 망할 놈의 여권 꼭 받아와요.

몇 시간 뒤.

미첼 세일럼: 괜찮아요? 대사관에서 나오면 알려주세요.

카슈끄지: 잘 됐어요. 친절하게 대해주네요.

그는 이틀 후에 대사관을 찾았다. 그는 거기서 생각지도 않게 MBS의 동생인 칼리드 빈 살만 왕자를 만났다.

미첼 세일럼: 나오면 연락해요!

카슈끄지: 나왔어요.

미첼 세일럼: 이제 걱정 덜었네요!!

카슈끄지: 대사님도 만났어요. 멋진 분이더라고요.

미첼 세일럼: 스타워즈에 나오는 '죽음의 별' 선장 같은 모양이에 요. 고상해 보여도 결국은 당신을 해칠 사람들이잖아요. 감방에 갇힌 사람들은요? 그저 입 다물고 있으래요?

카슈끄지: 왜 모르겠어요. 아무튼 서로 속을 열어놓고 얘기했어요. 카타르와 무슬림형제단 이야기도 했어요.

며칠 뒤.

카슈끄지: 대사관에 갈 거예요.

미첼 세일럼: 알겠어요. 아무래도 당신한테 추적 장치를 붙여놔야 할까 봐요.

한 시간 반 뒤.

카슈끄지: 지금 대사관 밖에 있는데, 12시까지는 돌아올 거예요.
미첼 세일럼: 좋아요.

세 시간 뒤.

카슈끄지: 잘 끝났어요. 당신 사무실로 가고 있어요.

그러는 동안 카슈끄지는 한때 그의 집이었고, 이제 또 그렇게 될 것 같은 이 도시에 다시 익숙해지기 시작했다. 그리고 사우디에 있는 팔로어들에게 이 사실을 알렸다.

이집트계 미국인 친구인 모하메드 솔탄은 카슈끄지에게 그 지역에 있는 이슬람 공동체를 구경시켜 줬다. 그들은 금요일에는 서로 다른 모스크에서 기도했지만 늘 설교에 대해 이야기를 나눴다. 카슈끄지는 의회를 방문했을 때 그 건물 안에 종교에 상관없이 기도 드릴 수 있는 공간을 마련해 놓은 것을 보고 감동을 받았다.

그는 트위터에 자기 사진과 함께 "의회의 돔 천장 아래에 기도 공간이 있습니다"라는 글을 올렸다. "금요일인 오늘 그 안에서 기도했습니다. 역사가 가득한 이 웅장한 홀을 지나 이곳에서 일하는 사람들을 위한 기도실에 도착한다는 것은 큰 의미가 있는 일입니다."

그는 《워싱턴포스트》에 자신의 웃는 사진을 올렸다.

그리고 이런 글을 남겼다. "오늘 나는 《워싱턴포스트》 신문사를 방문해 편집팀과 다른 동료들을 만났습니다. 정기적으로 글을 써 달라는 그들의 초청에 감사드립니다. 그렇게 하겠습니다."

그의 칼럼이 줄을 이었다.

미첼 세일럼은 자기 아버지의 집에서 열리는 추수감사절에 카슈끄지를 초대했다. 다음 날 워싱턴에서 열리는 '프렌즈기빙' 행사에도 초대해 그를 바쁘게 만들었는데, 그것은 오래된 집을 원래 모습이 드러날 때까지 닦아내고 벌이는 뷔페식 파티였다. 주방은 손님들로 붐볐고, 줄지어 놓은 접시, 해바라기를 꽂은 유리 화병이 놓인 커다란 식탁, 여기저기 놓인 가을 조롱박까지. 거기에 촛불과 도자기와 레드 와인이 어우러졌다.

그 자리에 모인 손님들은 중동의 왕족도 아니었고 카슈끄지가 누군지 알아보지 못했지만 그는 휴일 분위기를 즐기며 어울리기 위해 노력했다. 칠면조가 나오자 그는 접시에 고기와 채소를 담고 자리를 차지하고 앉아서 먹기 시작했다. 그는 손님들이 테이블을 돌아다니며 자기가 감사하게 생각하는 것이 무엇인지 말하는 것을 보고 충격을 받았다.

다른 손님은 테이블 곁에 서서 흰 스웨터를 입고 안경을 통해 카메라를 쳐다보고 있는 카슈끄지의 사진을 찍었다. 다음 날 사우디 사람들이 그가 술이 놓여있는 테이블에서 식사했다고 온라인에서 공격했지만, 그는 아랑곳하지 않고 그날 밤 그가 경험한 것을 나누었다.

"오늘은 종교에 상관없이 모든 미국 사람이 기념하는 추수감사절입니다. 그 자리에서는 초대받은 모든 손님이 그해 자기를 감사하게 만든 일이 무엇인지 함께 나누는 전통이 있습니다. 내 차례가 되어서 '나는 자유를 얻었고 그래서 자유롭게 글을 쓸 수 있어 감사합니다'라고 말했습니다."

몇 주 후, 그는 사우디 대사관을 다시 찾았다.

카슈끄지: 지금 사우디 대사관으로 가고 있어요. 나올 때 연락할

게요.

미첼 세일럼: 하나님이 당신을 지켜주실 거예요!!

20분 후.

카슈끄지: 나왔어요.

17장

삶을 운전하다

2017년 10월에 '1990년 운전 시위'에 참여했던 여성 아홉 명을 인터뷰했다. 그중 두 명은 익명으로 인터뷰에 응했다.

2017년 9월 자주 연락하고 지내던 사우디 친구에게서 메시지를 받았다.

"오늘 밤 9시 30분 이후에 컴퓨터나 TV나 트위터 주변에 계세요" 라고 했다.

"힌트 좀 주시겠어요?"라고 물었다.

"저도 뭔가 있다는 것만 알아요. 뭐가 될지는 모르겠어요."

메시지를 받고 두 가지 가능성을 생각했다. 몇 주 동안 살만 국왕이 왕위에서 물러나고 무함마드 빈 살만이 새로운 사우디 국왕으로 즉위할 것이라는 추측이 난무했다. 다른 하나는 사우디에서 그동안 금지해 왔던 여성 운전을 허용한다는 것이었다. 그래서 나는 자리에 앉아 발표가 어떤 식으로 날지 예측해 두 가지 기사를 모두 작성했다. 작성한 두 가지 기사를 모두 《뉴욕 타임스》 시스템에 저장해 놓았다. 이어서 담당자들이 편집을 끝내고 언제든 게재할 수 있게 준비를 마쳤다. TV 앞에 앉아 발표를 기다렸다.

9시 30분쯤 되자 국영TV에서 2018년 6월부터 그동안 금지되었던 여성 운전을 허용한다고 발표했다.

그것은 오랫동안 세계에서 여성의 권리를 가장 심하게 제한해 왔던 사우디에서 분수령이 될 만한 사건이었다. 그동안 사우디 여성들은 기본권을 박탈당하고, 눈에 띄지 않아야 한다고 강요당하고, 그저 아이들을 데리고 다니며 음식이나 만드는 존재로 취급받아 왔다. 사실 여성 운전 금지는 아랍 전통에서 비롯된 것이다. 아랍에서는 여성을 억압해 놓고 그것을 '여성의 미덕'이라고, 여성을 지속적으로 억압하는 것을 '여성을 보호하는 행동'이자 '가문의 명예를 지키는 일'이라고 포장해 왔다. 이런 전통은 와하비즘과 만나면서 강화되었다. 그들로서는 죄를 조금이라도 덜 지으려면 의심스러울 때 엄격한 규칙을 따르는 게 최선이라고 생각했다. 여성을 집 밖으로 내보내서 혼전 성관계나 불륜을 저지를 가능성을 높이느니 차라리 집에 있게 하는 것이 더 낫다고 생각한 것이다. 마찬가지로 여성 운전을 허락해서 여성이 외간 남자와 어울릴 가능성이 높아진다면 그들로서는 당연히 여성을 집에 묶어놓는 것이 낫다고 생각한 것이다.

이런 태도는 여성의 모든 행동에 영향을 끼쳐 1960년대까지 많은 사람이 여자아이들을 학교에 보내는 것을 반대했다. 3대 파이살 국왕이 처음 여성 교육을 제안했을 때 성직자들은 그 계획에 반대해 전투를 벌일 정도였다. 그래서 여성 교육을 교육부가 아닌 성직자들이 통제하는 조건으로 그들의 동의를 얻었다. 리야드 북서쪽에 있는 부라이다에서는 첫 번째 여학교를 개교할 때 반대가 너무 격렬해서 학생들을 보호하기 위해 국왕이 무장 병력을 파견해야 했다.

사우디가 여성에게 적용한 규제는 다른 보수적인 아랍 국가의 여성들에게도 충격을 주었다. 1969년 유네스코의 수단 출신 컨설턴트가 사우디 여자아이들의 교육 상황을 조사하기 위해 사우디를 방문했다가 실상을 보고 당황할 정도였다.

컨설턴트는 보고서에서 "여성들에게 철의 장막이 드리워져 있습니다"라며 "리야드에서 남편, 오빠, 아버지, 아들 심지어 아주 어린 아들이라도 남성과 동행하지 않고 혼자 거리를 걷는 여성은 보지 못했습니다"라고 언급했다. 당시에는 공공장소에서 여성이 '정숙하지 못한 복장'이라고 여길 만한 옷차림으로 나타나면 종교 경찰이 막아서거나 심지어 '유명한 흰색 지팡이'로 때리기도 했다. 여성들은 낯선 남성과 마주치지 않으려고 쇼핑을 피했고, TV에서 요리 프로그램 말고는 여성을 찾아볼 수 없었다. 요리 프로그램에서조차 여성의 모습은 보여주지 않고 '요리하는 손'만 비췄다.

여성의 삶의 목표는 착하고 성실한 주부가 되는 것이었다.

컨설턴트는 "여성은 요리를 잘할 줄 알아야 하고 가능한 한 많은 아이를 낳을 수 있어야 합니다"라고 언급했다. 이어서 '방탕'을 막기 위해 일부다처제와 14세 정도에 불과한 소녀와의 결혼이 장려되었다고 언급했는데, '방탕'은 사우디에서 공개 처형을 당할 수 있는 범죄였다.

그런데도 컨설턴트는 여자아이들을 대상으로 한 교육 정책에 몇 가지 진전이 있었다고 언급했다. 1960년 인구가 700만 명에 달했던 사우디에는 여자 초등학교가 겨우 16곳, 학생이라고 해봐야 5,200명에 불과했다. 하지만 1969년에 학교는 350곳으로 학생 수는 11만 6,000명으로 늘었다. 컨설턴트는 학생들이 '지적이고 근면'했지만 학교생활은 '지루하고 단조롭다'고 표현했다. 교육 수준은 형편없었고, 질문과 토론도 다르지 않았으며, 오락이라는 것은 찾아볼 수 없었다고도 했다.

컨설턴트는 이어서 "이런 제도가 사우디 여학생들을 매우 심각한 지경에 몰아넣었고 어린 시절에 누려야 할 쾌활함과 즐거움을 빼앗아 갔습니다. 게임 시간을 만들어서 학교 분위기를 좀 더 밝게 만들려고 설득했지만, 그렇게 되기까지는 시간이 좀 더 걸릴 것 같습니다. 노래 부르는 것이나 음악 수업을 하는 것이나 소풍 가는 것 역시 마찬가지였습니다"라고 언급했다.

여학생들이 교육을 받기 시작하고 나서도 끔찍한 불상사가 일어났다. 2002년 메카의 한 여학교에서 불이 났는데, 여학생들이 몸을 다 가릴 수 있는 옷을 입지 않았다는 이유로 종교 경찰들이 밖으로 나오지 못하게 막아서 15명이 희생당한 일이 있었다. 이 비극적인 사고가 일어나자 압둘라 국왕은 성직자들이 맡았던 여학생 교육 관리 업무를 교육부로 이관했다.

2017년까지 많은 것이 바뀌었지만 특히 그중 여성 운전을 허용한 것은 사우디에서 일어난 여성 인권과 관련한 사건 중 가장 상징적인 사건으로 남아 있었다. 정부에서 여성 운전을 허용한 것은 사우디 자유주의자와 보수주의자 사이에서 일어난 문화 전쟁의 핵심적인 문제가 되었다. 자유주의자는 이 조치를 다른 제약을 완화하기 위한 첫 번째 단계로 보았다. 그러나 보수주의자는 이 조치가 견고한 댐에 균열을 일으켜 자유주의와 서구화와 세속주의 같은 풍조가 밀고 들어오게 할 것으로 보았다.

여성 운전 허용 발표가 난 후, 나는 27년 전에 여성 운전 금지령을 위반한 최초의 여성을 만나기 위해 사우디로 돌아왔다.

———————✦———————

MBS가 네 살 때이던 1990년, 이라크의 강자 사담 후세인이 쿠웨이트를 침공해 사우디를 공황에 빠뜨렸다. 많은 사람은 그가 쿠웨이트 다음으로 석유를 노리고 사우디를 침공할 것이라고 생각해 두려움에 떨었다. 그러다 보니 사우디로서는 미국의 개입을 요청할 수밖에 없었다. 하지만 성직자들로서는 이슬람의 성스러운 땅에 이교도를 들여놓는 것을 허용할 수 없는 일이었고, 사우디 정부는 성직자들에게 예외를 적용해 달라고 요청해야 했다. 사우디에 진주한 미군 병력 중에는 작업복 차림에 머리를 드러내고 군용차량을 운전하는 여군도 있었다.

몇몇 사우디 여성들이 이 상황에 주목했다.

이 당시 노라 알 가넴은 리야드의 한 여자 초등학교 교사로서 34세에 아이 넷을 둔 엄마였다. 그녀는 고등교육을 받은 직장 여성이었지만 활동가도 아니고 정치에도 관여하지도 않았다. 하지만 여성이 운전할 수 없는 이유를 들어본 일이 없었다.

그녀는 내게 "나는 우리 사우디 여성이 힘이 없다는 것을 절감했습니다. 우리는 이 나라에서 아무것도 가질 수 없었습니다. 우리를 가두어놨는데 무슨 일을 할 수 있었겠어요?"라고 했다.

그녀는 여성 몇 명을 다과회에 초대해 운전 금지 명령을 무시하자고 제안했다. 여성들은 다른 여성들을 만나 여러 차례 회의했다. 이 소식이 전해지자 운전 금지 명령으로 운전할 길이 막혔던 소수의 전문직 여성이 반향을 일으켰다.

그들 중 한 명인 마데하 알 라즈루시는 2013년 운전 시위 이후 내가 인터뷰했던 사진작가이자 정신분석학자였다. 그녀는 자기 친구들과 함께 시위 때 자기들을 따라오던 남자들에게 노란 장난감 차를 준 일도 있었다. 사우디 외교관의 딸인 그녀는 1960년대에 뉴욕에 살면서 미국 여성해방 활동가들을 가까이에서 볼 수 있었다. 그녀는 활동가들의 주장에 공감했으면서도 어린 나이에 결혼할 수밖에 없었다. 그렇지 않으면 그녀의 아버지가 그녀를 집 밖으로 내

보내지 않을 것이기 때문이었다. 그녀는 사우디에서 매우 제한적인 삶을 살아야 했다. 사진작가로 일했지만 그녀의 남성 동료들이 누리는 당연한 권리를 그녀는 누릴 수 없었다.

그녀는 "내 남성 동료들은 스튜디오를 열고 큰 프로젝트를 할 수 있었지만 나는 그렇게 할 수 없었습니다. 좌절하는 게 당연했지요"라고 했다.

이 중 또 다른 여성인 파지야 알 바르크는 최근 런던대학교에서 교육학 박사 학위를 마치고 리야드대학교의 조교수로 임명되었다. 그녀 역시 자신이 갇혀있다고 느낄 수밖에 없었다. 그녀의 남편은 다른 도시에서 근무하고 있었고 외국인 운전기사는 전쟁 때문에 돌아갔다. 그녀는 영국 운전면허증이 있었지만 어쩔 수 없이 두 아이와 꼼짝없이 집에 갇혀있게 되었다.

노라가 알 바르크에게 "무슨 일이 생기면 어떻게 해요?"라고 물었다. 그러자 그녀는 "그렇지 않아도 화나 있던 참인데 회의에 초대받았어요"라고 대답했다.

여성들은 시위 날짜와 시간을 잡아 훗날 국왕이 된 당시 리야드 주지사 살만 왕자에게 자신들의 계획을 알리는 서한을 보냈다. 하지만 아무런 답변이 없었다. 순진하게도 여성들은 답변이 없는 것을 허락한 것으로 해석했다.

1990년 11월 6일 해 질 무렵, 여성 47명이 슈퍼마켓 주차장에서 여성이 운전하는 승용차 12대에 나눠 타고 도로로 나섰다. 그중 몇 명은 오빠나 남편이 끌어내렸지만, 나머지는 가족의 반대에도 아랑곳하지 않았다. 당시에는 여성 운전을 명시적으로 금지하는 법이 없었고 단지 관습에 지나지 않았는데, 당국에서는 이를 근거로 여성 운전을 금지한 것이었다. 시위 주최 측에서는 외국 운전면허증이 있는 여성만 운전하도록 계획했다. 그러다 보니 정부가 법을 어겼다고 여성을 고발할 명분이 없게 되었다.

여성 운전 시위를 백인에게 자리를 내어주라는 버스 운전기사의 요구를 거절해 인종차별에 저항했던 로저 파크스의 몽고메리 버스 보이콧에 비교한다면, 시위에 참여한 여성들은 여성 권리 운동을 선도한 엘리자베스 캐디 스탠턴에 비교할 수 있을 것이다. 시위에 참여한 여성 대부분은 엘리트 가정 출신으로 해외에서 교육받았고, 그곳에서 사우디와 같은 제약을 받지 않고 사는 것에 익숙했으며, 운전도 배웠다. 또한 교사나 관리자나 대학교수와 같은 직업을 가진 전문직 종사자였다. 한 명은 사회복지사였고 또 다른 한 명은 치과의사였다. 대부분은 어머니였으며 그중에는 모유를 수유하는 이도 있었고 임산부도 있었다. 한 여성은 시위가 시작되었다는 소식을 듣고 두 딸과 함께 차를 몰고 시위에 참여했다. 모든 여성이 머리를 가렸고 몇몇은 얼굴도 가렸다. 주최 측은 결혼하는데 지장을 받을까 봐 미혼여성이 참여하는 것을 말렸지만, 그래도 그중 몇몇은 참가했다.

여성이 운전하는 시위 차량은 리야드를 한 바퀴 돌 동안에는 거의 주목을 끌지 못했다. 결국 경찰이 그들을 끌어내렸고 시위대는 혼란에 빠졌다. 경찰이 운전하던 여성에게 쿠웨이트에서 왔느냐, 어디서 운전했느냐 묻자 시위에 참여한 여성들은 아니라고 분명하게 대답했다. 우리는 사우디 사람이고 체포될 각오가 되어있다고 말했다. 소셜 미디어도 없었던 당시로서는 정부가 통제하는 신문에 보도되고 주목을 끌기 위해서는 체포되는 것이 가장 효과적인 방법이라고 주최 측이 계산한 것이다.

종교 경찰이 그들과 함께 단속을 벌이던 자원봉사자들을 데리고 나타나자 상황은 더욱 긴박해졌다. 여성 운전이 경찰이 처리해야 할 교통 법규 위반인지 성직자들이 처리해야 할 도덕 위반인지를 놓고 공방이 벌어졌다. 보수층은 여성들의 행동이 그들을 대단히 화나게 했다는 것을 강조했고, 일부는 차를 에워싸고 창문을 두드리며 여성들을 모욕했다. 교육학 교수인 알 바크르는 그날을 생각하면 샌들 신은 남자가 주변을 뛰어다니며 비명을 지르는 모습만 떠올렸다.

그녀는 그가 "너희 모두를 구덩이에 파묻어 버리겠어"라고 소리쳤다면서 "그들은 우리가 이 나라를 파괴할 것이라고 생각했던 모양이에요"라고 말을 맺었다.

참가자 중 한 사람인 모레나 알 나헤드는 "그들이 정말 화가 났던 건 우리 태도였지요. 우리는 그들이 뭐라고 하든 상관하지 않았거든요"라고 회상했다. 그녀는 몇 년 후 "그것이 내 인생의 절정기였다"는 생각이 들었다고 했다.

시간이 지나자 이 문제를 성직자가 아니라 경찰이 처리하도록 했는데, 여성 중 몇몇은 그것이 여성의 안전을 걱정한 살만 왕자의 배려였다고 말하기도 했다. 경찰서에서 여성들은 나뉘어 심문받았다. 경찰은 누가 주도한 것인지, 외국에서 지원을 받았는지, 사담 후세인이 사우디를 어지럽힐 생각으로 그들을 도와준 것은 아닌지 물었다.

그들은 아니라고 말했다. 단지 운전을 했을 뿐이라고.

여성들은 집안 남성들이 여성이 다시는 운전하지 못하도록 하겠다는 각서를 쓰고 날이 밝을 때가 되어서야 풀려났다. 몇 시간 동안 별다른 일은 일어나지 않았다.

공격은 그 후에 일어났다.

한 참가자는 집으로 가서 옷을 갈아입고 그녀가 일하는 학교로 갔는데 그곳에서 동료들이 어떤 여성에 대해 험담하는 것을 우연히 들었다. 여성 여러 명이 외출할 때 반드시 입어야 하는 아바야를 불태우고 비키니 차림으로 길거리에서 춤을 추었다고 했다.

아스마 알 라부디는 그 상황을 기억하며 "충격이었어요. 그 문제를 그런 식으로 비방하면 안 되지요"라고 말했다.

사우디 보수주의자들의 공격은 더욱 확대되어 갔다. TV 방송과 라디오 방송, 그리고 금요 예배 설교를 통해서 여성들을 사회를 심각하게 위협하는 존재로 헐뜯었다. 시위에 참여한 여성들의 명단에 '낙오된 여성'이니 '악의 화신'이니 하는 이름을 붙여 내돌렸다. 국왕은 시위에 참여한 여성들을 직장에서 배제했으며, 여성들은 부족이나 친척에게 비난을 받았다.

다과회를 주최했던 알 가넴은 자신이야 감옥이라도 갈 각오로 시작한 것이었지만 이처럼 사회적으로 비난받을 것이라고는 예상하지 못했다고 했다.

그녀는 "당시 사우디 사회는 고단하고 사납고 야만적이었어요"라고 회고했다.

사진작가 알 라즈루시가 석방된 후 내무부 요원들은 그녀가 15년 동안 작업한 모든 네거티브 필름을 압수해 소각하기 위해 그녀의 집에 찾아왔다.

그녀는 "나는 프리랜서였기 때문에 그렇게밖에는 저를 처벌할 방법이 없어서 그랬을 겁니다"라고 말했다.

알 나헤드는 대학 조교수직에서 해고되었다. 그녀의 아버지는 근처 모스크에서 이맘이 시위에 참여한 여성들이 남성 10명에게서 정자를 받았다는 말을 들은 후 그곳에서 기도하는 것을 그만두었다.

이처럼 이 문제에 대한 공격은 너무 가혹했다. 그 후로도 수년 동안 이 문제는 수면 아래로 숨어들었다.

알 나헤드는 "운전한 여성들에게 매우 큰 타격이었지요. 실제로 사회에서도 그렇게 받아들여졌습니다. 10년 동안 아무런 말도 아무런 행동도 할 수 없었으니까요"라고 말했다.

몇 년 후, 한 공주가 파드 국왕에게 선처를 요청해 여성 대부분이 복직할 수 있었고 밀린 임금의 일부도 받게 되었다. 시간이 지나면서 몇몇 여성들은 해외로 진학하거나 가정을 꾸리고 일상생활에 집중했다. 다른 여성들은 여자아이들부터 성인 여성까지 도울 수 있는 교육이나 사회사업 분야에서 일하기도 했다. 하지만 그들에게 씌워진 '운전자'라는 오명은 그들이 승진과 같은 당연히 누려야 할 권리를 누리지 못하게 만들었다. 시위가 끝나고 나서 한동안 시위가 일어난 날을 기념해 만나 그때 일을 기억하곤 했지만, 몇 년 후에 그마저도 중단되었다.

운전 금지 명령은 그대로 살아있었지만, 사우디는 서서히 바뀌기 시작했다. 멀리 떨어진 지역에서도 고등교육을 위한 대학이 세워지기 시작했고, 입학하는 남학생과 여학생이 모두 늘어났다. 2005년 압둘라 국왕은 여성을 포함한 사우디 젊은이 수십만 명이 미국, 영국, 프랑스, 중국, 일본을 비롯한 여러 나라에서 공부할 수 있도록 장학 사업을 시작했다. 많은 사람이 여성의 역할에 새로운 기대를 걸고 돌아왔다. 압둘라 국왕은 국왕 자문기관인 슈라위원회에 여성 의원을 임명했다. 위성TV가 확산되면서 많은 사우디 사람이 그동안 여성의 역할이 남성에 비해 얼마나 기울어졌는지 알게 되었다. 소셜 미디어와 인터넷이 확산되면서 사우디 사람들은 그동안 성직자들이 독점해 오던 종교적 해석에서 벗어나 좀 더 개방적인 사회에서 활동하는 성직자들의 해석을 접할 수 있게 되었다.

압둘라 국왕은 또한 여성들이 소매업과 같이 금지된 직종에서 일할 수 있도록 규정을 바꿨다. 그러자 여성들이 직장까지 가는 데 필요한 교통편을 어떻게 마련할 것인가 하는 문제가 대두되었다. 많은 여성이 월급의 상당 부분을 운전기사에게 지급해야 했기 때문이다. 여성 운전을 허용하면 그 비용을 대폭 줄일 수 있는 일이었다.

젊은 활동가들이 다시 앞장섰다. 2011년 사우디 아람코에서 일하던 마날 알 샤리프는 여성 운전 금지에 실망했던 나머지 자기가 운전하는 동영상을 유튜브에 올렸다. 비록 그녀는 감옥에 갇히고 언론에 조롱당하기는 했지만, 그녀 때문에 그 문제가 다시 살아났다. 그리고 내가 사우디를 처음 방문했던 2014년, 루자인 알 하틀룰은 사우디에서 아랍에미리트까지 차를 운전한 혐의로 73일 동안 수감되었다. 그녀는 1년 전에 아버지가 공항에서 집까지 운전하는 그녀의 모습을 촬영해 유명해졌다. 그녀 역시 보수주의자들의 공격을 받았다.

1990년대 여성 운전 시위를 벌였던 여성들은 이번 시위에서는 아무런 역할을 하지는 않았지만 동생들을 칭찬했다. 사진작가인 알 라즈루시는 알 하틀룰이 수감된 것을 돌파구라고 불렀다.

알 라즈루시는 내게 "그녀가 수감된 동안 우리는 매일 밤잠을 잘 수 없었습니다. 하지만 마음속으로는 마침내 우리 주장이 중요하게 받아들여진 것만으로도 큰 진전이라고 생각했습니다"라고 털어놓았다.

이러는 동안 여성들은 다른 분야에서 발전을 이루어 가고 있었다. 2015년 그들은 처음으로 투표권을 얻었으며, 시의회 선거에 출마할 수 있었고, 그중 일부는 당선되기도 했다. 2017년 그동안 운동이 여성성을 해칠 수 있다는 이유로 여학교에서 운동을 못 하게 만든 성직자들의 주장을 무시하고 체육 수업을 시작했다.

여성 운전을 허용한다는 결정이 발표된 날 밤, 17년 전에 시위를 선동했던 알 가넴은 축하 전화가 쏟아져 들어올 때 언니와 카드놀

이를 하고 있었다. 그녀는 남편이 축하한다고 외치는 소리를 들으며 전화를 받았다.

1주일 후에 그녀를 만났을 때 그녀는 여전히 의기양양했다.

그녀는 내게 "우리가 오늘 보고 있는 모습을 내가 볼 수 있을 거라고는 생각하지 않았어요. 아마 죽기 전에는 못 볼 거라고 생각했거든요. 우리 딸이나 손녀 세대에게 얼마나 다행한 일인지 모르겠어요"라고 말하며 "중요한 건 사우디가 드디어 21세기에 들어섰다는 것이지요"라고 말했다.

사우디 정부는 여성 운전 허용 결정으로 정부 홍보에 긍정적인 효과가 일어날 것으로 기대했다. MBS의 동생이자 미국 주재 사우디 대사는 이례적으로 기자회견을 열었지만, 왜 그렇게 오랫동안 여성 운전을 금지했느냐는 질문에는 답변하지 않았다.

그는 그저 "올바른 일을 하는데 적절하지 않은 시간이란 없습니다"라고 대답했다.

하지만 사우디 정부는 이 결정을 여성 시위의 공으로 돌리고 싶어 하지 않았다. 그래서 여성 운전이 허용되었는데도 시위에 참여했던 여성들은 공식적으로는 아무런 인사도 받지 못했다. 정부 명령에 최초로 저항한 여성에 대한 기념비를 기대할 수 없는 것도 너무나 당연한 일이었다. 정부 당국자들은 시종일관 이 결정에 여성은 아무 역할을 하지 않은 것으로 만들고 싶어 했다.

한 왕자는 트위터에 "여성들은 자신들이 요청한 법적 권리를 쟁취해서 기뻐하는 것은 너무나 당연한 일입니다"라는 글을 올렸다. 그러니 변화를 여성들의 행동 덕분으로 돌리는 것은 아주 '환상적인 일'이었다.

하지만 정작 여성들은 거기에 신경 쓰지 않았다.

알 가넴은 "정부 당국자들도 잘 알지요. 하지만 인정하고 싶어 하지 않습니다"라고 말했다.

———————

처음에 일어났던 시위는 이후 여성들의 삶을 바꾸어 놓았다. 알 라즈루시는 여전히 리야드에서 정신분석학자와 사진작가로 일하고 있었다. 내가 그녀를 방문했을 때 그녀는 사우디 여러 곳에서 입수한 '여성의 모습이 들어있는 암각화' 사진첩을 보여줬다. 그녀 나름대로 이미 오래전부터 아라비아반도에서 여성이 활동했다는 것을 증명하는 방식이었다. 그녀는 학대받는 여성들과 여자아이들을 위한 보호소를 열기 위해 다른 여성들과 함께 일하고 있었다.

알 나헤드는 대학에서 쫓겨난 후 국제개발 분야에서 성공적인 경력을 쌓아가고 있었다. 이제 할머니가 된 그녀는 페미니즘을 이론이 아닌 행동으로 접근하는 사우디 젊은 여성들에게 좋은 인상을 남겼다.

그녀는 내게 이런 말을 남겼다. "사우디 여성들은 이제 자기가 얻을 수 있는 것과 전문인으로서의 자기 자리를 지키기 위해 어떻게 싸워야 하는지에 집중하고 있습니다. 사우디 여성들은 마치 이민자들과 소수 민족이 서구 사회에서 행동하는 방식으로 행동합니다. 그들은 자신을 발전시키기 위해서 일치단결하고 있을 뿐 아니라 온전히 하나가 되어가고 있습니다."

학교에서 동료들이 험담하는 것을 들었던 알 라부디를 방문했을 때, 그녀는 여학교에서 사회복지사로 수십 년을 보낸 후 은퇴한 상태였다. 그녀는 그동안 문화와 문학에 관심을 두었으며, 사우디 신문과 인터뷰도 하고 리야드 도서전에서 첫 여성 아나운서가 되기도 했다. 관객들이 확성기를 통해 처음 그녀의 목소리를 들었을 때 충격받았지만, 그들도 곧 익숙해졌다고 했다.

그녀의 수수한 거실 찻상 위 그릇에 허쉬 초콜릿이 놓여있었다. 그녀는 내게 시위가 있던 날 무슨 일이 일어날지도 모른 채 가방에 허쉬 초콜릿 세 봉지를 넣었다고 했다. 그리고 여성들이 경찰서에 잡혀 들어가 경찰 당국이 자기들의 운명을 결정하고 있는 동안 그녀가 그곳에 있는 여성들에게 그 초콜릿을 나눠 주었다고 했다. 그녀는 그것을 아껴먹던 기억을 떠올리며 웃었다. 그 후로 그녀는 허쉬 초콜릿을 늘 가까이에 두고 있었다.

다른 여성들과 마찬가지로, 그녀도 운전 금지로 잃어버린 세월을 아쉬워했다. 그녀는 살림이 넉넉하지 않아서 남편과 떨어져 지내야 했고, 한때 그녀의 아이들을 키우기 위해 직업을 세 개나 갖고 있었다. 그러다 보니 운전기사에게 지불한 돈이 엄청나 돈은 금방 바닥을 드러냈다. 그녀는 여성 운전을 허용하는 것이 여성의 삶을 급격하게 변화시킬 것이라고 말했다.

알 라부디는 "나는 차를 운전하고 차는 여전히 차로 남아 있지만, 내가 운전한다는 말은 내가 어디로 가는지, 언제 돌아오는지, 무엇을 하고 있는지 알고 있다는 것을 의미합니다"라고 말했다. 그리고 "그것은 단순히 차를 운전하는 것이 아니라, 삶을 운전하는 것입니다"라고 말을 맺었다.

18장
왕세자를 위한 홀로그램 I

2017년 9월 버진 레코드를 설립해 음반 판매, 항공사, 호텔 체인, 민간 우주여행을 아우르는 비즈니스 제국을 구축한 영국 기업가 리처드 브랜슨이 사우디를 방문했다. 그곳은 사우디가 옹호하는 가치에 어울리지 않는 로큰롤과 서구 대중문화에 젖어있는 엉클어진 머리칼의 스타가 갈 만한 곳이 아니었다. 하지만 브랜슨은 며칠 여행을 다니는 동안 놀랄 만한 일을 여럿 경험했다.

그는 서쪽 지역에 있는 사막에서 이슬람 이전 문명 시대의 암각화가 그려진 큰 바위로 된 무덤을 돌아보고는 버진에서 만든 열기구를 이용하면 이 장관을 제대로 볼 수 있을 것이라고 제안했다. 주황색 티셔츠와 카키색 옷을 입고 머리에는 사우디 남성들이 쓰는 붉은색 체크무늬 슈막을 쓰고 복원해 놓은 기관차 옆에서 사진도 찍었다. 그 기관차는 그의 어린 시절 영웅이었던 아라비아의 로렌스가 폭파한 것이라고 했다.

헬기가 그를 사우디 홍해 해안으로 실어 날랐다. 그는 홍해 푸른 물에 매혹되어 착륙하기도 전에 수영복만 남기고 모두 벗어버렸다. 그곳에서 아무도 손대지 않은 것 같은 일렬로 늘어선 50여 개 섬으로 이루어진 열도를 방문했다. 거기서 홍해 특유의 포유동물인 듀공과 독수리가 지나가는 것을 보고 거북이들이 알을 낳기 위해 물 밖으로 올라가는 것도 보았다.

그는 그 모습을 "진정으로 오염되지 않은 해양 환경이자 아마도 세계의 마지막 해양 불가사의 중 하나일 것"이라고 추켜세우며 "자국을 현대적인 국가로 변화시키고 국민과 함께 그곳을 향해 걷겠다"는 무함마드 빈 살만을 칭송했다.

브랜슨의 방문은 너무나 뜻밖의 일이어서 내 사우디 친구들은 그 사실을 믿지 못하겠다고 할 정도였다. 하지만 브랜슨이 사우디를 찾은 것은 몇 주 후 열릴 MBS가 주도하는 대규모 투자 회의의 예고편이었다. 그리고 MBS는 그것을 통해 사우디가 국제 투자자들에게 개방되어 있다는 것을 알리고 싶었던 것이다.

그 일이 있기 한 해 전에 MBS가 발표한 대규모 경제개발계획인 '비전 2030'은 당시까지만 해도 큰 관심을 끌지 못하고 있었다. 그해 초에 수도 요금이 급격하게 인상되었는데, 이로 인해 국민의 불만이 높아지자 국왕은 삭감했던 공무원 급여를 원상회복시켰다. 사우디 당국자들은 개혁이 점진적으로 시행되어야 한다고 말하고 있었지만, 그것 말고도 헤쳐나가야 할 광범위한 도전이 곳곳에 깔려 있었다. 어떻게 하면 전기 요금과 수도 요금에 대한 상당한 보조금을 줄이면서도 공급업체를 그대로 살려놓고 아울러 가계 지출이 늘어나지 않도록 만들 수 있을까? 어떻게 하면 사우디 젊은이들이 공무원이 되어 그저 시간이나 때우게 하지 않고 민간기업에 들어가서 경쟁하게 만들 수 있을까?

아람코 기업공개도 투명하게 진행되지 않았다. 아람코 기업공개는 국가 개조를 위해 비석유 부분 투자에 필요한 자금을 확보하려는 계획의 핵심이었지만 언제 진행될지는 아무도 몰랐다. MBS는 2018년에 기업공개가 가능할 것이라고 공언했지만 2017년 가을까지 사우디 정부는 뉴욕, 런던 또는 사우디 증권시장 중 어느 곳에 상장할지도 결정하지 못했다. 회의가 열리기 1주일 전, 주간 《이코노미스트》는 MBS가 너무 세세한 것까지 결정하려고 들 뿐 아니라 여러 가지 불확실성 때문에 '지연과 혼란'이 일어나 기업공개 과정이 '난장판'이 되었다고까지 표현했다. 또한 MBS가 기업공개를 계획할 때 뉴욕에서 벌어지고 있는 9·11 관련 소송이 미칠 영향을 과소평가했을 뿐 아니라 런던 주식시장의 상장 요건을 충족하기가 까다롭다는 사실을 과소평가했다고 언급했다.

또한 "지금까지 MBS가 보여준 태도로 보아 그는 시장의 힘이 기대에 미치지 못해 불신하는 것 같다"고 언급했다.

MBS는 기업공개가 아직 진행 중이라고 주장했고, 그의 측근들은 이제 막 개혁이 시작된 상태에서 개혁의 성과를 평가하는 것은 시기상조라고 주장했다. 어쨌든 그 투자 회의에서는 출범한 개혁호의 돛에 바람을 실어 보내는 것을 목표로 했다. 이 투자 회의는 공공투자기금(PIF)이 주관하는 미래 투자 이니셔티브로서, MBS의 야망을 글로벌 투자자들에게 인식시켜 그들이 사우디에 투자하도록 설득하는 것을 목표로 삼았다. 사우디는 소위 '사막의 다보스'라는 이 행사가 2017년 초 있었던 트럼프 방문 정도로 보도되기를 희망했다. 내 비자는 트럼프 방문 취재 목적으로 발급된 것이어서 이미 만료되었지만, 나는 회의 취재를 위한 3개월짜리 복수 비자를 새로 발급받았다.

행사는 리야드 리츠칼튼 호텔 옆에 있는 널찍한 컨퍼런스 센터에서 3일간 펼쳐졌다. 3,500명이나 되는 참석자 중에는 유명한 펀드 매니저, 기업 CEO, 투자 은행을 비롯해 수십 개국에서 온 정부 관계자들이 망라되어 있어 글자 그대로 글로벌 비즈니스 엘리트들의 경연장이 되었다. 행사장에는 가상 롤러코스터, 포효하는 사자가 나오는 공 모양의 홀로그램, 그리고 인터랙티브 로봇들로 가득 찼다. 사우디는 이 행사를 통해 자신들이 추구하는 변화의 방향을 상징하는 세 개의 거대 도시를 소개했다.

첫 번째는 리야드 근처에 계획하고 있는 영화관, 콘서트장, 테마파크와 어쩌면 우주 관광단지까지도 들어갈 '키디야(Qidiya)'라는 대규모 엔터테인먼트 단지였다. 두 번째는 브랜슨이 몇 주 전에 방문했던 바로 그 섬에 계획하고 있는 대규모 생태 관광단지였다. 세 번째이자 가장 야심 찬 것은 MBS가 등장한 마지막 순간에 MBS가 직접 발표했다.

일정에 따라 왕자가 행사 개막을 선언할 시간이 되자 손님들은 도널드 트럼프가 연설했던 바로 그 회의장으로 몰려들었다. 하지만 MBS는 나타나지 않았다. 대신 공공투자기금 대표가 참석자들을 맞이했다. 주인공이 나타나지 않은 데 대한 사과도 없었고, 왜 주인공이 수천 명이나 되는 손님을 바람맞혔는지 설명도 하지 않은 채 발표를 이어갔다.

MBS는 그날 오후 '네옴(NEOM) 시티'를 소개하는 시간이 되어서야 무대에 나타났다. 네옴은 홍해 연안의 미개척지에서 불현듯 솟아올라 지속 가능한 에너지를 바탕으로 로봇이 운영하는 비즈니스와 기술의 허브 도시로, 사업비는 무려 5,000억 달러에 달했다. 그 도시를 소개하는 영상은 가상현실 헤드셋을 쓴 여성, 넓은 잔디에서 여가를 보내는 가족, 캔버스에 그림을 그리는 화가, 그리고 하얀 발레복을 입고 춤추는 발레리나와 같은 화려한 이미지로 가득 찼다. 또한 네옴이 '세계에서 가장 야심 찬 사업'이며 "지속 가능한 삶에 대한 청사진을 바탕으로 더 나은 삶의 방식을 구현할 기회"라고 소개했다. 네옴은 단순한 도시가 아니라 '문명의 미래를 위한 로드맵'이라는 것이다.

MBS는 그들이 계획하고 있는 도시의 선박 항로를 따라가며 훼손되지 않은 자연과 섬과 해안선을 열정적으로 소개했다. 이 도시는 이집트와 요르단에 이르는 2만 5,000제곱킬로미터가 넘는 부지에 들어서는데, 이 지역에 적용될 규정은 지역의 성장과 혁신을 촉진할 수 있도록 기업가들이 직접 만들게 할 계획이라고 했다.

"우리는 사우디아라비아 왕국 안에서 크고 위대한 것을 창조하는 데 필요한 모든 성공 요소를 다 갖추고 있습니다"라고 밝힌 MBS는 네옴이 세계의 다른 도시들과 어떻게 다를 것인지 설명하기 위해 주머니에서 오래된 '멍청한' 전화기와 새 아이폰을 꺼내 들었다.

그는 전화기를 높이 들고 "두 전화기의 차이점처럼 말입니다. 이것이 우리가 네옴 안에서 할 일입니다"라고 말했다.

왕실에서는 기술 잡지와 컨설팅 보고서에서 뽑은 용어로 작성한 요약 보고서인 팩트 시트를 배포했다. 네옴은 '새로운 삶의 방식이 구현될 수 있도록' 만들기 위해 파괴적인 솔루션, 패신저 드론, 온라인 교육, 전자정부, 탄소 배출 없는 주택을 계획하고 있다고 했다. 나중에 MBS는 네옴이라는 이름이 아랍어로 '미래'를 뜻하는 '무스타끄발'과 라틴어로 '새로운'을 뜻하는 '네오'를 묶어 만들었다고 설명했다. 하지만 '네오 무스타끄발'이라는 이름이 부르기 쉽지 않아서 이를 줄여 네옴으로 정했다는 것이다.

그는 "네옴이라는 말이 미래의 이름이라는 생각이 들 것"이라면서 "여러분은 네옴이라는 말이 우주에서 온 것처럼 느껴지실 겁니다"라고 말했다.

사진과 영상은 전체적으로 아라비아에 있는 환상적인 궁전을 보

264

무함마드 빈 살만

는 느낌이었다. 날씨는 쾌적하고, 모두가 부유하고 똑똑해 보였다. 주민들은 화려할 뿐 아니라 풍족한 여가를 즐기는 이상적인 삶을 살고 있었다. 그러나 그것은 사우디 도시의 현실과는 거리가 너무 멀었다. 실제로 존재하는 사우디를 개혁하는 일은 사실 모든 면에서 쉽지 않을 것이다. 그래서 나는 드론과 생명공학과 인공지능으로 이루어진 꿈같은 나라를 백지상태에서 새롭게 그릴 수 있는 네옴이 숨 막히는 성직자, 자신이 특별한 대접을 받는 것이 당연하다고 여기는 국민, 시원치 않은 인프라를 걸림돌로 여기는 MBS에게 매력적으로 보였을 수 있겠다고 생각했다.

사우디는 이미 이전 지도자들이 시작한 웅장한 계획의 잔해로 가득 차 있었다. 10년 전, 사우디는 외국인 투자를 장려하고 경제를 활성화하기 위해 '경제도시' 여섯 곳을 건설하겠다고 발표했다. 대부분은 시작도 하지 못했고, 한 곳은 상당히 진행되기는 했지만 예상 규모에는 훨씬 미치지 못했다. 회의 참석자들이 공항에서 차를 타고 리야드 시내로 들어오는 동안 주의를 기울였다면 순환도로 옆에 건설된 압둘라 금융 지구를 볼 수 있었을 것이다. 금융 지구를 건설하는 데 100억 달러나 들였지만, 아직 미완성 상태이고 완성된 건물도 대부분 비어 있다.

사우디 왕세자의 손님들은 네옴의 실현 가능성에 대해 의구심을 품었어도 티를 내지 않았다. 오드리 헵번을 모델로 만든 중국산 로봇 소피아가 사우디 시민권을 부여받았다는 것에 박수를 쳤지만, 이는 사우디를 미래 지향적으로 보이게 하려는 눈속임일 뿐이라고 생각했다. 회의가 열리는 동안 구체적인 상담은 거의 이루어지지 않았지만, 많은 투자자가 사우디의 새로운 분위기에 흥미를 느끼고 집으로 돌아갔다. 그들은 거기까지만 생각했을 뿐 투자할 생각은 없었다. 그러나 사우디로부터 투자를 받는 건 다른 문제였다. 사람들은 자신의 사업에 사우디가 투자하는 것은 당연히 환영했다. 브랜슨은 이곳에 호텔을 짓는 걸 고려한다는 의사를 밝히며 사우디가 그의 우주개발 회사에 10억 달러를 투자할 계획이라고 말했다.

———◆———

네옴에 대해 이야기하는 도중 MBS는 놀라운 성명을 발표했다. 사우디 젊은이들을 위해 극단주의를 근절하겠다는 강력한 의사를 공개적으로 서약한 것이다.

그는 "우리는 어떤 극단주의 사상이든 그것 때문에 우리 인생의 30년을 낭비하지 않을 것"이라고 말하면서 "우리는 오늘 즉시 그것들을 파괴할 것입니다. 즉시"라고 오금을 박았다.

그가 이 말을 마치자 군중은 잠시 조용해졌다가 곧 박수를 터뜨렸다. 그러자 MBS는 극단주의와 편협함은 사우디 사회에서도 낯선 것이었는데, 최근 수십 년 동안 외부 세력이 뿌리를 내린 것이라고 말하면서 앞으로 시간을 두고 이를 증명해 보이겠다고 했다.

그는 "과거에는 우리가 이렇지 않았습니다. 우리는 우리의 원래 모습, 곧 전 세계와 모든 종교와 모든 전통과 모든 민족에게 열려 있는 온건하고 균형 잡힌 이슬람으로 돌아가고 있을 뿐입니다"라고 말을 이었다.

그는 이후 인터뷰에서도 계속해서 같은 주장을 펼쳤다. 이런 주장은 서구의 지지자들에게 먹혀들었다. 또한 1979년에 일어나 중동의 궤도를 바꾸었던 두 개의 기념비적인 사건을 떠올리게 했다. 첫 번째 사건은 이란의 이슬람혁명으로 황제인 '샤(Shah)'가 무너지고 이란 안에 이슬람 사회의 비전을 구현하려는 시아파 성직자들이 통치하는 체제가 들어선 것이다. 그러면서 그런 '혁명'을 외국에 수출하기도 했다. 두 번째는 왕실과 성직자들이 부패하고 서구화되어서 정당성을 상실했다고 비난한 사우디의 종말론적인 무장 단체가 메카의 그랜드 모스크를 무장으로 탈취한 사건이다.

1979년 이전에 사우디에서 일어난 이념 경쟁은 대부분 소련의 영향을 받은 아랍 민족주의자와 사회주의자 사이에서 벌어졌다. 그러나 이란혁명으로 세워진 새로운 이란 정부는 이슬람 정통성을 바탕으로 사우디와 맞상대하는 이념 경쟁 구도를 만들었다.

그러나 사우디에 이보다 더 즉각적인 위협으로 다가온 것은 국내 무장 단체의 공격이었다. 그들은 알 사우드 가문이 자신의 바탕인 이슬람의 원칙을 저버렸다고 비난했다. 사우디 정부가 그들을 몰아내고 성지의 통제권을 회복하는 데 2주일이 걸렸다. 그 작전을 위해 해외에서 특수부대를 데려와야 했고 무수한 총알과 수많은 최루탄이 날아다녔다. 그러나 이 진압 작전은 사우디 사회에 오랜 상처를 남겼다. 사우디 국민이 무장 단체를 지지하고 그들이 왕실을 비난한 것을 지지할까 두려워한 사우디 정부는 와하비즘을 두 배로 강화했다. 얼마 되지도 않았던 영화관을 폐쇄하고, 여성에게 가했던 억압을 공식화했으며, 종교 기구에 자금을 쏟아부어 국내에서 그들의 권력을 강화하고 그들이 해외로 와하비즘을 전파하는 데 연료를 대준 것이다.

이것 말고도 사우디 사회에서 이후 수년에 걸쳐 왕실의 종교적인 정당성에 대한 도전이 일어났다. 이 도전은 특히 사담 후세인이 쿠웨이트를 침공한 후 미군이 사우디에 주둔하면서 두드러지게 나타났다. 사우디 땅에 '이교도' 군대가 주둔하자 '각성'이라는 뜻의 '사흐와(Sahwa)' 운동을 벌이는 보수 성직자들의 분노가 불타올랐다. 그들 역시 왕족의 부패와 종교적 방종을 비난했고, 정부는 다시 성직자의 자격을 강화함으로써 비난을 무마하려고 들었다. 정부는 소수파 극단주의와 싸우는 대신 다수파와 싸우는 것을 선택한 것이다.

이들은 사우디 위키리크스에서 언급한 국제적인 종교 인프라를 구축한 세력이었으며, 내가 사우디를 처음 방문했을 때 마주친 극도로 제한된 사회를 만든 세력이기도 했다.

MBS는 이처럼 사회를 제한하는 구조를 해체하고 싶어 했다. 그는 서구 언론과 가진 인터뷰에서 자신이 새로운 것을 창조하는 것이 아니라, 1979년 이전 시대로 되돌아가려는 것이라고 밝혔다. 그는 《뉴욕 타임스》 칼럼니스트인 토머스 프리드먼에게 "우리가 이슬람을 '재해석'하고 있다고 쓰지 말아주십시오. 우리는 이슬람을 원래 모습으로 '복구'하고 있습니다"라고 밝혔다. 그는 그것이 선지자 무함마드의 관행을 모방하고, 1979년 이전의 사우디로 돌아가려는 것을 뜻한다고 설명했다.

몇 달 후 그는 미국 CBS 〈60 Minutes〉 취재진에게 "지금 사우디는 진짜 사우디가 아닙니다"라고 말했다. "우리는 다른 걸프 국가들처럼 아주 평범한 삶을 살고 있었습니다. 사우디에서도 여성들이 차를 운전했고 영화관도 있었습니다. 모든 곳에서 여성들이 함께 일했습니다. 1979년 사건이 일어나기 전까지 우리는 세계 여느 나라처럼 발전하는 나라의 평범한 국민이었습니다."

그것은 사우디 사람들이 지금 정부에서 추구하고 있는 방향이 자신들의 유산에서부터 비롯된 것임을 믿게 하는 아주 강력한 서사였다. 아울러 와하비즘의 역사도 지우고 왕실이 와하비즘의 극단적인 요소를 후원했다는 역사도 지우려 한 것이다. MBS의 주장은 후하게 보자면 역사를 지나치게 단순화한 것이고, 박하게 보자면 사우디가 가진 문제를 다른 사람의 탓으로 돌리는 수정주의적 사고방식의 결과였다.

사우디 통치자들은 1700년대 중반 최초의 사우디를 건국할 때부터 극단주의를 이용했다. 무함마드 이븐 사우드가 그들의 통치에 저항하는 사람들을 '이교도'로 낙인찍고 그들을 칼로 제압한 것이다. 21세기에 태어난 이슬람국가(IS)도 이들과 같은 노선을 취했다. 단지 소셜 미디어와 국제적인 야망을 품었다는 것이 다를 뿐. 1802년 사우디 군대는 이라크의 시아파 성지 카르발라를 약탈하고 여성과 어린이를 포함한 수천 명을 학살했으며 무덤 숭상을 신성모독으로 여겨 고대 무덤을 파괴했다. 그들은 그해 후반에 사우디의 타이프(Ta'if)에서 또 다른 학살을 자행했다. 메카도 무장 단체의 공격에서 벗어난 후 이와 유사한 정화 과정을 거쳤다. 메카를 수복한 다음 해에 무덤을 파괴하고 와하비즘 종교 지도자를 임명하고 그들의 교리를 받아들이지 않는 무슬림 순례를 금지했다.

20세기 초, MBS의 할아버지인 압둘아지즈 국왕은 사우디아라비아의 근간이 되는 결사체를 수립하기 위해 성직자들과의 동맹을 부활시키고 그들의 이념적 열정을 무기화했다. 그는 나중에 팽창주의적 지하드를 포기하라는 명령을 거부한 '이크완(Ikhwan)'이라는 세력을 부숴버렸다. 그러나 성직자들은 20세기 내내, 1979년 이전에도 사우디의 일상생활을 지배했다. 이처럼 왕족과 성직자와 사회 사이에서 끊임없이 밀고 당기는 일이 일어나는 사우디를 보고 '매우 정상적인 삶'이라고 말하지는 않을 것이다. 그런데도 MBS는 그렇게 불렀다.

노예제도는 1962년 3대 파이살 국왕이 존 F. 케네디 대통령에게 약속한 개혁안에서 종식을 선언할 때까지 지속되었다. 그때까지 유엔에 참석한 사우디 대표단은 그런 관행이 존재한다는 사실을 완강히 부인했다. 1960년대 TV 도입이 무슬림들의 분노를 불러일으켰고 파이살 국왕 암살의 빌미가 되었다. 여자아이들에 대한 교육 계획이 발표되자 폭동이 일어났다.

많은 사우디 사람은 사회가 보수적이었지 알 사우드가 보수적인 게 아니었으며, 그랬기 때문에 왕족이 국민의 반발을 불러일으키지 않고 그렇게 빨리 움직일 수 있었다고 주장한다. 그것이 사실일 수는 있다. 그러나 그것은 대부분 왕실이 극단적인 보수주의자들을 지지할 때 쓰는 논리였다. 1969년 사망할 때까지 사우디 최고 종교 지도자인 그랜드 무프티로 활동했던 무함마드 이븐 이브라힘 알 셰이크는 수많은 파트와를 쏟아내 장난감 인형, 사진, 남녀 동석, 무슬림이 아닌 사람과 악수하는 것, 낙타 꾸미기를 금지했을 뿐 아니라 사우디 국경일 기념행사까지 금지했다. 그랜드 무프티는 국왕이 임명했기 때문에 국왕이 그를 해임할 수 있었다.

1979년 이전에는 사우디 일부 지역에서 외국인이나 엘리트 사우디 여성들이 공공장소에서 치마와 반소매를 입었지만, 여전히 극단적인 보수주의가 일상생활을 지배하고 있었다. 그때 사우디에서 비밀리에 기자로 활동했던 샌드라 매키는 해외에서 사우디 공항에 도착해 처음 마주쳤던 세관이 아마도 '세계에서 가장 폭압적인 조직'이었을 것이라고 표현했다. 세관원들은 도착한 모든 짐을 뒤져 돼지고기, 술, 음란물뿐 아니라 그들의 종교적인 감성에 어긋나는 다른 것도 압수했다. 매키가 가져온 책 중에 〈밀로의 비너스〉와 〈모나리자〉 그림이 들어있는 박물관 안내서는 그 모습이 천박하다는 이유로 그녀가 가져온 뜨개질 책과 함께 찢겨나갔다. 성경과 십자가는 유대인 작가의 책들과 마찬가지로 금지품이었다. 심지어 사우디 사람들이 유대인으로 의심하는 제임스 미치너와 같은 작가들의 책도 마찬가지였다. 매키는 어떤 가족이 크리스마스트리를 잃어버렸는데, 나중에 세관원들이 그들이 신었던 샌들로 그것을 부수는 것을 지켜봐야 했다. 어린 소녀들은 때때로 세관원들이 그들의 인형을 우상으로 여겨 사지를 찢는 것을 보고 얼이 빠지기도 했다.

많은 사람이 극단주의라고 여기는 그 보수주의는 1979년 이후 더 공식화되었다. 그것은 국가의 기원으로 거슬러 올라간 때로부터 정부가 성직자와의 동맹을 지원한 결과였다.

그러나 MBS에게 와하비즘이란 존재하지 않는 것이었다.

그는 한 인터뷰에서 "와하비스트가 뭐지요? 와하비스트가 무엇인지 설명해 주셔야 합니다. 와하비스트라고 불리는 것이 없기 때문입니다"라고 말했다. 와하비즘은 1979년 이후 극단주의자들과 사우디 정부를 묶어 놓는 틀이었다. 그들의 야합이 사우디 국민의 정체성을 바꾸어 놓은 것이었다.

MBS의 말에 따르면 사우디는 흠잡을 데가 없는 국가였다. 이라크와 예멘과 시리아와 레바논 같은 아랍 세계를 괴롭히는 병폐는 모두 이란에서 유입되었다는 것이다.

그는 "사우디는 어떠한 극단주의 이념도 퍼뜨리지 않았습니다. 사우디야말로 극단주의 이념의 가장 큰 희생자입니다"라고 말했다. 그리고 "중동에서 문제가 생기면 그 원인을 이란에서 찾아야 할 것입니다"라고 주장했다.

그렇게 주장해 놓고도 MBS는 아랍 세계의 문제를 자기 강점으로 바꾸어 놓는 이란의 교묘한 수법과 경쟁하기 위해 고군분투해야 했다. 어쨌거나 1979년 이전으로 되돌리려는 그의 노력은 다른 것보다 성공 확률이 높아 보이기는 했다.

19장
레바논 총리 납치 사건

사우디에서 사드 하리리가 겪은 고초를 재구성하기 위해 레바
논 안보 관계자, 하리리의 정치적 동지, 베이루트에 주재하는 대
사를 비롯한 외교관, 유엔 관계자를 스무 명 넘게 인터뷰했다. 그
들 대다수는 사우디 사람들이 표적이 되는 것을 두려워해 익명
으로 인터뷰에 응했다. 인용한 내용을 모두 확인하지는 못했지만
2018년 11월 17일 자 프랑스의 《르몽드》와 같은 달 6일 자 레바
논의 《알아크바르》에 보도된 기사를 참조했다. 사드 하리리는 인
터뷰 요청을 거절했다.

사드 하리리 레바논 총리는 사우디 투자 회의에 참석했던 인사들
이 리야드를 떠나고 난 며칠 후 편안한 마음으로 사우디에서 돌아
왔다. 이스라엘과 시리아 사이에 끼어있는 지중해의 작은 나라, 정
치 상황이 불안하고 뭐 하나 제대로 돌아가지 않는 나라인 레바논
의 정치 지도자인 그에게 사우디와의 관계보다 중요한 일은 없었
다. 그는 사우디에서 사업을 벌여 많은 돈을 벌었다. 사우디는 그가
속한 정당의 가장 큰 후원자였을 뿐 아니라 시리아와 이란의 지원
을 등에 업은 상대 정당과 맞서는 데도 큰 힘이 되었다. 많은 사람
이 레바논 수니파 무슬림의 정치 지도자인 사드 하리리를 부유한
이슬람 종주국인 사우디로 통하는 관문으로 여겼다.

　사드 하리리는 개인 제트기에서 내리면서 베이루트에 있는 정
부 인사들에게 희소식을 전했다. 그는 MBS와 만나 사우디-레바논
협력 강화에 합의했다고 생각하고 돌아온 것이다. 그는 MBS와 만

나 신규 무역에 관한 것과 아울러 이전에 사우디가 레바논 군대에 30억 달러를 원조하기로 했다가 취소한 사안도 함께 의논했다. 그는 중동 전역에서 이란과 맞서겠다고 강경한 자세를 취하는 MBS에게 레바논 안에서는 그런 행동을 취하지 말아달라고 설득한 것이 통했다고 생각했다. 레바논의 가장 강력한 정치 군사 세력인 헤즈볼라는 그동안 이란을 등에 업고 이스라엘을 위협하고 미국과 사우디의 계획을 좌절시켜왔다. 사드 하리리는 헤즈볼라가 자기 당의 가장 강력한 라이벌이기도 했지만, 그보다는 그들이 레바논을 경제 위기나 내전으로 몰아넣지나 않을까 걱정했다.

사드 하리리는 공항을 빠져나와 총리 자격으로 레바논 국영 항공사 교육센터 개소식에 참석했다. 검은색 정장에 붉은 타이를 매고 머리를 뒤로 빗어 넘긴 47세의 정치인인 그는 레드카펫 위로 걸어가 리본을 자르고 미소를 띠며 다른 고위 인사들과 사진을 찍었다. 베이루트 공항은 2005년 베이루트 해안에서 차량 폭탄으로 암살된 전 총리이자 레바논 정치계 거물인 그의 아버지의 이름을 따라 라피크 하리리 공항으로 명명되었다. 그는 늘 그랬듯 옷깃에 자기 아버지의 사진이 담긴 배지를 달았다.

다음 날 사드 하리리는 장관들에게 사우디에서 얻은 성과를 설명하는 자리에서 며칠 안에 살만 국왕을 만나 새로운 협정을 마무리하기 위해 리야드로 돌아갈 계획이라고 말했다. 그날 밤 MBS 비서실에서 전화가 왔다. 왕세자가 사막에서 그와 함께 주말을 보내고 싶어 하니 사우디로 돌아오라는 것이었다. 그는 그렇게 하겠다고 했다.

———————

사드 하리리는 사연 많은 레바논 왕조의 후손이었다. 공식적으로는 민주공화국이었던 레바논은 15년에 걸친 비참한 내전이 종식된 1990년부터 독특한 종파 정치체제로 운영되기 시작했다. 전쟁을 치르는 동안 수많은 종파를 대표하는 군벌들은 사업을 벌여 자신들의 배를 불리고 군대 운영자금을 확보했다. 전쟁이 끝난 후 군벌들은 정치인이 되고 국회의원이 되어 스스로를 사면하고 국가 재정을 약탈했다. 시리아군이 레바논을 오랫동안 점령하고 있는 사이에 부패는 더욱 심화했다.

라피크 하리리는 전쟁이 일어나는 동안 해외에서 사업을 하고 있었다. 전쟁이 끝난 후 그는 귀국해 총리가 되어 그가 가진 사업 노하우와 걸프 지역에 있는 부유한 친구들을 동원해 나라를 재건하는 데 나섰다. 당시 그의 아들 사드 하리리는 정치에 관여하지 않고 대부분의 시간을 사우디 왕족들과 사업을 하며 보냈다. 그렇게 지내는 동안 그는 사우디 왕족들에게 사촌 대접도 받고 왕실 행사에도 종종 참석했다.

하지만 라피크 하리리가 암살되자 모든 것이 바뀌었다. 그의 가족들은 사드 하리리를 아버지 라피크 하리리의 후계자로 세웠다. 레바논 사람 대다수가 사드 하리리가 아버지만큼 카리스마가 있는 것도 아니고 정치적 수완도 부족하다고 생각했지만, 그는 두 번이나 총리 자리에 올랐다. 내전 후 수십 년 동안 헤즈볼라는 공식적으로, 때로는 위협과 암살로 권력을 확장했다. 또한 강력한 군대를 구축해 이스라엘을 위협했을 뿐 아니라 시리아와 이라크와 예멘 같은 동맹국을 지원하기 위해 병력을 파견했다. 그러는 동안 사드 하리리는 자신도 베이루트에서 암살될지 모른다는 두려움 때문에 많은 레바논 사람이 그의 아버지를 암살했다고 비난하는 헤즈볼라와 시리아에 맞서지 못한 채 파리에서 시간을 보내고 있었다.

그러나 2017년까지 사드 하리리의 정당과 헤즈볼라는 '데탕트

(détente, 긴장 완화)'에 합의해 권력을 공유하고 있었으며, 그 때문에 레바논이 겉으로는 정상적인 정부처럼 작동하는 것처럼 보였다. 사드 하리리는 MBS의 사막 여행에 초청받은 다음 날에도 일정이 꽉 짜여있었다. 그는 베이루트에 있던 이란 최고 지도자의 보좌관 알리 악바르 빌라야티를 만났다. 임박한 선거 관련 회의를 주재하고, 베이루트를 방문 중인 프랑스 문화부 장관을 만났다. 그는 점심 때가 되기 전에 사우디로 돌아가기로 마음먹었다.

그날 저녁 그가 리야드에 도착하자 왕실 의전팀은 격식을 갖춘 차량으로 숙소까지 그를 안내했다. 언제 왕자를 만날 수 있는지 알려주겠다고 했지만 아무도 오지 않았다. 새벽 1시가 넘어서야 다음 날 일정을 알려주겠다는 전화가 왔다.

다음 날 아침 8시가 되기도 전에 전화가 왔다. 사우디 왕실의 관례에는 어울리지 않을 정도로 이른 시간이었다. 그는 MBS 처소로 오라는 전화를 받자 사막에 갈 생각으로 청바지에 운동화를 신은 평상복 차림으로 나섰다. 하지만 그가 도착하자 왕실 경호원이 차량을 둘러싸고 그의 수행원들이 차에서 내리지 못하게 했다. 왕실 경호원은 그와 수행원 두 명을 건물 안으로 끌고 들어가 휴대전화와 무기와 허리띠를 압수하고 스캐너를 통과하도록 했다. 그런 다음 사드 하리리만 다른 방으로 데려갔는데, 거기에 MBS의 보좌관이자 사우디의 레바논 정책을 담당하는 대(代)이란 강경파 타말 샤반과 미디어 차르이자 해커인 사우드 알 카타니가 기다리고 있었다.

그 두 사람과 사우디 당국자들은 사드 하리리를 모욕하고 비하하고 거칠게 다루었으며, 총리직에서 물러나라는 그들의 지시를 따르지 않을 경우 더 심하게 다룰 것이라고 경고했다. (사드 하리리의 보좌관들은 그가 결코 부당한 대우를 받지 않았다고 주장했다.) 이를 견디지 못하고 항복한 사드 하리리는 수행원 한 명에게 옷을 가져오라고 하고 자기 집으로 보냈다. 그는 성명서를 읽도록 강요받았다. 마침내 2017년 11월 4일 TV에 나타나 레바논 국기가 옆에 놓인 책상에서 초췌한 모습으로 성명서를 읽어 내려갔다.

그는 성명서에서 '나의 형제들과 위대한 레바논 국민의 소중한 아들들'에게 레바논이 '적대 세력이 침투한 과학과 지식과 민주주의의 등불'이라고 강조했다. 그는 이란을 지목해 "가는 곳마다 불화와 파괴와 파멸을 심는다"고 비난하고, 헤즈볼라가 이 지역을 위협하기 위해 무기를 사용했다고 비난했다. 그는 이란의 개입이 실패할 것이라고 선언하면서 아랍 세계가 일어나 "사악한 이란과 모든 관계를 단절할 것"이라고 맹세했다.

그런 다음 그는 그의 사임이 레바논을 "술탄이 아닌 위대한 국민이 지배하는 더 강하고 독립적이며 자유로운 국가로 만들 것"이라며 사임을 선언했다.

이 성명은 레바논 국민에게 충격을 안겼을 뿐 아니라 그를 동맹으로 여기고 레바논의 안정을 위해 노력했던 서방에게 충격을 안겼다. 그가 사임을 발표할 생각이라는 것을 예상하지 못했던 그의 보좌관들은 평소 지론과 다른 그의 성명에 매우 당황스러워했다. 사드 하리리는 수년간 공직 생활을 하면서 이란과 헤즈볼라를 상대로 그런 표현을 사용한 적이 없었기 때문이었다. 실언에 가까운 그의 성명으로 그가 그 성명을 직접 작성한 것이 아니라는 것이 분명해졌다. 그가 레바논의 주권을 주장할 생각으로 사임한 것이었다면 왜 레바논이 아닌 외국에서 사임을 발표했겠는가.

베이루트에 있던 사드 하리리의 사촌이자 비서실장인 나데르 하리리는 자신에게 무슨 일이 생긴 것이냐고 물어온 전화를 받는 도중에 휴대전화가 폭발했다. 영문을 알지 못한 나데르 하리리는 리야드에 있는 사드 하리리에게 전화를 걸어 휴대전화를 되찾고 암살

시도를 피해 레바논에서 빠져나왔다고 말했다. 폭발한 휴대전화는 나데르 하리리가 산 것이 아니었다.

나데르는 "알라가 당신을 돌보아 주시기를 바란다"며 사드 하리리에게 걸었던 전화를 끊었다.

———— ⚔ ————

나데르 하리리가 전화를 받으면서 레바논 보안 기관 수장들과 이야기를 나눴지만, 그들 중 누구도 암살에 대한 정보를 갖고 있지 않았다. 어떻게 해야 할지 망설이던 그는 총리가 거짓말을 했다고 할 수는 없는 일이라고 생각해 음모의 증거를 부인하는 성명을 발표하기로 했다.

사드 하리리는 사임을 발표한 뒤 MBS 사저에서 리야드 리츠칼튼 호텔 근처에 있는 게스트하우스로 옮겨졌다. 그날 저녁 사드 하리리를 찾아온 그의 아내는 베이루트에 있는 그의 보좌관들에게 전화를 걸어 그가 강제로 억류되고 있다고 말했다. 사우디 왕실 경호원은 사드 하리리의 경호원 한 명이 병든 어머니 때문에 베이루트로 돌아가겠다고 사정하자 이를 허락했다. 그 경호원이 돌아가서 무슨 일이 일어났는지 자기 팀에게 알린 것은 당연한 일이었다.

사드 하리리의 사임은 하리리의 정당인 '미래 운동(Future Movement)'에 큰 타격을 입혔고, 많은 당원은 정적들이 그들이 지지하는 총리를 세우게 될까 봐 두려워했다. 하지만 미셸 아운 대통령도 뭔가 이상한 일이 벌어지고 있다는 것을 깨닫고 직접 만나 확인한 후에야 사드 하리리의 사임을 받아들이겠다고 말했다.

구금당하고 있는 동안 사드 하리리는 전화와 메시지를 받을 수 있었지만, 그의 보좌관들은 그가 자유롭게 말하기가 어려울 것으로 판단해 너무 많이 전화하지 않기로 했다. 레바논 당국자들은 시간이 흐르는데도 이 사건과 관련해 해외에서 여론이 가라앉지 않는 것을 보자 소문을 퍼뜨리기로 했다. 한 명은 이집트로 날아갔다. 보안국 수장인 압바스 이브라힘은 베이루트에 주재한 외국 대사들에게 "우리는 사우디가 우리 총리를 납치했다고 믿을 만한 이유가 있다"는 전혀 예상하지 못한 메시지를 전했다.

일부가 회의적으로 반응하자 그는 그것이 어떻게 가능한지 설명했다. "간단하다. 군인 두 명만 있으면 TV에서 당신이 당신 조국을 미워한다고 이야기하게 만들 수 있다"는 것이었다.

사드 하리리의 동맹들은 상황을 악화시킬까 봐 공개적으로 의사를 표명하지 않았다. 하지만 정적들은 그보다 덜 신중했다. 사드 하리리에게 적대적인 레바논 일간지 《알아크바르》는 1면에 '인질'이라는 헤드라인 아래 그의 사진을 실었다.

사우디는 사드 하리리가 자유롭게 여행할 수 있다는 것을 보여주기 위해 그를 항공편으로 아랍에미리트의 무함마드 빈 자예드(MBZ) 왕세자에게 데려다 줬다. 비록 MBZ가 이 지역에서 MBS에게 가장 가까운 동맹이었지만, MBZ는 나이도 어린 MBS가 나가도 너무 나갔다고 생각했다.

점차 사우디 음모의 실체가 드러나기 시작했다. 누구도 생각할 수 없을 만큼 미친 짓이었다. 사우디는 사드 하리리가 총리 자리에서 물러나게 한 뒤, 그 결과로 레바논 수니파와 헤즈볼라 사이에 내전이 일어나도록 하려고 했다. 그래서 예멘에서 후티를 돕고 있는 것으로 보이는 헤즈볼라가 레바논 내전에 필요한 병력을 예멘에서 빼낼 수 있게 하려고 했던 것이다. 사우디는 심지어 레바논의 팔레스타인 난민 캠프에 있는 무장 단체들에게 그들이 전투에 참여할 것인지 알아보기도 했다. 무장 단체들은 그 계획이 위험하다고 생

278
무함마드 빈 살만

각해 사우디의 문의에 아니라고 대답했다.

사우디 당국자들은 사드 하리리 일가를 리야드로 초대해 협상에 나서려고 했다. 하지만 일가들은 사우디가 이란에 대해 좀 더 강경한 자세를 보이는 그의 형인 바하 하리리를 새로운 지도자로 세우고 싶어 한다는 것을 알게 되자 초대를 거절했다. 사드 하리리의 측근인 레바논 내무부 장관은 이 같은 계획을 공개적으로 일축했다.

그는 "우리는 양 떼도 아니고 소유권이 한 사람에서 다른 사람으로 옮겨질 수 있는 땅도 아닙니다. 레바논에서는 모든 일이 충성 서약이 아닌 선거를 통해 이루어집니다"라고 말했다.

사드 하리리는 레바논의 체제가 정치만큼이나 간섭과 격변에 취약하다고 해도 그 역시 레바논이 결정해야 할 몫이며, 아울러 어떤 분야에서는 외국의 간섭이 누구도 참을 수 없을 정도로 많다는 것을 분명히 밝힌 바 있었다.

사드 하리리는 아부다비에서 리야드로 돌아온 후 자기 숙소로 돌아갈 수 있었다. 베이루트에 있는 그의 보좌관들은 사우디가 그의 전화를 해킹하거나 그의 집을 도청할까 염려해 그에게 전화하는 것을 피하고 후속 조치를 위해 비밀 통신 채널을 확보했다.

무엇보다 먼저 보좌관들은 사우디가 사드 하리리 총리가 자유로운 상태라고 주장하는 만큼 리야드에 있는 외국 대사들이 총리를 방문하겠다고 요청할 경우, 그것을 거부할 수 없다고 생각해 그들에게 총리를 방문해 달라고 요청했다. 아울러 그렇게 방문했을 때 총리가 그들에게 도움이 필요하다는 뜻을 완곡하게 전할 것이라며 관련된 문구를 미리 알려줬다. 계획은 성공했고, 그로 인해 사정이 외국에 알려지게 되었다. 프랑수아 구예트 프랑스 대사가 사드 하리리를 만나기 위해 도착했을 때, 숙소를 둘러싼 경비원들은 대사의 승용차를 수색하겠다고 나섰다. 이는 프랑스 대사가 레바논 총리를 빼돌리지나 않을까 의심했기 때문이었지만 그것은 심각한 외교적 결례였다.

음모는 무너졌다. 음모를 꿈꾸던 사우디 당국자 샤반은 워싱턴 국무부의 질책을 받았고, 레바논 부족을 결집하려던 베이루트 주재 사우디 대사의 노력은 부족 우두머리들이 총리의 귀환을 요구하면서 틀어졌다. 그러자 사우디는 사드 하리리가 자유로운 상태라는 것을 믿도록 하고자 TV 인터뷰 생방송을 추진했다.

———— ⊱

레바논 아르메니아계 소수 민족 출신에 걸걸한 목소리를 가진 장신 여성 파울라 야쿠비안은 수십 년 동안 저널리스트로 활동하면서 패션과 정치와 미디어에 얽힌 세계를 취재해 유명해졌다. 그녀는 뉴스 해설자와 토크쇼 진행자로 일하면서 라피크 하리리, 조지 W. 부시 대통령, 리비아 독재자 카다피를 인터뷰했다. 하리리 정당의 당원이었던 그녀는 사드 하리리가 사임을 발표한 날 그와 인터뷰하기도 했다.

그녀가 은행에서 광고를 촬영하고 있을 때 놀랍게도 사드 하리리가 사임한다는 전화를 받았다. 그곳에 있던 누구도 그 사실을 믿을 수 없었으므로, 모두 TV를 켜고 총리가 엄숙한 표정으로 이란과 헤즈볼라를 비난하는 것을 지켜보았다. 고객들은 새로운 위기가 일어나지 않을까 하는 두려움으로 해외로 송금하려고 은행에 전화를 걸기 시작했고, 곧 공황 상태가 되었다.

야쿠비안은 사우디가 레바논에 얼마나 중요한지 이미 알고 있었다. 아르메니아 대학살을 피해 이주한 그녀의 아버지는 그녀가 어렸을 때 세상을 떠났다. 그녀가 베이루트에서 자라는 동안 사우디에서 일하던 외삼촌이 그녀의 생계를 책임졌다. 그녀는 헤즈볼라를 좋아하지 않았지만, 레바논 사람들이 헤즈볼라에 대항한다는 것이 비현실적이라고 생각했다.

그녀는 "비록 우리가 그렇게 만들기는 어렵겠지만 헤즈볼라는 괴멸되어야 한다"고 내게 말했다. 이어서 "이것은 네타냐후나 트럼프, 온 세계가 덤벼들어도 다룰 수 없는 문제다. 군대나 다름없는 헤즈볼라와 그들이 보유한 미사일 15만 발을 상대하기 위해 이웃 몇 명이 덤벼든다는 게 가능한 일인가?"라고 물었다.

그녀는 사드 하리리에게 전화를 걸어 TV 출연을 요청했지만 거절당했다. 며칠 후 사드 하리리는 그녀에게 전화를 걸어 인터뷰를 위해 리야드로 오라고 요청했다. 우울한 목소리였다.

그녀가 확실하냐고 다짐하듯 물었다.

사드 하리리는 분명히 그렇다고 대답했다.

다음 날 매년 열리는 베이루트 마라톤 대회가 있었는데 총리가 실종된 바람에 상황이 어지러워졌다. 사드 하리리의 얼굴이 담긴 포스터가 거리에 넘쳤고 주최 측은 "우리는 총리를 되찾고 싶다"고 적힌 노란색 모자를 나눠줬다.

야쿠비안은 리야드로 날아갔다. 필리핀 운전기사가 그녀를 하리리의 숙소로 데려갔지만, 야쿠비안은 숙소가 아닌 사드 하리리의 경호원들이 지키고 있고 사우디TV 제작진이 인터뷰를 준비하고 있는 근처 건물로 안내되었다.

베이루트로 돌아온 사드 하리리의 팀은 인터뷰 소식을 듣고 국면을 유리하게 전환하기 위해 막후에서 뛰었다. 그들은 비밀 통신 채널을 통해 사드 하리리에게 "사우디가 적대적으로 느끼지 않도록 그동안 일어난 일을 공개하지 말고, 물을 많이 마시고, 피곤하다고 말하고, 가족을 걱정하고, 옷깃에 아버지 얼굴이 새겨진 배지를 꽂지 말라"고 요청했다. 그 정도면 충분히 뭔가 잘못되었다는 것을 알아차리리라 생각한 것이다.

미셸 아운 대통령은 인터뷰를 방송할 경우 마치 인질 비디오가 납치범을 공세적으로 만드는 것과 같은 결과가 일어날까 봐 방송을 만류했지만, 인터뷰는 레바논과 중동 전 지역에서 블록버스터급 TV 이벤트로 관심을 끌었다. 사드 하리리는 아버지의 얼굴이 담긴 배지도 달지 않은 채 처진 눈으로 두 손을 앞으로 모으고 테이블에 웅크리고 앉아 있었다. 테이블 건너편에서 흰 셔츠 위에 검은 블레이저를 입은 야쿠비안이 몸을 내밀어 그에게 당부했다. 언론인이라기보다는 친구를 걱정하는 사람처럼.

사드 하리리는 레바논을 위해 사임했다고 거듭 밝혔지만 야쿠비안은 그 가능성을 일축했다.

야쿠비안은 "당신이 말하는 한마디 한마디마다 질문이 생깁니다"라면서 "사람들 대부분은 하리리 총리가 말한 것을 모두 믿을 수 없다고 생각합니다. 대통령도 그런 뜻을 여러 번 밝혔습니다. 심지어 나도 연극에 합세했다고 비난받습니다. 지금까지 본 것 중 확신할 만한 것은 아무것도 없습니다"라고 말했다.

사드 하리리는 자신의 사임이 "레바논 사람들에게 긍정적인 충격을 주기 위한 것이었으며 우리는 지금 얼마나 위험한 상황에 부닥쳤는지 모릅니다"라며 자신은 구속된 것이 아니라고 부인했다.

이어서 "한마디만 더 하겠습니다. 나는 사우디에서 자유롭게 지내고 있고, 그래서 내일이라도 여행하고 싶으면 여행을 할 수 있습니다. 하지만 나는…… 내 가족이 있고 내 가족을 보호해야 할 책임이 있습니다"라고 말했다.

야쿠비안은 인터뷰가 생중계되고 있다는 것을 증명하기 위해 이란에서 지진이 발생했다는 속보를 전했다. 사드 하리리는 계속 물을 마시면서도 지친 목소리로 말했고, 결국 목이 메었다.

그는 "우리는 항상 '레바논이 먼저'라고 생각해야 합니다. 우리는 레바논을 우리 가슴에 새겨야 합니다. 나는 가끔 다른 나라에 가서 그들이 레바논 사람들보다 레바논을 더 많이 생각하는 것을 보는데, 왜 그럴까요? 왜 우리 레바논 사람들은 스스로를 괴롭히고 싶어 할까요?"라고 물었다.

야쿠비안은 잠시 쉬어가자며 인터뷰를 중단하고 화면을 광고로 돌렸다.

만약 리야드에 있는 누군가가 인터뷰를 통해 사드 하리리의 상태가 속 시원히 밝혀지기를 기대했다면 인터뷰가 끝났을 때쯤 실망했을 것이다. 야쿠비안은 사드 하리리에게 작별 인사를 하고 호텔로 돌아가 밤을 보낸 뒤, 아침에 필리핀 운전기사를 불러 공항으로 가자고 했다. 하지만 운전기사가 이를 거절하자 하는 수 없이 사드 하리리 팀에게 부탁해 공항으로 갔다. 그녀는 MBS나 사우디 당국자들을 만나지는 못했지만, 왕세자가 그녀의 인터뷰를 달가워하지 않았을 것이라고 생각했다.

야쿠비안은 그녀가 탄 비행기가 이륙할 때 "설마 그들이 내 비행기를 격추할 만큼 미치지는 않았겠지"라고 생각했다.

―――――✦―――――

야쿠비안이 베이루트에 도착할 때쯤 레바논 정치인들이 반응을 보이고 있었고, 미셸 아운 대통령은 사드 하리리의 인터뷰가 사우디의 '모호한 상황' 때문에 "진실을 보여주지 못했다"고 말했다.

프랑스가 이 일에 개입하기 시작했다. 무함마드 빈 자예드(MBZ) 아랍에미리트 왕세자는 11월 11일 루브르 박물관 개관에 참석하기 위해 아부다비에 온 프랑스 마크롱 대통령에게 돌아가는 길에 리야드에서 MBS를 만나 사드 하리리를 도와줄 수 있는 방법을 찾을 수 없겠느냐고 제안했다. 대통령에 당선되기 전에 베이루트를 방문해 사드 하리리와 친구가 되었던 마크롱은 그 조언을 받아들여 사드 하리리를 파리로 초대했다. 사드 하리리가 떠나기로 한 날 마크롱 측근들은 사드 하리리가 비행기에 탑승했는지 확인하기 위해 거듭 왕실에 전화를 걸었다.

사드 하리리는 마침내 탈출에 성공했다. 그는 파리로 날아가 며칠을 묵은 뒤 이집트와 키프로스를 들러 레바논으로 돌아왔다. 사임을 발표하고 17일이 지난 자정 무렵, 그는 베이루트에 도착해 아버지의 무덤을 참배하기 위해 시내 순교자 광장을 찾았다.

귀국 직후 사드 하리리를 만난 베이루트의 고위 외교관은 무슨 일이 있었는지 묻지는 않았지만, 끔찍한 일이 있었고 그 일이 사드 하리리는 '망가진 사람'으로 만든 것 같다는 느낌을 받았다고 내게 말했다.

그는 이어서 "아마 당신도 그를 만나면 그가 완전히 흔들렸다는 느낌을 받을 겁니다. 마치 여기에 없었던 사람처럼 말했어요. 내 생각에는 그가 여전히 무슨 일이 일어났는지 이해하려고 노력하고 있었던 것 같았습니다"고 했다.

그는 수십 년 동안 외교관 생활을 하면서 그런 경우를 본 적이 없었다고 했다.

그는 "국가원수가 체포되거나 구금되거나 그의 의지에 반해 억류된 경우를 알고 있습니까"라고 물으며 "마치 할리우드 영화의 대본 같습니다"라고 말을 맺었다.

무함마드 빈 살만

하리리가 귀국한 이튿날은 레바논의 독립기념일이었지만 기념행사
는 귀국한 총리를 위한 축제로 변했다. 사드 하리리는 청바지와 파란
색 재킷을 입은 가벼운 차림이었다. TV 카메라는 깃발을 흔드는 팬
들을 만나고 셀카를 찍기 위해 군중에게 다가가는 그를 따라다녔다.

비록 그는 돌아왔지만 그 일로 인해 자신과 사우디의 관계와 레
바논-사우디 관계가 손상되었다. 다음 몇 주 동안 그는 사임을 철회
했고 레바논 정부는 지역 분쟁을 피하겠다는 의지를 다시 천명했
다. 그러나 이는 헤즈볼라가 여전히 시리아와 이라크와 예멘에 수
천 명의 병력을 보유하고 있다는 점을 고려하면 공허하기 짝이 없
는 것이었다.

몇 달 후 사드 하리리는 리야드로 돌아와 MBS와 워싱턴 주재 사
우디 대사인 MBS의 동생 칼리드 빈 살만 왕자와 함께 셀카를 올렸
다. 당시 MBS는 미국 여러 지역을 여행할 계획을 세우고 있었다.
따라서 많은 레바논 사람은 MBS가 미국을 방문할 때 사드 하리리
에게 저지른 일을 묻지 않도록 만들기 위해 셀카를 찍은 것이라고
생각했다.

그해 연말에 있었던 선거에서 사드 하리리의 정당은 의석을 잃었
다. 그 결과 헤즈볼라의 목소리가 커졌고 따라서 연합 정부의 구성
이 상당히 난항을 겪었다. 사우디는 당연히 사드 하리리를 돕는 데
소극적이었지만, 그는 달리 도움을 얻을 만한 곳이 없었기 때문에
아무런 불평을 할 수 없었다.

사드 하리리의 정치적 동지 하나가 내게 "우리는 어떻게 해야 할
까요? 이란에 가야 할까요?"라고 물었다.

사우디는 공개적으로 끊임없이 사드 하리리가 자신들에게 영예

로운 손님이자 MBS의 형제라고 주장하고 있었다. 1년 후, 두 사람은 리야드에서 열린 회의에서 무대에 올랐다.

MBS가 미소를 지으며 관중들에게 "사드 총리가 이틀이나 사우디에 머물고 있지만 그가 납치되었다는 소문이 더 이상 들리지 않기를 바란다"고 말했다.

청중은 숨이 찰 정도로 웃으며 박수를 보냈다.

사드 하리리도 웃으며 군중을 향해 팔을 들었다.

그리고 이렇게 말했다. "자유 의지로!"

무함마드 빈 살만

20장
국왕의 손님

리츠칼튼 호텔에서 벌어진 구금 사건을 재구성하기 위해 구금된
인사의 동료, 가족, 직원, 사우디 관계자와 이 사건을 추적한 외국
관계자들을 수십 차례 인터뷰했다. 이들 대부분은 자신뿐 아니라
사우디에 있는 자기 가족과 친지들을 위험에 빠뜨리게 될까 봐
두려워해 익명으로 인터뷰에 응했다.

2017년 11월 4일, 사드 하리리가 TV에 나와 레바논 총리직 사임을
발표해 전 세계를 충격에 빠뜨린 그날 새벽 시간에 알 왈리드 빈
탈랄 왕자는 놀랄 만한 전화를 받고 잠자리에서 일어났다. 그는 주
말마다 가족과 함께 도시를 벗어나 리야드 외곽에 있는 사막 캠프
에서 말을 타고 매도 돌보곤 했다. 그만 유난하게 그랬던 것은 아니
고 석유가 발견된 이후 그 혜택을 누리는 많은 사람이 이처럼 화려
한 사막 생활을 즐겼다. 그는 심지어 캠프 바닥에 앉아 쿠션에 몸을
기대고 있을 때도 대형 TV를 켜놓고 금융 시장 동향을 살펴보고 있
었다. 화려하기 짝이 없는 글램핑이 아닐 수 없었다.

그 당시 알 왈리드는 사우디에서 가장 유명한 투자자일 뿐 아니
라 해외에서도 가장 잘 알려진 인물이었다. 눈에 띄는 투자와 화려
한 생활로 얻은 명성에 걸맞게 그는 뉴스에 얼굴을 자주 드러냈다.
오른쪽 뺨에 있는 점과 선글라스는 그의 상표와도 같았다. 그는 부

모 중 어느 한쪽이 아니라 양쪽 모두 정치적 왕조의 후예였다. 그의
어머니는 레바논 첫 총리의 딸이었다. 그의 아버지는 사우디아라비
아 왕국을 건국한 압둘아지즈 국왕의 아들이었고, 따라서 그는 당
연히 왕족이 되었다. 하지만 그는 여전히 천덕꾸러기였다. 1960년
대 초 재무부 장관을 지낸 그의 아버지 탈랄 왕자는 나중에 반대
정파에 몸담았는데, 그 때문에 왕실 인사들이 탈랄 왕자를 권력에
서 멀리 떼어놓았다.

알 왈리드는 자본주의가 통제의 대상이 아니라는 주장을 옹호
한다는 이유로 권력에서 밀려났고, 그것을 순순히 받아들였다. 그
는 부모가 이혼한 후 어린 시절 베이루트에서 잠깐 시간을 보낸 일
이 있었다. 그곳에서 지낼 때 가끔 집에서 도망치기도 하고 잠겨있
지 않은 차에서 잠을 자기도 했다. 그의 아버지는 그를 리야드로 끌
고 가서 사관학교에 입학시켰다. 훗날 그는 그곳에서 힘든 일을 하
는 법과 극기심을 배웠다고 고백했다. 그는 캘리포니아의 멘로대학
교와 뉴욕 시러큐스대학교에서 공부한 후 사우디로 돌아와 아버지
에게서 받은 3만 달러와 빌린 돈 30만 달러로 사업을 시작했다.

그는 1990년대 초에 주식가격이 폭락한 시티코프(Citicorp)에
7억 달러 이상을 투자해서 세계 금융계를 뒤흔들었다. 몇 년 안에
주식가격이 치솟았고, 왕자는 부자가 되어 그가 존경했던 워런 버
핏과 같은 반열에 서게 되었다. 그는 투자 대상을 21세기 폭스, 애
플, 트위터와 같은 다국적 기업으로 확대했다. 그리고 런던이나 파
리 같은 국제적인 도시에 있는 고급 호텔을 겨냥했다.

알 왈리드는 억만장자였고 왕처럼 살았다. 그는 왕좌를 갖춘 747
항공기를 타고 여행했으며 도널드 트럼프에게서 85미터짜리 요트
를 사기도 했다. 그는 언론을 꺼리는 것으로 악명 높은 사우디에서
자신의 브랜드를 구축하기 위해 기자들의 비위를 맞추는 일도 서슴

지 않았다. 하지만 지나치게 꾸미다 보면 내용이 왜곡되기 마련 아닌가. 그의 비서들은 기자들에게 '세계에서 가장 통찰력 있는 사업가' 같은 제목으로 왕자가 표지를 장식한 광택 나는 잡지 더미를 건네주었다. 하지만 그 잡지들은 가짜였고 표지는 직원들이 만든 것이었다. 그의 전기 뒷면에는 알 왈리드가 조지 W. 부시와 함께 요르단의 압둘라 국왕을 포함한 아랍 지도자들 앞에 서 있는 사진이 실렸다. 하지만 그 사진은 조작된 것이었고 사실은 알 왈리드가 압둘라 국왕 뒤에 서 있었다.

그는 격주로 발간되는 《포브스》의 여성 기자에게 자기 재산을 자랑하며 1주일을 보낸 적이 있었다. 그녀는 방이 420개나 되는 그의 궁을 돌아다녔다. 실내 수영장과 테니스 코트가 갖춰져 있었고 알 왈리드의 사진이 수없이 걸려 있었다. 알 왈리드는 침실 근처에 있는 대리석 복도에서 그녀에게 무려 7억 달러가 넘는 보석 컬렉션을 보여줬다. 동네를 벗어난 곳에서 그녀는 동물원, 인공호수, 넓은 녹색 잔디밭, 미니 그랜드캐니언이 있는 그의 농장 리조트를 살펴보았는데, 그 넓이가 무려 50만 제곱미터에 달했다.

알 왈리드가 부자라는 것은 의심의 여지가 없었지만 얼마나 부자인지는 늘 논쟁의 대상이었다. 주간 《이코노미스트》는 한때 알려진 그의 보유 자산과 이익을 검토하고 나서 뭔가 이상하다는 결론을 내렸다. 그가 드러나지 않은 큰 수입원을 가지고 있거나, 그의 수입이 그가 주장한 것보다 훨씬 적다는 것이었다.

그는 《포브스》가 매년 발표하는 세계 억만장자 순위에 집착했다. 그는 그 잡지사에 전화를 걸어 목록에 자기가 올라가야 한다고 주장한 후, 1988년에 처음으로 목록에 올랐다. 몇 년 후, 《포브스》에서 그의 재산을 그가 가진 것보다 70억 달러 적게 평가하자, 그는 절망적인 목소리로 집에 있는 기자에게 전화를 걸었다.

그는 기자에게 "당신이 원하는 게 뭡니까. 필요한 것을 말해주세요"라고 말했다.

기자들은 《포브스》 리스트를 작성하는 동안 알 왈리드의 투자회사인 킹덤홀딩의 주가가 3년 연속 두 자릿수 상승했다는 것을 알게 되었고 결국 의심을 하게 되었다. 2012년에 주가가 무려 136퍼센트나 뛰었는데, 익명의 전 임원들은 알 왈리드가 그의 이름을 《포브스》 리스트에 올리기 위해 가치를 조작했다고 비난했다. 《포브스》는 2013년에 알 왈리드의 재산이 200억 달러 이상의 가치가 있다고 믿을 이유가 없다고 말하며 그의 순위를 뒤로 밀어냈다. 그가 주장한 것보다 96억 달러나 적은 것이었다. 알 왈리드는 이 사실이 보도되기 전에 《포브스》 리스트의 작성 과정에 '결함'이 있으므로 《포브스》 리스트와 관계를 끊는다고 발표했다. 그러면서 그는 자신이 탑 10 안에 들어간다고 말했다.

하지만 그런 그의 굽히지 않는 자존심이 결코 그의 지위를 떨어뜨리지는 못했다. 그는 클린턴 가족부터 찰스 왕세자, 마이클 잭슨에 이르기까지 모든 사람과 교제를 나눴다. 그는 완공 당시 수도인 리야드에서 가장 높았던 건물인 '킹덤 센터'를 짓고 펜트하우스에 사무실을 두었다. 그는 매혹적인 뮤직비디오를 제작하는 엔터테인먼트 회사를 운영했다. 그는 사우디 기업 대부분이 여성을 고용하지 않았을 때부터 공개적으로 여성 운전 금지에 반대했고 많은 여성을 고용했다. 그는 고용한 여성들이 옷을 멋지게 입을 수 있도록 보너스 1만 달러를 1년에 두 번 지급했다. 그는 작은 여성들이 몰려다니는 모습을 재미있어해서 그들을 수행원으로 삼아 자기 주위에 두기도 했다.

알 왈리드는 우아하고 화려했으면서도 아라비아 왕자의 위용을 잃지 않았다. 그는 사막의 화려한 캠프로 기자들을 초대했고, 집을 사거나 빚 갚는 데 도움받기 위해 줄지어 찾아오는 베두인들을 모두 받아들였다. 그가 전화 때문에 잠에서 깨어났던 2017년 11월로부터 몇 달 전에 《포브스》는 그의 순자산을 187억 달러로 추정했다.

새벽에 걸려 온 전화는 왕실에서 온 것이었다. 전화를 건 사람은 알 왈리드에게 국왕이 그를 보고 싶어 한다고 말했다. 이런 전화를 그렇게 이른 시간에 하는 건 이상한 일이었다. 하지만 왕자는 자기가 곤경에 처해 있다고 의심할 이유가 없었기 때문에 옷을 입고 차에 올라 경호원들과 함께 시내로 향했다.

———————

이틀 전, 또 다른 억만장자인 왈리드 알 이브라힘도 비슷한 전화를 받았다. 그는 왕족은 아니지만 왕실의 재산과 권력을 다루었기 때문에 왕족처럼 살아왔다. 그의 여동생은 오래전에 파드 국왕과 결혼했고, 그는 파드 국왕에게서 받은 종잣돈으로 위성 TV 방송인 MBC를 설립해 아랍 세계 최대의 언론사로 키워냈다. 그 방송에서 방영되는 〈아랍 갓 탤런트〉, 〈더 보이스〉, 〈오프라 쇼〉와 같은 히트 프로그램을 수천만 가정에서 시청하면서 MBC는 중동에서 시청자가 가장 많은 방송으로 올라섰다.

이번 전화도 왕실에서 온 것이었다. 본사가 있는 두바이에 머물고 있던 알 이브라힘에게 전화한 왕실 인사는 무함마드 빈 살만과의 면담을 위해 그를 리야드로 초대했다. 왕자는 2015년 그의 아버지가 국왕으로 즉위한 후 MBC를 사는 것에 관심을 보였지만 두 사람은 합의에 이르지 못했다. 회사 가치 평가를 위해 국제적인 회계사들을 투입했는데도 거래가 성사되지 않았다. 알 이브라힘은 개인제트기를 타고 리야드로 날아가 시내에 있는 파이살리아 호텔 호화

스위트룸에 머물면서 왕자가 호출하기를 기다렸다.

다른 사람들도 연락을 받았다.

국가방위군을 이끌었던 고 압둘라 국왕의 아들인 미텝 빈 압둘라 왕자는 예멘에서 날아온 미사일이 리야드 인근을 공격했다면서 대응 계획을 세우기 위한 긴급회의에 참석하라는 연락을 받았다. 왕자는 공격받았다는 소식을 전혀 듣지 못했지만, 그 역시 의심할 이유가 거의 없어서 서둘러 떠났다. 고인이 된 국왕의 다른 아들들도 소환되었다.

사우디에서 의류 체인인 자라와 갭 지점을 소유한 쇼핑몰의 거물, 사우디 인프라 건설 시장을 장악한 건설 대기업을 운영하는 빈라덴 일가의 세 아들, 《포브스》가 '세계에서 가장 부유한 흑인'이라고 부르는 에티오피아계 사우디 사람과 같은 저명한 사업가들에게도 같은 전화가 왔다. 제다 출신의 한 억만장자 노인이 전화를 받고 장례식에 가는 길이라며 다음 날 가도 되겠느냐고 물으니 그들은 "지금 오세요, 그렇지 않으면 우리가 당신을 데리러 가겠습니다"라고 말했다. 그는 그날 밤 리야드로 날아갔다.

며칠 동안 수백 명의 남성이 왕실로부터 국왕이나 MBS가 참석하는 만찬이나 회의에 초대하거나 알현할 기회를 준다는 전화를 받았다. 앞선 인사들이 받았던 것과 비슷한 전화였다. 그 초대는 거절하기가 불가능하기도 했지만, 그들로서는 국가 지도자가 중요한 사업을 맡길지도 모른다는 기대감 때문에 오히려 반가워할 일이었다. 하지만 그들이 나타나자 보안 요원들은 그들의 전화기와 지갑을 빼앗은 뒤, 적절한 보안 절차도 밟지 않고 그들을 리야드 리츠칼튼 호텔에 투숙시켰다.

리츠칼튼 호텔은 오랫동안 비즈니스맨, 컨설턴트, 미국 대통령, 그리고 정부에서 초청한 손님들에게 세계적인 수준의 숙소를 제공하는 사실상의 왕실 영빈관 역할을 해왔다. 얼마 전 MBS가 주최한 투자 회의 참석자들도 그곳의 아치형 대리석 로비에 모여 종마 동상 아래에서 커피를 마시며 이야기를 나눈 일이 있었다. 그러나 리츠칼튼 호텔은 투숙객들에게 전화를 걸어 예약이 취소되었으며 투숙객들은 다른 곳으로 옮겨야 한다고 통보했다. 한편 모든 사우디 공항은 개인 항공기 운항을 중지시켰다.

그날 저녁 뭔가 중대한 일이 벌어지고 있다는 것이 분명했다. 정부 측과 가까운 소셜 미디어 계정은 저명한 왕자와 사업가와 정부 관료 들이 체포되었다고 보도했다. 이 중에는 구금되는 순간까지 MBS와 가깝던 인사들도 포함되어 있었다. MBS의 보좌관들은 이들이 부패 혐의로 구금되었다는 뉴스를 퍼뜨렸다.

그날 밤 정부는 살만 국왕이 "모든 수준의 부패와 싸우기 위해" 부패방지위원회를 신설하고 그들에게 범죄 등록, 사건 조사, 계좌 동결, 여행 금지, 체포 영장 발급과 같은 권한을 부여했다고 발표했다. 이 조치는 "최근 수십 년 동안 사우디의 개발 노력을 방해해 온 지속적인 문제를 해결하는 것"을 목표로 한다고 설명했다. 부패방지위원회는 검사와 최고 보안 요원들로 이루어졌고 MBS가 지휘했다.

사우디는 이미 반부패 조직이 있었다. 하지만 그동안 정작 심각한 사건은 맡지 않는다는 조롱을 받아왔다. 하지만 새 위원회는 장난이 아니었다.

부패가 오랫동안 문제가 되었기 때문에 부패방지위원회를 구성한다는 왕명은 옳았다. 그러나 그것이 사우디 경제에 어떤 영향을 미칠지, 국민과 정부와 왕실 간의 관계에 어떤 영향을 미칠지는 분명

하지 않았다.

사우디의 석유가 가져오는 엄청난 부는 가정과 국가 예산에 막대한 자본을 쏟아부을 수 있게 만들었다. 그로 인해 위에서 현금이 쏟아져 내려오는 '낙수 경제'가 가속화되었다. 그리고 사회 전체는 가능한 한 많은 것을 잡으려고 그 아래로 뛰어들었다. 가장 꼭대기에는 월급을 받는 왕자와 공주 수천 명이 있었다. 그들은 그 돈으로 요리사, 가정부, 간호사, 패션디자이너, 미용사, 인테리어 장식가, 말 조련사를 고용했으며 식객도 거느렸다. 그 아래로 직업을 갖기를 원하는 사우디 사람 대부분을 고용하고, 종종 리베이트를 받고 민간기업에 계약을 넘겨주는 정부가 있었다.

이런 제도는 왕자들이나 저명한 사업가들이 정부 금고에서 무수한 방법으로 돈을 빼돌릴 수 있게 만들었다. 하지만 이런 모습은 언론에 거의 노출되지 않았다. 사우디 언론인들이 그런 문제를 다루는 법을 알고 국내법 집행 과정 역시 잘 알고 있었기 때문에 가능한 것이었다. 하지만 사우디에 거주하던 외국인들이 이런 노골적인 약탈을 지켜봤다.

한 미국 외교관은 1996년에 "수천 명이나 되는 사우디 왕자들과 공주들은 그들이 가진 터무니없는 재산과 그것을 낭비하는 모습으로 유명합니다"라고 쓰기도 했다.

그는 일반적인 모습을 설명했다. 왕족들은 종종 사우디 은행에서 돈을 '빌리고' 갚지 않았는데, 이는 너무나 흔한 관행이어서 많은 은행이 실적이 부족한 왕족들에게 대출을 거부했다. 오랫동안 왕실은행으로 여겨졌던 국립상업은행(NCB)은 예외적으로 대출을 승인했다. 그래서 미회수 대출로 인한 파산을 막기 위해 당시 파드 국왕으로부터 20억 달러의 구제금융을 받은 것으로 알려졌다.

왕자들은 종종 외국 기업의 대리인이 되어 수수료와 리베이트를 받았다. 특히 공항이나 군사기지 건설이 계획되어 있는 지역의 토지를 탈취하기 위해 그들의 영향력을 사용했다. 일단 건설이 시작되면 그들은 엄청난 이익을 붙여 정부에 그 토지를 팔았다. 또 다른 방법으로는 외국인 노동자의 '스폰서'가 되는 것이었다. 외국인 노동자들은 사우디 경제체제에서 살아남기 위해 '스폰서'를 통해 일할 수 있는 권리를 얻고 '스폰서'에게 매달 수수료를 지급해야 했다. 만약 한 왕자가 노동자 100명의 스폰서가 되어 각 노동자에게 매달 100달러를 받는다면, 그는 아무 일도 하지 않고 매달 1만 달러를 벌게 되는 것이다.

미국 외교관은 또한 대여섯 명의 고위 왕자들이 사우디 원유 생산량의 8분의 1에 해당하는 일일 100만 배럴의 원유를 관리했다고 폭로했다. 그들은 '예산 외' 사업에 사용한다는 명분으로 '왕실 배당'을 받았다는 것이었다.

그 외교관은 그것이 사우디 경제에 끔찍한 일이었다고 결론지었다.

그는 그 보고서에서 "우리는 국가가 직면한 우선순위 문제 중 왕실의 월권을 억제하는 것이 최우선이라고 평가한다"라고 썼다. 하지만 왕실이 이 나라를 '알 사우드 주식회사'로 보는 한 이런 모습은 거의 변하지 않을 것이었다.

11년 후, 또 다른 미국 외교관은 압둘라 국왕이 "통치 가문에서 가장 광범위하게 국민의 불만을 일으킨" 왕실의 잉여 인물들을 청소했다고 말했다. 압둘라 국왕은 수천 명의 왕족들에게 제공되던 무료 휴대전화 서비스를 중단하고, 그들이 일 년 내내 차지하고 있던 호텔 스위트룸에서 그들을 쫓아냈다. 그들이 국영 항공사에서 왕족에게 무제한으로 제공하는 무료 항공권을 팔아넘긴다는 것을 알고 그것도 금지했다. 그리고 정부가 민간인에게 토지를 넘기는 것도 줄였다.

드문 일이기는 하지만 왕족들이 부패에 대해 이야기하는 것은 그것이 자기들의 일이 아니라고 변명할 때뿐이었다. 2001년 당시 워싱턴 주재 사우디 대사였던 반다르 빈 술탄 왕자는 인터뷰에서 사우디가 개발 사업에 4,000억 달러를 쓰고 그 과정에서 부패로 500억 달러를 잃는 정도는 있을 수 있는 일이라고 말했다.

그는 "내가 말씀드리고 싶은 것은 그래서 어쨌다는 건가요? 우리는 부패를 발명한 것도 아니고 그렇게 천재적인 반체제 인사들이 부패를 발견한 것도 아닙니다. 부패는 아담과 이브 때부터 일어난 일이에요"라고 말했다.

살만 국왕이 집권할 때까지 부패가 드물었다고 믿을 이유도 거의 없었다. 10년 동안 지속된 고유가가 사우디 재정을 풍족하게 하다 보니 지도부가 부패를 단속할 동기도 만들어 내지 못했다. 게다가 압둘라 국왕이 병들어 감독 기능이 약화되자 한탕주의에 날개가 달렸다.

왕실이 부패 혐의자들에게 전화를 걸기 몇 달 전, MBS는 인터뷰에서 사우디가 부패에 대항하는 싸움을 충분히 심각하게 받아들이지 않았지만 곧 그렇게 될 것이라고 말했다.

그는 "부패 척결이 최우선 과제가 되지 못한다면, 그것은 부패 척결이 성공하지 못하고 있다는 의미이고, 그것은 여러분이 무엇을 하든 성공하지 못한다는 것을 의미합니다. 나는 그가 장관이든 왕자든, 그게 누구든 부패에 연루된 사람은 살려두지 않겠다는 것을 거듭 강조합니다"라고 말했다.

이 발언은 그 당시 거의 주목을 끌지 못했다.

단속이 시작되고 적어도 11명의 왕자와 전직 정부 장관과 사우디의 가장 유명한 사업가를 포함한 350명 넘는 사람들이 리츠칼튼 호텔과 다른 시설에 구금되자, 사우디 관료들은 그것을 변화로 여겨 환영했다. 재정부 장관은 "지배 구조와 책임, 정의의 원칙을 통합하겠다"며 "족벌주의나 특혜가 아닌 성과에 기반을 둔 공정하고 투명한 투자 환경을 조성하겠다"고 밝혔다. 검사는 피고인을 '독립적인 사법 절차'에 따라 대우할 것이며 "모든 사람의 법적 권리가 보호받을 것"이라고 말했다. 고위 성직자들은 이러한 움직임이 '공공의 이익'을 위한 것이라고 칭송했다.

그 조치는 미국으로부터 또 다른 열렬한 지지를 받았다.

트럼프 대통령은 트위터에 "살만 국왕과 사우디 왕세자를 크게 신뢰하고 있으며, 그들은 자신들이 무엇을 하고 있는지 정확히 알고 있습니다. 그들이 가혹하게 대우하고 있는 사람 중 일부는 수년 동안 조국을 '착취'해 왔습니다!"라는 글을 올렸다.

트럼프는 구금된 인사 중 적어도 한 사람과 함께 한 일이 있었다. 그와 알 왈리드는 수년간 공개적으로 다투었다. 트럼프가 대선 레이스에 뛰어든 뒤 왕자는 그를 "공화당뿐만 아니라 미국 전체의 수치"라고 부르며 사퇴하라고 말했다. 트럼프는 왕자를 '멍청이'라고 부르며 "아빠의 돈으로 우리 미국 정치인들을 통제하려 한다"고 비난했다. (선거 후 알 왈리드는 트럼프의 승리를 축하했다.)

사우디의 미래 재정을 건전하게 보장하기 위해 부패를 뿌리 뽑아야 한다는 것에는 의심의 여지가 없었다. 특히 예멘 전쟁으로 재정이 고갈되고 많은 젊은이가 일자리를 찾는 상황이었다. 문제는 고급 호텔에 많은 사람을 가두는 게 최선의 방법인가 하는 것이었다.

———————

나는 나중에 리츠칼튼 호텔에 구금되어 있던 사우디 전문가를 찾아냈다. 그는 자신이나 가족을 위험에 빠뜨리지 않도록 신원을 밝히지 않는 조건으로 사건에 대해 증언하는 데 동의했다. 그는 은퇴 직전의 나이 든 남성으로, 정부와 민간 부문에서 모두 일했고 심지어 살만의 수행원들과 함께 여행하기도 했다.

그가 국왕이 그를 초대했다는 왕실의 전화를 받았을 때 그는 제다의 집에 있었는데, 공항에 항공권을 준비해 놨다는 말을 들었다. 그가 공항에 도착했을 때 비슷한 전화를 받은 다른 사람들을 만났고 함께 리야드로 날아갔다. 그들이 도착하자 보안 요원들은 즉시 전화기를 빼앗고, 그들을 각각 다른 차에 태워 리츠칼튼 호텔로 데려갔다. 그가 체크인할 때 그의 지갑과 펜과 옷 가방도 가져갔다. 의료팀은 그를 살펴본 뒤 독방에 넣었다.

그는 "국왕의 이름으로 이곳에 오신 것을 환영합니다"라는 말을 들었다.

복도에는 경비원이 지키고 있었다. 그는 문을 닫을 수 없었고 떠나지 말라는 명령을 받았다. 방은 호화로웠고 편안한 안락의자가 있었다. 침대 위에는 베개가 높이 쌓여있었고, 창문에 두꺼운 커튼이 내려져 있었다. 호텔은 당일에 세탁물을 처리해 줬고 객실까지 식사를 가져다줬다. 밤에는 음식 카트가 사우디 음식을 싣고 홀로 내려왔다. TV가 켜져 있어 많은 수감자처럼 그 역시 사드 하리리 관련 기사를 보면서 시간을 보냈다. 그러나 그 방에 익숙해지면서 술잔, 펜, 면도기, 커튼 끈, 샤워실 유리문과 같은 자해 도구로 사용할 수 있는 모든 게 제거되어 있다는 것을 깨달았다.

두 번째 날 아침, 재단사가 와서 치수를 재고 가자 그는 곧 새 맞춤형 옷장을 받았다. 티셔츠 12벌, 속옷 12벌, 바지 12벌, 사우디 전통 복장을 입을 때 머리에 쓰는 슈막, 신발 한 켤레, 슬리퍼 한 켤레, 양말 몇 개, 사우디 전통 복장인 토브 3벌, 잘 때 입는 반소매 가운 3벌.

그는 "이 모든 것을 보면서 시간이 걸릴 것이라는 걸 알았습니다"라고 말했다.

그다음 왕실이 진짜 목표했던 일이 시작되었다. 왕실 요원들은 이들을 호텔 다른 곳으로 데려가 그들이 참여했거나 관여했다고 비난받은 부패한 거래에 대해 심문하고, 그들이 공모했다는 증거 문서를 제시했다. 수감자 중 일부는 위원회가 불법으로 간주해 국가로 반환해야 하는 특정 자산을 나열한 '목록'을 받았다. 다른 사람들은 긴 협상을 위한 일종의 착수금으로 막대한 일시금을 지급하라는 지시를 받았다. 적어도 한 명은 정부가 원하는 대로 나중에 적어 넣을 수 있는 빈 문서에 서명해야 했다.

한편 단속은 더욱 빨라졌다. 정부는 부유한 사우디 사람들이 해외로 돈을 옮기는 것을 막기 위해 은행 계좌 1,200개를 동결했고 며칠 후 계좌 500개를 추가했다. 요르단에서 가장 영향력 있는 사업가를 데려와 아무런 설명도 하지 않고 며칠 동안 억류했다. 새로운 사람들이 속속 들어왔다.

사우디 관계자들은 해외에서 무슨 일이 일어나고 있는지 묻는 질문이 쏟아져 들어오자, 이 과정을 서구에서 화이트칼라 범죄자들과 벌이는 유죄 협상에 비유했다. 아울러 수감자들이 변호사와 상의할 수 있고, 자신을 고발한 것에 대해 이의를 제기할 수 있다고 말했다.

MBS는 당시 인터뷰에서 정부 연간 지출의 약 10퍼센트가 부패로 손실됐다고 말했고, 이로 인해 그의 아버지가 국왕으로 즉위한 후 이 문제에 대한 조사를 시작했다고 말했다. 그는 합의금은 약 1,000억 달러 정도가 될 것으로 예상한다면서, 이 단속으로 시스템에서 부패를 몰아낼 수 있을 것이라고 말했다.

그는 "우리는 '당신은 탈출하지 못할 것입니다'라는 신호를 보내야 합니다"라고 말하면서 이 조치가 권력을 장악하기 위한 것이라는 견해를 "터무니없다"고 일축했다.

그런 조치는 사우디에서 전례가 없는 것이었다. 수감자들에게 방문이 허용되지 않는다는 이야기를 들은 그들의 친척과 직원과 사업 파트너 사이에 공포가 퍼져나갔다. 변호사가 수감자를 변호하는 것도 허용되지 않았다. 리츠칼튼 호텔에 구금된 이들에게 짧은 통화를 허용했지만, 호텔 교환대에서 추적하고 모니터링했으며 대화가 의례적인 안부를 벗어나면 중간에 끊어지기도 했다.

수감자들의 친척들이 당황해하고 그들의 기업을 관리하는 사람들이 기업을 계속 운영하기 위해 고군분투하는 동안, 많은 사람이 큰 위험을 무릅쓰고 조용히 내게 접근해 왔다. 암호화된 메시지 앱을 사용하고 사우디 밖에서만 만난다는 조건에 동의한 그들은 수집할 수 있는 모든 정보를 내게 건넸다.

많은 수감자가 부패에 연루되어 있었고, 그 동료들이 내게 부패의 내용을 말할 것 같지 않다는 건 의심의 여지가 없었다. 미텝 빈 압둘라는 주 방위군 건설공사로 부자가 된 것으로 알려졌다. 그의 이복동생인 투르키 빈 압둘라는 리야드 지하철 건설공사로 이익을 얻은 것으로 알려졌다. 투르키 빈 나세르 왕자는 영국과 무기 거래하는 과정에서 발생한 알 야마마 스캔들에 연루되었다. 알 왈리드는 압둘라 국왕 때 왕실에서 대출받은 것을 상환하지 않았다. 사드 하리리가 다른 사람들이 리츠칼튼 호텔에 수감된 같은 날 사임을 강요받은 것을 보며 많은 사람이 그가 그런 압박을 받은 이유 중 적어도 일부는 재산과 관계된 것으로 의심했다. 어쩌면 MBS는 하리리에게서 총리직을 빼앗고 나면 리츠칼튼 호텔에 가둘 수 있다고 생각했는지도 모르겠다. 이런 일은 모두 사실일 수 있지만, 정부가 이에 대한 구체적인 언급을 거부하면서 모든 과정은 안개 속으로 숨어버렸다.

수감자들의 친척들은 엄청난 부패가 있었다 하더라도, 그것은 당국이 연관된 것이라고 주장했다. 말하자면 사우디 사업가들은 왕실이 만들어 낸 환경에서 그저 운영만 담당했다는 것이다.

한 수감자의 친척은 내게 그가 늘 "사우디는 세계에서 가장 안전한 곳"이라고 주장했다고 말했다. 하지만 리츠칼튼 호텔에서 그는 자기가 살던 집을 포함해서 모든 것을 포기한다는 서류에 서명할 수밖에 없었다.

그녀는 "그것은 약탈입니다"라고 말하면서 MBS가 부패 혐의를 이용해 자기보다 뛰어난 사람을 잘라냈다고 비난했다. "그는 누가 돈을 가지고 있으면 그것을 빼앗아야 하고, 누가 명성이 있으면 그것을 부숴버려야 직성이 풀리는 사람입니다."

어떤 사람들은 부패로 소문난 일부 왕자들은 왜 리츠칼튼 호텔에 끌려가지 않았는지 의문을 제기하기도 했다. 그런 왕자 중 두 명은 살만 국왕의 동복형제의 아들이었다. MBS가 그들에게 면제증이라도 준 것일까? 아니면 그렇게 거래할 기회를 만들어 준 것은 아닐까? 알 수 없는 일이었다.

MBS에 대한 문제가 드러나기도 했다. 그는 무슨 돈으로 요트를 샀는지 설명한 적이 없었다. 소위 부패 척결이 시작된 지 채 2주도 지나지 않아 뉴욕 크리스티 경매장에서 신원을 밝히지 않은 사람이 레오나르도 다빈치의 〈살바토르 문디〉라는 그림을 4억 5,030만 달러에 낙찰받았다. 그 가격은 그 그림을 가지고 있던 사람이 구입한 가격의 세 배가 넘었을 뿐 아니라 지금까지 경매에서 낙찰된 그림값의 최고 기록을 깬 것이었다. 곧 그림을 구매한 사람이 잘 알려지지 않은 사우디 왕자라는 사실이 밝혀졌고, 미국 정보기관은 그가 MBS의 대리인이라고 확인했다. (나중에 MBS는 자기가 그 그림을 샀다는 것을 부인했지만 "고상한 취미가 있는 사람이 예술품을 동경하는 것은 자연스러운 일"이라고 말했다.)

그 일이 있고 얼마 후 2년 전 MBS가 3억 달러가 넘는 돈을 들여 '세계에서 가장 비싼 집'을 구매한 사실도 드러났다. 이런 모습은 왕실의 지나친 소비를 억제하는 데 헌신하는 사람으로서 보여서는 안 되는 모습이었다. 그런데도 사우디 친구들 대다수는 그 많던 재산을 빼앗겨 한순간에 나락으로 떨어지는 이들을 보면서 즐거워했고 그런 조치에 갈채를 보냈다.

시간이 지나면서 단속이 점점 더 가혹해진다는 소식이 들렸다. 1차 단속 때 체포되지 않았던 왕자 중에서 이에 대해 불만을 표시했던 왕자들이 체포되었다. 수감자 중 일부는 입감 신고로 구타와 신체적 학대를 당했고, 그중 몇몇은 병원으로 실려 가기도 했다. 이 과정에서 압둘라 국왕 아들의 심복이었던 알리 알 카타니는 결국 사망했다. 그는 압둘라 국왕의 아들이 체포될 때 함께 체포되었다가 구금 상태에서 사망한 것이었다. 그의 시신이 병원에 도착했을 때 목은 비틀어져 있었고 전기 충격을 받은 것처럼 온몸에 멍이 들어있었다. 그의 가족들은 조용히 그의 장례를 치렀다. 무슨 일이 있었는지 말하지 말라는 협박도 받았다.

수감자들이 석방되거나 가족 장례식에 참석하기 위해 잠시 석방되었을 때, 주위에 그들이 겪은 가혹행위를 털어놓았다. 잠을 재우지 않고 때리고 장시간 머리에 뭔가를 씌워놓고 심문을 했다고 했다. 한 명은 다리를 다쳤고, 다른 한 명은 손톱이 검게 변했다. 그들은 MBS의 행동대장으로 알려진 해커 사우드 알 카타니와 전 보안요원 투르키 알 셰이크가 호텔에 자주 나타났다면서 그들의 역할을 설명하기도 했다.

한 미국 시민은 최악의 대우를 받았다. 왈리드 피테히는 사우디에서 태어났지만 동부에서 의학을 공부하는 동안 미국 시민권을 취득했다. 그는 사우디로 돌아와 병원을 개업하고 동기 부여 전문가 경력을 쌓아가고 있었다. 그 역시 단속에 휘말려 호텔에서 1주일 정도 갇혔다. 경비원들이 그를 다른 방으로 끌고 가서 뺨을 때리고 눈을 가린 뒤 속옷까지 벗겨 의자에 묶고 전기 고문을 가했다.

사우디 정부는 수감자들을 학대했다는 사실을 강력히 부인했다. 학대가 얼마나 광범위하게 일어났는지는 여전히 불분명하지만, 이후에 내가 이야기 나눠본 미국이나 서구나 아랍 관계자 누구도 그 사실에 이의를 달지 않았다.

리츠칼튼 호텔에 갇혀있던 사우디 전문가 한 사람은 신체적 학대를 받은 적은 없지만, 구금된 동안 조국이라면 치를 떨게 되었다고 했다.

그는 내게 "부패가 퍼져 있던 것은 사실이지만 정부도 그 일부였고 왕실이라고 다를 것도 없었습니다"라고 말하면서 "내가 학대당한 것은 사실입니다. 학대당하는 동안 꼼짝할 수가 없었으니 정의를 회복시켜 줄 사람을 찾을 방법이 없었지요. 그 일로 나라에 충성할 마음이 없어졌습니다"라며 속마음을 털어놓았다.

———

부패 단속을 빙자한 체포가 시작되고 나서 석 달쯤 지났을 때, BBC가 이에 대한 보도를 쏟아내기 시작했다. 앨런 벤더라는 캐나다 사업가는 비행기로 리야드에 도착하자 왕실 관계자가 감방에 갇힌 것으로 보이는 알 왈리드와 영상통화를 하게 해주었다고 했다. 그는 관계자 한 사람이 왕자에게 읽어주라며 자기에게 혐의 목록을 건네주었는데, 그것은 누군가 나눈 개인적인 대화여서 아무래도 정부가 도청한 내용 같았다고 했다. 벤더는 그것이 왕자의 사기를 꺾어 왕자와의 '청산' 협상에서 칼자루를 쥐려는 방법이었던 것으로 짐작했다.

내가 벤더를 길게 인터뷰하기는 했지만 그의 이야기가 사실인지 아닌지 판단할 수 없었다. 그의 이야기는 사우디를 비난하는 내용이었지만, 그가 당시 리야드에 있었다는 사실을 확인할 수 있는 증거는 보여주지 못했기 때문이다. BBC 보도를 크게 우려한 사우디 당국자들은 《로이터》 기자를 리츠칼튼 호텔에 있는 알 왈리드와 인터뷰할 수 있도록 초청해 혐의를 반박했다.

《로이터》의 케이티 폴 기자는 사우디 당국자들의 안내를 받아 리츠칼튼 호텔에서 알 왈리드 왕자를 만났다. 그는 130평쯤 되는 628호 스위트룸에 묵고 있었다. 그곳에서 왕자가 그녀를 반갑게 맞았다. 그는 살이 좀 빠진 것 같았지만 여전히 선글라스를 끼고 있었고, 그가 자랑스럽게 여긴 희끗희끗한 수염도 그대로였다. 왕자는 그녀에게 거실부터 시작해 식당과 사무실과 주방까지 그가 머무는 공간을 보여줬다. 케첩과 겨자 소스가 든 작은 병도 보여주고 난 후 다이어트 펩시를 들고 한 모금 마셨다. 그러고 나서 책상에 앉아 머그잔을 눈앞으로 들어 올리며 모든 것이 정상이라고 말했다.

그는 "아무런 문제도 없어요"라고 말했지만 어색한 모습을 지울 수 없었고 선글라스를 절대 벗지 않으려고 했다. "내가 장담하는데, 지금 이루어지는 모든 조치는 아무 문제가 없습니다. 지금 밝힐 수는 없지만 우리는 정부와 여러 가지 문제를 협의하는 중입니다. 하지만 거의 끝나가고 있어요. 이곳이 내가 사는 도시이니 편안합니다. 아무런 문제없어요. 다 괜찮습니다."

알 왈리드는 BBC 보도가 '모두 거짓말'이라면서 그가 리츠칼튼 호텔에 머무는 동안 음식도 훌륭했고 걷기도 하고 수영도 하고 뉴스도 챙겨들었다고 했다.

그는 "집처럼 편안하다"고 말하면서도 왜 애초에 호텔에 있었는지 묻는 말에는 대답을 피했다. "내가 말할 수 있는 건 내가 국왕과 왕세자가 진정으로 새로운 사우디를 만들기 위해 쏟는 노력에 지지를 보낸다는 것뿐입니다."

알 왈리드를 위해서 일했던 사람들은 그가 다이어트에 신경 쓰기 때문에 식성이 몹시 까다롭고 케첩을 멀리했다고 말했다. 그들은 몇 년 전에 그가 휴가 때 머물 호텔에 보낸 작업 지시서도 보여 줬다. 이에 따르면 객실의 매트리스는 단단해야 하고, 암막 커튼을 치고, 미니바에 들어있는 술을 모두 치우고, 그의 수행원들이 보는 TV에서 음란물과 만화를 제외해야 했다. 음식에 대해 언급한 첫 줄에서 "왕자 전하는 더 이상 다이어트 펩시를 마시지 않습니다"라고 언급되어 있었다. 이런 모습을 보면서 눈에 띄게 음료수 캔을 휘두르던 모습이 몸값을 요구하는 영상에서 인질이 눈을 깜박이는 것과 같은 메시지가 아니었을까 하는 의문이 들었다. 물론 구금된 동안 그저 식단 조절을 게을리한 것일 수도 있기는 하다.

어쨌든 그는 그가 요구받은 대로 대답한 것으로 보였고 그날 밤 풀려나 집으로 돌아왔다. 그렇다고 MBS에게 직접 보고하는 경비원의 감시에서 벗어난 것은 아니었다. 다른 수감자들도 호텔을 떠나기 시작했다. 정부에서는 이 과정에서 1,060억 달러를 회수했다고 발표하면서 회수한 재산 대부분은 부동산, 기업, 주식, 기타 비유동 자산이라고 밝혔다. 그리고 소환된 381명은 용의자와 증인이 포함된 숫자로, 그중 아직 조사가 마무리되지 않은 사람은 56명이라고 밝혔다.

하지만 누가 그것을 장담할 수 있었을까? 수감자 중 누구도 자신이 부패했다거나 자산을 양도했다는 사실을 인정하지 않으려고 했다. 정부도 누가 무엇을 내놨는지, 왜 내놨는지, 금액이 어떻게 산출한 것인지 밝히지 않았다. 리츠칼튼 호텔이 2월 중순 공식적으로 영업을 재개하자 숙소를 찾지 못해 쩔쩔맸던 외국 컨설턴트들이 다시 돌아왔다. 이 사건은 그렇게 막을 내렸다.

———————┴——

정부는 수감자들을 리츠칼튼 호텔에서 내보내기는 했지만 대부분 동선을 추적하는 전자 발찌를 채워서 보냈다. 이전에 풀려난 사람들은 대부분 도청 장치를 의식해 수감된 동안 있었던 일을 가족들에게조차 이야기하지 않았다. 어떤 사람은 말할 일이 있을 때 발찌를 베개로 감아놓기도 했고, 또 누군가는 시끄러운 음악을 틀어놓기도 했다. 발찌는 실시간으로 추적되고 있었다. 또한 충전기에 계속 연결하게 되어 있어서 원격 모니터에 연결되지 않는 것으로 표시되면 전화를 걸어 플러그를 꽂으라고 지시했다. 아직도 석방되지 않은 수감자들이 많이 남아 있었다. 나중에 그들은 비용을 내지 않는 곳으로 옮겨 수감되었다. 그중에는 1년 넘게 갇혀있었던 사람도 있다.

이 사건은 사우디 경제와 주요 인사들을 뒤흔든 경제 지진이었다. 아직까지는 그 충격의 여파가 어디까지 미쳤는지 분명하지 않다. 그 사건이 투자자의 신뢰에 미친 영향과 당시 표적이 된 사람들의 운명에 미친 영향은 좀 더 시간이 지나야 분명해질 것이다.

수십 년 동안 왕실의 주요 사업을 수행한 건설 회사인 사우디 빈 라덴 그룹은 결국 정부의 통제 아래 들어갔다. 《로이터》가 확인한 내용에 따르면 MBS는 2015년 이 회사 회장에게 자기가 파트너가 되고 싶다고 말하기도 했고, 기업공개를 통해 지분을 매각해야 한다고 말한 적도 있다. 회사를 운영하는 빈 라덴 가문의 형제들이 저항했지만 그중 적어도 세 명은 리츠칼튼 호텔에서 항복해야 했다. 빈 라덴 '청산' 결과 당국은 개인 제트기와 보석과 현금뿐 아니라 오너 형제 중 하나가 보유하고 있던 9,000만 달러 상당의 자동차 컬렉션, 게다가 그들이 사는 집까지 압수했다. 또 다른 형제는 자신이 운영하는 마세라티 쇼룸을 털렸다.

세 형제가 소유한 회사 지분의 36.2퍼센트는 국가로 이전되었고, 정부는 5인 위원회를 구성해 회사 운영을 감독했다. 다른 형제들은 지분을 유지했고 두 사람은 경영진에 남았다.

빈 라덴 그룹에는 수행 중인 사업이 93개나 되었지만, MBS가 홍해 연안에 건설하고 있는 꿈의 도시 네옴에 집중하기 위해 사업 대부분이 중단되었다. 이 회사가 시작한 첫 번째 사업은 궁전 건설공사였는데, 이전에 이 회사가 모로코에 지은 살만 궁전을 본떠 만든 것이었다. 워낙 급하게 짓다 보니 궁전 낙성식 날짜까지 시간이 너무 빠듯해서 잔디가 자라기를 기다리지 못하고 인조 잔디로 대체했었다.

빈 라덴 그룹 형제 중 한 명은 리츠칼튼 호텔에서 보낸 시간이 '끔찍한 경험'이었다고 했다.

아랍 최대 미디어 기업인 MBC도 비슷한 운명을 맞았다. 회장인 알 이브라힘이 MBS의 회사 인수 제안을 거절하자 국제 회계법인인 PwC가 회사 회계장부를 조사하기 위해 투입되었다. 그다음 달에 알 이브라힘과 회사 이사회 구성원 대부분이 리츠칼튼 호텔에 갇혔다. 며칠 뒤 PwC 회계사들은 마치 아무 일도 없었다는 듯이 보고서를 마무리하기 위해 두바이 본사를 찾았다. 영국 로펌인 '클리퍼드 찬스(Clifford Chance)'는 이 회사 주식을 사우디 정부에 이전하는 데 필요한 서류를 작성했다. 회계법인이고 로펌이고 할 것 없이 판매자를 가둬놓고 거래를 마무리 지으려는 구매자에게 누구도 공개적으로 이의를 제기하지 않았다.

알 이브라힘은 1월 말에 리츠칼튼 호텔에서 풀려났고, 나중에 두바이로 돌아와 회사 지분의 40퍼센트만 건졌다. 나머지 60퍼센트는 '이스티다마'라는 재무부 산하의 정체불명 기관으로 이전되었다. MBS는 이 회사가 리츠칼튼 호텔에 구금되었던 인사들에게서 압수한 기업과 재산을 관리한다고 밝혔다. 시간이 지나면서 이 TV 채널은 MBS의 정책을 따르기 시작했다. 예를 들어 왕실의 명령에 따라 카타르와 가깝게 지내는 튀르키예에 대한 보복 조치로 튀르키예 인기 드라마 시리즈 6개를 취소했고, 이로써 회사에 약 2,500만 달러의 손실을 입혔다.

알 왈리드는 서류상으로는 킹덤홀딩을 계속 운영하는 것으로 되어있었지만, 더 이상 그가 운명으로 여겼던 그 회사의 주인이 아닌 것처럼 보였다. 그가 석방되기 전에 《월스트리트저널》은 '정통한 소식통'을 인용해 정부가 그에게 60억 달러를 요구했다고 보도했다. 그는 풀려난 후 정부와 '비밀 유지에 합의'했음을 밝혔다. 아울러 자신은 일상을 회복했다면서 MBS를 찬양했다.

그는 "무함마드 빈 살만은 사우디를 위해 일하고 있습니다. 지금 그가 하는 일을 지지하지 않는 사람은 반역자입니다"라고 말했다.

알 왈리드가 석방된 후 그를 만난 외국 펀드 매니저는 "왕자도 자기에게 무슨 일이 일어났는지 제대로 이해하지 못하고 있는 것 같습니다"라고 말했다.

오랜 시간이 지난 후 사우디 관측통들은 리츠칼튼 호텔에서 누가 무엇을 잃었는지 확인하려고 자기들이 알아낸 소문을 공유했지만 정확한 내용은 오리무중이었다. 문서가 있었다 하더라도 왕실 어딘가에 감춰놓아서 확인할 수 없기는 마찬가지였을 것이다.

하지만 큰 틀로 보면 결과는 분명했다. 무함마드 빈 나예프가 왕세자 자리에서 물러난 후에도 MBS에 도전할 수 있는 권력을 가진 왕자가 몇 명 남아 있기는 했다. 하지만 그 사건이 일어난 이후에는 아무도 남아 있지 않게 되었다. 결국 사우디에서는 돈 되는 사업을 마음대로 주무를 수 있는 권력과 부유한 거물들이 손잡는 시대는 이미 지나갔다. 이제 모든 사람이 MBS에게 굴복했고, 그래서 그는 자신의 계획을 수행하는 데 필요한 자원을 마음껏 쓸 수 있게 되었다. 옛 엘리트들은 그를 미워했을지 모르지만, 그들이 할 수 있는 일은 거의 없었다. MBS는 이제 사우디 경제를 완전히 지배하게 되었다.

리츠칼튼 호텔에 갇힌 왕자의 부하 직원 하나가 내게 이렇게 말했다. "누구도 리츠칼튼 호텔에서 일어난 일에 대해 말할 수 없습니다. 결국 그들은 모두 사우디에서 살아야 하니 말입니다."

21장
오페라에서의 하룻밤

내가 자말 카슈끄지에게 리츠칼튼 호텔 사건에 대해 물었을 때 그는 퉁명스럽게 대답했다.

"그건 여러 사람이 앉아서 보드게임을 하는 것과 같아요. 하지만 당신이 모든 걸 결정할 수 있다는 게 다르지요. 당신이 규칙도 바꿀 수 있어요. 하지만 나머지 사람들은 반드시 당신과 게임을 해야 하고 말입니다."

그는 《워싱턴포스트》에 게재한 칼럼에서 리츠칼튼 호텔 사건 당일을 나치 독일에서 아돌프 히틀러가 자기 권력을 공고히 하기 위해 숙청한 것에 빗대어 '장검(長劍)의 밤'이라고 불렀다. 그러면서 무함마드 빈 살만은 '왕세자가 가지는 모든 권한을 중앙 집중화하는 것'을 목표로 삼고 있다고 덧붙였다. 그는 부패와 싸우겠다는 왕세자의 계획을 높이 평가했다. 그러면서 자기가 직접 목격한 부패 사례를 들려줬다. 그중 하나가 제다 하수도 공사 이야기인데, 땅속에 묻히는 하수도는 만들지도 않고 눈에 보이는 맨홀 뚜껑만 덮어 놓았다고 했다.

그는 칼럼에서 "나는 당시 주요 신문의 편집자로서 동료들과 그런 사실을 알고 있었지만 그런 사실을 보도한 일은 없습니다"라고 고백하면서 "그래서 나는 사우디 국민으로서 이런 재앙이 끝나기를 간절히 바랍니다"라고 자신의 심경을 표현했다.

하지만 그는 MBS가 정적들을 러시아의 블라디미르 푸틴처럼 다루고 있는 데다가 필요할 때만 정의를 끌어온다며 비난했다. MBS가 5억 달러짜리 요트를 산 것은 사실이지 않은가?

"모든 책임은 지도자가 지는 것입니다. 그는 자기가 세워놓은 기준을 자기 가족 이외의 사람이나 국민에게만 적용하고 있습니다. 자기가 그 기준을 만들었다고 해서 자기가 예외가 될 수는 없는 일입니다."

2017년 말이 되어 망명 생활이 어느 정도 자리를 잡아가자 카슈끄지는 모국에서 일어난 일을 칼럼으로 다루기 시작했다. 그는 구금된 사람 중 일부는 자신들이 체포된 것에 대해 강한 불만을 보이고 있지만, MBS의 개혁을 지지하는 사람들은 그 정도면 '정치적 정의를 회복하기 조치로서는 온건한 편'이라고 평가한다고 전했다. 카슈끄지는 그 사건을 비판하고 나섰다.

그는 이렇게 물었다. "네옴에서 수 마일 떨어진 사우디 사람은 침묵하게 만들어 놓고, 네옴은 로봇과 외국인과 관광객으로 가득 찬 현대식 사회로 만들겠다는 것이 과연 설득력이 있겠습니까?"

그는 사우디 정부에 예멘 전쟁을 끝내기 위한 평화회담을 추진할 것을 요구했다. 아울러 사드 하리리와 관련한 조치를 비난하고, 충동적으로 카타르 보이콧을 결정한 것도 비난했다.

카슈끄지는 미첼 세일럼과 자주 만나고 메시지도 계속 주고받으면서 생각과 감정과 기사를 공유했다. 그것이 그가 워싱턴에서 자기 경력을 새로 시작하는 데 큰 도움이 되었다. 그녀는 그가 영향력 있는 사람과 만날 수 있도록 자리를 만들고 호텔을 예약하고 항공편 예약을 변경했을 뿐 아니라 수수료를 대신 내주기도 했다. 그녀의 도움으로 카슈끄지는 중요한 미팅을 놓치지 않을 수 있었다. 그녀는 카슈끄지를 보조할 수 있는 연구원을 뽑아주겠다는 제안도 하고 번역가를 구해서 그의 칼럼이 발표될 때 아랍어로도 동시에 발표될 수 있게 만들었다. 또한 그의 글이 《워싱턴포스트》뿐 아니라 다른 신문에도 실리게 만들기 위해 뛰어다녔다. 두 사람이 머리를 맞대고 글의 내용을 구상하면 미첼 세일럼은 초안을 만들거나 아예 기사를 작성하기도 했다. 그의 글을 미국 독자들이 좀 더 쉽게 읽게 만들기 위해 용어를 다듬었다. 한 번은 내용을 보완하기 위해 카슈끄지는 미처 이해하지 못하고 있었던 데이브 에거스의 소설 〈왕을 위한 홀로그램〉에서 일부를 인용하기도 했다.

카슈끄지: "세상에는 '지배자'와 '지배자가 마법을 거는 피지배자'가 있다." 이게 무슨 말이에요? 무슨 뜻이지요?
미첼 세일럼: MBS를 암시하는 거예요.

이렇게 두 사람이 이야기를 나눈 소설의 문장은 리츠칼튼 호텔 사건에 관한 칼럼에 녹아들어 갔다.

이런 일 말고도 편집을 하다가 사우디 관련 정보가 부족하면(예컨대 리츠칼튼 호텔에 갇혀있던 언론계 거물 이름이라던가) 그녀는 카슈끄지에게 물어서 기사를 보완했다.

미첼 세일럼: 나쁘지 않은 팀이네요, 당신과 저 말이에요! 물론 당

신이 고통을 견뎌야 하는 건 달라지지 않지만요.

카슈끄지: 그럼요.

그들은 종종 어조를 놓고 옥신각신했다. 미첼 세일럼은 그에게 좀 더 강하게 쓰라고 압박했고 카슈끄지는 선뜻 동의하지 않았다.

미첼 세일럼: 이런 말 하는 것도 지겨워요. 그래도 또 할 거예요. 당신이 가장 좋아하는 왕세자는 주변에 도와줄 사람으로 넘쳐나는데 말이에요. 이제 때리는 척만 하는 건 좀 그만두세요.

카슈끄지: 전략적으로 움직여야 해요. 화낸다고 해결될 일이 아니잖아요.

미첼 세일럼: 내가 생각하는 전략이라는 건 하지 말아야 할 일이 무엇인가, 그런 거예요. 당신은 사우디로 돌아갈 수 없어요. 돌아가면 그들과 똑같은 사람이 되어버리잖아요. 그들이 누구인지 잊어버려서는 안 돼요.

카슈끄지: 난 돌아갈 생각이 없어요. 그들의 비위를 맞출 생각도 없어요. 하지만 이성적으로 차분하게 이야기하는 게 화내는 것보다 더 효과적이에요.

———————

그들의 서로를 잘 알고 있었지만 그렇다고 관계가 그렇게 단순한 것만은 아니었다. 그들은 수년 동안 서로를 알고 있었고 카슈끄지는 그녀를 신뢰했다. 그는 워싱턴에 도착한 후 그녀에게 '가장 좋은 친구'라고 말하기도 했다. 그녀는 늘 그를 걱정했다. 그러면서 그에게서 무력감을 떨쳐내려면 그가 관심을 가진 문제에 계속 관여하게 만드는 길밖에 없다고 생각했다. 그들은 수년 동안 중동에 대해 이야기해 왔지만 MBS가 권력의 중심으로 떠오르는 것이 그들에게는 상당히 불안해 보였다. 이제 그들은 그저 그 지역의 정치에 대해 논쟁만 하다 마는 사람들이 아니었다. 카슈끄지는 사우디의 가장 중요한 동맹국 수도에서 자국의 왕세자에게 도전하는 저명한 작가가 되었고, 미첼 세일럼은 사우디가 적으로 여기는 국가의 급여를 받으며 그들의 실질적인 대리인이자 보좌관이자 편집자로 일하고 있는 사람이었다. 카타르를 위해 일하는 미첼 세일럼이 카슈끄지가 쓰는 글에 영향을 미치기는 했는지, 그랬다면 어떤 영향을 미쳤는지 분명하게 드러난 것은 없다. 카슈끄지가 동의하지 않은 글이 카슈끄지의 이름으로 발표된 일이 있었다는 증거도 없다. 하지만 사우디로서는 두 사람이 함께 일한다는 것만으로도 그들에 대한 감정이 악화될 수밖에 없었다.

카슈끄지는 글을 많이 쓸수록 사우디로 돌아갈 가능성이 작아진다는 것을 알고 있었다.

카슈끄지: 불안해요. 안전한데도 불안해요.
미첼 세일럼: 왜요?!?!?
카슈끄지: 영원히 집을 떠난 셈이니 말이에요.

하지만 그는 계속 글을 발표했다. 그는 사우디가 새롭게 '아군 아니면 적' 전략으로 편 가르기에 나선 것을 보고 경악했다. 또한 사우디의 미디어 차르인 알 카타니가 정부의 노선을 이탈한 사람들을 공격하도록 부채질했다고 비판했다.

그는 "그들은 비판 기사마저도 정중하게 쓰는 나 같은 작가를 런던에 기반을 둔 강경 사우디 반대파보다 더 위험하게 여기는 것 같다"라는 기사를 썼다. 사우디 정부는 성직자들과 지식인들은 체포하면서 지시를 따르는 언론인들은 그 보상으로 돈을 주거나 높은 자리로 승진시켰다. 일반 시민은 온라인에서 반대 의견을 찾을 수는 있지만 정부의 공식적인 입장과 일치하지 않는 의견을 '공유'하거나 '좋아요'를 누르는 것은 한 번 더 생각해야 했다.

미첼 세일럼은 사우디 사람들이 그를 해코지할까 염려해 카슈끄지가 사우디 대사관에 갈 때마다 잘 살펴야 한다고 강조했다.

2월 말.

카슈끄지: 신청했던 위임장을 찾으러 대사관에 가는 길이에요.

미첼 세일럼: 언제 나오는지 알려주세요.

11분 후.

카슈끄지: 나왔어요.

그는 자신의 글이 다른 사우디 사람들을 해칠 수 있다는 것을 알았기 때문에 친구가 워싱턴을 지나쳐 가도 그 친구가 거리를 두고 싶어 하는 것 같으면 전화하지 않았다.

카슈끄지: 그는 나를 만나면 다쳐요. 이런 내가 정말 싫네요.

미첼 세일럼: 모두 다 겁먹었어요.

카슈끄지: 난 지금 사우디 대사관에 가고 있어요.

17분 후.

카슈끄지: 나왔어요.

나는 지난번 사우디에 갔을 때 오페라를 보러 갔다. 조금 늦게 도착해 공연장에 들어가려니 불이 어두워지기 시작했다. 공연장은 여자대학에 있었고 객석은 붉고 화려한 의자로 채워졌다. 턱시도를 입은 지휘자가 나타나자 객석을 거의 채운 관객들이 박수를 쳤다. 그가 지휘봉을 들자 음악이 시작되고 무대 조명이 켜졌다.

인종차별과 사랑과 전쟁을 그린 〈안타르와 아블라〉라는 아랍 오페라였다. 여주인공 아블라가 "사랑하는 이여, 시를 읊어주세요" 하는 노래를 부르는 것으로 오페라가 시작되었다.

칼싸움과 극적인 죽음과 당시 의상을 입은 배우들로 가득 찬 그 무대는 사우디 국민이 좀 더 많은 문화를 누리고 살도록 하겠다는 MBS의 정책 중 하나였다. 그는 이를 정착시키기 위해 국내 엔터테인먼트 산업을 함께 육성하고 있었다. 이런 정책은 종교 경찰이 힘을 잃고 나서야 비로소 속도감 있게 진행되기 시작했다. 이렇게 열린 문으로 만화 축제, 레슬링 경기, 댄스 공연, 몬스터 트럭 랠리가 쏟아져 들어왔다. 미국 래퍼 넬리는 남성 관객을 대상으로 공연을 열었다. 뉴에이지 음악의 구루 야니는 사우디에서 두 번이나 공연을 열었다. 나중에는 머라이어 캐리와 백스트리트 보이스도 왔다.

이런 변화에 대해 보수층에서는 불만이 새어 나왔지만, 그날 밤 오페라 공연장은 열기가 넘쳤다. 휴식 시간에 자기 딸과 함께 온 사우디 대사와 마주쳤다. 잘 알고 지내는 사람이었다.

내가 "오페라 팬이세요?"라고 묻자

그는 "그렇지요. 오늘부터 말입니다"라고 대답했다.

무대 위에서는 음모가 연이어 펼쳐졌다. 소란과 전투가 이어진 후 사우디 국기가 등장하자 관객들은 모두 일어서서 박수를 보냈다.

공연이 끝난 후 20대 초반으로 보이는 사우디 남성 세 명에게 2년 전 주말 밤에는 무엇을 했는지 물었다. 그들은 어깨를 으쓱거렸다.

한 사람이 "전에는 사우디에서 즐길 것이라고는 먹는 것밖에 없었어요"라고 말했다. "모이면 뭘 해야 할지 이야기 나누곤 했지만, 그저 결론은 먹으러 가는 것이었지요. 연주회도 없고 공연도 없었거든요. 이제는 주말에 뭘 해야 할지 계획을 세울 수 있게 되었습니다."

엔터테인먼트 산업은 MBS가 계획을 이루어 가는데 적지 않은 역할을 했다. 그는 사우디 젊은이들이 다른 이슬람 국가에 사는 또래들이 누리고 있는 만큼 다양한 문화를 누리고 있지 못해서 몹시 지루해한다는 것을 알고 있었다. 그들은 그래서 해외로 몰려나간 것이었다. 돈이 많은 사람은 파리와 런던으로 날아갔고, 그렇지 못한 사람들은 영화를 볼 수 있는 두바이나 바레인에서 주말을 보냈다. 그곳에서 여성들은 운전할 수 있었고 원하는 사람은 맥주를 두세 잔 마실 수도 있었다. 그런 상황이니 MBS가 국민이 해외에서 엔터테인먼트를 즐기기 위해 쓰는 200억 달러를 국내에 묶어놓고, 그것으로 경제를 활성화하고 일자리를 만들겠다는 목표를 세운 것이다.

사우디 역사를 살펴보면 엔터테인먼트가 허용해야 할 대상일 뿐 아니라 유익하다고까지 생각하는 것은 가히 혁명적인 일이었다. 사우디 왕실이 영화를 처음 만난 곳은 1945년 미국-사우디 정상회담이 비밀리에 열린 미국 전함 퀸시호였다. 당시 미국 선원들은 MBS의 할아버지를 항공모함에 관한 다큐멘터리 영화인 〈파이팅 레이디〉 상영회에 초대했다. 압둘아지즈 국왕은 깊은 인상을 받았지만, 그의 왕국에서는 그런 변화를 원하지 않았다.

국왕은 그 이유를 이렇게 설명했다. "영화가 모두 이처럼 멋진 내용이라고 하더라도 이것 때문에 국민이 엔터테인먼트를 자주 즐기게 될 경우, 국민이 종교적 의무를 지키는 일에 게을러지지 않을까 걱정스럽습니다. 그래서 국민이 영화를 꼭 봐야 하는 건지 의심스럽습니다."

(국왕에게는 알려지지 않은 일인데, 그의 두 아들이 어느 날 밤늦게 미국 선원 숙소에서 선원들과 함께 영화를 보다가 배우 루실 볼이 날뛰다가 옷을 찢어먹는 장면을 보고 즐거워했다.)

이전의 왕족들은 신앙에 모범을 보이는 것으로 그들의 통치를 합법화했는데 영화는 오히려 그것과 대조되는 존재였다. 그런데도 MBS는 새로운 모델을 만들고 있었던 것이다. 그는 전통적으로 권력을 구성하고 있는 축인 성직자와 재계 엘리트와 왕족을 밀어내고, 사우디 젊은이들을 새로운 지지층으로 만들려고 했다. 왕실이 음악과 영화와 프로레슬링을 도구로 삼아 젊은이들에게 구애의 손길을 내민 것이다.

2016년, MBS는 연예청(General Entertainment Authority)을 설립해 새로운 산업을 일으키려 했다. 내가 오페라 보러 갔을 때쯤 연예청이 2018년 계획을 홍보하는 화려한 행사에 나를 초대했다. 그 행사는 루빅스 큐브를 이용한 환상적인 공연으로 문을 열었고, 이후 연예청장의 발언이 이어졌다. 그는 연예청이 감독하는 행사를 지금의 두 배인 4,000개 이상으로 늘리고 행사 일정을 안내하는 웹사이트를 구축하고와 앱을 배포하겠다고 발표했다.

MBS는 "행복을 사랑하는 우리가 행복을 찾기 위해 이웃 나라로 가야 한다는 것은 잘못된 일입니다"라고 말했다.

그는 오페라하우스를 건설하고 거리 축제를 준비하고 투자 회의에서 발표한 엔터테인먼트 도시를 건설하는 사업을 챙기느라 현기증이 날 정도로 뛰어다녔다.

"우리는 갈 길이 멉니다. 우리는 우리가 무엇을 하고 싶은지 알고 있습니다. 물론 알라가 허락하셔야 할 일이기는 합니다만. 우리는 지도부로부터 무한한 지지를 받고 있습니다. 여러분이 도와주시면 이 모든 일을 실현할 수 있습니다."

정부가 엔터테인먼트를 감독하는 것은 소련과 흡사하다는 느낌을 지울 수 없었지만, 수십 년간 보수주의자들이 너무나 많은 제약을 만들어 놓았기 때문에 왕세자의 지원을 등에 업은 강력한 위원회가 아니고서는 이 장벽을 뚫고 나가는 것이 불가능해 보였다. 하지만 사우디는 이미 아무것도 없는 것에서부터 시작했다. 예전에 몇 개 있던 영화관도 1979년부터 문을 닫았다. 악기를 취급하는 상점이 있기는 했지만, 학교에서 음악뿐 아니라 연극이나 다른 예술도 가르치지 않았다. 사우디 안에서 이루어지는 엔터테인먼트란 이집트나 시리아나 레바논, 또는 할리우드나 발리우드에서 개인적으로 들여와 즐기는 것에 국한되었다.

연예청장은 사우디의 어린 소녀가 발레를 배우고 싶어도 선생님을 찾는 일이 매우 힘들다는 것을 이미 알고 있었다고 인정했다. 사우디에는 녹음할 수 있는 스튜디오도 없고 그것을 운영할 전문가도 없어서 국경일에 사용할 음악을 레바논에 가서 녹음해 오기도 했다. 사우디는 이 분야 산업을 일으키기 위해 향후 10년 동안 640억 달러를 투입하는 예산을 편성했다.

이 변화는 낡은 시스템과 싸웠던 사람들에게 힘이 되었다. 알 왈리드 빈 탈랄 왕자의 전 부인인 아메라 알 타월은 사우디 타임 엔터테인먼트의 회장이었다. 그녀는 사우디의 젊은이들을 공략하기 위해 2012년에 회사를 시작했지만, 행사를 한 번 치르려면 경찰을 비롯한 여러 부처의 허가를 받아야 해서 몹시 힘들었다고 말했다. 그 절차를 밟는 데 9개월 걸리는 건 흔한 일이었고, 그러다 보니 한 해에 할 수 있는 행사가 몇 개 되지 않았다. 이제는 몇 주일이면 연예청 허가를 받을 수 있게 되어 2018년에는 28개의 행사를 계획했다. 여기에는 〈태양의 서커스〉, 사우디 패션 주간, 재즈 축제, 그리고 내가 관람했던 오페라도 포함되었다.

당국에서는 내용을 검토하고 사회적으로 예민하게 여겨질 수 있는 내용을 일부 수정했다. 〈태양의 서커스〉야 특별히 문제가 될 만한 것이 없으니 그러려니 했지만, 남성과 여성이 함께 출연하는 〈쉐도우랜드〉의 공연 허가가 떨어지자 알 튀윌이 오히려 놀랐다. 물론 짧은 드레스를 레깅스로 바꾸고 다윈의 진화론을 떠올리게 하는 이미지가 제거되는 정도의 수정이 있었지만.

진화론을 떠올리는 이미지가 제거된 것에 대해 알 타일은 "이슬람에서는 그것을 믿지 않기 때문이지요"라고 설명했다.

하지만 그녀의 회사에서는 사우디 작품을 찾기 위해 고군분투해야 했다.

그녀는 현재 상황을 이렇게 설명했다. "문제는 우리가 재능이 없는 게 아니라 우리 교육체계로는 우리가 가진 재능을 구체적이고 전문적인 결과로 만들어 낼 수 없다는 것이지요. 우리는 미술 학원이나 음악 학원이 없어요. 그런 사람들이 있어야 오케스트라를 만들거나 오페라를 만들 수 있는데 말이에요. 밴드를 만들거나 축제를 계획하는 것도 다르지 않습니다. 그것뿐이 아니에요. 그들은 유튜브를 보거나 축제에 참여해 경험한 것을 집안에서, 혹은 숨어서 혼자 연습해야 한다는 것이지요. 하지만 고맙게도 우리는 지금 국가가 '얘들아 모두 나와라, 이젠 더 숨을 필요가 없어'라고 말하는 단계에 와 있다고 생각합니다."

그렇다고 그 길이 순탄한 것만은 아니었다. 제다에서 열린 만화 컨벤션에서 소년, 소녀 들이 함께 춤을 추는 영상이 입소문을 타면서 사우디가 이슬람 정체성을 잃어가고 있다고 느낀 사람들의 분노를 불러일으켰다. 하지만 사람들은 곧 적응했고 공공 행사에서 음악을 듣는 것이 일상적인 일이 되었다.

나는 '더 개더링'이라는 야외 행사에서 저녁 시간을 보내기도 했다. 시내 호텔의 안뜰에 잔디가 펼쳐져 있었고, 그곳에 패스트푸드 가판대와 피크닉 테이블이 들어서 있었다. 스피커에서는 힙합이 시끄럽지 않을 정도로 흘러나왔다. 머리 위로는 장식등이 줄지어 걸려 있었고 젊은 남녀가 햄버거와 감자튀김을 주문하기 위해 줄 서 있었다. 다른 나라라면 눈길을 끌 만한 일이 아니었겠지만 이런 모습에 목말라하던 사우디 젊은이들에게는 시원한 물 한 잔과도 같은 모습이었다.

그곳에서 퇴근길에 들른 20대 중반의 여성 두 명을 만났다. 그들이 다가오는 모습을 보면서 그들 또래 여성의 과거 모습과 현재 모습을 떠올릴 수 있었다. MBS가 등장하기 전에는 그들은 집이나 식당에서 모였는데, 식당에서는 가족석에 앉아야 해서 여자 친구들끼리만 만나고 남성들과는 어울릴 수 없었다. 그들이 조금만 멀리 나가려고 해도 종교 경찰이 그들을 괴롭혔다. 그렇다고 옷차림이 단정하지 않은 것도 아니었다.

그중 한 여성이 내게 "종교 경찰은 언제나 여성 뒤를 따라다니며 '얼굴을 가려, 얼굴을 가리라고'라고 소리 지릅니다"라고 말했다.

이제 그들은 자유롭게 나다닐 수 있고 수염을 기른 종교 경찰은 더 이상 찾을 수 없게 되었다. 주말이 되면 연예청 공연 일정표를 보고 뭘 할까 궁리하게 되었고, 여성 운전이 허용되면서 운전면허를 딸 계획을 세우게 되었다.

또 다른 여성은 남성 '후견인' 없이 여행할 수 있기를 희망했다. 한 번은 자기 아버지가 깜빡 잊고 자기 여행을 승인하지 않아서 비행기를 놓칠 뻔한 일이 있었다고 했다. 그래서 자기 오빠가 자기를 데리고 공항에까지 가서 여행 허가서에 승인 사인을 하고 나서야 떠날 수 있었다는 것이다. 그녀는 엘리트 가정 출신이 아닌데도 지금 직업을 가지고 있었다. 그리고 부자들을 리츠칼튼 호텔에 가두어 놓은 MBS를 사랑했다.

그녀는 이런 변화를 만들어 낸 MBS를 찬양했다. "이전에는 왕자라면 할 수 없는 일이 없었어요. 남의 재산을 훔치고 빼앗기도 했지요. 하지만 이제는 모든 사람이 바르게 걸어야만 하게 되었습니다. 저는 그를 사랑합니다. 그는 우리와 같은 생각을 가진 젊은이로 우리에게 다가왔습니다."

최고 성직자들을 비롯한 사우디의 많은 보수주의자는 이런 변화를 따라잡는 것을 힘들어했다. 2017년 어떤 사람이 이슬람 최고 지도자인 그랜드 무프티가 진행하는 TV 생방송에 전화를 걸어왔다. 그는 지난해에 내게 무슬림으로 개종하라고 권했던 바로 그 사람이었는데, 전화에서 영화나 공연에 대해 성직자가 어떤 자세를 취해야 하는지 물었다.

그는 "우리는 가수들의 콘서트나 영화가 타락한 것인 줄 알아 왔습니다"라고 말했다. 그는 영화에 대해서 "우리 문화를 바꾸기 위해 수입된 영화가 대다수이다 보니 자유분방하고 음란하고 부도덕하고 무신론을 조장하는 것이 있을 수 있습니다"라는 우려를 표명했고, 콘서트에 대해서는 "남녀가 섞여 앉아 있으므로 이득이 되는 것은 아무것도 없습니다"라고 비판했다. 그는 미끄러운 내리막만 남았다고 예상하고 있었다.

"처음에는 여성 구역을 따로 만들어 놓겠지만 곧 그곳에서 남성과 여성이 섞여서 지내게 될 겁니다. 이것은 도덕을 타락시키고 가치를 파괴하는 일입니다." 그가 이렇게 말했다.

그런 주장은 사우디를 장악하고 있는 MBS의 생각과 충돌하는 것이었다. 그래서 왕세자와 가까운 언론인은 이슬람 지도자가 영화나 공연을 완전히 금지한 것은 아니고 단지 '방탕과 무신론'을 퍼뜨려서는 안 된다고 말한 것이라는 기사를 썼다. 연예청장은 이슬람 지도자를 방문해 '현재로서는' 영화를 허용할 계획이 없다고 그를 안심시켰다. 하지만 이것은 오해의 소지가 매우 큰 발언이었다. 이슬람 최고 지도자가 진행하는 생방송 전화 쇼는 곧 막을 내렸다. 그후로 다시는 그런 비판적인 내용이 방송되지 않게 하려고 그 쇼는 녹화방송으로 진행되었다.

사우디는 "개인의 사생활과 존엄성과 자유를 보존하기 위해" 성희롱을 범죄로 규정하는 법을 도입했다. 가해자가 초범일 경우 2년 이하의 징역이나 2만 6,000달러(10만 리얄) 이하의 벌금, 또는 두 가지 처벌을 함께 선고받을 수 있다. 사실 그런 조치는 행사장에서 남성이 질서를 지키도록 만들기 위한 것이었다. 그래서 그 법을 처음 위반한 사람이 여성이었다는 사실에 많은 사람이 충격을 받았다. 이라크 출신 사우디 가수의 콘서트에서 얼굴 전체를 베일로 가린 여성 팬이 무대에 뛰어올라 가수를 끌어안은 것이었다. 객석에 있던 여성들은 환호했고 경비원이 달려들어 그녀를 끌어내렸다. 그리고 경찰이 이 여성을 체포했는데, 현지 언론은 이 여성이 자기 친구들이 저지른 위험한 모험의 희생양이 됐다고 보도했다. 그녀의 이름은 공개되지 않았고, 그녀가 범죄 혐의로 기소되었는지도 밝혀지지 않았다.

나는 사회 보수층이 이런 변화를 어떻게 받아들이는지 몹시 궁금했다. 사우디의 미래를 놓고 수년 동안 격렬한 투쟁이 일어났지만 이제 MBS가 자유주의자들의 손을 확실하게 들어준 것이다. 이런 결정에 대해 반대 측에서는 어떻게 느꼈을까? 사우디 지도자들은 수십 년 동안 이슬람 율법을 엄격히 고수해서 사우디가 다른 이슬람 국가들과 다르다는 것을 보여줘야 한다고 가르쳐 왔으니 말이다.

극단적 보수주의자인 살라피의 일원이자 《다빈치 코드》의 팬이기도 했던 내 친구는 그런 현상을 "구색을 갖추었다"고 표현했다. 그는 여성이 남성에게서 분리되어 있기만 하다면 여성들이 운전하거나, 일하거나, 대학에 가는 것에 대해 종교적으로 반대하지 않았다. 그는 영화에 대한 사람들의 생각을 좋아하지 않았지만 반대하지도 않았다.

그는 자기 아이폰을 들어 보이며 "어쨌거나 모든 사람이 주머니에 영화관을 넣어놓고 다니지 않습니까"라고 말했다.

특히 남성과 여성이 함께 춤을 추도록 만드는 콘서트가 문제였다. 하지만 그가 가진 더 근원적인 불만은 변화 그 자체라기보다는 보수층에서 그렇게 만들었다는 점이었다. 그는 MBS가 투자 회의에서 "극단주의 사상을 부숴버릴 것"이라고 맹세했을 때 환호하지 않았다. 그가 지하디스트들을 동정해서가 아니라 국가가 종교적 기반을 해체하는 것은 아닌지 걱정했기 때문이었다.

그는 "왜 이렇게 부숴버린다는 말뿐인가요?"라고 내게 물었다. "모든 메시지는 '당신이 나와 함께 있든지, 아니면 당신이 나와 함께 있든지' 뿐이에요. 내 의견에 반대하거나 동의하지 않는 건 아예 불가능합니다."

그는 연예청장이 새로운 행사에 반대하는 사우디 사람은 그냥 집에 있으라고 말했을 때 특히 화가 났다고 했다.

그는 "집에 있으라고요? 왜 우리가 집에 있어야 하는 건데요?"라고 항변했다.

무함마드 빈 살만

그렇다고 그가 정부에 반대하거나 엔터테인먼트 자체를 반대하는 것은 아니었다. 만약 당국이 행사에 음악을 틀지 않고 남녀가 섞여 앉지 않고 기도 시간을 지켰다면 그 역시 기쁘게 가족과 함께 참가했을 것이다.

나는 몇 년 전에 샤리아법과 사형 제도에 관한 기사를 보도하면서 만났던 몇몇 성직자들을 다시 만나기 위해 리야드 북서쪽에 있는 매우 보수적인 도시인 부라이다를 다녀왔다. 그곳에서 내가 만난 성직자들이나 공무원들은 그들과 국가 사이에 이견이 없다고 확신하고 있었다. 이제 MBS의 개혁이 그런 그들에게 의문을 던진 것이다.

만난 이들 중 한 사람은 새로운 방향에 대해 "그것이 나를 불편하게 만든 건 확실합니다"라면서 "죄가 있는 것이라면 어느 것이든 문제고, 알라를 화나게 만드는 것 역시 문제입니다"라고 말했다.

나는 여성 운전을 허용한 결정에 대해 왜 그렇게 반응이 없었는지 물었다.

그는 "정부가 선제 조치를 취했기 때문입니다. 정부에 반대할 생각을 한 사람들을 모두 체포했거든요"라고 대답했다.

부라이다는 너무 보수적이어서 연예청은 그곳에 거의 아무것도 계획하지 않았다. 그러다 보니 사람들이 여성 운전만을 문제로 여기게 되었다. 그는 여성 운전을 금지한 것에 대해 명확한 신학적 이유가 없다는 것을 인정했다. 하지만 많은 지역 주민은 그것이 다른 행동을 부추길까 봐 두려워했다고 말했다. 여성이 운전하지 못하도록 남성이 막아서고, 여성이 앉았던 자리에 남아 있는 여성의 온기를 느끼기 위해 남성이 여성의 차를 열고 들어가고, 자기주장이 강한 여성은 감히 낯선 남성과 만날 생각을 한다는 것이었다. 한 번은 그가 쇼핑몰에서 이슬람 강연을 하고 나왔는데 젊은 여성들이 셀카를 찍자고 자기에게 온 것을 보고 충격을 받았다고 했다.

그는 "문제는 소녀들이 대담해지고 히스테리를 일으킨다는 겁니다. 그들에게 자리를 만들어 주면 아주 난리가 날 겁니다"라고 말했다.

또 다른 성직자는 자유주의자들을 맹렬하게 비난했다. 그들이 여성을 통해 사우디 사회를 부패시키고 있다는 것이었다.

그는 "그들은 여성들이 춤추기를 바랍니다. 영화를 보는 것도 바랍니다. 얼굴을 드러내고 종아리와 허벅지를 드러내기를 바랍니다. 그것이 자유주의자들이 하는 생각입니다"라면서 "그것은 썩어빠진 생각입니다"라고 일갈했다.

그러나 여성 운전에 대한 그의 생각은 단순해 보이지 않았다. 국가에 대한 충성이나, 신앙을 고수하는 문제나, 가족에 대해 걱정하는 것은 서로 경쟁 관계에 있는 보수주의자마다 생각이 달랐기 때문이었다. 그는 공개 석상에서는 국가가 여성 운전을 허용했기 때문에 자기도 지지한다고 말했다. 개인적으로도 그 결정을 지지했다. 하지만 집에서는 자기 아내나 딸들이 운전하는 것을 허락하지 않았다. (그는 그들이 원하지 않았다고 말했지만 내가 그들에게 직접 물어볼 수는 없는 일이었다.)

하지만 그도 보수주의자들이 처음에는 라디오와 TV와 여성 교육이나 휴대전화 같은 것들을 반대했지만 결국에는 그 모든 것을 받아들였다는 점을 인정했다. 그리고 여성 운전에 대해서도 같은 일이 일어날 수 있다고 말했다.

그는 "지금은 이런 변화에 대해 사회 대다수가 매우 두려워하고 있습니다. 시간이 걸리기는 하겠지만, 곧 익숙해지지 않겠습니까"라고 말했다.

무함마드 빈 살만

MBS는 보수주의자들이 따라오기를 기다리지 않은 채 오래된 제약을 계속해서 허물어 나갔다. 정부는 성직자들이 여성성을 해칠 수 있다고 반대했던 여학생 체육 수업을 시작했다. 또한 여성들이 남성 가족과 함께 가족 구역에 앉아 축구 경기를 관람할 수 있도록 허용했다. 언젠가 사우디를 방문했을 때 레바논 대사관에서 열린 리셉션에 참석한 일이 있었는데, 그곳에서 마론파(Maronite) 교회의 대주교는 완전한 예복을 입고 사우디에 사는 기독교인들을 맞이했다. 그를 만나러 온 많은 사람은 사우디에서 수년을 보내는 동안에도 자기 믿음을 잘 지켜온 사람들이었다. 그러다가 자기가 믿는 종교의 지도자가 그곳을 방문한 것을 지켜볼 수 있게 되었으니 그 모습에 감격하는 것은 오히려 당연한 일이었다. MBS는 시아파를 내각에 임명하고 다른 한 명을 네옴의 CEO로 임명했다. 과거였다면 수니파로 갔을 자리였다.

그가 변화를 추진하는 동안 MBS는 와하비즘의 덕을 봤다. 와하비즘의 가르침에는 순수한 믿음을 지키라는 것 외에도 통치자가 이슬람의 실천을 방해하지 않는 한 그가 부당하더라도 그에게 복종하라는 명령이 있었기 때문이다. MBS는 그 가르침을 잘 알고 있었고, 그래서 자기 정책에 대해 불평을 늘어놓는 성직자들을 그 가르침을 지렛대로 삼아 관리해 나갔다.

보수주의자들 중 몇몇은 사회 변화를 너무 빨리 밀어붙이면 극단주의자들이 지하로 숨어들어 폭동을 일으키게 될 것이라고 걱정했다. 사우디가 이슬람을 팔아치웠다며 1979년 메카의 그랜드 모스크를 점령한 사태와 오사마 빈 라덴의 악담이 바로 무서운 선례였다. 그리고 앞으로 그런 도전이 일어나지 말라는 법도 없었다. 심각한 피해를 주는 데는 작은 미치광이 밴드 하나로도 충분하지 않은가.

일부 외국 작가들은 MBS가 와하비즘을 길들이기 위해 노력하는 것이 그의 개혁 패키지의 가장 중요한 부분 중 하나라고 주장했다. 그리고 그동안 사우디가 편협한 이슬람을 퍼뜨리기 위해서 국제적으로 방대한 노력을 기울였기 때문에 세계인들에게 이슬람 이미지가 그렇게 각인되었다면, 사우디가 개혁으로 방향을 틀 경우 반대 효과도 나타나지 않겠느냐고 주장했다. 《뉴욕 타임스》 칼럼니스트 토머스 프리드먼이 2017년 MBS와 인터뷰한 뒤 이런 주장을 내놓은 것이다.

그는 인터뷰 기사에서 "1979년 반다중적이고 여성 혐오적인 바이러스를 만들어 낸 사우디가 그것을 자기 스스로 역전시킬 수 있다면 이슬람 세계 전체를 온건하게 만들 수 있을 것이고, 그렇게 된다면 인구의 65퍼센트가 30세 미만인 이곳에서 분명히 환영받을 것입니다"라고 언급했다.

이런 의견을 듣고 내 생각은 더욱 신중해졌다. 와하비즘의 나쁜 측면을 바로잡는 것은 남는 장사였다. 편협함을 줄이는 것이 손해가 될 수는 없는 일이었기 때문이다. 나는 사우디 젊은이들이 이런 변화를 반길 것이라는 점도 의심하지 않았다. 하지만 정말 프리드먼이 주장하는 것과 같은 변화가 해외에서도 일어날지는 의심스러웠다. 사우디는 더 이상 예전처럼 이슬람 해외 선교 활동에 투자하지 않았고, 이슬람 세계에서 더 이상 예전 같은 명성을 누리지도 못하는 처지가 되었다. 와하비즘의 한 분파이며 극단적인 보수주의 이슬람인 살라피즘이 아직도 영향을 미치는 나라가 있기는 하지만, 그 나라들은 사우디와 관계가 거의 없다시피 하다. 그리고 예전에는 와하비즘의 교리를 따르다 이제는 독자 노선을 걷는 흉포한 알카에다와 이슬람국가(IS)가 아직도 존재하는 것을 보면 와하비즘이 없이도 얼마든 이슬람 국가로서 존재할 수 있다는 것이 증명된 셈이다.

이 주제를 생각하다가 제다에서 저녁 식사를 함께했던 한 젊은 성직자가 떠올랐다. 그는 보안 기관에서 근무했다. 그는 개인적으로 종교계의 뿌리 깊은 보수주의에 비판적이었을 뿐 아니라 그것이 국가 발전을 방해했다고 말했다. 그의 업무 중 하나는 보안 요원들에게 이슬람을 강의하는 것이었는데, 그들의 제복이 '이교도와 유사한' 모습이니 와하비즘의 명령대로라면 제복을 입지 말아야 하는 것이 아니냐고 계속 질문해서 몹시 서글펐다고 했다.

그는 제복을 입는 것이 문제가 아니라, 사우디를 지킨다는 사람들 사이에 이런 질문이 널리 퍼졌다는 것은 사우디가 그만큼 가르침에 대해 확신이 없다는 것이 아닌가 싶었다고 했다.

그는 "이것은 마치 미국 영화에서 주인공이 로봇을 발명하지만, 로봇에 대한 통제력을 잃고 로봇에게 공격당해 리모컨이 작동을 멈추는 것과 다르지 않습니다"라고 말했다.

MBS가 리모컨을 맡았지만, 로봇은 이미 제 갈 길로 떠나버린 셈이었다.

22장
매력적인 여행

도널드 트럼프 대통령이 사우디 방문을 마친 뒤 리야드 주재 미국 대사관 복도에 특이한 물건이 등장했다. 공 모양으로 생겼고 사용한 흔적이 조금 남아 있는 것이었다. 새로 출범한 극단주의 대항 센터의 직원들은 자기 센터를 방문하는 미국인들이 빛나는 공에 손을 얹고 사진 찍는 것을 좋아한다는 것을 알아차렸다. 그래서 그들이 미국 대사관에 선물했던 것이다. 그것을 대사관 복도에 며칠 놔두는 동안 그곳을 지나가는 외교관들이 사진을 찍기 위해 포즈를 취하곤 했다. 그 사진이 온라인에 올라오면 말썽이 생기지나 않을까 걱정했던 누군가가 얼마 지나지 않아 그것을 대사관 창고에 치워놨다.

트럼프의 리야드 방문으로 트럼프와 MBS가 긴밀하게 유대 관계를 이루어 나갈 수 있는 토대가 마련되었다. 미국은 MBS의 계획을 지지하고 MBS는 미국의 중동 정책을 지지한 것이다. 그뿐 아니라 양자가 유대 관계를 강화하기로 합의함에 따라 사우디 현금이 미국 경제로 흘러들어올 것이라는 미국 행정부의 기대는 명맥을 유지하게 되었다. 게다가 트럼프는 사우디를 주축으로 하는 아랍의 미국 동맹국들이 중동에서 이루어지는 미국의 군사 활동을 지원하겠다는 계획에 고무되었다. 미국이 그들을 안전하게 보호하고 있으니 그들이 그 비용을 지불하는 게 당연하다고 생각한 것이다.

한때 트럼프는 국가안보회의 위원들에게 시리아에 미군이 주둔하는 데 소요되는 비용을 계산해 보라고 지시했다. 비용이 나오면 그것을 사우디와 인근 국가에 전가할 계획이었다. 위원들은 주둔 비용이 40억 달러가 될 것이라고 추정했다. 백악관에서 이와 같이 발표하자 걸프 국가들은 비용 분담을 피하려고 들었다. 그러자 국무부 당국자들은 이것 대신 이슬람국가(IS)에서 해방된 시리아의 일부 지역을 안정시키는 데 필요한 비용을 요구했다. 그 결과 사우디는 1억 달러를, 아랍에미리트는 5,000만 달러를 지불하기로 했다. 하지만 트럼프가 요구했던 수십 억 달러는 없던 일이 되었다.

MBS는 도움을 얻기 위해 두 곳을 방문하기로 했다. 그는 서구 국가들이 '비전 2030'을 지원해 주기를 기대하면서 사우디의 미래인 자신과 그런 자신의 계획을 알리기 위해 2018년 봄에 야심만만하게 두 나라의 방문길에 올랐다.

그는 먼저 영국으로 향했다. 그곳에는 그의 미디어 차르인 사우드 알 카타니가 수백만 파운드를 들여 광고판뿐만 아니라 고속도로와 육교와 택시 양 옆면을 왕세자 얼굴로 뒤덮어버렸고 "그는 새롭고 활기찬 사우디를 창조하고 있습니다", "그는 세계를 향해 사우디를 개방하고 있습니다", "그는 사우디 여성들의 능력을 키워주고 있습니다"라는 구호도 함께 걸어 놓았다. 하지만 개인숭배에 익숙하지 않은 영국 사람들은 이를 불편하게 여겼다.

MBS는 그를 '인간 발전소의 전형'이라고 부르는《텔레그래프》

신문과 인터뷰를 앞두고 이번 방문에서 자기가 반복하게 될 발언의 요지를 살펴봤다.

그는 "사우디가 세계경제의 일부가 되어야 한다고 믿는다"며 영국이 유럽연합을 탈퇴한 사건인 브렉시트 덕분에 '비전 2030'이 '거대한 기회'를 갖게 되었다고 말했다.

MBS는 자기 할아버지와 친구였던 영국 육군 대위 윌리엄 셰익스피어를 떠올리며 두 왕국 사이의 특별한 유대 관계를 강조했다. 그는 사우디의 인권 상황이 개선되어야 한다는 사실을 인정했다.

그는 "우리나라의 인권 상황이 세계적인 수준은 아니지만 우리는 점점 나아지고 있습니다. 우리는 먼 길을 아주 짧은 시간에 걸어왔습니다"라고 말했다.

그는 런던에서 MI5과 MI6(영국의 양대 정보기관—옮긴이)의 수장들을 개인적으로 만났고 외국 방문객으로서는 드물게 국가안보위원회 회의에 참석하는 영광을 얻었다. 그는 심지어 여왕을 만났다. 그의 보좌관들은 MBS가 엘리자베스 2세와 함께 찍은 사진을 배포했다. 그 사진에서 여왕은 진주 목걸이와 다이아몬드 브로치가 달린 보라색 드레스를 입고 있었고, MBS는 토브를 입고 슈막을 쓴 차림에 갈색 망토를 걸쳤는데 그의 큰 체격 때문에 마치 여왕 옆에서 우뚝 솟은 것처럼 보였다. 그 순방은 며칠에 불과했지만, 그는 석유와 전투기를 포함해 약 21억 달러 상당의 계약서에 서명했다.

얼마 지나지 않아 MBS는 앞머리에 'God Bless You(신의 축복이 있기를)'라는 문구가 적힌 747기를 타고 워싱턴에 도착했다. 그가 3주간 미국을 방문하는 동안 넘쳐나는 야심을 주체하지 못하는 것을 본 미국의 사우디 관측통들은 과거에도 그런 일이 있었는지 확인하기 위해 수십 년 전의 기록을 뒤져야 했다. 사우디와 미국의 유대 관계가 오래 되었는데도 불구하고 사우디는 미국인 대부분에게 인기가 없었다. 최근 갤럽 여론조사에서 응답자의 55퍼센트가 부정적인 견해를 보인 데 반해 긍정적인 견해는 41퍼센트에 지나지 않았다.

그러나 MBS팀은 왕세자가 5개 주와 워싱턴을 방문해 정부, 금융, 기술, 엔터테인먼트 분야의 거물들과 만나는 것을 지켜보면서 그들의 일정에 맞춰줄 강력한 미국인들이 부족하지 않다는 것을 확인할 수 있었다. 이번 방문에서 왕세자는 백악관, 월스트리트, 하버드, MIT, 록히드마틴, 구글, 페이스북을 돌며 헨리 키신저, 오프라 윈프리, 미국 전직 대통령 세 사람을 만나는 기념비적인 성과를 거두었다.

MBS팀은 영국 방문 때 적용한 광고 전략이 명백히 실패했다는 것을 깨닫고 미국에서는 전략을 전면 수정해 MBS를 미국 언론에 노출시켰다. 그의 얼굴이 《타임》 표지에 실렸고, 《타임》 웹사이트에서는 "우리가 그를 믿어야 하는가?"라는 헤드라인으로 기사가 실렸다. 〈60 Minutes〉는 자사의 노라 오도넬 기자가 운전 학교에서 여성들과 대화를 나누고, MBS가 미국 시청자들에게 자신의 주장을 펼치도록 만든 빛나는 공로를 인정받아 사우디에서 단독 취재권을 얻었다.

오도넬이 MBS에게 여성과 남성이 동등한지 묻자 그는 "물론이죠. 우리는 모두 인간입니다. 차이가 없습니다"라고 대답했다.

MBS는 리츠칼튼 호텔 사건이 가혹하기는 하지만 비리를 근절하기 위해 꼭 필요한 조치였다고 옹호하고 그의 개인 재산을 인정했다.

그는 "나는 부자입니다. 가난한 사람이 아니에요. 나는 간디도 아니고 만델라도 아닙니다"라고 말했다.

이에 감명받은 오도넬이 그에게 앞으로 50년 동안 국왕으로서 통치할 계획이 있는지 물었다. 그것이 그가 대중 앞에서 처음으로 그 사실을 인정한 것이었다.

그는 "사람이 50년을 살지 못 살지, 얼마나 오래 살지는 오직 신만이 알 수 있습니다. 하지만 일이 정상적으로 진행된다면, 그것은 당연한 일입니다"라고 대답했다.

오직 '죽음'만이 그를 막을 수 있게 된 것이다.

이 프로그램은 예고도 없이 그가 방문을 시작한 일요일 밤 황금 시간대에 방송되었다. MBS와 그의 팀으로서는 대단한 선물이 아닐 수 없었다. 하지만 그 팡파르 아래에 사우디의 고질적인 문제가 도 사리고 있었다. 한 여성 프로듀서가 리야드에 머무는 동안 종교 경 찰이 다가와 메가폰으로 그녀에게 머리를 가리라고 소리치는 일이 일어났다. MBS의 보좌관 한 사람은 그것이 나아진 것이라고 했다.

그는 "3년 전이라면 아마 그들이 당신을 체포했을 겁니다"라고 말한 것이었다.

워싱턴에서 트럼프 대통령은 기자들을 자기 집무실로 불러들여 MBS를 "매우 훌륭한 친구이자 장비와 다른 것들을 많이 구매한 큰 손"이라고 소개했다.

방문에 앞서 MBS 팀은 대통령에게 브리핑할 수 있도록 사우디가 구매할 군사 장비 사진과 가격을 표시한 포스터를 준비했다. 그 포 스터는 대중에게 보여주기 위한 것이 아니기는 했지만, 행정부 관계 자 한 사람이 '중학교 과학 숙제'처럼 보인다고 할 정도였다. 하지만 트럼프는 그것을 너무 좋아했고 MBS를 위해 TV 카메라 앞에 끌어 다 놓았다. 트럼프는 파란색 포스터를 들고 가격표를 읽었다. 전투 기 30억 달러, 헬기 5억 3,300만 달러, 감시 장비 5억 2,500만 달러.

트럼프는 "이 정도면 당신 용돈 수준 아니에요? 좀 더 늘렸어야 지요"라고 부추겼다.

MBS는 웃으며 고개를 저었다.

트럼프는 계속해서 가격표를 읽어 내려갔다. 탱크 8억 8,000만 달러, 미사일 6억 4,500만 달러, 호위함 60억 달러, 다른 미사일 8억 8,900만 달러, 포병 6,300만 달러.

그런 다음 트럼프는 두 번째 노란색 포스터로 이어갔다. 사드 미사일 방어 시스템 130억 달러, 허큘리스 항공기 38억 달러, 브래들리 전투차량 12억 달러, 포세이돈 항공기 14억 달러.

이어서 자기 희망을 피력했다. "우리는 서로를 이해합니다. 사우디는 대단한 부국입니다. 그리고 그 부유함의 일부로 세계 어디에서도 살 수 없는 우리 최신 무기를 구매해서 일자리가 새롭게 만들어질 것이라고 기대합니다."

MBS는 백악관에서 트럼프와 면담이 끝난 후 뉴욕으로 이동했다. 그곳에 미리 도착한 사우디 대표단은 수백만 달러를 들여 센트럴파크 근처의 플라자호텔을 통째로 임대하고 입구에 거대한 사우디 국기를 걸어놓았다. 그는 존 케리 전 국무장관과 유엔 사무총장을 만났고, 《뉴욕 타임스》와 《월스트리트저널》 기자들과 편집자들을 만났고, 전 뉴욕 시장이자 억만장자인 마이크 블룸버그와 스타벅스에서 커피를 마셨다.

그는 시애틀로 이동해 빌 게이츠와 제프 베이조스를 만났고, 실리콘밸리로 가서 팔로 알토를 만났고, 페이스북과 애플과 구글을 방문했다. 실리콘밸리에서도 포시즌스호텔을 통째로 임대했다.

로스앤젤레스에서 MBS의 수행원들은 그가 근처의 저택에서 머무는 동안 또 다른 포시즌스호텔을 통째로 임대했다. 사우디는 영화예술 과학 아카데미 극장에서 열리는 영화제를 후원했는데, 영화제에 참석한 손님들은 사우디 사막에서 수확한 대추와 무알코올 칵테일을 즐겼다.

사우디로부터 4억 달러를 투자받기로 한 베벌리힐스에 있는 윌리엄 모리스 엔데버 탤런트 에이전시 사무실을 비롯해 몇몇 곳에서 산발적으로 시위가 일어났다. 에릭 가르세티 로스앤젤레스 시장은 예멘의 인권과 인도주의적 위기에 대한 우려를 표명했다. 그러나

MBS에 대한 문제를 제기한 사람은 거의 없었다.

버진 그룹의 리처드 브랜슨은 캘리포니아 사막에서 MBS와 우주 여행에 대해 논의했다. 영화 제작자 브라이언 그레이저는 왕자를 위해 아마존의 제프 베이조스, 스냅챗의 에반 스피겔, 디즈니의 밥 아이거가 참석한 화려한 만찬을 주최했다. 다른 날 저녁, 루퍼트 머독은 벨에어에서 왕자와 함께 영화감독인 제임스 캐머런과 리들리 스콧, 배우인 마이클 더글라스, 모건 프리먼, 드웨인 존슨을 초대했다.

존슨은 나중에 그 자리가 "그의 뿌리와 현대 세계에 대한 그의 견해와 사우디가 이루어 내는 긍정적인 성장에 대한 이야기를 들을 수 있어서 매우 즐거운 밤"이었다고 기억했다. 그러면서 "왕세자 전하와 그 가족과 함께 즐길 수 있는 내가 가진 것 중에 가장 좋은 테킬라를 가지고" 사우디를 방문하겠다고 했다.

그는 다시 텍사스로 이동했다. MBS는 석유 회사 경영진을 만난 자리에서 우주로 쏘아 올릴 사우디 위성 겉에 마커로 메시지를 썼다. 왕세자는 아버지 부시 대통령과 아들 부시 대통령을 함께 만났는데, 아무런 설명도 없이 이 약속에 두 시간이나 늦게 나타났다. 휠체어를 타고 그 자리에 참석했던 93세의 아버지 부시 대통령은 그 만남이 있고 7개월 후에 서거했다.

왕세자가 3주에 걸쳐 미국을 방문하는 동안 많은 일이 일어났다. 미국의 힘을 목격할 수 있었고, 미국의 거물들과 만났으며, 미국이 사우디의 미래에 강력하게 개입해 주기를 요청했다. 이처럼 거창한 방문 일정에도 불구하고 제대로 성사된 것은 일본 소프트뱅크와 태양광발전에 합작 투자하기로 한 것 하나뿐이었다. 하지만 MBS는 워싱턴을 방문하고 여러 엘리트와 만나는 동안 힘을 다해 향후 협력 가능성을 열어놓았다.

이 방문을 통해 MBS는 미국이라는 나라와 사우디 문제에 대한 미국의 역할에 대해 다시 한번 감탄했다.

그는 2년 전에 "우리는 미국에 큰 영향을 받았습니다. 누군가 우리를 압박해서가 아닙니다. 누군가 우리를 압박했다면 우리는 오히려 다른 길로 가게 되었을 것입니다. 그런데 당신 극장에서 상영하는 영화를 내가 본다면 내가 당신의 영향을 받지 않겠습니까"라고 말했다. 그리고 미국의 영향이 없었으면 "우리는 아마 북한 꼴이 났을 겁니다"라고 말했다.

MBS가 이렇게 따뜻하게 환영받았다는 것은 그가 지구 반대편에서 저지른 예멘 침공이라던가, 레바논의 사드 하리리 총리를 납치한 것이라던가, 부패 혐의로 고위 인사들을 리츠칼튼 호텔에 구금한 것과 같은 사건이 미국인들이 그를 판단하는 데 별다른 영향을 미치지 않는다는 것을 보여준 셈이 되었다.

적어도 아직까지는.

───────◆───────

미국에 머무는 동안 MBS는 《디 애틀랜틱》의 제프리 골드버그 기자와 이야기를 나눴다. 그 기자는 오바마 대통령이 만나 사우디가 해외에서 과도하게 종교적인 영향력을 미친다면서 불만을 털어놓았던 바로 그 사람이었다. 이스라엘 군대에서 복무했던 미국 국적의 유대인인 골드버그가 이스라엘에 대해 묻자 그는 팔레스타인과 이스라엘 모두 "그들의 땅을 가질 권리가 있다"고 대답했다.

그는 사우디 사람들이 유대인들과 종교적으로 아무런 문제가 없으며, 놀랍게도 유대 국가를 존중한다고 말했다.

그는 "이스라엘은 국가 규모에 비해 경제력이 클 뿐 아니라 성장하고 있으며 우리가 이스라엘과 공유할 만한 관심사도 많습니다.

평화로운 관계만 보장된다면 걸프 국가는 물론 이집트나 요르단과 같은 나라들도 이스라엘에 대해 큰 관심을 가지게 될 것입니다"라고 말했다.

수년 전에 사우디는 이스라엘-팔레스타인 분쟁에 대한 '두 국가 해법'을 지지했다. 그러나 지도자들이 이스라엘에 대해 언급한 것은 팔레스타인에 대한 처우가 바르지 못하다는 뜻이었을 뿐이다. 이스라엘이 이웃 아랍 국가들과 정치적으로나 경제적으로 유대 관계가 있게 될 것이라는 걸 염두에 둔 발언은 아니었다는 말이다.

사우디가 팔레스타인에서 일어나고 있는 시온주의 운동에 대한 반감을 품게 된 것은 MBS의 할아버지 때로 거슬러 올라가야 한다. 프랭클린 루스벨트 대통령은 1945년에 유대인에게 고향을 되찾아 줄 방법을 모색했다. 그러나 압둘아지즈 국왕은 "유대인들이 나치에게 박해를 받았으니 중동에 그들의 나라를 세워줘야 한다"는 주장에 동의하지 않았다.

루스벨트 대통령의 제안에 대해 압둘아지즈 국왕은 이렇게 반박했다. "'적과 압제자들에게 그 대가를 치르게 하라'는 것이 우리 아랍인들이 전쟁을 벌이는 방식입니다. 아랍인들이 유럽의 유대인들에게 피해를 주었습니까? 유대인의 집을 훔치고 삶을 파괴한 것은 기독교를 믿는 독일인들입니다. 독일인들에게 지불하도록 만드세요."

1948년 이스라엘 건국 이후 사우디는 팔레스타인과 함께 이스라엘에 대항했으며, 일관되게 팔레스타인 단체에 원조를 제공했고, 1973년 욤 키푸르 전쟁(제4차 중동전쟁—옮긴이) 동안 이스라엘의 동맹국들을 압박하기 위해 OPEC 석유 금수 조치에 동참했다. 이로 인해 미국의 연료 가격이 치솟았고 미국-사우디의 관계가 위기에 빠졌다.

1967년 파이살 국왕은 이스라엘에 맞서 싸우는 팔레스타인 사람들에게 보낼 기금을 모으기 위한 위원회를 만들었다. 시간이 지나면서 예산이 급격하게 증가했다. 1968년 500만 달러로 시작한 예산이 1982년에는 4,500만 달러까지 증가한 것이다. 파이살 국왕은 이 일을 그의 이복동생인 살만에게 맡겼다. 바로 MBS의 아버지이자 훗날 국왕에 오른 그 살만이다.

자기 아버지가 팔레스타인을 돕는 일에 오랫동안 관여했음에도 불구하고 MBS는 여러 가지 이유로 이스라엘이라는 국가나 이스라엘-팔레스타인 갈등을 다르게 보고 있다는 것이 분명해졌다. 그는 젊었고, 그의 정치적인 견해는 아랍-이스라엘 전쟁이나 팔레스타인 폭동보다는 '아랍의 봄'에 더 크게 영향을 받았다. 그는 권력을 잡은 후 중동 지역에서 세 가지 위협을 읽었지만, 그 가운데 이스라엘은 들어있지 않았다. 첫 번째는 알카에다와 이슬람국가(IS)의 지하디스트였다. 두 번째는 '아랍의 봄'이 일어나는 동안 권력을 얻기 위해 노력했던 초국가적 이슬람 운동인 무슬림형제단이었다. 세 번째는 MBS가 끊임없이 이야기했던 이란이었다. 이란은 '아랍의 봄'으로 중동 지역이 혼란했을 때 민병대와 용병으로 예멘, 시리아, 이라크, 레바논에서 영향력을 높이는 이익을 거두었다. MBS가 이란에 대해 가지고 있는 정치적, 이념적, 종교적 적대감은 모든 대화를 불가능하게 만들었다.

그는 다른 인터뷰에서 "나와 이란 사이에 무슨 볼일이 있겠습니까? 어떻게 하면 그들을 이해할 수 있을까요?"라고 물었다. 그리고 "내가 이란의 체제를 이해하고 이란과 만나서 합의를 도출할 수 있는 지점이 어디쯤 되겠습니까? 그런 지점은 절대 존재하지 않습니다"라고 말했다.

MBS는 골드버그와 만나 이야기 나눌 때 이란의 위협을 정확히 표현하기 위해 이란과 나치를 비교하면서 "이란의 최고 지도자를 보면 차라리 히틀러가 나아 보입니다"라고 말했다.

골드버그는 그 비교를 듣고 매우 놀랐지만, MBS는 그 표현을 바꾸지 않았다. 골드버그는 "히틀러는 유럽을 정복하려 했을 뿐이지만 이슬람 최고 지도자는 세계를 정복하려 하고 있습니다. MBS는 세상이 자기들의 것이라고 믿습니다. 그 둘은 거기서 거기입니다. 그는 중동의 히틀러입니다"라고 말했다.

다른 인터뷰에서 MBS는 이란이 메카를 점령하려고 한다고 비난했다.

MBS는 "이란 정권은 우리를 가장 중요한 목표로 여깁니다. 우리는 사우디 안에서 전투가 벌어질 때까지 기다리지 않을 것입니다. 대신, 우리는 그 전투가 이란 안에서 벌어지도록 만들기 위해서 노력할 것입니다"라고 말했다.

그렇게 자기 견해에 공감하는 다른 강대국을 찾는 동안 MBS는 이스라엘이 가져왔던 중동 전략의 방향이 바뀌는 것을 발견했다.

오바마 행정부의 백악관 고위 관계자이자 오랫동안 MBS를 만났던 롭 말리는 "MBS는 본능적으로든 감정적으로든 팔레스타인에 대한 신의를 지켜야 한다고 생각하지 않는 지도자 세대의 사람입니다"라고 말했다. 말리는 MBS가 이스라엘-팔레스타인 분쟁을 "공정하게 해결해야 할 갈등이 아니라 극복해야 할 문제, 혹은 성가신 자극제" 정도로 여겼다고 말했다.

MBS는 이스라엘에서 본받을 만한 다른 것을 발견했다. 바로 이스라엘의 경제력과 군사력과 정보력이었다. 네옴에서 이스라엘까지의 거리나 네옴에 필요한 역동적인 기술을 고려할 때 사우디의 미래를 생각하는 그가 자기가 계획하는 미래 도시에 이스라엘의 궁극적인 역할을 고려하지 않았다는 것은 상상하기 어렵다. 그리고 이스라엘과 가까워지는 것이 트럼프와 쿠슈너를 동시에 만족시킬 수 있는 일이기 때문이었다. 사실 쿠슈너는 이스라엘-팔레스타인 교착

상태를 타개하기 위한 계획에 사우디의 도움을 기대하고 있었다.

뉴욕에 머무는 동안 MBS는 친이스라엘계 미국 국적의 유대인 지도자들과 즉석에서 만났다. 여기 참석했던 미국 측 인사들은 그 만남에 대해 입을 다물기로 했지만 어디선가 MBS가 팔레스타인 지도부를 맹비난해서 그들이 놀랐다는 이야기가 새어 나왔다. 믿을 만한 소식통에 따르면 MBS가 팔레스타인이 이전의 평화 제안을 거부한 것에 대해 "협상 테이블에 나오던지 입 다물고 아무런 불평도 하지 말든지"라고 하면서 그들을 비판했다고 언급하고 있었다.

그해 말, MBS는 조엘 로젠버그가 이끄는 미국 복음주의자 대표단을 리야드에 있는 그의 궁에서 맞았다. 유대인 작가인 로젠버그는 이스라엘 시민권을 가지고 있고 아들들이 이스라엘 군대에서 복무했다. 그중 하나가 대표단 서기였다. 사실 이전의 사우디 지도자들은 그런 회의는 생각조차 할 수 없었다. 두 시간 대화하는 동안 MBS가 그 자리에 있었던 사람들에게 비밀을 지켜달라고 유일하게 요구한 것은 이스라엘 평화 협상에 관한 것이었다.

로젠버그는 내게 "MBS는 꽤 솔직했고, 그중에는 놀랄 만한 것도 있었습니다. 그리고 내게 그 이야기는 공개하지 말아 달라고 부탁했습니다"라고 말했다.

공개석상에서 MBS는 더 조심스러웠지만, 그의 아버지 살만 국왕은 팔레스타인에 대한 사우디의 전통적인 지지를 재차 강조했다. MBS와 그의 보좌관들은 이스라엘과 관련된 향후 움직임은 평화 협정에 달려 있다고 말했다. MBS는 트럼프 행정부가 예루살렘을 이스라엘의 수도로 인정하는 것이 "고통스럽다"고 말했다. 그러나 사우디의 차기 통치자가 이스라엘을 적이 아니라 정치적, 경제적 이익을 공유하는 합법적인 이웃으로 보는 한 중동 지역의 지속적인 재편은 불가피한 것으로 보였다.

23장

블랙 팬서

영화 〈블랙 팬서〉 관람객 네 명을 인터뷰했으며, 루자인 알 하틀 룰과 파하드 알부타이리의 이야기를 듣기 위해 알 하틀룰의 형제 인 알리아, 왈리드, 리나를 인터뷰했다. 아울러 다른 수감자들의 친척도 인터뷰했다. 이 문제를 추적한 미국 관계자들과 이야기를 나누고 국제인권감시기구가 발간한 수많은 보고서를 검토했다.

건축학과 학생인 라하프 알 자흐라니는 운전 학교에서 강사와 함께 차 앞에 섰다.

"좋아요, 지금 운전해 보세요."

"맙소사."

그녀는 차의 운전석에 올라 안전벨트를 아바야 위로 둘러 채우 고 페달을 찾고 핸드브레이크를 풀어 운전을 시작했다. 그녀는 숨 을 들이쉬고 나서 브레이크에서 발을 떼었다. 차가 앞으로 슬금슬 금 나가자 눈이 휘둥그레졌다.

"이거 괜찮은 거예요?"

"네, 괜찮아요."

여성 운전 금지 규정이 해제될 날이 가까워지자 사우디와 사우디 여성들은 사우디 사회의 변화를 맞을 준비에 나섰다. 여자대학은 운전 학교를 열기로 했고 포드와 닛산과 재규어 같은 자동차 회사들은 쏟아져 나올 여성 운전자와 이 때문에 늘어날 자동차 수요를 겨냥해 광고를 시작했다. 자동차 판매는 2025년까지 매년 9퍼센트씩 증가하고 사우디 여성의 20퍼센트가 2020년까지 운전할 것이라는 추정치가 발표되기도 했다. 차량 호출 회사인 우버는 여성을 모집할 계획을 세웠고, 판매점들은 여성 전용 쇼핑 시간을 따로 마련했다.

여성 운전은 앞으로 몇 년 동안 사우디 사회를 엄청나게 변화시켜 여성 취업을 촉진하고 여성들이 스스로 사회적, 경제적, 심지어 낭만적 삶을 꾸려 나갈 수 있게 할 것으로 쉽게 예상할 수 있었다. 그러자면 먼저 운전을 배워야 했다.

2018년 봄에 사우디를 마지막으로 방문했을 때 나는 포드 자동차가 운전자 안전 교육을 열고 있는 제다의 한 여자대학에서 하루를 보냈다. 학생들 대부분이 처음으로 운전을 해볼 수 있게 된 것이었다.

그곳은 흥분으로 가득 찼다. 아바야 밑으로 흰색 테니스화나 화려한 옷이 살짝 드러나는 차림의 젊은 여성들은 운전대에서 문자 메시지를 보내다가 교통사고가 얼마나 자주 일어나는지 경고하는 안전 교육을 받았다. 그러고 나서 그들은 체험 교육을 받으러 흩어졌다. 한 방송국에서는 약물이나 술로 인한 졸음이 어떤 결과를 가져오는지 체험할 수 있도록 앞이 잘 보이지 않는 고글을 쓰게 했다. 사실 음주를 엄격하게 금지하는 사우디에서 음주 운전은 별로 염려할 문제가 아니었다.

하지만 관심은 모두 자동차를 세워놓은 주차장으로 쏠렸다. 학생들이 몰려들자 강사들은 변속기어, 주유구, 브레이크 페달, 방향 지시등, 와이퍼 같은 장치에 대해 설명했다. 한 학생이 실수로 앞 유리에 뭔가를 뿌리고 오히려 자기가 깜짝 놀라자 그 모습을 보고 친구들이 웃기도 했다. 강사는 그녀에게 브레이크 페달을 밟고 시동을 걸라고 했다. 그러자 차가 굉음을 내며 살아났다.

그 학생이 "그렇지"라고 말하자 그녀의 친구들이 박수를 쳤다.

여성 운전 문제는 수십 년 동안 사우디를 분열시켰다. 하지만 안전 교육에 참여한 젊은 여성들은 이것저것 돌아보기 바빴고 관심을 두고 있었던 차로 몰려들었다. 한 사람은 "우리 아빠처럼" 벤츠를 원했고 또 다른 사람은 "튼튼한 차"인 아우디를 원했다. 그들은 운전하게 되면 인도나 파키스탄 운전기사의 눈치를 보지 않아도 되고 남성 가족에게 차를 태워다 달라고 부탁하지 않고서도 학교에 다녀올 수 있을 것이라고 말했다.

한 학생은 내게 "나는 단지 운전하는 게 목표는 아니에요. 내 일상을 내가 꾸려나갈 수 있기를 바라는 것이지요"라고 말했다.

그녀는 아침에 누군가가 그녀를 체육관까지 데려다주기를 기다리는 것을 싫어했다. 운전의 가장 큰 장점은 "더 많은 자유를 느끼는 것"일 것이다.

학생 대부분은 가능한 한 빨리 운전면허를 딸 생각이었지만, 일부 학생들은 첫 여성 운전자가 어떤 모습일지 지켜보겠다고 했다. 사우디 도로는 악명이 높기로 유명했다. 한 보고서에 따르면 2016년에 한 해에만 자동차 사고로 9,000명 이상이 사망했다. 그렇다고 흔들릴 여성들이 아니었다. 건축학과 학생인 알 자흐라니는 홍해에서 제트스키도 타고 사막에서 오토바이를 타보기도 했지만 자동차를 운전한 적은 없었다.

그녀는 내게 "나는 브레이크가 어디 있고 주유구가 어디 있는지도 몰라요"라고 말했다.

하지만 그녀는 도로 바닥에 늘어놓은 고깔을 간신히 빠져나가 정지선 앞에서 갑자기 브레이크를 밟았고 그 때문에 차가 몹시 덜컹

거렸다. 그러고 나서 다시 브레이크를 떼고 운전해 코스를 모두 돌고 마지막에는 우아하게 멈춰 섰다.

그녀는 "좋았어"라며 차에서 내렸다.

그 모습을 보고 그녀의 친구들이 박수를 쳤다.

그녀는 운전에 홀딱 빠져들었다.

"너무 놀라웠어요. 너무 좋았어요! 운전석에 앉아보니 정말 좋은데요."

———✦———

그 무렵 또 다른 큰 변화가 다가오고 있었다. 바로 영화관이 문을 열게 된 것이다. 사우디에 몇 개 있지 않았던 영화관들은 1979년 이후 모두 문을 닫았다. 사우디 가정 대부분에 위성TV가 있어 그들이 보고 싶은 것은 무엇이든지 집에서 볼 수 있었지만, 영화는 또 다른 문제였다. 이제 사우디의 모든 도시와 쇼핑몰에 영화관이 문을 열게 되었고 대중은 다른 사람들과 함께 오락을 즐길 수 있게 되었다.

이와 함께 추진되는 다른 엔터테인먼트와 마찬가지로 이런 움직임은 단지 문화적인 변화뿐 아니라 경제적인 변화도 일으키게 되었다. 정부는 영화관 300곳을 열고 스크린 2,000개를 확보할 계획을 세웠다. 이 결과로 정부는 2030년까지 경제 유발 효과가 240억 달러에 이르고 새로운 일자리 3만 개가 생겨날 것으로 예측했다.

새로운 시대를 기념하기 위해 정부에서는 리야드에 있는 첫 상업 영화관에서 화려한 개막식을 열었다. 겨우 반쯤 채워진 리야드의 압둘라 금융 지구에 서둘러 마련한 홀에서 장관급 인사들과 사우디 소셜 미디어 명사들과 공주를 초대해 개막식을 연 것이다. 주최자들은 할리우드 느낌을 담아내기 위해 레드카펫을 깔고 팝콘이나 탄산음료를 파는 매점을 열고 한쪽에서 재즈밴드가 연주하고 또 다른 한쪽에서는 골동품 카메라로 사진 찍는 시늉을 하는 마임을 공연했다.

행사의 의미를 고려할 때 개막 작품으로 〈블랙 팬서〉보다 더 적절한 작품은 없었다. 엄청난 천연자원에 의존하는 고립된 왕국을 책임지는 젊은 왕자 이야기를 담은 마블 블록버스터 영화였다. 영화에서 영웅 티찰라는 친척인 에릭 킬몽거가 국제 무기 거래상에게 얽혀서 자기 왕위에 도전하자 이를 막아내고 자기 왕국을 선하고 아름다운 세상으로 만들어간다. 그 줄거리는 여러 면에서 친숙하게 들렸다.

이 영화를 상영한 AMC 엔터테인먼트의 아담 아론 사장은 나와 만난 자리에서 궁에서 무함마드 빈 살만을 만난 후 사우디에 자기 회사를 열기로 결정했다고 말했다. 그 회사는 10년 안에 영화관 100곳을 열겠다고 했다. (이 회사는 2023년 1월 사우디 철수를 발표했다.—옮긴이)

나는 MBS가 〈블랙 팬서〉를 본 건지, 줄거리가 자기 이야기 같아서 개막 작품으로 선정한 것인지 몹시 궁금했지만 아론은 질문을 비껴갔다.

그는 "그것이 훌륭한 영화이고 관객들에게도 인기가 높고, 또 그 영화를 보면 모두가 즐겁지 않겠어요?"라고 말하며 내게 "당신이라면 어떤 영화를 골랐겠어요?"라고 물었다.

———————

MBS는 분명히 사우디의 티찰라가 되기를 원했지만, 그의 보좌관들은 점점 더 에릭 킬몽거처럼 행동하고 있었다. 왕자가 매력적인 할리우드와 실리콘밸리로 떠나 있는 동안 사우드 알 카타니와 그의 팀은 사우디와 MBS를 위협하는 것으로 판단되는 사람들에 대한 대응을 강화했다. 조직적인 소셜 미디어 공격이 계속되었다. 알 카타니는 그가 공언한 대로 정부 정책을 비웃는 트위터 계정을 운영하는 사우디 사람들을 공개하고 체포했다. 그 팀은 오프라인에서도 사람들을 추적했다. 특히 사우디가 추구하는 새로운 방향의 혜택을 받을 수 있는 좋은 위치에 있었던 한 카리스마 넘치는 커플에게 큰 타격을 입혔다.

나는 2013년부터 루자인 알 하틀룰을 따라다녔다. 루자인 알 하틀룰은 페미니스트를 자처하는 여성으로, 내가 처음 사우디를 방문했을 때 그녀의 아버지가 그녀가 공항에서 집으로 운전하는 모습을 촬영해 공개했다. 그때부터 사우디에서 그녀의 명성이 높아졌다.

그녀는 6남매 중 넷째로, 제다에서 자랐고 프랑스에서 몇 년을 보낸 후 고등학교에 진학하기 위해 리야드로 옮겼다. 나중에 캐나다에서 정부 장학금으로 공부하는 동안 그녀는 사우디의 사회적 제약을 비판하는 동영상을 온라인에 올리기 시작했다. 종교 경찰에 대한 불만을 표시하고 머리를 가리는 것을 거부한 것이 계기가 되어 그녀에게 여러 사람의 관심이 집중되었다. 자유주의자들은 그녀의 솔직한 모습을 보고 환호했고, 보수주의자들은 그녀가 위험하다고 생각했다. 그렇기는 해도 모두 그녀의 계정을 팔로우했다. 그녀가 졸업하고 아랍에미리트로 이주해 미디어 회사에서 일을 시작한 후 그녀의 인지도는 더욱 높아졌다.

그러던 중에 텍사스에 살면서 코미디언 경력을 쌓기 위해 노력하던 재미있는 사우디 남자가 그녀의 눈을 사로잡았다. '사우디의 사인펠드(미국의 코미디언이자 배우. 전설적인 시트콤 사인펠드의 제작자—옮긴이)'라는 별명을 가진 파하드 알 부타이리는 스탠드업 코미디를 했고 유튜브에도 출연해 소셜 미디어 팔로어들이 많았다. 알고 보니 내가 처음 사우디를 방문했을 때 만났던 사람이었다. 그는 2013년 여성 운전 시위 때 알려진 〈No Woman, No Drive〉 동영상에 출연해 노래를 부른 사람 중 한 명이었다.

알 하틀룰은 그의 스타일을 좋아해 소셜 미디어를 통해 그에게 연락했다. 그들은 채팅을 시작했고 사랑에 빠져 2014년에 결혼했다. 1주일 후, 사우디 당국은 여성 운전 금지에 항의하기 위해 아랍에미리트에서 사우디로 차를 몰고 들어가려는 알 하틀룰을 체포했다. 그녀는 73일 동안 수감되었고 국가 안보 사건을 다루는 법원에 회부되었다. 그녀의 남편은 그녀를 지지했고, 그녀는 마침내 살만 국왕이 즉위한 다음 달에 기소 없이 풀려났다.

MBS가 사우디를 개방하겠다고 말한 것을 들은 그녀는 처음에는 미래를 낙관했다. 그녀와 그녀의 남편은 수십만 명의 팔로어가 있는 트위터에서 서로의 배우자인 것을 자랑스럽게 여기며 자기들의 사랑 이야기를 중계했다.

알 하틀룰은 거침없이 논란이 될 만한 목소리를 계속 높여갔다. 그녀는 구금되었다는 사실 때문에 국제적인 명성을 얻었다. 아일랜드의 메리 로빈슨 전 대통령과 영국 왕족과 결혼할 여배우 메건 마클과 함께 찍은 사진이 패션 잡지 《보그》의 자매 잡지인 《배니티 페어》에 실렸다. 《아라비안 비즈니스》 잡지는 3년 연속 그녀를 가장 영향력 있는 아랍 여성 100인에 포함했고 2015년에는 3위까지 올랐다.

외신 기자들이 줄지어 그녀를 찾았다. 그녀는 2016년에 PBS 다큐멘터리 프로그램인 〈프론트라인〉의 〈사우디를 폭로하다〉편에 출연했다. 그 프로그램이 방송된 후 사우디 사람들은 사우디를 잘못 표현했다고 많은 비판을 가했다. 알 하틀룰은 방송국에서 자기가 한 말 중에 그들이 필요한 말만 골라냈다는 사실을 깨닫고 그 방송에 출연한 것을 후회했다. 온라인 공격이 심해지자 그녀는 자신의 웹사이트에 글을 올려 사우디에 대한 충성을 맹세했다. 그녀가 해외에서 명성을 얻을 생각이거나 정치적 망명을 할 생각으로 그런 행동을 했다고 비난한 사람들을 향해서는, 그녀와 그녀의 남편 모두 미래를 보장할 수 있는 명성을 잃는 한이 있더라도 걸프 지역에서 살기 위해 캐나다에서 제안한 일자리를 거절했다고 밝혔다.

———————◆———————

알 하틀룰은 프랑스 소르본대학교 아부다비 분교의 석사 과정에 등록했고, 그녀의 남편과 같은 아랍 예술가들이 국제적인 기회를 얻을 수 있도록 돕기 위해 에이전시 설립을 준비하고 있었다. 하지만 당국은 그녀가 2017년 집을 방문하기 위해 공항에 도착했을 때 그녀를 체포했다. 그녀를 심문하는 동안 그들은 왜 그녀가 항상 사우디를 비판했는지 물었다. 그녀는 그것을 입을 다물라는 메시지로 받아들였다.

하지만 2017년 가을에 사우디가 여성 운전을 허용할 것이며 영화관이 곧 열릴 것이라고 발표하는 것을 듣고 그녀와 그녀의 남편은 매우 기뻐했다.

그녀의 여동생 리나는 "언니는 그 소식을 듣고 아주 열광했어요. 그리고 '2018년은 아주 기쁜 해가 될 거야, 우리들의 해가 될 거야'라고 말했지요"라고 내게 말했다.

알 하틀룰은 활동을 멈추지 않았다. 여성 운전이 허용되자 그녀와 다른 활동가들은 더 큰 열정으로 또 다른 목표인 '후견인법' 개정에 뛰어들었다. 여성이나 소수자에게 법적 권리를 허용하라는 것이었다. 사우디의 모든 여성은 여권을 발급받거나 해외여행을 하거나 취업하거나 특정한 치료를 받기 위해서는 아버지나 남편이나 남자 형제, 심지어 아들과 같은 남성 보호자의 동의를 얻어야 했다. 알 하틀룰은 이 문제를 알리기 위한 온라인 캠페인에 참여했다. 그리고 여성 차별을 없애기 위한 사우디의 노력을 감시하고 있는 유엔이 사실 확인을 위해 그녀를 초청했다.

유엔 회의에서 사우디 정부 대표단은 사우디가 책임을 다하고 있다는 성명을 발표했다. 그들이 사실을 미화하고 있다고 느낀 알 하틀룰은 그들이 성명을 발표한 동영상을 트위터에 올렸다. 그 영상에서 사우디 대표단은 후견인의 존재를 부인했으며 사우디 여성들이 자유롭게 배우자를 선택하고 결혼 계약을 취소하고 직업과 거주지를 선택한다고 주장했다. 대표단은 다른 동영상에서 국민들이 "정부 기관에 대한 비판이나 조언 또는 견해를 표현하기 위해 매우 자유로운 방식으로" 사이버 공간을 사용할 수 있다고 말했다.

한 달 후 그녀가 아부다비에 있는 대학에 가기 위해 운전하고 있을 때 경찰이 그녀의 차를 둘러쌌다. 경찰은 그녀에게 수갑을 채우고 눈을 가리고 당국이 그녀를 독방에 감금했던 사우디로 다시 데려갔다. 그 무렵 그녀의 남편은 요르단에서 새로운 사업을 수행하고 있었는데 보안 요원이 그의 호텔 방에 나타나 그를 체포해 사우디로 다시 데려갔고 그 역시 그곳에 갇혔다.

그 커플은 며칠 후에 풀려났지만 여행을 금지당했다. 사우디의 가장 유명한 연예인 중 한 명인 알 부타이리는 〈블랙 팬서〉의 상영에 초대되어 바에서 무알코올 칵테일을 마시며 시간을 보냈다. 그는 자신에게 무슨 일이 일어났는지 아무에게도 말하지 않았다. 어느 날 밤 알 하틀룰은 자기 친구들을 만난 자리에서 자기가 겪은 고통을 이야기하며 자기가 다시 구금될지도 모르겠다고 걱정했다.

무함마드 빈 살만

그녀는 자신의 행동이 한 번도 정부에 대해 반기를 들어본 일이 없는 자기 남편에게 스트레스를 주지나 않을까 걱정했다.

그녀는 친구들에게 "그는 이런 상황에 익숙하지 않아. 나도 마찬가지지만"이라고 말했다.

그녀의 예감이 맞았다. 여성 운전 금지령이 해제되기 몇 주 전 보안 요원이 리야드에 있는 그녀 가족의 집 문을 큰 소리가 나도록 두드리고 방에 있는 그녀를 찾아 범죄자처럼 끌고 갔다.

당시 정부는 여성 운전 금지령에 반대하는 활동가들이 금지령 해제가 자기들이 애쓴 결과라고 밝히는 것을 막기 위해 노력하고 있었다. 보안 요원들은 그들에게 이 문제에 대해 언론인과 이야기를 나누지도 말고 소셜 미디어에서 언급하지도 말라고 명령했다. 여성 운전을 허용하는 그 중요한 사건을 앞두고 열 명이 넘는 사람들이 체포됐다. 그들 중에는 금지령을 위반한 여성들과 그들을 지지했던 남성들, 그리고 수십 년 전에 이 운동에 횃불을 들어 올렸던 사진작가 마데하 알 라즈루시를 비롯한 1990년 운전 시위에 참여했던 여성 세 명이 포함되어 있었다. 왜 이 활동가들만 체포되고 다른 활동가들은 체포되지 않았는지 이유가 분명하지 않았지만, 구금된 사람 중 일부는 학대받는 여성과 소녀를 위한 보호소를 열기 위해 노력해 왔다. 일부는 여행 금지 조건으로 석방되었다. 사우디 언론은 이들을 음해하기 시작했다.

사우디 정부는 리츠칼튼 호텔에 갇혔던 사람들과 같이 당국이 구금했던 사람들의 이름을 공개하고 싶지 않을 때에는, 사생활 보호 규정과 샤리아법의 명예훼손 금지 조항을 인용했다. 하지만 활동가들은 그러한 보호를 받을 수 없었다. 그들의 이름과 사진 위에 빨간 스탬프로 '배신자'라는 글씨를 찍은 우표가 발행되었다. 한 신문은 익명의 '분석가'의 말을 인용해 이들 중 일곱 명이 최대 20년의 징역 또는 심지어 사형에 처할 수 있는 혐의로 재판을 받고 있다고 전했다.

재작년에 있었던 검거 바람이 과거에 변화를 추구했던 사우디 사람들 사이에 공포를 확산시켰고, 구금을 피했던 사람들은 그 바람이 잦아들기를 바라며 대부분 입을 다물었다. 사우디의 한 만화가가 두 남자의 이야기를 통해 감옥의 분위기를 그려냈다.

한 사람이 "나는 무장 강도죄로 수감되었는데 당신은 무슨 죄인가요?"라고 물었다.

다른 사람이 "왓츠앱이요"라고 대답했다.

그녀가 구금되어 있는 동안 알 하틀룰과 알 부타이리의 결혼은 파탄에 이르렀다. 알 부타이리는 자신을 그녀의 '자랑스러운 남편'이라고 밝혔던 트위터 계정을 삭제했다. 그는 사우디 엔터테인먼트가 이륙할 때 반대로 대중의 삶에서 사라진 엔터테인먼트 선구자였다.

그 검거로 인해 여성 운전 금지령 해제에 먹구름이 끼었다. 그리고 더 많은 사람이 검거되었다. 《뉴욕 타임스》 칼럼니스트 로저 코헨은 리야드를 방문하는 동안 여성 역사학자 하툰 알 파시를 인터뷰했다. 그녀는 오랫동안 사우디의 여성 지위에 대한 소식을 그에게 알려준 사람이었다. 그녀는 정부가 여성 운전 금지령 해제가 여성운동의 결과라는 것을 보여주고 싶지 않다며 그녀에게 공개적으로 금지령 해제를 축하하지 말라고 명령했다고 전했다.

코헨은 MBS에 대한 그녀의 견해를 이렇게 요약했다. "왕세자는 진심입니다. 그는 사우디의 발목을 잡은 것이 무엇인지 콕 짚어 냈습니다. 그러나 그는 지혜롭지 못합니다. 특히 카타르에 대해서 그렇습니다. 그에게는 금기가 너무 많습니다. 오래전부터 있던 금기에 새로운 금기가 더해졌습니다. 끊임없이 검열하고 사우디에 반체제적인 모든 미디어 게시물을 블랙리스트에 올렸습니다. 권력의 중앙 집중은 우려할 만한 상황에 이르렀습니다. 변화가 일어나기는 했지만 법이 제대로 받쳐주지 못해 취약합니다."

그럼에도 알 파시는 코헨에게 "나는 희망적으로 생각합니다"라고 말했다. "지금으로부터 10년 후에 여성들에게 좀 더 인도적이고 안전한 공공 영역이 생겨날 것이고, 여성이 후견인의 학대에서 벗어날 것이며, 그것이 사우디 경제에도 좋을 것이기 때문입니다."

그녀는 곧 체포되었다.

━━━━━━━━⚔━

여성 운전 금지령이 해제되기 3주 전, 사우디는 여성들에게 첫 번째 운전면허증을 발급했다. 정부는 아흘람 알 튜나얀이라는 여성이 검은색 아바야를 입고 제복을 입은 경찰관에게서 면허증을 받는 장면을 보여주는 짧은 동영상을 공개했다. 다른 여성 아홉 명도 그날 면허증을 받았다. 사우디는 그것을 '역사적인 순간'이라고 칭송하는 보도 자료를 보냈다.

약속했던 2018년 6월 24일, 여성 운전 금지령은 공식적으로 해제되었다.

"드디어!" 알 왈리드 빈 탈랄 왕자는 오전 12시 1분에 트위터에 딸과 손녀들과 함께 시내를 드라이브하는 영상을 올렸다. 그가 리츠칼튼 호텔에 구금된 이후 그는 모든 행동이 제약을 받았다. 단, MBS에 대한 칭송은 제외하고.

그는 "내 동생 무함마드 빈 살만의 생각이 이 위대한 결과를 이끌었다는 것은 의심의 여지가 없습니다"라고 언급했다. 그리고 "여성들은 이제 자유를 얻었습니다"라고 말을 이었다.

사우디는 여성의 권리에 대한 광범위한 논의는 막으면서 변화에 대한 공로는 인정받으려고 노력했다. 프랑스에서는 사우디 여성 카레이서 한 명이 프랑스 그랑프리 대회에서 경주용 차를 타고 트랙을 한 바퀴를 돌았다. 그녀는 며칠 전에 사우디 운전면허를 받았다. 언론인들은 그녀가 여성의 권리에 대해 언급하지 않을 것이라는 말을 듣기는 했지만, 그녀가 리야드에서 면허 취득 일성을 터뜨리지나 않을까 지켜봤다. 사우디를 방문한 미국 기자는 그녀가 인터뷰했던 운전 교습을 받는 여학생들이 사실은 학생처럼 위장한 운전 강사였다는 것을 알아차렸다. 그 사실이 드러나자 강사들은 여학생들이 첫 수업을 듣도록 만들었다. 그제야 기자들이 그들을 취재할 수 있었다.

어쨌든 여성 운전이라는 댐이 무너졌다. 이제 이 문제는 여성과 정부의 싸움이 아니라 여성과 그들의 남성 가족 또는 여성과 이웃들의 싸움으로 남았다. 사우디 신문들은 운전면허를 딴 어느 여성이 동네 남자들의 모욕을 견디며 고인이 된 아버지의 차를 몰고 출근하면서 겪는 시련을 다뤘다. 어느 날 아침 그녀는 집 밖에서 차에 불이 난 것을 발견했다. 경찰은 방화 사건을 공개해 용의자 2명을 체포했고, 시청에서는 여성에게 잃어버린 차를 대신할 차를 제공했다.

하지만 그런 사건이 자주 일어난 것은 아니었다. 여성 운전을 반대하는 정서가 사우디 사회에 남아 있기는 했지만 그것이 즉시 드러나지는 않았다.

———————

한편 구금된 활동가들에 대한 처우는 더 나빠졌다. 알 하틀룰은 체포된 후 제다의 다반 교도소로 이송되었지만, 며칠 후 한 무리의 남자들이 밤에 와서 그녀를 차 트렁크에 태워 근처의 알려지지 않은 시설로 데려갔다. 그녀는 그곳에서 적어도 두 명의 다른 여성들과 함께 사우드 알 카타니가 지휘하는 신속개입그룹 요원들에 의해 구금되었다.

그 여성들은 창문이 가려진 작은 방에 갇혔다. 요원들은 그녀들을 심문하고 때로는 고문하기 위해 자주 아래층으로 끌고 내려갔다. 그들은 정보를 알아내는 것보다 굴욕감을 느끼게 하는 데 더 관심이 있는 것 같았다. 그들은 매를 맞고 성희롱을 당하고 전기 충격을 받았다. 알 하틀룰이 비명을 지르자 그들은 그녀의 입에 물을 부었다. 때때로 알 카타니는 그녀를 고문하는 것을 감독하면서 그녀를 강간하고 죽이고 시체를 하수구에 던져도 절대로 발각되지 않을 것이라고 위협했다. 그는 그녀가 죽지 않으면 반역죄로 20년 동안 감옥에 가게 될 것이라고 말했다.

이슬람의 성월인 라마단 기간에 그와 그의 부하들은 그녀를 밤새워 고문했고, 해가 떠서 의무적으로 금식해야 하는 동안 알 하틀룰에게 식사를 하도록 강요했다. 그녀는 그들에게 하루 종일 계속 먹일 것인지 물었다.

그들 중 한 사람이 그녀에게 "아무도 우리 위에 있지 않아. 심지어 알라조차 말이야"라고 말했다.

또 다른 죄수는 60세의 은퇴한 컴퓨터 과학 교수이자 인권 활동가인 아지자 알 유세프로, 무장한 보안 요원들에 의해 자기 집에서 체포되었다. 그녀는 가족들에게 몇 시간 안에 돌아올 것이라고 말했지만, 돌아오지 못했다. 그녀 역시 구타당하고 전기 충격을 받았다. 나중에 그녀를 본 한 동료는 그녀가 얼마나 체중이 줄었는지 충격받았다고 했다. 그녀는 경련을 일으켰고 다리에 검은 멍이 들었다.

언어학 교수이자 블로거인 에만 알 나퓨잔도 그들과 함께 있었다. 그녀는 내가 2013년에 만났을 때 방글라데시에서 온 자기 운전기사 이야기를 하면 함께 웃은 일이 있었다. 그녀는 그 후 몇 년 동안 여성 운전 금지에 반대하는 운동을 벌였다. 그녀는 정부가 금지령 해제를 발표한 순간을 씁쓸하게 기억했다. 그녀는 수십 년 동안 금지령을 없애기 위해 수많은 남성과 여성이 '불필요한 희생'을 치른 것을 떠올렸다. 하지만 금지령이 해제된 것을 기뻐하며 여성 운전자들이 도로에서 대혼란을 일으킬 것이라는 농담을 비웃었다. 그럼에도 불구하고 그녀는 후견인 제도를 폐지하는 것만이 사우디 여성들을 진정으로 평등하게 만들 것이라고 결론지었다.

구금된 동안 요원들이 그녀를 너무 가혹하게 대하자 그녀가 자살을 시도했고, 그런 그녀를 치료하기 위해 의료진을 불러야 하는 소동이 일어났다.

몇 주 동안, 알 하틀룰의 가족은 그녀가 어디에 있는지 전혀 몰랐다. 그러고 나서야 자신이 '호텔'에 있다는 그녀의 전화를 받았다. 그녀는 모든 것이 좋고 머무는 곳도 좋다고 말했지만 그녀는 가족의 질문을 피했다. 가족은 무엇을 믿어야 할 것인지 알 수 없었다. 가족은 그저 정부가 금지령이 해제되고 난 후 활동가들의 언론 활동을 관리하려 한 것이 아닌가 생각했다.

약 한 달 후, 여성들은 다반 감옥으로 다시 옮겨졌다. 학대가 중단되고 가족 방문이 허용되었다. 알 하틀룰의 가족은 그녀를 처음 보자 그녀가 잘 걷지 못하고 걷잡을 수 없이 떨고 있다는 것을 알아챘다. 가족이 묻자 그녀는 에어컨 때문이라고 둘러댔다. 그들은 그녀를 주려고 사 가지고 간 크루아상조차 그녀가 제대로 입까지 들어 올리지 못하는 것을 깨달았다. 그들은 그녀에게 다쳤냐고 물었지만, 그녀는 "나는 괜찮아요. 몸을 보여줘야 내 말을 믿겠어요?"라고 대꾸했다.

리츠칼튼 호텔에서 있었던 학대 사건에 대한 보고서가 공개된 후 그녀를 다시 방문했다. 그녀의 가족이 그녀에게 무슨 일이 있었는지 말하라고 다그치자 그녀는 주저앉으며 무슨 일이 일어났는지 털어놓았다. 그리고 허벅지의 검은 멍을 보여주며 그것이 전기 충격으로 인한 것이라고 말했다. 정부는 나중에 그녀를 여러 범죄 혐의로 기소하고 그녀가 학대받은 일이 없었다고 부인했다.

24장
오, 캐나다

자말 카슈끄지와 오마르 압둘아지즈 사이에 있었던 대화는 2018~2019년 압둘아지즈를 여러 번 인터뷰하면서 확인한 내용, 카슈끄지의 지인들이 카슈끄지에게 들은 내용, 그리고 압둘아지즈가 제공한 왓츠앱 메시지를 바탕으로 재구성했다. 일부 메시지는 내용 전달을 위해 문법이나 철자를 교정했으나 내용은 손대지 않았다.

무함마드 빈 살만이 영국을 공식 방문하기 전, 자말 카슈끄지는 오래된 친구이자 역사가인 로버트 레이시와 함께 젊은 왕자가 영국 군주제로부터 배울 수 있는 것(왕권 제한, 비판 수용, 국민의 말 듣기)에 대한 글을 써서 《워싱턴포스트》에 기고했다. 두 사람은 MBS가 미국에 있는 동안 두 번째 글을 기고했다. 그들은 이 기고에서 MBS에게 네옴 같은 신도시에 집착할 것이 아니라 기존 도시를 재생한 디트로이트에 관심을 가져보라면서 그곳을 방문해 보기를 권했다.

카슈끄지는 또 다른 칼럼에서 1979년 이전까지는 사우디에 극단주의가 없었다는 MBS의 주장을 '수정주의 역사'라고 일축했다. 그리고 MBS가 '초보수적인 종교 세력'을 추종하는 것은 옳았지만, 그들을 '반대를 용납하지 않는 새로운 급진주의'로 대체하는 것은 잘못되었다고 지적했다.

그는 《워싱턴포스트》에 칼럼을 보내기 전에 그의 미국인 친구인 매기 미첼 세일럼에게 먼저 보내 검토를 부탁했다. 그녀는 그가 MBS에 대해 관대하게 표현했다고 언짢아했다.

> **카슈끄지**: 생각이 왔다 갔다 해요. 한편으로는 그렇게 해야 할 것 같기도 하고, 가족을 생각하면 꼭 그래야 하나 싶기도 하고 그래요.
>
> **미첼 세일럼**: 당신은 그저 사실만 말하면 돼요. 뭔가 덧붙이려는 것도 우스운 일이고요. 혹시 당신이 그의 편이라고 말하고 싶은 거예요?! '새로운 급진주의'라…… 이거 지울게요.
>
> **카슈끄지**: 어, 그러지 말아요. 그래야 균형이 잡히지요.
>
> **미첼 세일럼**: 이미 충분히 균형 잡고 있어요. 이게 지금 당신 머릿속에 들어있는 거란 말이에요. 지금 당신한테 명령하고 당신 친구들을 감옥에 보내는 남자에게 말 걸고 있는 거 아니에요. #미쳤어
>
> **카슈끄지**: 그렇게 균형 잡힌 기사를 좋아하는 독자들도 있잖아요.

어쨌거나 카슈끄지의 고집이 이겼다. 통화는 계속됐다.

그는 여성 운전 캠페인을 벌이는 활동가들을 체포한 것을 비난했다. 활동가들을 체포한 이들이 "어떤 활동도 정부가 허용하는 범위를 넘어서면 안 된다"던가 "모든 국민이 원칙을 벗어나면 안 된다"고 주장하는 것들이 모두 잘못되었다는 것이다. 그는 "우리가 의논하고 토론하는 공간을 희생시키는" 방식으로 사회 개혁을 이룰 수는 없다고 했다.

하지만 그는 망명 생활을 고통스러워했다. 친구들과는 가까이 있었지만 가족이나 친척과는 너무 멀리 떨어져 있었다. 그는 즐겨 거닐던 제다나 메디나의 거리를 그리워했고, 사우디 친구들과 어울리던 때를 그리워했으며, 친척 아주머니들이 해주는 음식을 그리워했다. 온라인에서 그에게 쏟아지는 비난은 그칠 줄 몰랐다. 그는 감옥

에 갇혀있는 친구들을 생각하면서 괴로워했고 그런 '친구들이 울부짖는' 악몽에 시달렸다.

> **카슈끄지**: 친한 친구 중 둘이 잡혀갔대요.
> **미첼 세일럼**: 뭐라고요?!? 더 있었어요?!?
> **카슈끄지**: 자꾸 늘어나네요.
> **미첼 세일럼**: 이런……!?!?
> **카슈끄지**: 그는 제정신이 아니에요.

그녀는 그에게 그 분노를 글로 쓰라고 말했다.

> **카슈끄지**: 무슨 일이 일어나려고 이러지요? 누가 신경 쓰기나 하는지 몰라요.
> **미첼 세일럼**: 잠깐!! 그런 사람 많거든요. 그런 기사 쓰지 않는다고 해서 그가 이긴 게 아니잖아요. 후유.
> **카슈끄지**: 너무 처지는데요.

카슈끄지는 몇 년 전 이스탄불을 여행할 때 오랜 친구인 아이만 누어를 만났다. 그는 이집트 대통령 선거에 출마했다가 압델 파타 엘시시 대통령이 집권한 후 망명했는데, 카슈끄지에게 자신이 반체제 인사라고 말했지만 카슈끄지는 그것이 적절한 표현이 아니라고 했다.

누어는 MBS가 도저히 고칠 수 없는 사람이라고 말했지만, 카슈끄지는 젊은 지도자의 실수를 지적하는 것이 자기 일이라며 동의하지 않았다.

카슈끄지는 자기를 다른 이들과 묶어서 반체제 딱지를 붙이는 것을 거부했다. 자기는 MBS를 지지하며, 단지 군주 국가인 요르단과 쿠웨이트만큼 표현의 자유가 허용되기를 기대한다는 것이었다.

카슈끄지는 "그 정도면 합리적이라고 생각합니다"라고 말했다. "나는 극단주의자가 아니에요. 그리고 정권 교체 같은 것을 요구하는 사우디 사람들의 주장에도 반대합니다. 말도 안 되는 일입니다. 우리 사우디에는 그런 게 필요하지 않습니다. 나는 시스템을 믿습니다. 단지 지금 같은 시스템이 아니라 개혁된 시스템을 원하는 것이지요."

시간이 지나면서 카슈끄지는 해외에서 아랍 세계에 바람직한 변화를 일으킬 수 있는 새로운 방법을 모색하기 시작했다. 그는 아랍 지식인 대부분이 자기 나라 경제가 어떻게 돌아가는지 모른다고 생각했다. 그래서 서방국가에서 발간된 경제 보고서를 아랍어로 번역해 출판할 수 있는 웹사이트를 구상했다. 그는 또 정치 개혁을 촉구할 'DAWN(Democracy for the Arab World Now)'이라는 조직도 구상했다. 그는 2018년 6월까지 개념을 다듬고 필요한 자금을 조달할 방법을 찾고 있었다.

그의 글은 중동에 있는 다른 사상가들의 관심을 끌었다. 워싱턴의 싱크탱크인 이슬람 민주주의 연구 센터는 그에게 '올해의 무슬림 민주당원' 상을 수여했다. 그는 수상 소감에서 아랍 세계에서는 민주주의가 급진적인 이슬람주의자들뿐만 아니라 독재자들을 지지하는 소위 자유주의자들에게도 공격받고 있다고 말했다.

카슈끄지는 아랍 세계의 작가와 지식인과 정치인이 "아랍은 민주주의를 위한 준비가 되어 있지 않다"는 '인종차별적' 생각을 옹호하는 외국 정부에 맞설 것을 촉구했다.

그는 혁명이 아닌 민주주의가 통치 체제를 개선할 수 있다고 주장했다. 사우디, 모로코, 요르단과 같은 이 지역 군주제 국가들은 군주가 현명한 의사결정을 보장해야 하고, 예멘, 이라크, 시리아와 같은 공화국은 민주주의를 통해 부족 종파 정당 간의 힘의 균형을 유지함으로써 갈등을 멈춰야 한다는 것이었다.

누군가가 MBS에 대해 묻자 카슈끄지는 왕세자가 잘되기를 바라지만, 권력에 대한 견제는 필요하다고 말했다.

카슈끄지는 "오늘날 권위주의 정권을 이끄는 집단의 지배적인 생각은 '우리는 국민을 이끌 수 있고, 의회나 위원회의 방해가 필요하지 않고, 무엇이 국민에게 좋은지 알고 있다'는 것"이라면서 "만약 그들의 생각대로 되면 다행이고 실패한다면 우리는 입을 닫을 것"이라고 말했다.

———————

2018년 6월 21일 나는 아랍어로 '벤 허버드와 사우디 왕실 이야기'라는 문자메시지를 받았다. 거기에 arabnews365.com 링크가 들어 있었다. 문득 혹시 낚시 기사가 아닐까 싶은 생각이 들었다. 그런 제목을 가진 기사를 검색했지만 아무것도 찾지 못했다. 나는 《아랍 뉴스》 편집자에게 그들이 내게 문자메시지를 보냈느냐고 물으니 아니라는 답변이 돌아왔다. 그것은 그들의 웹사이트도 아니었고 그런 웹사이트가 존재하지도 않았다.

링크를 클릭했더라면 유명한 해킹 프로그램인 트로이목마가 침입해 해커들이 내 휴대전화에 남아 있는 연락처·채팅 기록·암호·마이크·카메라에 모두 접근할 수 있게 되었을 것이고, 내 행동을 감시하고 대화도 도청할 수 있었을 것이다. 생각만으로도 끔찍했다. 링크를 클릭하지 않았으니 해킹당하지는 않았겠지만, 이 모습을 보면서 사우디나 MBS에 대해 보도하는 것이 더 어려워지겠다고 생각했다.

런던의 저명한 사우디 반체제 인사 두 명, 국제사면위원회 연구원, 캐나다의 사우디 활동가 오마르 압둘아지즈까지 최소 네 명이 비슷한 시기에 해킹의 표적이 되었다. 토론토대학교의 '시티즌 랩'이라는 그룹의 연구원들은 사우디와 연결된 해커들이 이스라엘의 사이버 보안 기업인 NSO그룹이 개발한 소프트웨어를 사용해 공격한 것으로 결론 내렸다. 최근 카슈끄지와 가까워진 압둘아지즈를 포함한 몇몇 사람들이 이 함정에 빠졌다. (NSO그룹 대변인은 이 사례에 대한 직접적인 언급은 피하고 다만 자사 제품이 "기자들의 작업 내용을 탈취하거나 비난을 잠재우기 위한 도구가 아니다"라고 밝혔다.)

20대 후반인 압둘아지즈는 수년 전 사우디 정부 장학금을 받고 캐나다로 이주했다. 그곳에 있는 동안 그는 트위터에 사우디를 비꼬는 게시물을 올려 유명해졌다. 정부가 그의 장학금을 취소하자 그는 정치적 망명을 신청했다. 그에게 씌워졌던 굴레가 벗어지자 그는 수염 난 얼굴로 휴대전화를 노려보는 모습이나 사우디와 MBS를 조롱하는 영상을 자주 올려 1인 비판자로 떠오르기 시작했다.

압둘아지즈는 런던에서 오랫동안 활동했던 사우디 반체제 인사들과는 달랐다. 많은 젊은이가 온라인을 자기 집처럼 누비며 날카로운 재치를 쏟아내는 이 젊은이에게 매료되었다. 카슈끄지가 도망 나오듯 사우디에서 탈출했는데도, 나이 든 반체제 인사들은 주류 저명인사인 그가 정말로 자기가 속해있던 세계와 관계를 끊었는지 의심하며 거리를 두었다. 하지만 압둘아지즈는 카슈끄지에게 손을 내밀고 친구가 되었다. 카슈끄지는 마치 삼촌이 조카를 걱정하듯 압둘아지즈가 수업을 빼먹거나 산만하게 지내는 것을 두고 보지 않았다. 덕분에 압둘아지즈는 기자 경험을 쌓았고 대신 카슈끄지를 젊은이들에게 소개했다. 한 번은 카슈끄지가 워싱턴 싱크탱크에서 연설하는 것을 보고 '엘리트주의자' 같다면서 자기와 함께 동영상을 만들어 온라인에 올리자고 제안했다. 압둘아지즈가 나이 든 동료를 존경한 것은 분명했다. 그들은 자주 문자메시지를 보내는 사이가 되었다.

압둘아지즈: 나라를 하나 세우셔도 되겠어요.
카슈끄지: 그 정도는 아니지. 덕분에 웃었네.
압둘아지즈: 알라가 내내 잘 지켜주시기를 바랍니다.

두 사람은 의논을 시작했다. 압둘아지즈는 사우디에 구금된 사람들을 다룰 웹사이트와 관련해 카슈끄지에게 조언을 구했고, 카슈끄지는 그에게 프로그래머에게 주라며 500달러를 송금했다. 카슈끄지는 압둘아지즈에게 그가 만든 아랍 민주화 단체인 DAWN에 대해 설명하면서 압둘아지즈의 친구들이 웹사이트를 만들 수 있는지 물었다. 그리고 압둘아지즈에게 자기 일을 귀하게 여겨주는 젊은 친구가 있어서 기쁘다고 말했다.

카슈끄지: 내 의견에 동의해 줘서 고마워. 나는 나이도 많고 이미 지쳤어. 내가 젊은이들을 배신했다는 말을 들을까 봐 겁이 나기도 하고. 그래서 당신 의견이 내게 아주 중요해. 하지만 당신이 말했듯 변화를 만들어 낼 힘을 어디서 찾아야 하지? 가끔은 다 내려놓고 운명이 지나가기를 기다리면서 그저 내 삶을 즐기면 어떨까 생각하지.

그들은 MBS가 여성 인권 활동가들을 구금한 것을 보고 그의 행동을 어떻게 이해해야 할지 혼란스러워했다.

카슈끄지: 체포한 건 부당한 일이지. 그러는 게 자기에게 도움이 되지도 않잖아. (논리적으로 생각해 봐도 그렇지.) 짐승과 다를 게 뭐 있겠어. '팩맨'이라는 게임 캐릭터 알지? 적을 잡아먹을수록 더 많이 잡아먹으려고 드는.

압둘아지즈: 세상에. 자기가 국왕이 되면 그들을 모두 풀어줄까요? 자기가 너그럽다는 걸 보여주기 위해서라도 말이지요.

카슈끄지: 이치로 따지면 그렇기야 하지. 그런데 그 사람 머릿속을 어떻게 들여다보겠어.

압둘아지즈가 온라인에 올린 글이 왕실을 자극했다. 2018년 중반, 캐나다에 있는 압둘아지즈에게 두 사람이 찾아왔다. 그들은 압둘아지즈가 만나주지 않을까 봐 동생을 데리고 나타나 자신들이 MBS가 보낸 사람들이라고 소개했다. 사실 그들을 보낸 것은 알 카타니였다. 그들은 압둘아지즈와 몬트리올 카페에서 만나 이야기를 나누면서 그가 이미 온라인에서 유명 인사가 되었으니 사우디로 돌아오면 돈을 많이 벌 수 있다며 그가 사우디로 돌아오도록 부추겼다. 만약 거절하면 공항에서 체포되어 감옥에 갈 수도 있다고 위협했다. 하지만 그들을 믿지 않았던 압둘아지즈는 돌아가기를 거부했다.

그러는 동안 압둘아지즈는 자신의 '온라인 벌 떼'로 사우드 알 카타니가 운영하는 친정부 '파리들'에게 대응할 수 있는 방법을 찾아놓았다. 그는 알 카타니의 '파리들'과 싸우겠다는 사우디 사람들에게 미국과 캐나다의 SIM 카드를 나눠줘 소셜 미디어 계정을 만들도록 했다. 그는 6월에 그 계획을 카슈끄지에게 보냈고, 카슈끄지는 그가 자금을 마련하는 일을 도왔다.

압둘아지즈: 온라인 벌 떼에 대한 계획을 간단하게 정리해서 이메

일로 보냈어요.

카슈끄지: 아주 훌륭해. 필요한 돈을 마련해서 보낼게. 아무튼 뭔가 해야 해. 가끔 내가 그들에게 공격받는 건 알고 있지? 그래서 트위터를 싫어하거든.

압둘아지즈: 서너 명이 공격하는 것 같아요. 그래도 사우디가 모두 나서서 공격한다는 생각이 드시지요?

이후에 카슈끄지는 그가 계획을 실행하는 데 필요한 5,000달러를 송금했다.

그해 여름, 정부는 압둘아지즈의 입을 다물게 하려고 그의 형제 두 명을 잠시 구금했다. 그들이 풀려난 후 그중 하나가 압둘아지즈에게 정부가 그를 면밀히 지켜보고 있다고 경고하면서 비판을 좀 누그러뜨리라고 부탁했다.

그러면서 "그들은 형이 하는 일을 다 알고 있어요"라고 말했다.

2018년 여름 몇 달 동안 MBS는 네옴이 들어설 모래밭 근처 홍해에 정박해 있는 그의 슈퍼 요트에서 점점 더 긴 시간을 보냈다. 도널드 트럼프 대통령이 그와 대화할 일이 있으면 미국 대사관 관계자가 보안 전화기를 들고 와서 왕자와 백악관을 연결했다. 미국 외교관들 사이에서는 누가 이 큰 배를 먼저 볼 것인지를 놓고 다투기도 했다.

MBS는 그 지역에서 다른 회의도 열었는데, 이에 참석할 투자 관련 컨설턴트나 외국 관료들이나 사업가들을 비행기로 태워 날랐다. 그의 슈퍼 요트는 마치 호텔과 같아서 그곳을 찾은 손님들은 호텔에서처럼 슈퍼 요트 이름인 '세레네(Serene)'의 S자를 새긴 흰색 슬리퍼를 받았다. 어떤 사람들은 왕자가 제기한 주제에 당황한 나머지 돌아가기도 했다. 그는 몇몇 방문객들에게 자기가 관심을 가지고 있는 신경 언어 프로그래밍에 대해 이야기했다. 잠재의식을 이용해 인간의 잠재력을 증가시키는 일종의 유사 과학이었다. 그리고 자기가 생명공학에 기대를 걸고 있다고 밝히기도 했는데, 몇십 년 안에 인공지능을 이용해 인간 신체에서 일어나는 문제를 찾아내고 치료제도 만들 수 있지 않겠느냐는 것이었다. 방문객들은 왕자가 혹시 영생을 꿈꾸고 있는 것은 아닌지 궁금해하며 돌아갔다.

MBS는 상상력이 풍부한 미래학자였다. 게다가 얼마든 동원할 수 있는 예산이 있었고, 그 꿈을 실현하는 일에 동원할 수 있는 고액 연봉을 받는 컨설턴트도 넘칠 정도로 많았다. 그러다 보니 네옴에 대한 생각이 점점 확대되고 이상해졌다. 사막의 열기를 줄이기 위해 인공강우를 계획하고, 사람들을 더 똑똑하고 강하게 만들기 위해 과학자들이 인간 게놈을 수정하고, 쥐라기 공원 같은 것을 만들어 로봇 공룡을 두고, 로봇 검투사들이 대결을 벌이고, 밤에는 드론 함대로 인공 달을 만들어 공중에 띄워놓고, 해변의 모래는 야광처럼 빛나게 꾸미겠다는 것이었다.

MBS의 권위주의는 네옴도 예외가 아니었다. 항상 주민들을 추적할 수 있도록 드론을 활용하고 안면 인식 기술을 적용하라고 요구한 것이다.

MBS가 이끄는 네옴의 이사회 회의록에는 "이 도시는 우리가 모든 것을 감시할 수 있도록 자동화 시설을 갖추어야 합니다"라고 기록되어 있었다.

컨설턴트가 되었든 누가 되었든 그들이 MBS가 그런 환상적인 생각에서 벗어나도록 만들려고 얼마나 노력했는지는 분명하지 않다. 하지만 분명한 것은 어느 외국 컨설턴트가 도시의 도로 계획을 설명하자 그가 발끈했다는 것이다.

MBS는 "나는 어떤 도로나 보도도 만들 생각이 없습니다"라며 "우리는 2030년에 하늘을 나는 자동차를 갖게 될 것이니까요"라고 말했다.

적어도 2015년부터 가택에 연금되어 있던 것으로 알려졌던 MBS 의 어머니가 그해 어느 날부터인가 가족 행사에 다시 나타나기 시작했다. 다른 왕족들은 그녀가 나타난 것에 주목했지만 감히 그녀가 어디에 있었는지, 왜 그렇게 지냈는지 묻지 못했다. 사정이 어떻든 간에 많은 사람이 왕세자가 어머니를 그렇게 대하는 것에 대해 수근거린 것 때문인지 왕세자가 자기 어머니를 조금 풀어준 것처럼 보였다.

MBS와 가까운 왕족 중에 문제를 일으킨 건 파흐다 공주뿐이 아니었다. 프랑스 당국은 그의 이복 누나인 하사 빈트 살만 공주가 파리 16구 애비뉴 포흐에 있는 저택에서 일하던 배관공 때문에 소동을 일으키자 잠시 구금했다. 배관공은 자기가 집안에서 사진 찍는 것을 본 공주가 경호원에게 그를 제지하라고 지시한 뒤에, "저 개 같은 놈을 죽여! 살려두면 안 돼"라고 말했다고 경찰에 진술했다.

배관공은 그가 일을 마치고 가구를 다시 제자리에 놓기 위해 항상 사진을 찍었다고 주장했다. 하지만 공주는 그가 그 사진을 선정적인 신문에 팔아먹으려는 것으로 의심한 것이다. 경호원은 배관공의 관자놀이를 가격하고 두 손을 묶고 공주의 발에 입 맞추게 한 뒤, 네 시간이나 붙잡아 놨다. 이 사건은 프랑스에서 재판에 회부하지도 못하고 미제 사건으로 남게 됐다. 공주가 곧장 사우디로 도망쳤기 때문이다. 이 공주 역시 MBS가 가택 연금시켰다는 추측이 돌았다. 그의 동생 반다르도 가택 연금 상태인 것으로 알려졌지만 이유는 알려지지 않았다.

━━━━━◆━━━━━

여성 운전 활동가들을 체포한 것에 대한 국제적인 반응이 잦아들었다. 하지만 그해 늦여름에 사우디 당국은 유명한 활동가 사마르 바다위를 비롯한 더 많은 여성을 체포했다. 그녀는 인권 단체를 설립해 실형을 선고받은 변호사의 전처였고, 진보 성향 웹사이트를 운영해 징역 10년과 태형 1,000대를 선고받은 블로거 레이프 바다위의 누나였다. 레이프 바다위는 2015년에 제다의 모스크 앞에서 선고받은 태형 1,000대 중에서 첫 번째 50대를 맞았다. 이 동영상이 공개되자 많은 사람의 격분을 불러일으켰고, 덕분에 나머지 태형은 집행되지 않았다.

사마르 바다위는 많은 국제 인사에게 연락을 받았고, 2012년 미국 국무부가 수여하는 '국제 용기 있는 여성상'도 수상했다. 이 상은 힐러리 클린턴과 미셸 오바마가 그녀에게 직접 수여했다. 그녀가 이 일을 함구하고 있어서 2018년에 무슨 이유로 체포되었는지는 불분명했지만, 그녀가 다시 구금되었다는 소식이 알려지자 캐나다 정부가 목소리를 높이고 나섰다.

크리스티아 프릴랜드 외무부 장관은 트위터에 "라이프 바다위의 누나 사마르 바다위가 사우디에 수감됐다는 사실을 알고 매우 놀랐습니다"라고 올렸다. "캐나다는 이 어려운 시기에 바다위 가족 편에서 있으며, 우리는 라이프 바다위와 사마르 바다위의 석방을 계속해서 강력히 요구하고 있습니다."

리야드 주재 캐나다 대사관은 활동가들의 석방을 촉구하는 아랍어 트윗을 올렸다.

과거에도 서방국가가 이렇게 호소하는 경우가 있었지만, 그때마다 사우디 정부는 무시했다. 하지만 이번에는 격렬하게 반응했다.

사우디 외무부는 캐나다가 사우디에 '노골적인 내정간섭'을 벌이고 있다고 비난하고 리야드 주재 캐나다 대사에게 24시간 안에 사우디를 떠나라고 명령했다. 그리고 그동안 캐나다와의 무역과 투자도 동결하겠다고 위협했다. 사우디 국영 항공사가 캐나다 운항을 취소하고 오타와 주재 사우디 대사를 초치하고 캐나다 대학에서 사우디 학생들을 철수시키겠다고 발표했다. 이로 인해 캐나다 병원에서 레지던트 과정을 밟고 있는 800여 명을 포함한 학생 수천 명의 삶이 뒤죽박죽되었다. 사우디 외무부는 캐나다가 비판을 계속하면 사우디가 캐나다 내정에 간섭할 권리를 갖게 될 것이라며 맞대응 수위를 높였다.

사우디는 언론을 동원해 캐나다 사람들을 악마화했고, 캐나다가 여성을 박해한다고 주장하는 방송 해설자들을 초청해 '캐나다 최악의 감옥'이라는 조작 방송을 내보냈다. 그들은 방송에서 수감자들이 끔찍한 음식을 먹고 치료도 제대로 받지 못하며 2015년에서 2017년 사이에 수감자의 75퍼센트가 재판도 받기 전에 사망했다고 말했다. 말도 안 되는 주장이었다. 일부 사우디 사람들은 갑자기 퀘벡 분리주의자들을 지지하는 목소리를 냈다. 다른 사람들은 곤경에 처한 캐나다 원주민들을 거론했다.

한 TV 해설자는 "그들은 가난하고 살해당하고 고향에서 쫓겨납니다"라며 "캐나다는 인종차별 국가입니다"라고 주장했다.

사우디에서 트위터에 올린 인포그래픽에 토론토의 랜드 마크인 CN타워를 향해 비행기가 날아가는 모습 위에 "자신과 관련 없는 일에 간섭하는 사람은 자신이 좋아하지 않는 일을 당하게 마련이다"라는 글이 함께 적혀 있었다. 9·11이 다시 일어날 수도 있다는 위협이었으니 논란이 일어나는 게 당연했다. 사우디 당국자들이 해당 계정을 삭제하고 사과했지만 캐나다를 악마화하는 일은 수그러들지 않았다.

한 신문은 "사우디는 음모에 면역되어 있다"는 글이 헤드라인을 장식하고 있었다. 그 기사에서 캐나다가 '테러리스트'를 보호하고, '악의적인 목표'를 달성하기 위해 인권을 착취한다고 비난하는 '전문가'를 고용했다고 언급했다. 기사 옆에는 붉은색 양말과 검은색 구두를 신고 무릎 사이로 단풍잎이 떨어지는 남자의 맨다리 사진이 있었다.

"무화과 잎이 떨어졌다"는 캡션이 붙었다.

———————┼—

캐나다 흔들기는 트럼프 행정부를 포함해 사우디 외부의 거의 모든 사람을 당혹스럽게 만들었다. 트럼프 행정부의 한 인사는 그것을 '테디베어 찌르기'라고 묘사했다. 하지만 사우디의 새로운 적들로부터 공격받아 망명객이 되고, 사우디를 비꼬는 동영상을 만들어 오히려 인정받은 압둘아지즈에게 이런 상황은 오히려 다행한 것이었다. 사우디 경찰이 그의 형제들과 친구들을 다시 체포하자 그는 그것을 입을 다물라는 협박으로 받아들였다.

얼마 지나지 않아 압둘아지즈는 이전에 동생이 사우디가 그를 주목하고 있다고 경고한 것이 당시에 짐작했던 것보다 더 심각했다는 것을 깨달았다. 2018년 8월에 시티즌 랩의 연구원들이 그의 전화를 검사하는 과정에서 내가 6월에 받았던 것과 같은 의심스러운 문자메시지를 그도 같은 날 받았다는 것을 확인했다. 그것은 DHL의 배송 추적 알림처럼 보였지만 sunday-deals.com이라는 웹사이트 링크가 포함되어 있었다. 압둘아지즈가 링크를 클릭했고 사우디의 해커가 그의 휴대전화에 침입할 수 있었다. 아마 그가 카슈끄지와 채팅한 것도 확인했을 것이다. 시티즌 랩에서 해킹을 확인했다는 이야기를 듣자마자 압둘아지즈는 카슈끄지에게 사우디가 그들이 나눈 모든 대화를 가로챘을 것이라고 경고했다. MBS에 대한 것이든 DAWN에 대한 것이든 온라인 벌 떼에 대한 것이든.

카슈끄지: 그들이 온라인 벌 떼를 어떻게 알았을까? 당신네 가족이 안전해야 할 텐데.

압둘아지즈: 그룹을 만들고 있어요. 일을 시작하기는 했는데 아직도 미흡한 게 있어요. 사람이 수십 명은 있어야 할 거 같아요. 내 동생이 내게 "캐나다와 관련된 트윗을 올리지 마. 온라인 벌 떼도 이제 그만두고"라고 이야기했다고 상상해 보세요. 어쩌면 감옥에 가게 될지도 모르겠어요.

카슈끄지: 알라여, 도와주소서!

25장
카슈끄지 실종 사건

자말 카슈끄지와 하난 알 아트르 사이에서 일어난 일은 2019년 3월 알 아트르 인터뷰와 그녀가 제공한 문서와 사진을 바탕으로 재구성했다. 자말 카슈끄지와 하티스 첸기즈 사이에서 일어난 일은 첸키즈와 주고받은 서신과 《뉴욕 타임스》 동료인 카를로타 갈이 2018년 10월과 2019년 4월에 첸기즈를 인터뷰한 기사를 바탕으로 재구성했다. 영사관 안에서 자말 카슈끄지에게 일어난 일을 재구성하기 위해 사우디 및 튀르키예 관계자들을 인터뷰했으며, 카슈끄지가 살해될 무렵에 녹음된 음성 파일을 들은 두 사람을 인터뷰했다. 아울러 유엔 인권이사회가 2019년 6월 19일 공개한 〈자말 카슈끄지의 불법 사망에 대한 조사 보고서〉를 참조했다. 카슈끄지와 그를 살해하기 위해 튀르키예에 입국한 사우디 요원들의 동선이 담긴 영상 덕분에 사건 전말을 좀 더 소상하게 파악할 수 있었다.

망명 생활은 자말 카슈끄지의 삶에서 많은 기쁨을 빼앗아 갔다. 그가 충성을 바쳤던 국가에 대한 자부심과 경제적으로 안정된 삶, 가족이나 친구들과 함께 지냈던 시간, 그가 사랑하는 사람들이 만들어 준 익숙한 음식을 이제는 더 이상 누릴 수 없게 되었다. 하지만 사랑하는 여인과 함께 할 수 없다는 것이 그를 더욱 고통스럽게 만들었다. 그는 여자를 좋아했다. 그가 유명했다는 것은 그가 혼자 지낸 일이 없었다는 말이기도 했다. 그의 첫 번째 아내는 그와의 사이에서 아이 넷을 낳았다. 그는 두 명의 여인과 결혼했는데, 그중 한 여인과는 두 번 결혼했다. 그게 정확하게 언제였는지는 친구마다 기억이 달랐다. 어쨌든 워싱턴으로 탈출하기 전에 그는 성공한 여성 사업가인 알라 나시프와 결혼 생활을 이어가고 있었다. 누가 봐도 그는 그녀를 끔찍이 사랑했다.

하지만 그가 사우디에서 탈출한 이후에도 정부를 계속 비판하자, 그녀는 가족이 치러야 할 대가에 대한 두려움 때문에 화가 났다. 그리고 그녀가 짐작했던 일이 일어났다. 성인이 된 아들 살레가 출장을 가기 위해 공항에 나갔다가 출국 금지가 되었다는 사실을 알게 된 것이다. 카슈끄지가 《워싱턴포스트》에 칼럼을 쓴 이후 그와 이혼하겠다고 신청한 나시프도 마찬가지였다. 그녀는 그의 빈자리 때문에 가슴이 아팠다.

카슈끄지는 매기 미첼 세일럼에게 "이제 이곳에서 저녁 식사를 하는 것도 워싱턴으로 여행 다니는 것도 싫증이 나기 시작했어요"라고 썼다. "누군가와 함께 집에서 맛있는 저녁을 먹고 TV도 보고 잠자리에 들면 참 좋겠어요. 〈라라랜드〉처럼 말이지요. 이런 기분이라면 나를 웃게 만든 여성을 보는 순간 사랑에 빠질 것 같아요."

그녀는 카슈끄지에게 개를 키워보면 어떻겠냐고 했다.

아무튼 그는 여성을 만났다. 그의 이집트계 미국인 친구 모하메드 솔탄은 지역에 있는 아랍 커뮤니티에서 그의 짝이 될 만한 사람을 찾고 있었다.

"어떻게 시작해야 할까요? 그녀에게 '민주주의에 대해 이야기 나누고 싶습니다' 이렇게 메시지라도 보내야 하는 걸까요?" 그는 미첼 세일럼에게 어떻게 될 것 같으냐고 물었다.

카슈끄지는 여성을 만나기 위해 보스턴으로 갔지만 제대로 되지 않았다. 다른 여성을 만나기 위해 이탈리아로 갔지만 거기서도 전처 생각을 지울 수 없었다.

그는 미첼 세일럼에게 "내 아내 알라가 싫어요. 아직도 내 머릿속을 꽉 채우고 있어요. 내가 그녀 생각을 잊게 만드는 여성을 만날 수 있을까요?"라고 썼다.

그는 두바이에 사는 에미레이트 항공 승무원인 이집트 여성과 또 다른 여성에게 연락을 했다. 그중 이제 갓 쉰이 된 여성인 하난 알 아르트는 부끄러움을 잘 탔다. 미혼이었고 6남매 중 맏이었고 아버지는 돌아가셨다고 했다. 그녀는 몇 년 전 어떤 행사장에서 카슈끄지를 만나 가끔 메시지를 주고받는 사이로 지냈다. 하지만 그가 미국 전화번호로 연락을 하자 반가워했다.

3월에 그녀가 운항 스케줄에 따라 워싱턴으로 비행을 왔다. 카슈 끄지는 친구들이 차려준 쉰아홉 번째 생일 파티에 그녀를 데려갔다. 그가 그녀에게 자신의 우울증을 털어놓으면서 그렇게 둘은 가까워졌다. 그가 청혼을 했고 그녀는 그 청혼을 받아들였다.

하지만 아랍에미리트로 돌아온 그녀는 곧 체포되어 태블릿과 휴대전화와 여권을 빼앗겼다. 그리고 17시간 동안 감금되었다가 출국금지 조건으로 풀려났다. 카슈끄지는 사우디 정부가 자기 때문에 그녀를 괴롭혔다는 생각으로 가슴이 아팠지만 달리 해결할 방법이 없었다.

그는 미첼 세일럼에게 "그녀가 와서 나와 함께 지낼 수는 있겠지만 그래도 가족과 직장 때문에 돌아갈 수밖에 없을 거예요. 이런 일은 억압적인 정권 아래에서 사는 모든 아랍 사람이 겪는 어려움이지요. 내가 외국에서 어떻게 살아가야 할지 모르겠어요. 내 가족은 어떻게 될까요?"라고 썼다.

미첼 세일럼은 그에게 자기들이 할 수 있는 일이 뭐가 있을지 물었다. 그것을 기사로 쓸까? 그의 웹사이트를 통해 이 일을 공론화할까?

그는 "방법이 없어요. 그녀와 같은 사정을 가진 사람이 수천 명이에요"라고 썼다.

알 아르트는 여권을 되찾자 카슈끄지를 만나기 위해 워싱턴으로 갔다. 카슈끄지는 덜레스 공항에서 그녀를 만나 손가락에 반지를 끼워주었다. 그들은 2018년 6월 2일 버지니아에서 아무에게도 알리지 않고 종교의식으로 결혼식을 올렸다. 그녀는 하얀 드레스를 입고 빨간 립스틱을 발랐다. 그는 넥타이는 매지 않은 채 카키색 옷 위에 파란색 스포츠 코트를 걸쳤다. 그가 그녀의 뺨에 키스하는 모습과 이슬비 내리는 날 들러리들이 세단에 앉아있는 모습과 그녀가 무릎에 하얀 꽃다발을 놓고 웃고 있는 모습이 사진으로 남았다.

그들은 서둘러 매듭을 지으려 했지만 앞으로 그들의 관계가 어떻게 될지는 오리무중이었다. 그래서 그저 운명에 맡기기로 했다. 그녀는 운항 스케줄에 따라 워싱턴에 올 날을 기다리고, 그는 언젠가 메디나에 있는 가족에게 그녀를 소개할 날이 오기를 기대하기로 한 것이다. 언젠가는 그가 사우디 정부와 화해할 것이니 두 사람이 아랍 어디에선가 함께 살 수 있으리라 생각했다. 그러면서도 그녀는 자신과 자기 가족에게 더 큰 문제가 생길 것을 염려해 혼인신고는 하지말자고 했다.

그녀는 두바이로 돌아와서도 아침 7시면 그에게 전화를 걸었다. 그가 일어났는지, 제대로 지내고 있는지 챙기면서 그를 외롭게 내버려 두지 않았다. 시차가 있어서 오히려 가능한 일이었다.

그녀는 그에게 "자말, 당신이 하는 일이 옳아요"라고 말하곤 했다. 그리고 "힘을 내세요. 기분 나빠할 것 없어요. 당신은 옳은 일을 한 거예요. 자유롭게 당신 생각을 말하세요"라며 격려했다.

2018년 9월 초, 알 아트르는 운항 스케줄에 따라 뉴욕으로 왔고 카슈끄지는 타임스퀘어 근처에 그녀가 묵는 쉐라톤 호텔에서 그녀를 만났다. 그들은 함께 밤을 보냈지만, 그는 달라 보였다.

"하난, 날 미워하지 마." 그가 그녀에게 말했다.

그녀가 다른 여자가 생겼냐고 물었다.

아니라고 했다.

그리고 그는 다음 날 아침에 떠났다.

그것이 그녀가 그를 본 마지막이었다.

몇 주 후, 그가 전화했다. 그녀가 마이애미에 있다는 것을 알고는 디즈니월드에나 다녀오라고 했다.

그녀는 싫다고 했다. 언젠가 그와 함께 가리라 생각했다.

9월 30일, 그가 다시 전화했지만 그녀가 운항 중이어서 연결되지 못했다. 그녀가 공항에 내렸을 때 그가 보낸 메시지 두 개가 와 있었다. 생일 축하 메시지였다.

───────────

카슈끄지가 알 아트르에게 절대로 말하지 않은 것이 하나 있었다. 그는 버지니아에서 결혼하기 한 달 전에 이스탄불에서 열린 회의에서 36세의 튀르키예 연구원을 만났다. 하티스 첸기즈라는 빵집을 운영하는 보수적인 중산층 가정의 다섯 남매 중 둘째였다. 가족이 이스탄불로 이사한 후 그녀의 아버지는 요리 도구를 파는 가게를 열었는데, 장사가 잘되어서 딸이 공부하는 것을 뒷받침할 수 있었다.

첸기즈는 역사와 문학을 좋아했고, 그래서 취재기자가 되고 싶어 했다. 그는 국제 문제를 다룰 생각으로 카이로에서 아랍어를 공부했다. 그녀는 아버지의 도움으로 오만에서 대학원을 다니고 있었다. 카슈끄지가 그녀를 만났을 때 그녀는 튀르키예어와 아랍어를 모두 유창하게 구사하는 날카롭고 생각이 깊은 여성이었다. 그녀는 그때 이미 첫 번째 책을 출간한 상태였다. 걸프 지역을 연구하는 학자인 그녀는 카슈끄지의 글을 탐독했고, 회의에서 직접 그의 강연을 들을 날을 손꼽아 기다렸다. 그녀는 그를 만나 인터뷰를 요청했다. 하지만 이야기할 시간이 충분하지 않았다. 그녀는 나중에 인터뷰 기사를 싣지 못해 미안하다는 메일을 보냈다.

그들은 7월에 그가 이스탄불로 돌아왔을 때 다시 만났다. 카슈끄지가 첸키즈에게 개인적인 관심을 보이며 자기는 지금 불행하고 그래서 자기 삶에 누군가가 필요하다고 말하자 그들의 만남은 빠르게 사적인 모습으로 바뀌었다. 그는 나중에 그녀에게 처음 만난 순간부터 그녀를 좋아했다고 고백했다. 그들은 곧 결혼을 진지하게 이야기하기 시작했다. 그저 별이 반짝이는 낭만적인 모습의 결혼이 아니라 둘이 하나가 되는 삶을 계획하는 성숙한 모습의 결혼을 꿈꾼 것이다.

그녀는 그를 '미스터 자말'이라고 불렀다.

그는 이집트 아내에 대해 이야기하지 않았다.

카슈끄지는 사우디에 대한 글을 계속 썼다. 캐나다와의 논쟁이 벌어졌을 때 《워싱턴포스트》 편집자가 칼럼을 부탁했다. 그는 미첼 세일럼에게 연락했다.

카슈끄지: 뭘 쓰면 좋을지 한번 생각해 보실래요? 내가 그중에서 하나 고르지요. 그런데 당신이 너무 바빠서요.

미첼 세일럼: 뭘 이야기하고 싶으세요?

그들은 어떻게 주제에 접근할지를 놓고 논쟁을 벌였다. 그리고 초민족주의적 조치가 MBS에게 도움을 줄 서구의 파트너들을 오히려 고립시킬 우려가 있다는 주제로 쓰기로 했다. 이는 캐나다의 관점에서 보자면 자유를 추구하는 아랍 사람에게 "누군가 여전히 관심이 있다"는 희망을 다시 품게 해줄 수 있는 것이기도 했다.

그는 미첼 세일럼에게 "그 사실이 드러나면 그들이 나를 교수형에 처하려 들 겁니다"라고 썼다.

그는 자신이 무슬림형제단의 첩자라는 비난과 싸우느라 여러 해를 보내야 했다. 그는 비난을 잠재우기 위해 와인을 들고 있는 사진을 찍어서 인터넷에 올려야 하는 게 아니냐고 농담하기도 했다. 아무튼 그는 무슬림형제단을 아랍 국가와 유기적으로 연결된 조직으로 생각했다. 그래서 이슬람주의자들이 참여해야만 민주주의가 제대로 작동할 수 있다고 믿었다.

그는 "정치적 이슬람이 아랍 정치에서 역할을 하지 못하도록 막으려면 민주주의를 폐지할 수밖에 없는데, 이는 본질적으로 국민이 정치적 대표를 선택할 기본권을 박탈하는 것"이라고 말했다.

그는 자기 생각을 밝힐 수 있어서 흡족하게 생각했다.

> **카슈끄지**: 이 칼럼을 마지막으로 은퇴할 수 있었으면 좋겠어요.
> **미첼 세일럼**: 이봐요. 친구, 아직 즐길 수 있는 시간은 충분해요!! 싸움은 이제 겨우 시작이에요.
> **카슈끄지**: 다음 번에는 예멘에 대해 씁시다. 오늘 밤부터 시작하지요.

예멘 전쟁이 3년 넘게 이어지자 고통이 모양을 바꿔가며 점점 더 사람들을 삶을 휘저어 놓았다. 콜레라가 창궐하고 조혼과 소년 병사가 늘어났으며 대규모 기근이 속출했다. 2018년 4월 유엔은 예멘이 '세계 최악의 인도주의적 위기'를 맞고 있는 것으로 간주했다. 인도적 지원이 필요한 사람이 국민의 4분의 3이 넘었고, 100만 명이 넘는 사람들이 수인성 설사나 콜레라에 시달렸다. 국가 의료 시설 절반이 문을 닫았다. 5세 미만의 아이들이 예방할 수 있었던 병으로 10분마다 하나씩 죽어나갔다.

사우디의 대량 살상 공습은 줄어들었지만 2018년 8월에는 사우디가 견학을 떠난 학생들로 가득한 버스를 폭격해 어린이 44명을 포함해 모두 54명이 사망했다. 끔찍한 모습이었다. 잔해 속에서 어린이 한 명이 견학을 간다고 예쁘게 차려입은 자기 친구를 찍은 동영상이 담긴 휴대전화가 발견되었다. 그것을 보면서 그들은 앞으로 얼마나 더 많은 목숨을 잃어야 할지 하는 생각으로 망연자실했다.

이번 공습으로 전쟁이 시작된 지 3년이 넘도록 사우디가 민간인 피해를 막기 위해 쏟은 노력이 여전히 크게 부족하다는 사실이 드러났다. 미국산 폭탄에 희생되는 민간인이 줄어들지 않자 미 의회 의원들은 전쟁 지원을 중단하고, 미국 군인들이 전쟁 범죄를 저질렀는지 조사하라는 요구를 쏟아냈다.

처음에는 카슈끄지도 미군의 개입을 지지했지만, 전쟁이 시작되자 마음이 바뀌어 사우디가 자국의 위엄을 회복하기 위해서라도 분쟁을 끝낼 것을 요구했다.

더 나쁜 소식은 집에서 들려왔다. 작년에 보안 요원에 의해 집에서 끌려간 유명한 성직자 살만 알 아우다에 대한 재판이 열렸는데, 검찰이 37개 혐의를 적용해 사형을 구형한 것이다. 곧이어 워싱턴을 방문한 뒤 체포됐던 카슈끄지의 친구이자 경제학자인 에삼 알 자밀이 테러 조직에 가담해 외교관들에게 정보를 제공한 혐의로 재판에 넘겨졌다.

그해 가을 카슈끄지와 첸기즈는 이스탄불에서 열린 행사에 참석했는데, 그는 그곳에서 기관지염 발작을 일으켰다. 그녀가 그를 병원으로 데려갔다. 간호사가 그에게 링거를 놓는 동안 첸기즈는 그의 옆에 앉아있었다. 그녀는 카슈끄지가 더욱 가깝게 느껴졌다. 간호사가 그녀와 어떤 관계인지 물었다.

"가까운 친척이에요."

그녀는 그에게 담요를 덮어주고 그가 자는 것을 지켜봤다. 그녀는 퇴원하는 택시 안에서 카슈끄지에게 그의 가족을 알지 못하니 무슨 일이 생기면 누구에게 전화해야 하는지 물었다. 그는 그녀에게 친구인 야신 악타이에게 전화하라고 알려줬다. 야신 악타이는 튀르키예 정의개발당의 고위 간부이자 레제프 타이이프 에르도안 대통령의 보좌관이었다.

카슈끄지는 그녀가 그에게 전화하면 무슨 일이 있었는지 짐작할 것이라고 말했다.

그녀는 휴대전화에 악타이의 전화번호를 저장했다.

그들은 함께하는 삶을 상상했다. 카슈끄지는 글을 쓰고 워싱턴에서 새로운 사업을 시작하고 튀르키예도 자주 여행할 수 있을 것이라고 생각했다. 첸기즈의 아버지가 그녀에게 아파트를 사주라고 요구하자 그는 결혼식을 올린 후에 아파트를 그녀의 소유로 등록하리라 생각했다. 그들은 가구와 살림살이를 샀다.

그는 그녀에게 "이제 내 인생의 가장 아름다운 시기가 시작되네요. 내가 결혼했던 어떤 여자도 당신만큼 나를 이해하지 못했어요"라고 말했다.

금요일인 9월 28일, 두 사람은 혼인신고를 위해 택시를 타고 이스탄불 파티 지구에 있는 결혼등록소로 갔다. 결혼등록소에서는 카슈끄지에게 합법적으로 이혼했다는 것을 확인하는 서류를 요구했는데, 이 서류는 사우디 영사관에 가야 얻을 수 있는 것이었다. 그들은 그곳에 간 지 채 5분도 되지 않아 손을 맞잡고 되돌아 나왔다.

그날 오후, 카슈끄지는 영사관에 갔다. 그는 워싱턴에 있는 사우디 대사관을 수도 없이 방문했지만, 그동안 사우디와의 관계가 악화되었기 때문에 긴장했다. 하지만 영사관 직원이 그를 알아보고 친절하게 맞았다. 그리고 서류를 준비하는 데 며칠이 걸리니 나흘

후인 화요일에 다시 오라고 했다.

그는 그날 오후 비행기로 런던에 가서 다음 날 한 행사에서 연설을 마쳤다. 일요일에 독감에 걸렸다. 월요일에는 난도에서 오랜 친구인 아잠 타미미를 만나 점심을 먹었다. 카슈끄지는 행복해 보였다. 그들은 카슈끄지가 계획하고 있는 경제 웹사이트와 민주화 단체에 대해 의논했다. 그가 다시 결혼하는 일을 가지고 농담도 했다. 그는 타미미에게 영사관에 가보니 직원들이 "그냥 평범한 사우디 사람들이더라. 평범한 사우디 사람들이야 다들 좋지 않으냐"고 말했다.

카슈끄지는 10월 2일 새벽 4시가 조금 넘어서 야간 비행기로 이스탄불에 돌아와 아파트로 가서 첸기즈를 만났다. 그녀는 대학에 하루 휴가를 냈다. 그들은 12시쯤 택시를 타고 사우디 영사관으로 가면서 미래에 대한 이야기를 나눴다. 오후에는 가전제품을 사러 가기로 했다. 그날 저녁 가족과 친구들을 불러 함께 저녁 식사를 하면서 축하할 생각이었다. 주문한 가구는 다음 날이나 되어야 배달된다고 했다. 하지만 첸기즈는 미리 약속을 잡은 것이 마음에 걸렸다. 카슈끄지는 그녀를 안심시켰다. 설마 사우디가 튀르키예에서까지 그를 해치려 들겠느냐고 했다.

영사관 길 앞을 바리케이드가 막고 있었다. 카슈끄지는 그 앞에서 그녀에게 휴대전화를 건네주며 곧 돌아오겠다고 말했다. 경비원이 그의 어깨를 가볍게 쳤다. 오후 1시 14분쯤, 영사관 밖에 설치된 튀르키예 감시 카메라에 턱수염이 있고 풍채 좋은 중년 남성이 길을 건너 영사관의 육중한 회색 문으로 들어가는 모습이 찍혔다. 그는 남색 스포츠 재킷에 회색 평상복 바지 차림이었으며 검정 구두를 신고 있었다.

첸키즈는 밖에서 기다렸다.

그리고 기다렸다.

또 기다렸다.

영사관은 4시에 문을 닫았다.

카슈끄지는 돌아오지 않았다.

그녀가 경비원들에게 물었다.

안에 아무도 없다고 했다.

걱정이 된 그녀가 전화를 걸기 시작했다.

9월 28일 카슈끄지가 영사관을 깜짝 방문하자 그때부터 그 두 사람의 삶을 파괴하기 위한 공작이 착착 진행되었다. 두 사람은 짐작도 할 수 없는 일이었고, 그 공작을 주도한 무함마드 빈 살만도 그것이 자신의 정치적 운명에 타격을 입힐 것이라고는 짐작하지 못했을 것이다.

카슈끄지가 그날 오후 런던으로 가는 비행기를 탈 때쯤 영사관에서 일하는 정보 요원 하나가 MBS의 미디어 차르이자 신속개입그룹의 수장인 알 카타니 휘하의 정보장교에게 전화를 걸었다. 그는 카슈끄지가 영사관에 들어와서 직원들이 모두 놀랐으며, 10월 2일 다시 오기로 했다고 보고했다.

그는 "공식적으로 수배가 내려진 것은 아니지만 그가 당국에서 찾는 사람 중 하나라고 알고 있습니다"라고 했다.

그날 저녁, 다른 관계자가 이스탄불 주재 사우디 총영사에게 '일급비밀' 임무를 수행할 직원을 뽑아놓으라고 말했다. 다음 날인 9월 29일에 영사관 보안 요원 두 명이 리야드로 날아갔고 10월 1일에는 사우디 요원 세 명과 함께 이스탄불로 돌아왔다. 카슈끄지가 런던에서 친구와 점심을 먹을 즈음에 사우디 요원 세 명은 영사관에서 몇 시간을 보낸 뒤 호텔로 돌아왔다. 역시 그날 저녁, 영사관 직원이 여행사에 전화를 걸어 가까운 호텔에 스위트룸 3개와 객실 7개를 3일 동안 사용하는 것으로 예약했다. 그날 밤 영사관에서는 '영사관에 용무가 있어서' 영사 사무실 옆방에서 근무하기 위해 오는 그룹과 관련한 회의가 열렸다.

10월 2일 이른 시간에 또 다른 사우디 요원 세 명이 카이로에서 비행기를 타고 이스탄불에 도착해 영사관 근처에 있는 호텔에 체크인했다. 카슈끄지가 런던에서 야간 비행기를 타고 이스탄불로 돌아오기 한 시간쯤 전에는 사우디 요원 아홉 명이 외교관 자격으로 전용기를 타고 도착했다. 그들은 다른 호텔에 체크인했다.

카슈끄지가 약혼자와 아침을 보낼 때 영사는 현지 직원들에게 중요한 방문객들이 올 계획이니 출근하지 말거나 12시에 집으로 돌아가라고 했다. 혹시 사무실에 남아 있으려면 밖으로 나오지 말라고 지시했다. 영사관에서 차로 조금 떨어진 영사 숙소의 관리 직원들에게는 수리 작업이 있으니 그 건물에 드나들지 말라고 지시했다.

오전 10시가 지나자 요원 열다섯 명은 두 그룹으로 나뉘어 다섯 명은 영사 숙소로 갔다. 나머지 열 명은 영사관으로 들어갔는데, 이곳 보안 카메라는 하드디스크 드라이브를 제거해 놔서 그들이 영사관으로 들어가는 모습은 녹화되지 않았다.

———————

카슈끄지는 얼마 전 첸키즈에게 무슨 문제라도 생기면 자신의 튀르키예 친구인 야신 악타이가 도와줄 것이라고 말한 일이 있었다. 그녀는 그의 번호를 찾아서 전화를 걸었다.

오후 4시 41분, 악타이가 그 전화를 받았을 때 그는 앙카라의 자기 사무실에 있었다. 마침 마감 시간에 쫓기고 있던 참이어서 전화 온 것을 미처 알아차리지 못했다.

악타이는 안경을 쓰고 콧수염을 기르고 체격이 작고 말씨가 부드러운 학자였다. 아랍어를 사용하는 그는 카슈끄지가 아랍의 정당 인사들과 교류하는 것을 도와주고 있었다. 카슈끄지를 잘 아는 사람이기는 했지만, 그들이 약혼한 것은 모르고 있었다.

그녀가 다시 전화를 걸자 이번에는 그가 받았다. 그는 그녀의 목소리가 심상치 않은 것을 알아차렸다. 그녀가 카슈끄지에게 무슨 일이 일어났는지 설명했지만, 그는 그게 왜 걱정할 일인지 바로 알아차리지 못했다. 그는 그녀에게 일단 지금 있는 곳에서 기다리라고 말하고 카슈끄지를 아는 사우디 친구에게 전화를 걸어 무슨 일이 일어난 것 같으냐고 물었다.

그 친구는 화를 내며 "그가 거기를 왜 갔답니까?"라고 되물었다.

악타이가 앙카라 주재 사우디 대사에게 전화를 걸자 그는 카슈끄지에 대해 아무것도 들은 것이 없지만 확인해 보고 전화해 주겠다고 대답했다.

그러고 나서 그는 악타이의 전화를 받지 않았다.

첸키즈는 영사관 정문 바깥에서 자정이 넘도록 그가 나오기를 기다렸다. 그러는 동안 그의 소식을 들은 관계자들과 기자들이 그녀에게 전화를 걸어왔다. 그녀는 집으로 돌아갔다가 다음 날 아침 다시 영사관으로 왔다. 카슈끄지의 친구들은 카슈끄지가 영사관에 구금되거나 납치된 것은 아닌지 걱정했다. 이날 오후 사우디는 카슈끄지가 영사관에 들어왔다가 바로 나갔다고 밝혔다. 하지만 튀르키예 사람들은 카슈끄지가 아직 안에 있을 것이라고 주장했다. 그날 밤 리야드에서 MBS의 인터뷰가 있었는데, 그 자리에서 그가 추진하는 사회 개혁과 경제 개혁에 대한 질문뿐 아니라 활동가 구금 사태와 아람코 기업공개 지연에 대한 질문도 쏟아졌다.

기자들이 카슈끄지에 대해 물었다.

MBS는 "우리도 소문을 들어서 알고 있을 뿐입니다. 그가 사우디 국민이니 그에게 무슨 일이 일어났는지 우리가 당연히 알아내야 합니다"라고 말했다. "나는 그가 영사관에 들어가서 몇 분, 길어도 한 시간이 되지 않아서 나온 것으로 알고 있습니다만, 정확하게는 모릅니다. 지금 외교부가 당시 상황을 파악하고 있습니다."

그는 카슈끄지가 사우디에서 혐의를 받고 있느냐는 질문에는 대답하지 않고 우선 그가 어디 있는지부터 확인해야 한다는 말만 했다.

MBS는 "그가 사우디에 있다면 어디에 있는지 곧 알게 될 것"이라고 말하면서 튀르키예 당국은 얼마든지 자유롭게 영사관을 조사할 수 있었다고 말했다.

"우리는 숨길 것이 없습니다."

그 대답으로는 쏟아지는 질문을 막아낼 수가 없었다. 《워싱턴포스트》에서는 실종된 언론인이 쓴 칼럼을 싣던 자리를 비워둔 채로 신문을 발간했다. 《뉴욕 타임스》 편집위원회는 카슈끄지를 찾아낼 것을 요구했다. 이스탄불에서는 많은 사람이 그의 사진을 들고 영사관 앞에 모여 "카슈끄지를 석방하라!"는 구호를 외쳤다.

사우디 당국은 《로이터》 기자들을 초청해 영사관을 둘러보게 했다. 기자들이 사무실을 하나하나 돌아보는 동안 영사가 일일이 찬장과 서류함과 에어컨을 열어 보여주면서 카슈끄지가 그곳에 없다는 것을 확인시켰다. 지하 기도실이나 주방이나 창고나 심지어 여자 화장실에서도 그의 흔적을 찾을 수 없었다.

영사는 "우리도 자말이 영사관에도 없고 사우디에도 없다는 사실을 확인하고 싶습니다. 그래서 지금 영사관뿐 아니라 대사관까지 나서서 그를 찾고 있습니다"라고 밝혔다. "사우디 외교관이 사우디 국민을 납치했다는 주장이 언론에 실려서는 안 됩니다."

영사관의 보안 시스템에 대해 질문하자 영사는 영사관의 감시 카메라가 실시간 감시만 할 뿐 녹화는 하지 않는다고 했다. 카슈끄지가 영사관을 떠나는 장면이 녹화된 것이 없다는 말이었다.

누구도 그 말을 믿지 않았다. 튀르키예 사람들은 더욱 그랬다.

악타이는 전화를 걸면서 카슈끄지가 사라진 것이 심각한 문제가 될 수 있다는 생각이 들었다. 그래서 이를 알려야겠다고 생각했다. 그는 먼저 튀르키예 정보부 수장에게 전화했다. 정보부 수장도 "그가 왜 거기에 갔답니까?"라고 물었다. 악타이는 대통령에게 이 사실을 알리기 위해 대통령 비서실에 전화했다. 대통령 비서는 회의를 중단하고 악타이의 메모를 대통령에게 전달했다. 대통령이 직접 나서자 튀르키예 정부가 움직이기 시작했다.

당시 사우디와 튀르키예 양국은 외교 창구가 작동하기는 했지만 냉랭한 상태였다. 튀르키예 집권당은 무슬림형제단과 관계를 맺고 있었을 뿐 아니라 사우디가 진압하려고 노력했던 '아랍의 봄' 봉기 세력을 튀르키예 정부가 지원하고 있었다. 그렇지 않아도 카타르와 가깝게 지내던 튀르키예는 카타르 보이콧 이후 카타르를 지지하고 나섰다.

이 문제는 에르도안 대통령 개인의 문제이기도 했다. 에르도안은 이슬람주의자의 지도자로서 자신의 조국인 오스만제국의 문화유산을 자랑스러워했으며, 그래서 자기 자신을 이슬람 세계의 지도자로 여기고 있었다. 마치 MBS의 할아버지가 사우디를 건국할 때 그렇게 생각했던 것처럼. 에르도안은 사우디가 이슬람 두 성지를 관할한다고 해서 사우디가 이슬람을 독점할 수 있다고 인정할 생각도 없었다. 그는 MBS를 위험한 신생 기업 정도로 여겼다.

하지만 튀르키예는 생각보다 상황이 민감하다는 것을 깨닫자 전면전까지 치닫지 않도록 공식적인 비난을 자제했다. 그래서 대통령 비서실은 튀르키예 당국자가 직접 상황을 밝히는 것보다 카슈끄지 실종에 대한 수사 결과를 흘려서 사실이 드러나도록 만드는 전략을 택했다. 튀르키예는 자신들이 알고 있는 것을 흘릴 경우 사우디가 압박을 느끼고 진실을 밝힐 것으로 기대했다. 자기들이 기대한 대로 사우디가 진실을 밝히지 않는다면 그것이 MBS의 위상에 타격을 입힐 것이니 튀르키예로서는 마다할 일이 아니었다.

그래서 그들은 익명의 관계자라는 이름으로 정보를 흘리기 시작했다. 처음에는 그렇게 흘린 정보가 물방울만 하던 것이 나중에는 홍수를 이루었다. "카슈끄지는 영사관 경내에서 계획적으로 살해되었고 그의 시신은 어디론가 반출되었다. 살해가 일어나기 직전에 사우디 요원 열다섯 명이 튀르키예로 날아왔으며 살해가 끝나자 바로 철수했다. 튀르키예는 범죄 수사를 시작했다. 튀르키예의 친구인 카슈끄지의 상태와 관련해 잔혹한 결과가 확인되었다. 그들은 그의 시신을 토막 냈다."

하지만 뭘 믿어야 할지는 아무도 알 수 없는 일이었다. 비평가들은 에르도안이 언론 자유를 옹호하는 사람이 아니라고 지적했다. 튀르키예 자체가 언론인을 가두는 거대한 감옥이었기 때문이다. 사실 튀르키예 정부가 흘린 정보를 그대로 실은 튀르키예 신문 상당수는 정확성이 의심스러운 기사도 많았고 출처조차 분명하지 않은 내용으로 대통령의 정적들을 공격한 일이 많았다. 혼란스러운 시기였다. 나는 동료들과 함께 우리만의 경로를 통해 유출된 사실의 진위를 확인하려고 노력했다. 하지만 정보 대부분이 익명의 튀르키예 사람들에게서 나왔기 때문에 그저 의심으로 남겨둘 수밖에 없었다. 어쩌면 카슈끄지가 멀쩡한 채로 영사관에서 걸어 나오거나 갑자기 리야드에 나타나 MBS에게 충성을 맹세하는 것은 아닐까 하는 생각이 들기도 했다.

사우디는 국면 전환을 시도했다. MBS의 동생이자 워싱턴 주재 사우디 대사인 칼리드 빈 살만 왕자는 자신이 '친구'로 여겼던 카슈끄지 관련 사건에 대한 '심각한 우려'를 표명했다.

그는 "자말 카슈끄지가 이스탄불 영사관에서 실종됐다거나 사우디 당국이 그를 구금했거나 살해했다는 보도는 완전히 거짓"이라고 말했다.

하지만 시간이 갈수록 새로운 폭로가 폭발적으로 늘어났다. 튀르키예 사람들은 관련 기사를 퍼 나르면서 사우디를 모욕했다. 칼리드 왕자가 카슈끄지를 '친구'라고 불렀던 날 카슈끄지가 뼈 절단용 톱으로 토막 났다는 보도가 나왔다. 튀르키예 경찰 당국은 그 지시를 내린 것이 사우디 왕실이라고 결론지었다. 튀르키예에서는 그것을 입증할 수 있는 음성 기록과 영상 기록이 있다고 발표했다. 그들은 카슈끄지가 사라지기 몇 시간 전에 튀르키예로 날아온 사우디 요원 열다섯 명의 이름과 함께 그들이 여권 심사대에서 카메라를 들여다보거나 호텔에 체크인하는 사진을 공개했다.

인터넷 추적자들이 이름을 알아내기 위해 나섰고, 나도 동료와 함께 그들의 배경과 관련한 정보를 검색했다. 그중 한 명인 마헤르 무트립은 카슈끄지와 함께 런던의 사우디 대사관에서 근무한 정보 요원이었다. 그는 키가 크고 말랐으며 입을 완강하게 다물었고 눈이 처져 있었다. 우리는 그가 로저 무어가 출연한 제임스 본드 영화에 나오는 금속 이빨 악당을 닮았다고 해서 그를 '죠스'라고 불렀다.

다른 세 명은 왕실 경호원이었고, 한 명은 두 해 전에 제다에 있는 MBS의 궁이 공격받았을 때 용맹을 인정받아 중위로 진급했다.

다섯 번째 사람은 사우디 의과대학과 내무부에서 고위직으로 있는 법의학 의사였다. 살레 알 투바이지 박사는 스코틀랜드의 글래

스고대학교에서 공부하고 호주의 법의학 연구소에서 근무했으며 모바일 부검과 해부에 관한 학술 논문을 발표했다.

우리는 열다섯 명 중 최소 아홉 명이 사우디 보안 기관과 연결되어 있고 그중 일부는 MBS의 보안 요원으로 그와 함께 해외여행까지 다녀왔다는 사실을 확인했다. 우리가 '죠스'라고 부른 요원은 왕세자의 해외여행에 수행원으로 따라갔다. 파리와 마드리드에서 비행기에서 내리는 왕세자를 경호했고, MBS가 휴스턴과 보스턴, 뉴욕의 유엔을 방문하는 동안에도 경호를 담당했다. MBS가 MIT를 방문했을 때에는 대학 관계자들과 이야기를 나눴다는 사실이 나중에 밝혀지기도 했다.

팀원 중 한 명은 확인하지 못했다. 그는 뚱뚱한 중년 남성으로 온라인 검색 결과 엔지니어로 확인되었다. 처음에는 그룹 내 그의 존재가 분명하지 않았다.

그 폭로는 사우디에 수치스러운 일이었다. 그것이 많은 요원이 실명으로 여행하는 동안 영상에 찍혔기 때문만은 아니었다. 그들이 강력한 정부 자체인 MBS와 연결되었을 뿐 아니라 MBS 자신도 엮여있기 때문이었다.

카슈끄지가 사라지고 17일이 지난 후, 그리고 다양한 사우디 관계자들이 반복적으로 관련 사실을 부인했음에도 사우디는 튀르키예의 발표가 사실이라고 인정했다. 카슈끄지가 영사관 안에서 리야드 팀에 의해 살해되었다는 것이다. 그러나 사우디가 발표한 세부적인 내용은 튀르키예에서 발표한 것과 달랐다.

사우디 관계자는 내게 이 작전이 사우디 정보부가 지시한 반체제 인사 송환 작전의 하나로 이루어진 것이라고 설명했다. 카슈끄지가 처음 영사관을 방문하자 사우드 알 카타니는 사우디 정보부 부국장인 아흐메드 아시리 장군과 함께 작전을 세웠다. 아시리 장군은 우연하게도 내가 예멘을 방문하고 나서 쓴 기사 때문에 내게 불평했던 바로 그 장군이었다.

사우디 관계자는 카슈끄지가 10월 2일 영사관을 두 번째 방문했을 때 요원들이 그가 리야드로 돌아가야 한다고 말했다고 발표했다. 카슈끄지가 저항하자 주먹다짐이 벌어졌고 요원 한 명이 카슈끄지를 질식시켜 죽였다는 것이었다. 그리고 그의 시신은 현지 협력자에게 처리해 달라고 넘겼다고 했다.

사우디 관계자는 MBS가 이 작전을 전혀 알지 못했다고 주장했다.

이 발표를 통해 사우디가 카슈끄지를 죽였다는 것은 인정했지만 사실과 달리 그를 납치하려다 우발적으로 죽인 것으로 포장한 것이었다. 당연히 질문이 뒤따랐다. 왜 부검의가 동원되었으며 왜 뼈 절단 톱을 가져갔으며 왜 중년의 엔지니어가 팀에 들어가 있었나?

튀르키예는 그 마지막 질문에 대한 답을 갖고 있었다. 튀르키예는 10월 2일 오후 영사관 뒷문에서 남색 스포츠 재킷에 회색 평상복 바지 차림의 뚱뚱하고 수염이 난 중년 남성이 나오는 영상을 CNN에 제공했다. 하지만 그 남성은 카슈끄지처럼 검은색 구두를 신은 것이 아니라 밑창이 흰색인 운동화를 신었다.

영사관 뒷문으로 나온 그는 검은색 후드티를 입고 비닐봉지를 든 젊은 남성과 함께 택시를 부른 후 걸어서 녹색 문을 빠져나왔다. 그들은 이스탄불의 주요 명소 중 하나인 술탄 아흐메트 모스크 안뜰로 들어가 수많은 관광객 사이를 누볐다. 그는 공중화장실에 들어갔다가 푸른색과 흰색 체크무늬 셔츠와 짙은 색 바지로 갈아입은 모습으로 나왔다. 신발은 같은 것을 그대로 신었지만 턱수염은 떼어버렸다.

그것은 카슈끄지가 아니라 카슈끄지 행세를 해서 도시 일대에 목격자를 남기기 위해 파견된 엔지니어였다. 하지만 튀르키예 당국의 눈을 피하지 못해 그 시도는 결국 무산되었다.

───────────

도널드 트럼프는 대역이 시원치 않았다고 생각했다.

그는 "그들이 세운 작전은 계획부터 잘못되었을 뿐 아니라 실행 과정도 엉망이었습니다. 은폐도 다르지 않았습니다. 아마 역사적으로 있었던 은폐 중 최악일 겁니다"라면서 "그 계획을 세운 사람도 문제가 될 것이고, 또 문제가 되어야만 합니다"라고 말했다.

카슈끄지 실종 사건은 행정부를 무방비 상태로 만들었다. 처음에는 튀르키예의 보도를 의심했다. 그러나 증거가 하나씩 드러나면서 사우디와 씨름을 하고 있는 트럼프와 그의 보좌관들이 그것이 농담이 아니라 중동에 대한 그들의 계획에 위협이 될 수 있다는 것을 깨달았다. 이제 미국인도 아닌 언론인을 서투르게 살해한 사건으로 젊은 왕자가 미국의 파트너로서 인정받기 어려워지게 된 것이다.

하지만 미국은 카슈끄지가 사라지고 몇 주일이 지나도록 튀르키예가 발표한 것 이상으로 아는 것이 없었다. 사우디와 함께 일했던 미국 정보장교들은 사우디가 그렇게 아마추어처럼 처리했을 리가 없다고 주장했다. 사우디는 그보다 일을 깔끔하게 처리했다는 것이었다.

한편 국가안보국은 사우디 통신 감청 자료를 단서를 찾기 위해 샅샅이 뒤지고 있었다. 그들은 카슈끄지를 사우디로 유인하고 그를 구금하는 방법을 의논한 사우디 고위 관계자의 통화 기록을 찾아냈다.

트럼프는 백악관에 입성한 후 MBS와 살만 국왕과 자주 대화를 나누며 우호적인 관계가 되었다. 이제 튀르키예가 점점 더 많은 정보를 흘리자 그가 전화를 걸었다.

트럼프가 "이 사건에 대해 알고 계셨습니까? 왕세자가 이것을 알고 있었습니까?"라고 물었다.

MBS와 국왕은 모르고 있었다고 대답했다.

트럼프가 "시신은 어디 있습니까?"라고 물으면서 "시신을 빨리 찾아야 합니다"라며 재촉했다.

두 사람은 모른다는 대답을 되풀이했다.

트럼프는 "이 뼈 절단 톱은 어디에 사용한 겁니까?"라며 "만약 뼈 절단 톱이 있었다면 상황은 전혀 달라집니다. 그동안 힘든 협상을 수없이 해봤지만 뼈 절단 톱이 필요한 경우는 없었습니다"라고 윽박질렀다.

MBS와 국왕은 계속해서 아무것도 모른다고 부인했다.

트럼프는 나중에 사우디 관계자들이 카슈끄지를 '국가의 적'이라고 불렀다고 이야기했다. 또 다른 통화에서 MBS는 재러드 쿠슈너와 존 볼턴 국가안보보좌관에게 카슈끄지가 무슬림형제단의 일원이라고 말하면서 그를 위험한 이슬람주의자로 몰아세웠다.

백악관은 통화 기록이 유출되면 사우디 파트너들이 난처하게 될 것을 염려해 먼저 녹취록 배포를 엄격하게 관리했고 나중에는 녹취록을 아예 남기지 않았다. 그 결과 정부의 특정 기관에서 이루어진 대화가 암흑 속에 묻혀버렸다.

트럼프는 공개적으로 카슈끄지에 대해 반복해서 언급하면서 사우디의 과실이 확인될 경우 이 사건이 일으킬 위협적인 결과에 대해 우려를 표명했다.

그는 "아무튼 결과가 매우 끔찍할 겁니다. 아주 안 좋을 것이라는 말이지요"라고 말했다.

하지만 그는 뒤로 물러서서 사우디 때문에 머리가 아프다면서도 그가 MBS를 얼마나 중요하게 여기고 있는지 다시 한번 강조했다.

트럼프는 왕자가 "모든 것을 확인할 수 있는 사람"이었고 사우디가 이란보다 낫다고 강조했다.

그는 "그가 책임질 일이 없었으면 좋겠습니다"라면서도 "그는 우리에게 매우 중요한 동맹입니다. 특히 이란이 세계에서 나쁜 짓을 그렇게 많이 하고 있는데, 그가 좋은 균형추가 되지 않겠습니까? 이란은 정말 악당입니다"라고 말했다.

지나 해스펠 중앙정보국 국장이 튀르키예 관계자를 만나기 위해 앙카라로 날아갈 때까지 3주 동안 미국 정부 안에서 많은 질문이 쏟아졌다. 그들은 그동안 확보한 증거를 검토했다. 사우디 요원들이 왕래하는 영상과 살해 전과 도중과 이후에 영사관 내부에서 녹음된 몇 시간 분량의 음성이었다. 국장은 워싱턴으로 돌아와 트럼프에게 MBS 요원들이 저지른 일이 거의 틀림없다고 보고했다.

———————┷——

10월 2일 카슈끄지가 영사관에 들어가기 전에 영사관 안에 있던 요원들은 그의 시신을 어떻게 처리할지 의논했다. 작전을 지휘하는 '죠스' 무트립은 법의학 의사에게 "트렁크를 가방에 넣을 수 있느냐"고 물었다.

의사는 "아니요. 너무 무거워요"라고 대답했다. 카슈끄지는 그렇게 하기엔 체격이 너무 컸다.

의사는 자기 상관이 자기가 지금 어디서 뭐 하는지 모를 것이라면서 그것 때문에 곤란을 겪지나 않을까 걱정했다. 그가 탁자가 아닌 바닥에서 시신을 절단하는 것은 이번이 처음이지만 그는 그저 잘 끝나기만 바랐다.

그는 "관절을 절단하는 건 별로 어려운 일이 아닙니다. 문제없어요. 그저 절단해서 비닐봉지에 넣으면 끝납니다. 하나씩 포장할 겁니다"라고 말했다.

피부를 자른다는 소리도 들렸고, 의사가 그의 동료에게 그가 작업할 때는 보통 헤드폰을 끼고 음악을 듣는다는 말도 했다.

그는 "작업하면서 커피도 마시고 담배도 피운다"고 했다.

무트립은 '희생 제물'이 도착했는지 물었다.

다른 요원이 "도착했습니다"라고 말했다.

1분 후 보안 카메라에 카슈끄지가 건물 안으로 들어오는 모습이 잡혔다.

안으로 들어가자 카슈끄지는 런던 사우디 대사관에서 함께 근무했던 무트립을 알아보았다.

요원이 카슈끄지를 위층에 있는 영사 사무실 근처로 안내했다.

그 요원은 그가 사우디로 돌아갈 것인지 물었다.

카슈끄지는 언젠가는 그렇게 되기를 바란다고 대답했다.

다른 요원이 "우리는 당신을 데려가야 합니다"라며 인터폴에서 그의 체포 영장을 발급했다고 덧붙였다. "우리는 당신을 데리러 왔습니다."

카슈끄지는 자신은 기소된 일이 없다고 반박했다.

그리고 그들에게 운전기사가 밖에서 기다리고 있다고 말했다. 사실 그를 기다리는 건 운전기사가 아니라 약혼자였다.

요원들은 카슈끄지에게 휴대전화를 갖고 있냐고 묻고는 그의 아들 살라에게 "아들아, 나는 이스탄불에 있다. 한동안 내 소식이 들리지 않더라도 걱정하지 마라"는 메시지를 보내라고 요구했다.

그는 거절했다.

요원들이 그에게 재킷을 벗으라고 말했다.

카슈끄지는 "대사관에서 어떻게 이런 일이 일어날 수 있습니까? 마약을 놓으려고 하는 겁니까?"라고 물었다.

그들은 카슈끄지에게 "당신을 마취시킬 겁니다"라고 말했다.

격투가 벌어졌다.

카슈끄지가 반격했지만 비명을 지르지는 않았다.

그가 "숨을 쉴 수 없어, 숨을 쉴 수가 없어"라고 했다.

그런 다음 그는 조용해졌다.

요원 중 하나가 "그가 잠들었나? 계속 눌러 봐. 손 떼지 말고 계속 누르라고"라고 했다.

튀르키예 관계자들은 요원들이 카슈끄지에게 뭔지 모를 주사를 놓고 비닐봉지로 그를 질식시켰다고 결론지었다. 그리고 카슈끄지가 건물에 들어간 지 10분도 되지 않아 죽었을 것으로 추정했다.

영사관에서 녹음된 음성을 들은 한 유엔 조사관은 보고서에 "현장에 있던 사우디 요원들이 카슈끄지가 죽어서 놀라거나 충격을 받았다고 판단할 만한 대화를 나눈 것이 없었으며, 그를 소생시키기 위해 뭔가 시도했다는 것을 암시할 만한 소리나 대화도 없었다"고 기술했다.

대신, 움직이는 소리와 힘쓰는 소리가 났다.

요원들은 카슈끄지를 비닐 시트 위에 눕히고 그의 옷을 벗겼다. 그들은 바닥을 어지럽히지 않기 위해서 그의 피를 싱크대에 버리거나 변기에 흘려보냈을 수도 있다.

윙윙거리는 소리도 들렸는데 튀르키예 관계자들이 톱이 돌아가는 소리로 판단했다.

도중에 무트립은 누군가에게 전화를 걸어 자기 상관에게 작업이 다 끝났다고 보고해 달라고 부탁했다. 튀르키예와 미국 정보 당국은 그가 사우드 알 카타니에게 전화를 걸어 MBS에게 보고해 달라고 부탁한 것으로 결론 내렸다.

오후 3시쯤에는 검은색 승합차가 영사관 진입로를 빠져나와 몇 블록 떨어진 영사관 숙소로 향했다. 차가 숙소 앞에 멈추자 무트립이 차에서 내려 대문 안으로 들어갔다. 승합차가 진입로로 들어오고 남성 세 명이 차에서 내려 검은색 여행 가방 다섯 개를 숙소로 들고 들어가는 모습이 튀르키예 감시 카메라에 잡혔다. 그중 한 사람은 크고 검은 비닐봉지로 보이는 것 두 개를 들고 들어갔다.

튀르키예 관계자들은 그 가방 안에 카슈끄지의 시신이 들어 있을 것으로 의심했다. 그 여행 가방은 다시는 감시 카메라에 포착되지 않았다.

잠시 뒤 카슈끄지와 같은 옷을 입고 가짜 수염을 붙이고 밑창이 흰색인 운동화를 신은 대역이 영사관 뒷문에서 모습을 드러냈다. 그와 그의 동료가 모스크를 방문한 다음 그는 다시 자기 옷으로 갈아입고 차와 구운 고기도 팔고 라이브 음악도 연주하는 메살 카페에 들렀다. 그들은 카슈끄지의 옷을 버리고 호텔로 돌아왔다.

그들의 표정에서는 죄책감이라고는 찾아볼 수 없었다. 그들이 엘리베이터를 기다리면서 크게 웃고 히죽거리고 자랑스러운 듯 사방으로 돌아보는 모습이 감시 카메라에 잡혔다.

그 후 몇 시간 동안 요원들은 호텔에서 체크아웃하고 공항으로 갔다.

여섯 명은 카이로행 전용기를 타고 떠났다.

다른 일곱 명은 전용기를 타고 두바이로 떠났다.

자정이 넘어서 대역과 그의 동료는 리야드행 비행기에 올랐다.

다음 날 아침, 해가 뜨자 첸기즈는 카슈끄지가 나오기를 기다리려고 영사관으로 돌아왔지만, 요원들은 모두 사라지고 없었다.

26장
왕세자를 위한 홀로그램 II

왕실 결혼식의 주인공은 술탄 빈 사우드 빈 무함마드 빈 사우드 알 카이버 왕자와 룰와 빈트 반다르 빈 칼리드 알 파이살 공주였다. 2018년 10월에 이 결혼식에 참석한 여성을 인터뷰한 내용과 다른 참석자들의 소셜 미디어에 게시된 내용을 바탕으로 왕실 결혼식 장면을 재구성했다.

2018년 10월 중순, 사우디 왕실과 사우디 엘리트 수백 명이 왕실 결혼식을 축하하기 위해 원로 왕자의 궁전에 모였다. 여성들은 짙은 화장을 하고 머리도 화려하게 꾸미고 유명 디자이너가 만든 화려하기 이를 데 없는 드레스를 입고 여성 하객이 머무는 홀에 모여 있었다. 잘 차린 뷔페 식사가 끝난 후 아랍 가수들이 노래를 부르고 하객들은 그 음악에 맞춰 춤을 췄다. 남성들은 흰색 로브 위에 검은색이나 갈색 망토인 비슈트를 걸쳤으며 머리에는 흰색이나 체크무늬 슈막을 썼다. 그들은 남성 하객을 위한 홀에서 식사도 하고 커피도 마시고 사진도 찍으면서 즐겁게 시간을 보냈다. 자정이 다 되어 신랑이 온다는 소식이 들리자 여성 하객들은 드러냈던 얼굴과 머리, 팔까지 가렸다. 미남의 신랑이 혼주인 신부의 할아버지 칼리드 알 파이살 왕자와 함께 입장했다.

70대 후반인 칼리드 왕자는 파이살 국왕의 아들이었고 그의 삼촌인 살만 국왕의 신임을 받고 있었다. 이슬람 성지인 메카 주지사로 수년 동안 일해 온 그는 왕실 안에서도 신중하고 지적인 인사로 존경받고 있었다. 그날은 기쁘고 즐거운 날이어야 했지만 걱정할 일이 있었기 때문에 하객들의 인사를 받으면서도 마음이 편치만은 않았다. 자말 카슈끄지가 살해된 지 2주도 채 되지 않았고, 국왕에게서 앙카라에 가서 튀르키예 사람들을 만나보라는 지시를 받았기 때문이었다.

칼리드 왕자 집안은 오랫동안 카슈끄지의 후원자였다. 카슈끄지가 일하다 해고된 신문 《알 와탄》을 소유하고 있었고, 그가 살해 위협을 받자 왕자의 이복형인 투르키 알 파이살이 런던 대사관에 그의 자리를 만들어 데려갔다. 카슈끄지는 비공식 보좌관으로 활동하며 두 왕자와 수년간 가깝게 지냈다. 왕자의 측근 한 사람은 최근 들어 그들 사이가 예전 같지는 않다고 했다.

손녀가 결혼식을 올린 그 주말에 칼리드 왕자는 왕실 전용기를 타고 앙카라로 날아가 레제프 타이이프 에르도안 대통령과 다른 고위 관계자들을 만났다. 튀르키예 측에서는 살해에 가담한 범인들과 그 배후에 대한 정보를 가져올 것으로 기대했지만, 왕자는 그보다는 튀르키예 측에서 이 사건에 대해 어디까지 알고 있는지 알아내는 데 더 관심이 있는 것처럼 보였다. 그는 몇 시간 지나지 않아서 불안한 마음을 안고 사우디로 돌아왔다.

그는 돌아온 후 집안사람들에게 "이 문제에서 벗어나는 게 쉽지 않아 보인다"라고 말했다.

일부 비평가들은 카슈끄지 살해 사건을 2001년 9월 11일 테러 이후 사우디 최악의 외교 위기라고 불렀다. 하지만 두 사건은 완전히 달랐다. 이 사건을 미국 땅에서 미국 사람 수천 명을 죽인 9·11 테러와 비교할 수는 없는 일이었다. 그리고 9·11 테러는 사우디 국민이 저지른 일이었지만, 카슈끄지 살해는 정부 고위층이 국가권력을 동원해 저지른 일이었다. 게다가 국가 폭력을 비난한 것도 아니고 정권 교체를 요구하지도 않은 작가를 끔찍하게 살해한 사건이기도 했다. 심지어 그는 자신을 반체제 인사로 부르는 것에도 동의하지 않았다.

이 스캔들은 사우디-미국 양국 관계와 이슬람 성지의 수호자라는 지위를 중요하게 여기는 왕실 인사 수천 명 사이에 파문을 일으켰다. 살해 사건이 이 두 기둥을 흔들 수 있을 것인가? 미국이 무기 판매를 줄이면 어떻게 할 것인가? 사우디가 폭력을 사용한 것도 아닌 작가를 살해한 후에도 인도나 인도네시아의 무슬림들이 사우디를 이슬람 종주국으로 여길 것인가?

하지만 그들이 할 수 있는 일은 거의 없었다. 왕실이 더 이상 예전처럼 기능을 발휘하지 못했기 때문이다. 서열이 좌우하던 시대도 지나갔고, 나이 든 왕자들은 이권을 나누기 바빴고, 모든 것은 합의를 통해서만 결정할 수 있었다. MBS는 자기 권한을 남용해 군사, 석유산업, 정보기관, 경찰, 국가방위군을 관할하던 원로 왕자들을 그의 지시를 따르는 젊은 왕자들로 교체했다. 국가 시스템을 파괴한 것이다.

다른 최고위급 왕자들은 리츠칼튼 호텔에 갇히고 명성이 더럽혀지고 위신을 지키는 데 필요한 재산을 빼앗겼다. 카슈끄지가 살해되었을 때 그들 중 상당수는 여전히 그곳에 갇혀 있었다. 다른 사람들은 여행금지 때문에 사우디를 벗어날 수 없었고, 전화가 도청되고 있어 조금만 부정적인 말을 해도 다시 갇힐 수 있다는 두려움을 안고 살았다. 그중 몇몇은 외국에서 새롭게 자리를 잡고 있었지만 MBS가 언제든 그들을 끌고 갈 수 있다는 두려움 때문에 납작 엎드려 살았다.

왕실은 언제나 사우디 정부와 같은 뜻으로 받아들여졌기 때문에 사우디 정부가 추악한 일을 저지르면 그 악명이 그대로 왕실에 전가되었다. 이런 상황을 왕실이 불편해한다는 사실은 살만 국왕의 동생인 아흐메드 왕자가 런던에서 시위대와 마주쳤을 때 분명하게 드러났다. 시위대는 급작스럽게 왕자 앞에 나타나 예멘 전쟁을 반대하고 알 사우드 가문이 물러나라고 주장했다. 그러자 왕자는 시위대의 요구를 외면하지 않고 이렇게 대답했다.

"이 문제가 알 사우드 왕실과 무슨 관계가 있단 말입니까? 이 책임은 전적으로 국왕과 왕세자에게 있습니다."

시위대가 예멘 전쟁에 대해 묻자 왕자는 "예멘이든 어디든 당장 끝냈으면 좋겠습니다"라고 대답했다.

이렇게 대답한 동영상이 온라인에 퍼지자 아흐메드 왕자는 자신의 발언이 잘못 해석되었다면서 국왕과 MBS에 대한 충성을 다시 한번 다짐했다. 그리고 얼마 지나지 않아 리야드로 돌아왔고, 이후에 입을 닫았다.

MBS가 권력의 중심으로 떠오르자 다른 왕족들이 분노하기 시작했다. MBS의 방식이 위험하다고 생각했거나, 그로 인해 자기들이 타격받았다고 생각했기 때문이었을 것이다.

자기 가족이 리츠칼튼 호텔에 구금되었던 어느 공주는 내게 이렇게 말했다. "물론 타격을 받은 사람들이 있지요. 그들은 MBS를 증오합니다. 하지만 어쩌겠어요? 입을 벌리면 당장에라도 잡아넣을 것이고, 그런 중에도 다른 나라들은 석유를 사려고 들고 무기를 팔려고 들 테니 말이에요."

하지만 카슈끄지 살해 사건은 사우디가 해결할 수 있는 문제가 아니었다. 그렇다고 그것을 이유로 MBS의 마키아벨리적인 조치에 맞서려 드는 왕자도 맞설 수 있는 왕자도 없었다.

왕실과 오랫동안 가깝게 지낸 한 인사는 내게 "그들이 유난히 가혹한 건 아닙니다"라고 했다. 그러면서 대부분의 왕자는 그저 "버거를 먹고 외국으로 휴가를 떠나고 싶을 뿐"이라고 했다.

일부 인사들은 스캔들의 심각성을 고려했을 때, 살만 국왕이 왕세자를 논란이 적은 왕자로 교체하지는 않더라도 적어도 MBS의 권한은 줄일 것으로 기대했다. 하지만 국왕은 늙었고 국왕에게 접근하는 통로는 MBS가 장악하고 있었다. 한때 국왕에게 직접 이야기할 수 있었던 원로 왕자들은 이제 그게 더 이상 가능하지 않다는 것을 깨달았다. 어떤 인사들은 자기 이름이 출입문에 붙어있지 않으면 왕실 출입이 아예 불가능하다는 사실을 알게 되었다. 그들이 국왕을 만날 방법이 거의 남아 있지 않게 된 것이다. 물론 행사에서 국왕을 만날 수는 있었지만 사람이 잔뜩 모여 있는 곳에서 국왕에게 민감한 주제를 꺼낼 수는 없는 일이었다. 가끔 밤에 국왕 처소에 들러서 국왕이 가장 좋아하는 카드 게임인 벨로테를 즐기기도 했지만 그 또한 심각한 이야기를 나눌 자리는 아니었다.

그러던 중에 국왕의 건강에 문제가 생겼다. 사우디 당국자들은 83세인 국왕이 정신적으로 아무 문제가 없다고 거듭 확인했지만 그렇다고 언제까지나 감출 수는 없는 일이었다. 그는 뇌졸중을 적어도 한 번 겪었다. 국왕이 미국과 회담하는 자리에서 미국 관계자가 국왕이 아이패드를 사용하는 것을 보고 이를 눈치챈 일도 있었다. 2019년 초 이집트에서 열린 국제 정상회담에서는 국왕이 개회사를 읽는 도중 읽고 있던 줄을 놓쳐 보좌관이 와서 알려줄 때까지 15초 동안이나 멈춰 서있었던 일이 있었다. 그리고 채 2분도 지나지 않아 그가 1967년에 만들어진 국경에 팔레스타인 국기를 세울 것을 요구한다는 말을 '1937년 국경'으로 잘못 읽어 그 중요한 날짜를 삼십 년이나 당겨놓았다.

국왕이 사태 수습에 나설 것이라는 추측이 나돌았다. 그래서 나는 원로 왕자 밑에서 일하는 친구에게 메시지를 보내 무슨 조치가 있을 것 같으냐고 물었다.

그는 "국왕은 그럴 형편이 못 됩니다"라고 대답했다. MBS가 절대적인 위치에 올라선 것이다.

"그는 서열 1위이자 2위입니다."

MBS의 보좌관들은 그가 카슈끄지 살해에 대해 세계적인 분노가 일어나는 것을 보고 충격받았고, 측근들에게 왜 사우디 사람 하나가 죽은 것 때문에 이렇게 소란스럽냐고 물었다고 했다. 그는 이 충격을 누그러뜨리려 서둘러 정보기관과 외교부 관계자들로 위기관리위원회를 만들고 자기에게 자주 보고하라고 지시했다. 그럼에도 불구하고 사우디에 대한 비난이 쏟아졌다. 그는 자기들이 맡고 있는 '세계경제에서 중요한 역할'을 거론하며 자기를 비난하는 사람들에게 보복하겠다고 위협했다. MBS의 한 측근은 사우디를 제재하는 것은 사우디뿐 아니라 이슬람 세계 전체를 이란의 먹잇감으로 던져주는 셈이 될 것이라고 경고하고 나섰다.

사우디 정부가 최종적으로 살해를 인정하고 나서야 그에 대한 후속 조치를 취했다. 당국은 이 사건과 관련해 이스탄불에 갔던 요원 15명, 영사관 직원 2명, 운전기사 1명 등 모두 18명을 체포했다. 정보기관 고위 관계자가 다수 해고되었고, 사우드 알 카타니는 왕실 보좌관직을 잃었다. 앞으로 다시는 이런 일이 일어나지 않도록 국왕은 정보기관 개편을 주도할 고위급위원회 구성을 지시했다.

그리고 그 위원회를 무함마드 빈 살만이 이끌도록 했다.

━━━━◆━━━━

카슈끄지가 살해된 다음 날인 10월 3일 영사관 직원이 출근했지만 위층으로 올라갈 수는 없었다. 영사는 하루 종일 관저를 떠나지 않았고 남성들이 서류를 통에 담아 태우는 바람에 영사관 뒷마당에서 연기가 피어올랐다. 그날 밤부터 다음 날 새벽까지 청소팀이 건물 안을 청소했다. 사흘째 되는 날, 영사관 직원이 며칠 전 영사관에서 숙소까지 검은색 여행 가방 다섯 개를 운반한 승합차를 세차장으로 가져갔다. 그리고 그곳에서 승합차 안팎을 철저하게 씻어냈다.

사우디에서 범죄수사팀이 이스탄불에 도착했다. 그들은 튀르키예 관계자를 만나자 반복해서 카슈끄지의 전화기를 달라고 요구했다. 튀르키예 측은 전화기를 넘겨주는 것을 거부했다. 조사관 중에는 튀르키예 측에서 독성학과 유전학 전문가로 지목한 남성들도 포함되어 있었다. 한 팀은 영사관에서 꼬박 밤을 보내고 이틀 후에 돌아와 그날 밤에도 새벽 4시까지 안에 있었다.

다음 날 아침인 10월 15일, 청소부들이 나타나자 밖에서 기다리고 있던 기자들이 그들의 사진을 찍었다. 흰 양말을 신은 청소부들은 걸레와 양동이와 표백제로 보이는 것을 가지고 영사관 안으로 들어갔다. 살해 사건이 일어나고 13일 지난 그날 밤, 영사관에서 사우디 직원이 동행하는 조건으로 튀르키예 관계자들이 영사관에 들어오는 것을 허락했지만, 그들은 아무것도 찾지 못했다. 그들은 피와 반응하면 희미한 푸른빛을 내는 화학물질인 루미놀을 뿌렸다. 그 결과 영사 집무실 근처 카펫에서 휘어진 모양의 물방울 흔적이 발견되었지만 사우디 정부도 카슈끄지를 토막 낸 곳이라고 인정한 방에서는 예상했던 것과 같은 반응이 확인되지 않았다.

다음 날, 수사관들은 영사 관저를 수색했다. 그곳에서도 아무것도 찾지 못했다. 탐지견이 냉장고 앞에서 킁킁대며 그곳을 살폈지만, 그곳에서도 아무것도 찾지 못했다. 그들은 우물을 발견했지만 사우디 직원들이 가로막고 나섰다. 영사관 차량도 점검하려 했지만, 사우디 직원들이 비가 오는데도 차를 비 맞지 않는 곳으로 이동시키지 않고 버텼다.

그날 저녁, 영사는 그 나라를 떠났다.

1주일이 못 되어 사우디 기술자들도 사라졌다.

나중에 한 유엔 조사관은 범죄 현장이 "철저하게, 심지어 법의학적으로도 철저히 청소"되었다는 믿을 만한 증거를 발견했다. 그는 사우디 측의 조사가 "선의로 수행"되지 않았으며 사법 방해에 해당할 수 있다고 결론 내렸다.

한편 튀르키예 측에서는 사우디 측에 답변을 내놓으라고 압박했다. 레제프 타이이프 에르도안 대통령은 한편으로 살만 국왕을 찬양하면서도 사우디 왕실 최고위층에서 살인을 명령했다고 말하며 사건을 부각했다. 이름을 밝히지 않으면서 MBS를 손가락질하는 교활한 짓이었다.

워싱턴에서는 지나 해스펠 중앙정보국 국장이 앙카라에서 돌아온 뒤 이스탄불에서 일어난 일이 명확해졌지만 백악관이 어떻게 대응해야 할지 고심하고 있었다. 재러드 쿠슈너는 미국 정부 내부의 공식 정보통신 공유에 관한 규정을 무시하고 계속해서 MBS에게 직접 메시지를 보냈다. (백악관 대변인은 이를 부인했다.)

그러나 분노 수위가 점점 높아지자 정부는 이에 대응해야 한다는 압력을 느낄 수밖에 없었다. 국가안전보장회의 위원 한 사람은 MBS의 동생인 칼리드 빈 살만 왕자를 리야드에서 만나 미국이 사우디에 대해 취할 수 있는 조치를 의논했다. 사실 이는 범죄자가 받아야 할 처벌을 범죄자와 의논하는 것과 다르지 않은 것이었다. 백악관은 MBS의 위상은 손댈 수 없는 것으로 판단했다. 따라서 그것 이외에 상황을 개선할 방법을 모색한 것이다. 음모에 연루된 사우디 관계자를 제재하고, 알 카타니의 언론 개입을 중단시키고, 예멘 전쟁에 참전한 사우디 제트기에 대한 미국의 공중 급유를 중단했다. 칼리드 왕자가 이에 동의하면서도 공중 급유를 미국이 중단한 것이 아니라 사우디가 더 이상 필요하지 않다고 판단한 것으로 발표하게 해달라고 부탁했다. 백악관이 이에 동의했지만 합의 내용 일부가 언론에 유출됐다.

살해 사건이 일어나고 6주 후, 사우디 검찰 대변인은 다시 한번 말을 바꿨다. 카슈끄지를 살해한 것은 현장에서 막판에 요원들이 결정한 것이라고 했다. 이전에는 카슈끄지가 질식해 죽은 것이 아니라 다량의 진정제 때문에 죽은 것이라고 발표했었다. 그리고 처음으로 카슈끄지의 시신이 절단되었다고 인정했다. 검찰은 용의자 11명을 심문하고 그중 5명에 대해 사형을 구형했다.

몇 시간 후 미국 재무부는 인권침해를 이유로 사우디 국민 17명에 대한 제재를 발표했으며 그들 중 일부는 백악관 조치에 동의했다. 여기에는 요원 15명과 영사와 '작전 계획 및 실행의 일부'라고 표현된 사우드 알 카타니가 포함되었다.

이 명단에는 사우디가 주모자 중 한 명이라고 발표한 사우디 정보국 부국장인 아흐메드 아시리 소장이 빠져있었다. 미국은 그가 연루되었다는 증거가 부족할 뿐 아니라 그를 제재할 경우 양국 정보기관 간의 관계가 손상될 것을 우려해 그를 제외한 것이었다.

중앙정보국은 자체적으로 MBS가 범행을 지시했을 가능성이 높다고 평가했다. 그가 사우디에서 일어난 대소사를 직접 챙긴다는 점을 감안할 때, 그렇게 복잡하고 위험한 작전이 그의 지시나 허락 없이 진행되었다고 볼 수는 없었기 때문이다. 그렇지만 미국 정보 요원들은 MBS가 직접 작전을 세웠거나 실행에 관여했다는 결정적인 증거는 발견하지 못했다.

중앙정보국이 이같은 평가를 내리자 백악관은 곤경에서 벗어났다. 트럼프는 이 문제를 해결하기 위한 특별 성명을 발표했다.

그는 "아메리카 퍼스트! 세상은 매우 위험한 곳입니다!"라는 말로 성명을 시작했다.

그는 이란을 '세계 최고의 테러 후원국'이라고 비난하며 만약 이란이 예멘을 떠난다면 사우디도 기꺼이 예멘을 떠날 것이라고 말했다. 그리고 사우디가 무기 구입 1,100억 달러를 포함해 4,500억 달러를 미국에 지출하기로 합의했다며 칭찬했다. 트럼프는 미국이 사우디에 그 무기들을 팔지 않으면 러시아와 중국이 사우디에 팔 것이라고 말했다. 그는 카슈끄지 살해가 '끔찍한 일'이었다고 말하면서 MBS와 그의 아버지가 연루를 부인했다고 말했다. 그러면서 그것은 중요한 일이 아니라고 했다.

트럼프는 "왕세자가 이 비극적인 사건에 대해 알고 있었을 가능성이 큽니다. 그랬을 수도 있지만 몰랐을 수도 있습니다"라고 말했다. 이어서 미국-사우디 관계는 이스라엘을 보호하고 이란과 싸우고 테러와 싸우고 유가를 유지하기 위한 것이라고 강조했다.

그는 "미국은 미국의 이익을 보장하기 위해 사우디의 확고한 파트너로 남아 있기를 원합니다"라고 말했다. 그리고 이 모든 것을 담는 정신이 바로 "아메리카 퍼스트!"라고 말했다.

———⟡———

백악관은 MBS의 도움을 받았지만, 그가 권력에 올라서는 동안 그에게 매혹되었던 다른 모든 사람은 어떻게 되었을까?

캘리포니아의 화창한 어느 날, 사우디에서 약속을 받아내고 그 답례로 MBS에게 사막 우주정거장을 구경시켜 준 리처드 브랜슨은 할리우드 대로에 깔린 레드 카펫 위에 청바지와 가죽 재킷을 입고 서 있었다. 명예의 거리에 새겨진 자기 별을 제막하기 위해 간 것이다. 그는 사진을 찍기 위해 포즈를 취하면서 카슈끄지에 대해 언급했다.

"나는 사람들이 오늘과 같은 시대에 언론인을 죽이고 토막 내는 일은 일어날 수 없다고 생각합니다. 만약 그들이 그렇게 한다면 전 세계의 모든 사람이 반대하고 나서야지요"라고 말한 것이다.

그의 회사인 버진 그룹은 사우디 정부에 그들이 우주 벤처에 10억 달러 투자하기로 했던 계획을 지키라고 말했다. 그리고 사우디 관광 사업에 더 이상 관여하지 않기로 했으며, 10월 말로 예정된 MBS의 2단계 투자 회의에도 참석을 취소했다.

다른 사람들도 다르지 않았다.

카슈끄지 살해 사건이 세계 언론의 헤드라인을 장식하고 끔찍한 내용이 보도되자 사우디가 대규모 투자를 약속했던 블랙스톤 그룹이나 우버의 CEO 같은 거물들이 이 대열에서 이탈했다. 2년 전에 네옴 발표를 위해 MBS와 함께 무대에 섰던 소프트뱅크의 CEO는 투자를 취소했다.

외국 고위 관료들도 거리를 두었다. 스티븐 므누신 미 재무장관은 회의를 건너뛰었지만 리야드에서 MBS를 비공개로 만났다. 《뉴욕 타임스》, 《블룸버그》, 《폭스 비즈니스》 등 공식 후원사로 가입했던 언론사들이 손을 뗐다. 브루킹스 연구소는 사우디 연구 보조금을 중단했고, 게이츠 재단은 MBS 재단과의 파트너십을 중단했으며, 사우디를 홍보하기 위해 고용된 로비스트들은 그들의 명성이 타격을 입을까 걱정해 출구 전략을 모색했다.

투자 회의가 다가오자 간부들이 MBS에게 연기를 요청했지만, 그는 약점을 보이거나 책임을 인정한다는 느낌을 주지 않으려고 요청을 거절했다. 그래서 그 계획은 불안한 상태로 추진될 수밖에 없었다. 해커들은 투자 회의 웹사이트에 MBS가 무릎 꿇은 카슈끄지에게 피 묻은 칼을 휘두르는 사진을 올렸다. 세계경제포럼은 투자 회의가 협약도 맺지 않고 '다보스'라는 브랜드를 사용했다고 비난하면서 '모든 방법을 동원해 불법적인 사용'을 막겠다고 공언하고 나섰다. 이는 '사막의 다보스'라는 이름 때문에 세계경제포럼의 행사가 비교 대상이 되는 것을 막기 위한 조치였다. 회의가 시작되자 사우디 발표자들은 이런 움직임이 매우 놀랍다는 의사를 표명하면서도 사우디 투자에 대한 매력이 꺾이지나 않을까 염려하는 모습이 역력했다.

사우디의 억만장자 사업가인 루브나 올라얀은 개막식에서 "최근 몇 주 동안 보고된 끔찍한 행위들은 우리 문화의 DNA에 맞지 않는 일입니다. 우리는 지난 몇 주 동안 일어났던 위기를 극복하고 더 성장하고 더 강한 모습으로 나설 것이라고 확신합니다"라고 발언했다.

어떤 면에서 이 회의는 2년 전에 있었던 개막 행사와 닮았다. 짙은 색 정장을 입은 사업가들이 리츠칼튼 호텔 로비를 돌아다니며 주스를 마시고, 커피와 대추를 즐기면서 이야기를 나누고, 사업 이야기를 나누기 위해 비공식 모임을 주선했다. 프랑스 석유 회사인 토탈의 CEO가 참석했고 캘리포니아의 전기차 제조업체인 루시드 모터스가 시제품을 선보였다. 사우디는 10억 달러 투자를 약속했다.

하지만 이 행사는 이전에 비해 작아지고 더 작아진 것처럼 느껴졌다. 주최 측은 3,000명이 참석했다고 말했지만, 반복해 참석한 사람들을 감안하면 미국인과 유럽인은 줄어들었고 대신 러시아인과 아시아인과 아랍인이 늘었다. 월 스트리트의 거대 기업들은 회사 최고위층 대신 지역 책임자를 보냈고 일부는 이름도 밝히지 않았다.

어느 날 밤 MBS가 로비에 깜짝 등장하자 사진을 찍기 위해 휴대 전화를 높이 쳐든 군중들이 그를 둘러쌌다. 그 뒤에 한때 사우디에서 가장 유명한 투자자였던 알 왈리드 빈 탈랄이 따라 들어왔다. 알 왈리드 왕자는 사촌 동생에 의해 가택에 연금되어 있는 상태였고 지금은 그의 수행원에 둘러싸여 걷고 있는 것이었다.

사우디는 몇 가지 새로운 협정을 발표했다. 에너지부 장관은 25건이 넘는 계약이 체결되었는데 규모는 560억 달러에 이르며 대부분은 미국 기업들과 체결한 것이라고 했다. 그러나 그중 340억 달러는 사우디 아람코에 관련된 것이었다. 이로써 투자자들이 관심이 있는 것은 사우디가 '건설하기를 희망하는 분야'가 아니라 사우디가 '성과를 보이는 분야'라는 것이 드러난 셈이다. 이것 말고 계획했던 다른 분야에 대한 합의는 이루어지지 않았다. 카슈끄지가 사라진 다음 날 MBS는 이번 투자 회의에서 '석유가 아닌, 뭔가 놀라운 계획'을 공개할 것이라고 약속한 일이 있었다. 하지만 그런 일은 일어나지 않았다. 그러자 참석자는 그것이 무엇이었는지, 다른 합의도 무산된 것은 아닌지 하는 의문으로 수군거렸다.

이번 투자 회의에서 사우디는 외국자본을 끌어들이려고 노력했지만, 사우디가 세계의 현금 자동인출기라는 명성을 흔드는 것이 얼마나 어려운 일인지 다시 한번 보여주었다. 다른 외국 지도자들이 방문 계획을 취소하자 파키스탄의 임란 칸 총리가 회의에 참석하겠다고 했다. 그는 앞선 인터뷰에서 카슈끄지 살해를 '믿을 수 없을 정도로 슬픈 일'이라고 표현했지만 "지금 파키스탄은 역사상 최악의 부채 위기를 겪고 있으므로 사우디에 융자를 받아야 합니다"라고 밝혔다.

그는 "우리는 지금 절박합니다"라고 말했다.

그는 원조 자금으로 60억 달러를 얻어서 돌아갔다.

압둘라 2세 요르단 국왕도 참석하기 몇 달 전에 사우디와 이웃 걸프 국가들로부터 요르단에 25억 달러 경제 지원을 약속받았다.

공식적으로 MBS는 투자 회의를 이끌었지만, 오히려 자신의 입지를 약화시키는 결과를 얻었다. 그는 2년 전에 여성 외신 기자와 세계적인 기업인들과 함께 무대에 올라 극단주의를 분쇄하고 5,000억 달러 규모의 로봇 도시를 건설하겠다고 약속해서 참석자들을 열광시켰다. 올해에는 기자는 집에 머물렀고 MBS는 사우디에 크게 의존하는 섬나라 바레인의 왕세자와 그가 2년 전에 구금했던 매우 부패하고 경제적인 어려움을 겪고 있는 레바논의 정치가 사드 하리리와 함께 무대에 올랐다.

MBS는 카슈끄지의 이름을 직접 거론하지는 않은 채 그에 대해 언급했다.

그는 "이번 사건은 모든 사우디 사람, 특히 사우디 국민에게 매우 고통스러운 일이었고 세계 어떤 사람도 같은 고통을 느낄 것이라고 생각합니다"라면서 그것이 '끔찍할 뿐 아니라 정당하지 않은 사건'이라고 말했다.

그는 정의가 이루어질 것이라고 맹세했고 개혁이 진행되고 있다고 말했다.

그는 "우리가 계획한 모든 사업이 진행 중이고, 개혁도 진행 중이고, 극단주의와의 전쟁도 진행 중이고, 테러와의 전쟁도 진행 중이며, 사우디아라비아 왕국의 발전도 진행 중입니다"라고 말했다. 그리고 '위대한 사우디 사람들'에게 넘지 못할 도전이란 없다고 선언했다.

2015년 그가 세계 무대에 등장한 이후 MBS는 '과거의 사우디아라비아'가 아니라 '앞으로 변화될 사우디아라비아'를 파는 것을 꿈꾸어왔다. 그렇지 않았다면 사우디에 별다른 관심을 기울이지 않았을 많은 사람에게 그 꿈에 대한 열정을 퍼뜨린 것이다. 물론 그 꿈을 수용하는 것은 결과적으로 MBS의 무모한 행동을 간과하는 일이 되었다. 그러나 '다양하고, 평등하며, 온건한 사우디라는 꿈'이 주는 매력이 너무 강해서 많은 사람이 카리스마 넘치는 젊은 왕자와 꿈을 기꺼이 공유한 것이다.

카슈끄지 살해 사건은 그런 사람들에게 경종을 울렸다. 불과 몇 주 만에 MBS가 지난 4년 동안 만들어 낸 호의와 흥분의 상당 부분이 씻겨 내려갔다. 물론 카슈끄지는 개인에 지나지 않았다. 그러나 합리적인 비판을 가하는 사람을 섬뜩한 방법으로 살해했다는 사실이 세상의 이목을 집중시켰다. 에펠탑은 조명을 껐고 《타임》은 카슈끄지와 다른 궁지에 몰린 언론인들을 '올해의 인물'로 선정했다. 카슈끄지를 살해한 사건은 MBS 시대의 무자비함을 더욱 선명하게 부각했고 외면할 수 없게 만들었다. 그가 바로 예멘에서 수많은 사람을 죽음으로 몰아넣고, 외국의 총리를 납치하고, 임의로 리츠칼튼 호텔에 구금하고, 활동가와 성직자를 체포했을 뿐 아니라 고문하고, 자기들에게 환호를 보내거나 보내지 않는 사람들을 '우리 아니면 적'으로 구분하는 새롭고 잔인한 환경을 만든 장본인이었다.

어찌 되었든 회의는 진행되었고 MBS는 그의 꿈이 깨지지 않도록 도와달라고 간청했다.

폐막식에서 참석자들은 구운 양고기와 북경 오리로 접시를 채우면서 서로 인사를 나누고 연락처를 교환했다. 참석자들이 식사를 마치고 디저트를 즐기기 위해 이동할 때 번쩍이는 파란색과 녹색 조명으로 둘러싸인 록 밴드가 무대 위에서 이글스의 고전인 〈호텔 캘리포니아〉를 연주했다. 참석자 중 몇몇은 의미심장한 가사를 떠올리고 크게 웃기도 했다. 이 노래로 리츠칼튼 호텔 사건 에둘러 비판하려는 것이었을까? 단지 청중을 즐겁게 하려고 선택한 노래였을까? 아니면 과거의 사우디를 불러올리려는 MBS에 대한 비판이었을까?

마치 〈호텔 캘리포니아〉의 가사가 "원할 때 언제든지 체크아웃할 수는 있지만 떠나는 것은 절대 불가능합니다"로 끝나는 것처럼.

27장
후기

무함마드 빈 살만은 서른네 번째 생일을 맞을 때까지 몇 가지 중요한 일을 이뤄냈다. 불과 몇 년 전까지 다른 사람의 그늘에 가려져 있던 그가 그 그늘을 벗어난 후 정적을 제거하고, 사우디 정부의 중추 기관에 대한 통제력을 확장했으며, 논란의 여지가 없는 사우디 권력의 중심으로 올라섰다. 물론 그렇게 올라서기까지 운도 따랐다. 그의 아버지 살만이 자기 형제들보다 오래 살지 못했다면 국왕에 오를 수 없었을 것이다. 그가 국왕에 오른 후에도 다른 아들에게 권력을 쥐여줄 수 있었는데도 여섯 번째 아들인 데다가 아직 젊고 배경도 시원치 않고 문제아로 낙인찍힌 MBS를 선택한 것이다. 절대군주제란 본디 한 사람만을 위한 민주주의이고 MBS는 그 한 사람인 아버지의 선택을 받은 것이다.

그의 아버지가 그를 선택했을 때 MBS는 자신의 속성을 충분히 발휘해 스스로 권력의 중심으로 떠올랐다. 그는 해외에서 공부하지 않았고, 기업을 경영한 일도 없었으며, 군에 복무한 일도 없었다. 하지만 왕국의 권력을 놓고 겨루는 경쟁자 사이에서 자기 강점을 선명하게 드러냈다. 그는 일벌레였고 전략적이었으며, 기꺼이 전통을 깨뜨렸고, 때때로 누구보다 잔인해서 진정으로 마키아벨리다운 왕자의 모습을 드러내 보였다. 이제 예상치 못한 일이 일어나지 않는 한 MBS는 국왕에 오를 것이고, 그의 나이를 감안할 때 아버지 사후에 수십 년 동안 통치하게 될 것이다.

그렇다면 세계는 무함마드 빈 살만이 다스리는 사우디에 무엇을 기대해야 할 것인가?

그를 권력의 중심으로 끌어올린 두 가지 원동력, 즉 권력 집중과 개혁은 앞으로도 계속될 것이다. 그는 권력을 극단적으로 집중시켰으며 광범위한 사회적·경제적 개혁을 옹호해 왔다. MBS가 이끄는 사우디는 여성이 운전하고 일하고 여행할 수 있는 나라로 바뀌었지만, 동시에 더 많은 권리를 요구하기 위해서는 감옥에 갈 각오를 해야 하는 나라가 되었다. 젊은이들이 이성과 어울려 롤러코스터를 타고 창업할 기회를 얻을 수 있는 나라가 되었지만, 정부 정책이 적절한 것인지 이의를 제기하는 것이 반역으로 간주되는 나라가 되었다. 젊은 여성이 어머니와 할머니 세대에는 꿈조차 꾸지 못했던 것을 이루는 나라가 되었지만, 법을 준수하는 국민이 언론인이나 인권 단체와 이야기를 나누면 자기가 사라질지도 모른다고 걱정해야 할 나라가 되었다.

사회 전반을 개혁하기 위해 MBS가 쏟은 노력은 놀랍다. 사우디의 인구 통계를 공개하고 오래된 규범을 깨는 위험을 감수하는 것만으로도 높이 평가받을 만하다. 그의 경쟁자가 그 자리에 있었어도 같은 정책을 펼쳤을지는 알 수 없는 일이지만, 결과적으로 사우디 젊은이들은 젊은 왕자가 내려주는 선물 덕택에 앞으로의 삶이 좀 더 풍요로워지게 되었다.

그가 사우디가 당면한 경제적 문제를 광범위하게 진단하고 그것에 대한 해결책을 세울 수 있는 계기를 만들어 낸 것 역시 높이 평가받을 만하다. 그것이 선의에서 출발한 것이든 그렇지 않든 필요한 변화를 이루어 내는 것은 매우 중요한 일이다. 석유 의존도가 매우 높은 나라 중에서 진정한 경제적 다각화를 이룬 나라가 없고, 그렇기 때문에 MBS가 마법 같은 해결책을 찾을 것이라고 기대할 만한 이유도 별로 보이지 않는다. 그런 상황을 역전시키기 위해서는 사우디 인력을 정비하고, 전례 없이 많은 일자리를 창출하며, 사우디가 경험이 부족하거나 경험하지 못한 분야를 새롭게 일궈나가야 한다. 특히 저유가로 국가 지출이 제한되는 시기에는 더욱 그렇다.

장기적인 안목에서 볼 때 MBS가 당면한 가장 큰 도전은 그를 따르는 사우디 젊은이들이 그에게 거는 기대일 것이다. 매년 수십만 명이 고용 시장에 진입하는데 MBS가 어떻게 그들에게 필요한 일자리를 충분하게 만들어 낼 것이며 그들이 지금과 같은 생활수준을 유지하게 만들 수 있을지는 아직도 불투명하다. 지금 당장은 그들이 영화관에 갈 수 있고 백스트리트 보이즈 노래에 맞춰 춤을 출 수 있다는 것 때문에 흥분하고 있지만, 앞으로 정부 예산이 빡빡해지고 취업도 어렵고 부모 때보다 더 열심히 일하고도 더 적은 보수를 받는다면, 그들의 앞날은 시간이 갈수록 더 암울해지게 될 것이다.

네옴이 어떻게 될지도 누가 알겠는가?

MBS는 권력의 중심에 올라서면서 사우디의 권력 구조를 재편성했다. 왕실은 더 이상 원로 왕자들의 합의를 바탕으로 통치하는 기관도 아니고 독립적인 권한도 가질 수 없게 되었다. 그는 수 세기 동안 이어져 내려온 사우디 역사에 맞서서 군주제와 성직자 사이에 연결되어 있던 고리를 끊어내기 시작했다. 그가 통치하고 난 후 국가의 권위는 종교적 정통성에 바탕을 둔 것이 아니라 권위주의적 국가주의라는 새로운 개념에 바탕을 두게 되었다. 지금까지는 성직자의 세력을 약화하려는 MBS의 노력이 큰 저항을 받지 않았다. 물론 이런 노력으로 구태의연한 모습은 쉽게 사라지겠지만, 사우디가 오랫동안 국민을 과도한 보수 이데올로기에 몰아넣었다는 점을 감안할 때 그 결과가 어떤 모습으로 나타날지 예측하기는 매우 어렵다.

중동 전역에서 사우디는 전례 없는 방식으로 스스로를 드러내 오고 있다. 외교력보다 힘을 앞세웠으며 심사숙고한 정책보다 도박을 앞세웠다. 레바논과 카타르와 예멘이 바로 이런 정책의 희생자였다. 만약 이러한 상황이 계속된다면 MBS가 새로운 방식으로 이란과 무슬림형제단에 맞설 경우 사우디의 이웃 국가들이나 해외 파트너들이 매우 난처한 상황에 빠질 수 있을 것이다. 그가 사우디를 이스라엘과 얼마나 더 가깝게 만들지는 시간이 지나고 봐야 알겠지만, 그의 선대들이 팔레스타인을 동정적으로 대했던 것과 같은 방식으로 그가 팔레스타인 문제를 대할 것이라고 기대하기는 어려워 보인다. 그의 아버지 사후에 유대 국가와 조용한 화해를 이루어 나가는 일이 가속화될 수도 있겠다.

그가 자신이 보여준 선의를 인정받고 싶다면 자신이 저지른 악행에 대한 책임도 받아들여야 한다. MBS가 예멘에서 승리를 얻어낼 가능성은 몇 년 전보다 더 작아졌다. 동시에 그의 휘하에 있는 사우디 공군이 예멘 민간인을 계속 살상하는 것 때문에 국민 여론이 산산조각이 나 다시 하나가 되기는 어려워 보이는 지경에 이르렀다. 물론 MBS가 전쟁을 일으킨 것도 아니고 후티가 평화를 만들어 내는 사람들도 아니다. 그렇지만 사우디가 피해에 무감각한 작전을 계속 펼치고 실패한 작전을 바로잡을 만한 능력도 없다보니 결국 이란을 끌어들이고 결코 잊을 수 없는 고통을 촉발한 것이 아닌가.

자말 카슈끄지 살해에 대한 책임이 제기되었을 때 MBS와 사우디 당국자들은 그것을 예외적인 사건으로 치부하려 했으며, 소수의 사람이 사우디의 정체성과 정책에 어긋난 무단 행동을 취한 결과로 만들려고 했다.

나는 그 해명을 인정하지 않는다.

그는 권력의 중심에 올라서는 동안 국가권력을 동원해 그가 적이라고 간주하는 사람들을 가혹하게 다루었다. 전기 고문, 체포, 기소, 납치를 자행한 것이다. 그러나 그 과정에서 MBS 본인과 그의 수하들은 그와 관련해 아무런 책임도 지지 않았다. 그런 사실이 드러나지 않기도 했고, 젊은 왕자가 가지고 있는 관대한 이미지가 그의 추악한 측면을 가렸기 때문이기도 했다. 또한 그의 요원들이 카슈끄지를 죽여 문제를 해결하려 했지만 오히려 문제를 걷잡을 수 없이 키웠다. 판돈을 올려 큰돈을 거머쥐려 했다가 오히려 내기에서 진 꼴이 된 셈이다. 그 결과 국제적인 비난이 쏟아졌다.

MBS가 살해 사건을 지시했는지 그를 살해 사건에 연관 지을 만한 결정적인 증거가 있는지를 놓고 많은 질문이 쏟아져 나왔다. 우리는 확실한 내용을 결코 알 수 없을 것이다. 그렇지만 중요한 것은 그런 것이 아니다. 살해 사건에서 그가 어떤 역할을 했든지 상관없이 MBS는 정부 요원 열다섯 명과 다수의 사우디 외교관이 영사관 안에서 비폭력적인 작가를 살해하는 것이 일부 신문 칼럼에 대한 적절한 대응이라고 믿게 만든 것이었다.

MBS는 카슈끄지가 사망한 지 한 달 만에 이런 분위기를 만든 데 대해 일부 개인적인 책임을 인정했다.

그는 일단의 미국인들에게 "내게 책임이 있을 수도 있습니다"라고 말했다. 그러면서도 "내가 그런 극악무도한 행위를 승인했다는 말이 아닙니다. 다만 우리 국민 중 일부가 우리나라를 너무 사랑하게 만들고, 그래서 그들이 자기 스스로 문제를 해결해서 우리를 기쁘게 하겠다고 생각하도록 만들고, 그래서 자기들에게 그런 권한이 있다고 믿도록 만든 책임이 있다는 말입니다"라고 궤변을 늘어놓았다.

그것이 정말 문제였을까? 아니면 국민이 국가를 미워해서가 아니라 사랑하기 때문에 지도자에게 질문할 수 있다는 사실을 그가 이해하지 못한 것일까?

카슈끄지 살해 사건은 MBS 통치의 가장 가혹한 일면을 상징하게 되었고, 그의 통치에 추악한 오점으로 남았다. 이런 이미지는 시간이 지나면서 희미해지겠지만 앞으로 미국과 다른 서방국가들이 사우디와 어떻게 관계를 맺어가야 할지 의문을 불러일으켰다. 미래의 미국 대통령이 MBS가 자기 집무실을 방문하는 것을 도널드 트럼프만큼 반가워할 것인가? 이 사건에 대해서는 행정부보다 의회가 더 크게 분노했다. 지나 해스펠 중앙정보국장이 분노에 찬 목소리로 살해 사건에 대해 브리핑하는 자리에서 상원의원들 역시 분노를 쏟아냈다. 몇 년 전 MBS에게 깊은 인상을 받았던 사우스캐롤라이나의 린지 그레이엄 상원의원은 그를 '철거용 쇠공'이라고 불렀다.

이어서 "살해 사건의 결정적 증거는 스모킹 건이 아니라 스모킹 톱"이었다면서 "의도적으로 눈을 감지 않는 한 그것을 놓칠 수 없었다"고 비난했다.

비록 강제력이 없는 상징적인 조치에 지나지 않지만, 상원은 만장일치로 카슈끄지 살해 사건에 MBS가 '개인적인 책임'이 있다는 성명을 발표했다. 입법 의원들은 예멘 전쟁을 지원하는 행정부와 계속 대립했다.

이 사건이 미국-사우디 관계에 즉각적이고 구체적으로 미친 영향이 크지는 않았지만, 양국 관계를 상당히 냉각시키는 것은 피할 수 없었다. 무기 거래나 석유 거래는 일상을 유지했지만 MBS가 자기 사업에 끌어들이려 했던 실리콘밸리와 할리우드의 많은 영웅은 그와 거리를 두었다. 어쩌면 MBS는 미국 어디에서도 자신에게 문을 열어주지 않거나 자기 앞에 시위대가 톱을 휘두르며 나타날 수 있다는 사실을 받아들여야 할지도 모르는 지경까지 이르렀다.

하지만 이런 반응은 그다지 오래가지 않을지도 모른다. 미국은 오랫동안 권위주의적 인사들과 거래하는 데 정당을 가리지 않았고, MBS는 아직 젊기 때문이다. 그가 아버지의 뒤를 이어 국왕에 오르고 그렇게 나이를 먹는다면 2060년대 격동의 중심이 될 중동 지역에서 중요한 미국 파트너를 이끌게 될 것이다.

워싱턴뿐 아니라 여러 나라의 정책 입안자들은 MBS가 과연 실수로부터 교훈을 얻고 있는지 궁금해하며 많은 가능성을 살펴보고 있다. 그가 위험한 행동을 벌이는 것은 경험이 없거나 젊기 때문인가? 아니면 그가 워낙 그런 사람이고, 그래서 앞으로도 그런 모습은 바뀌지 않을 것인가? MBS는 더 현명한 군주로 성장할 것인가 아니면 모두를 깜짝 놀라게 할 문제를 계속 일으켜 결국 도중에 물러날 것인가?

최근 몇 년 동안 그를 만난 사람들은 이제 그가 예전보다 조금 더 듣고 조금 덜 말한다고 전한다. 그는 예전에 영어로 의사소통하는 것이 거의 불가능했지만, 이제는 회의를 진행할 수 있는 수준이 되었다고 한다. 그의 학습 능력이 만만치 않다는 말이다. 그는 외국인들이 자기 생각에 이의를 제기하는 정도까지는 오히려 즐기는 것으로 보인다. 이제는 3개월 안에 예멘 전쟁을 승리로 끝낼 수 있다는 주장을 더 이상 하지 않는다.

카슈끄지의 살해에 대한 분노가 확산하자 외국인 친구들은 MBS

에게 그가 앞으로 계속 전진할 생각이라면 책임을 받아들이고 정의를 보장해야 한다고 말했다. 그는 그렇게 하겠다고 약속했다. 하지만 리야드에서 살인 용의자에 대한 재판이 열렸을 때, 사건은 비밀에 부쳐졌고 MBS의 '파리대왕'이었던 사우드 알 카타니는 피고인에 포함되지 않았다.

정상에 선다는 것은 고독한 일이다. 그가 자기에게 바른말을 하는 사람을 만나기는 어려울 것이라는 말이다. 그가 그의 궁에서 일상을 보낼 때나 왕실 안에서나 네옴이 들어설 모래사막을 바라보는 홍해의 요트에서 지낼 때, 그조차 통제하지 못하는 그의 파괴적인 충동을 누가 감히 억제하려 들 수 있을 것인가? 사우디의 미래에 필요한 것은 어둠 속에서 반짝거리는 모래가 아니라 평화와 교육과 법치주의에 좀 더 치중해야 하는 일이라고 그에게 고언을 건네 이득을 볼 수 있는 사람이 누가 있을까?

2019년 여름, 사우디는 여성이 남성 가족의 허가 없이 여권을 취득하고 여행할 수 있다고 발표했다. 이 규정은 사우디의 '후견인' 제도에 중대한 타격을 입혔고, 덕분에 사우디 여성 인권이 크게 개선되었다.

이런 변화가 내가 만난 여성들에게 어떤 영향을 미쳤는지 궁금했다. 그래서는 2년 전에 제다에 있는 여자대학에서 만났던 건축학과 학생 라하프 알 자흐라니에게 다시 연락했다. 그녀는 아주 고무되어 있었다. 이제 스물셋이 된 그녀는 여성 운전 학원에 겨우 등록해 운전면허를 땄다. 내가 전화했을 때 그녀는 어머니를 모시고 자동차로 일곱 시간 걸리는 고향에 가고 있었다. 가는 도중에 그녀가 운전하는 모습을 본 다른 운전자들이 경적을 울리며 지지를 표시했고, 검문소에 근무하는 군인들도 미소를 지으며 그녀에게 손을 흔들었다. 그녀는 어떤 마을을 지나갈 때 그녀가 운전하는 것을 본 어린 소녀가 엄지손가락을 치켜세웠다고 말했다.

알 자흐라니는 "어린 소녀들도 이런 일에 대해 알고 있는 것 같았어요"라고 말했다.

짧은 시간에 사우디 젊은 여성의 삶에 너무나 큰 변화가 일어나기는 했어도 그들은 이런 변화를 제대로 이해하고 있었다. 비록 후견인 제도가 그녀에게 큰 걸림돌이 되었던 적은 없었지만 그 제도가 허물어진 것은 그녀에게 큰 힘이 되었다. 그녀의 아버지가 최근에 손을 다쳐서 그녀가 아버지 대신 운전하겠다고 자청하기도 했다. 그녀가 운전하는 모습이 인상 깊었던 아버지는 그녀에게 레인지로버를 선물했다. 그녀가 살고 있는 제다에서 연예인의 공연이 열렸다. 그녀는 친구들과 함께 최근에 열린 아메리칸 디제이 마시멜로 쇼에 다녀왔다.

그녀는 "나는 그가 백만 년이 지나도 제다에 올 수 없을 거라고 생각했어요"라고 말했다.

MBS 덕분에 그녀가 낳은 아이들은 아마도 그런 일을 당연하게 여길 것이고, 사우디가 한때 여성 운전을 금지했다는 것을 우스꽝스럽게 여길 것이다.

하지만 알 자흐라니는 아직 거기까지는 생각하고 있지 않았다. 그녀는 1년 반 만에 학위를 마치고 이를 배우려는 건축가들에게 설계 소프트웨어 사용법을 가르치고 싶어 한다. 그녀는 나중에 직접 건축할 수도 있을 것이다. 그녀는 늘 마음에 모스크를 담아두고 있었고 그래서 언젠가는 자기 스스로 모스크를 설계할 수 있게 되기를 기대하고 있다.

그녀는 내게 "난 언젠가 모스크를 지을 거예요. 그게 언제가 될지는 모르겠지만, 아무튼 난 해내고 말 거예요"라고 말했다.

———⚔———

사우디에서 친한 친구 중 하나는 은행원이었는데, 그는 정치적이지는 않았지만 사려 깊고 세상에 대해 호기심이 많았다. 내가 알게 된 많은 사우디 젊은이처럼 그도 MBS에게 큰 기대를 걸었다. 그는 마침내 사우디에 젊은이들을 이해하고 성직자들에게 겁먹지 않을 지도자가 생겼다는 말까지 했다.

하지만 MBS가 더 많은 권한을 가지게 되자 그를 좋아하는 사람들과 이야기를 나누는 것도 쉽지 않게 되었고, 그를 좋아하는 사람들이 자기 마음을 털어놓는 것도 쉽지 않게 되었다. 체포가 일상화되자 내가 아는 사우디 사람들 사이에서 두려움이 번져나가기 시작했다. 어떤 사람은 정부가 그가 올린 트윗을 문제 삼아 재판에 회부하자 사우디를 떠났다. 그는 여전히 해외에서 어려움을 겪고 있다. 다른 사람들도 상황이 진정될 때까지 떠나있기 위해서 해외에서 일자리를 찾거나 유학을 계획하고 있다. MBS가 권력의 중심에 오르는 동안 투옥되었던 사람 중 일부가 석방되기는 했지만, 그들은 다시 체포되지 않으려고 모든 자리에서 물러났다. 그동안 기소되었던 사람들에 대한 재판이 열렸다. 루자인 알 하틀룰과 같은 유명한 활동가들은 외교관이나 언론인과 대화를 나누었다는 죄목으로 기소되었다. 재판부는 그런 행위가 혐의를 둘 만한 일일 뿐 아니라 심지어 범죄행위라는 사실을 분명히 했다. 당국은 나중에 그녀에게 석방되고 싶으면 고문당했다는 사실을 부인하는 동영상을 찍으라고 제안했다. 그녀는 그 제안을 거절했다.

행동주의를 기피하는 사우디 사람들조차 정부가 도청하거나 휴대전화를 해킹하는 것을 걱정했다. 시간이 지나면서 나와 자주 통화하던 사람들이 암호화된 메시지 앱으로 통화하자고 했다. 어떤 사람들은 자기 안전을 위해 내 전화를 받지 않거나 나를 차단했다. 어떤 사람들은 해외에 있을 때만 연락했다. 그중 용감하다는 사람들은 12시간, 6시간, 30분, 5분 후에 메시지가 사라지도록 설정할 수 있는 앱을 사용했다. 몇 년 동안이나 알고 지냈던 한 친구는 자말 카슈끄지가 살해된 후 자신의 메시지가 30초 안에 사라지도록 설정했다. 나는 메시지가 사라지기 전에 읽으려고 서두르면서 사우디에 근본적인 변화가 일어나고 있다는 것을 깨닫게 되었다.

근본적인 변화는 내게도 일어났다. 수년 동안 사우디에 대해 보도하면서 나는 사우디에서 상당한 시간을 보냈고, 친구를 사귀었으며, 대체로 사우디가 잘되기를 바랐다. 하지만 MBS에 대해 취재하면서, 또한 그의 성향 때문에 나는 그의 적대 세력이 되어갔다. 비자를 얻기가 점점 어려워지더니 결국 비자가 아예 나오지 않게 되었다. 소셜 미디어에서 내 기사에 대한 공격이 쏟아졌다. 사우디가 적어도 한 번은 내 휴대전화를 해킹하려 했던 것으로 보였다. 자말 카슈끄지가 살해되었을 때 이전 규칙이 더 이상 적용되지 않는다는 것이 분명해졌다. 나는 사우디 사람이 아니었기 때문에 MBS와 그의 수하들이 내게서 배신감을 느꼈다고 생각할 이유가 없었다. 하지만 나는 이곳에서 MBS에 관한 책을 쓰고 있었으니, 밤늦게 집으로 걸어가거나 잠을 자다가도 그들이 나를 쫓을지 모른다는 생각이 드는 건 자연스러운 일이었다.

카슈끄지가 사망하고 얼마 지나지 않아 나는 은행에서 일하는 친구에게 메시지를 보냈다.

"벤!!!" 그가 대답했다. "안녕!!"

그는 내가 연락해서 기쁘다고 했고, 내게 해야 할 말이 있었다. 사우디의 상황은 우리가 만난 이후로 바뀌었고, 이제 그는 기자와 소통하는 것을 두려워했다. 만약 당국에서 메시지를 가로챈다면 그는 자신을 방어할 기회도 얻지 못하고 그저 국가의 선처에 기댈 수밖에 없게 될 것이기 때문이었다.

그는 나와 헤어지고 있었다.

그는 이것을 개인적인 일로 받아들이지 말라면서 나를 친구로 둔 것이 '진정한 영광'이었다고 했다. 나는 그에게 이해한다고 말했다. 그리고 언젠가 해외에 나오게 되면 내게 전화해 안부라도 전할 수 있도록 내 번호를 저장해 달라고 부탁했다.

"그래, 약속할게"

그 이후로 그에게서 소식을 듣지 못했다.

감사의 말

내게 《뉴욕 타임스》에서 일할 수 있는 행운이 주어지지 않았더라면 이 책은 세상에 나올 수 없었을 것이다. 나는 그곳에서 기사를 쓰는 데 필요한 좋은 여건을 누릴 수 있었고, 내 글을 잘 다듬어 줄 수 있는 편집자를 만났다. 그리고 5년이라는 충분한 시간을 허락받아서 메모에 지나지 않았던 글을 잘 익히고 벼려서 지금 독자들 앞에 내놓을 수 있게 되었다. 무엇보다 국제 보도에 헌신해 온 설즈버거 가족 덕분에 내가 사우디에서 그 긴 시간 동안 일할 수 있었고 그때 경험한 것을 책으로 엮을 수 있었다.

《뉴욕 타임스》 국제 보도를 이끄는 마이클 슬랙먼에게도 큰 신세를 졌다. 그는 사람들이 무함마드 빈 살만이 누군지도 잘 모르던 때에 이미 MBS로 인해 사우디에서 취재할 만한 사건이 벌어질 것을 예상했다. 그리고 나를 사우디로 보내고 다시 보내고 또 보내서 그 상황을 알릴 수 있도록 만들었다. 그는 앞을 내다보았고, 그가 본 것을 향해 흔들림 없이 걸어간 것이다. 딘 바케이, 조 칸, 맷 퍼디, 캐럴린 라이언, 그레그 윈터, 허버트 부시바움에게도 값진 도움을 받았다. 헤아릴 수 없이 많은 《뉴욕 타임스》 동료와 편집자가 내가 이 일을 마무리하는 데 필요한 자신들의 능력과 지혜를 나눠줬다.

다양한 능력을 갖춘 동료들과 함께 일하고 그들에게서 배울 수 있었던 것은 내게는 큰 특권이었다. 그 특권이 없었더라면 이 책은 훨씬 더 빈약했을 것이다. 데이비드 커크패트릭, 마크 마제티, 니콜라스 쿨리시는 필요한 정보를 능숙하게 찾아내 그들이 신뢰할 만한 동료라는 것을 스스로 입증했다. 카를로타 갈과 데클런 월시는 주요 인사를 인터뷰한 내용을 아낌없이 공유했다. 에릭 슈미트, 피터 베이커, 케이티 베너, 케이트 켈리는 워싱턴과 뉴욕을 오가는 일을 줄일 수 있도록 도와줬다. 말러키 브라운과 비디오 조사팀은 공동 작업에 생기를 불어넣었다.

메이 엘 셰이크는 'MBS의 전쟁' 첫 번째 부분에 들어갈 자료를 찾아내고 정리하고 통신문을 번역하는 데 많은 시간을 할애했다. 슈아입 알 무사와는 내가 예멘에 없었던 동안 일어난 사건에 대한 현장 보도 자료를 제공했다. 앤 바너드와 타나시스 캄파니스는 베이루트에서 취재하다가 난관에 부딪혔을 때 나를 격려하며 동료애를 보여줬다. 시종일관 친구가 되어준 화이다 사드와카람 쇼말리는 동시다발적으로 터지는 문제를 능숙하게 정리했을 뿐 아니라 적절한 조언도 아끼지 않았다.

사우디에서 여러 번 여행하는 동안 타스님 알 술탄이 내게 보여준 독특한 견해와 깊은 감수성은 내가 사우디를 이해하는 길잡이가 되었다. 감사하게도 스티븐 칼린, 사라 버크, 비비안 네림과 자주 식사하며 생각을 나눌 수 있었다. 할라 알 도사리와 로버트 레이시는 멀리 떨어져 있으면서도 사우디에서 새롭게 일어나는 상황을 늘 알려왔다. 매기 미첼 세일럼에게 깊은 감사를 전한다. 그녀는 카슈끄지의 말과 생각이 제대로 보존되기를 원했고, 그래서 당시에는 미처 깨닫지 못하던 것까지 내게 알려줬다.

나는 수년 동안 사우디에서 혹은 다른 곳에서 자기 이야기와 자기 생각을 내게 털어놔 준 사우디 사람들에게 헤아릴 수 없는 큰 빚을 졌다. 하지만 그들이 사우디에서 위험에 빠지게 만들 수는 없는 일이어서 부득이하게 그들의 이름을 밝히지 않았다. 그들은 정부에 소속되어 있거나 그렇지 않거나 나를 자기 집과 사무실에 초대해 많은 이야기를 들려줬다. 그들의 아이들에게 나를 소개했고,

때로는 아내에게도 소개했다. 베이루트에서는 술잔을 나누면서 내가 세운 가정이 틀렸다고 지적했다. 나와 함께 런던의 공원을 거닐기도 했다. 암호화된 메시지 앱으로 질문을 주고받았다. 다른 사람들은 내 전화를 피하는 데도 그들은 언제나 내 전화를 받았다. 그들은 자신이 누구인지 알고 있다. 그런 그들이 이 책에 실린 나와 함께한 시간을 되돌아보며 자신을 다시 한번 확인할 수 있기를 기대한다.

내가 걸어온 길을 함께 걸었던 많은 사우디 사람에게 꼭 당부하고 싶은 것이 있다. 사우디 역사상 가장 중요한 시기인 지금, 당신들의 목소리를 내주시라.

원고가 마무리된 후 많은 사람의 도움으로 나는 집과 워싱턴, 뉴욕에서 머물면서 일상의 즐거움을 누릴 수 있었다. 라이언 루카스, 애비게일 하우슬로너, 사나, 카림 르부르, 니콜 파머, 레아, 루시엔, 그리고 벤 솔로몬에게 감사를 전한다.

에이전트인 래리 와이스먼은 나보다 먼저 이 책을 구상했고, 그 구상을 실현하는 데 필요한 출판 절차를 안내했다. 편집자 팀 더건은 잘 쓴 책을 훌륭한 책으로 거듭나게 만들었다. 팸 파인스타인은 꼼꼼하게 원고를 정리했다. 힐러리 매클렐런은 언급된 사실을 철저하게 확인했고 실수를 피할 수 있도록 도와줬다. 루스 페시치는 문장을 읽기 쉽도록 풀어썼다.

많은 친구가 자신들의 통찰력과 전문 지식을 동원해 내용을 풍성하게 만들었다. 비비언 네림, 에밀 호카엠, 그리고 20년 동안 친한 친구였던 존 에번스는 전문을 읽고 귀중한 지침을 줬다. 콜 번젤과 스테판 라크루아는 사우디 역사와 종교에 대한 내용을 검토했다. 에이프릴 롱리 앨리는 예멘 전쟁을 제대로 이해하게 도와줬다. 크리스티안 울릭슨은 카타르 봉쇄를 제대로 이해하게 도와줬다. 카를

로타 같은 이스탄불에서 일어난 사건을 검토했다.

그러므로 이 책에 실수나 착오나 누락된 부분이 있다면 그것은 오롯이 저자인 내 책임일 뿐이다.

내 부모님께서는 내가 선택한 직업에 충실할 수 있도록 최선을 다해 도와주셨다. 심지어 나를 시간대가 다른 외국으로 데리고 다니실 때도 다르지 않았다. 내 어머니 패멀라는 어려운 사람들을 잊지 말아야 한다는 것을 삶으로 보여주셨다. 내 아버지 로버트는 오랫동안 컴퓨터 앞에서 일하시면서 번 돈으로 수년간 내 학비를 대 주셨다. 나를 늘 즐겁게 만들어 준 맷, 대니엘, 엘리엇에게 감사를 전한다.

베이루트에서는 추케르와 호드르 가문이 나를 그들의 가족 중 하나로 환영했고, 누가 카드에서 이기든 상관없이 내가 머물 수 있도록 환영했다. 그 가문의 일원인 나움, 아미라, 디미트리, 신시아, 조지, 마다, 베차라에게 감사를 전한다. 그리고 내가 중동의 암흑 같은 운명에 맞서 용감하게 싸우는 동안 주말에도 일하면서 언제 끝날지 모르는 걱정을 넉넉한 웃음으로 감싸 안은 어릿광대 사빈에게는 사랑한다는 말, 고맙다는 말밖에는 할 말이 없다.

참고 문헌

도서

Robert Lacey, *The Kingdom: Arabia and the House of Saud* (New York: Avon Books, 1981).

Robert Lacey, *Inside the Kingdom: Kings, Clerics, Modernists, Terrorists, and the Struggle for Saudi Arabia* (New York: Penguin Books, 2009).

Michael Darlow and Barbara Bray, *Ibn Saud: The Desert Warrior Who Created the Kingdom of Saudi Arabia* (New York: Skyhorse Publishing, 2010).

Michael Crawford, *Ibn 'Abd Al-Wahhab* (London: Oneworld Publications, 2014).

Madawi Al-Rasheed, *A History of Saudi Arabia* (Cambridge, Cambridge University Press, 2010).

Stéphane Lacroix, *Awakening Islam*, Cambridge: President and Fel-lows of Harvard College, 2011.

Kushner Inc.: Greed. Ambition. Corruption. (New York: St. Martin's Press, 2019)

"Regime and Periphery in Northern Yemen: the Huthi Phenomenon," RAND Corporation, 2010.

Aisha al- Manea and Hind al- Sheikh, *as- sadis min nofembar* (Ar.) (Beirut: Jadawel, 2013). Manal Al- Sharif, *Daring to Drive: A Saudi Woman's Awakening* (New York: Simon & Schuster, 2018).

언론

Calvert W. Jones, "All the King's Consultants: The Perils of Advising Authoritarians," *Foreign Affairs*, May/June 2019.

"Cables Released by Wikileaks Reveal Saudis' Checkbook Diplomacy," *NYT*, June 20, 2015, and "Wikileaks Shows a Saudi Obsession With Iran," *NYT*, July 16, 2015.

"ayaam ar-reetz: waqaa'e ghayr manshuura min qiSSat ikhtiTaaf sa'ad al-Hareeri," *Al-Akhbar*, Nov. 6. 2018.

"Quand 'MBS' prennait Hariri en otage" (Fr.), Le Magazine, *Le Monde*, Nov. 17, 2018

보고서

"Annex to the Report of the Special Rapporteur on extrajudicial, summary or arbitrary executions: Investigation into the unlawful death of Mr. Jamal Khashoggi," United Nations Human Rights Council, June 19, 2019

Ferhat Ünlü, Abdurrahman Simsek, and Nazif Karaman, *Diplomatic Vahset: Kasikçi Cinayetinin Karanlik Sirlari* (Tu.) (Istanbul: Trurkuvaz, 2018).

사우디의 과거와 현재, 그리고 MBS

2009년 2월 겨울이 막 끝나갈 즈음 리야드에 부임했다. 사우디를 '열사의 사막'으로만 알고 있었으니 겨울옷을 챙길 생각은 전혀 하지 않았다. 도착하고 며칠 지나지 않아 비가 내렸다. 사막에서 비를 만나는 것은 신기한 일이었지만, 비가 그친 다음에 마주해야 했던 추위는 당황스러웠다. 초행길이어서 나름 철저하게 준비한다고 했는데도 2월을 그저 덜 더운 계절쯤으로 생각한 것이다. 당황스러운 일은 그것이 끝이 아니었다. 2021년 말 그곳을 떠나기까지 십수 년 내내 현지에 대한 무지와 편견의 대가를 치러야 했다.

2022년 11월 사우디 왕세자가 한국에 다녀간 이후로 한동안 사우디 관련 기사가 봇물 터지듯 쏟아져 나왔다. 기사 대부분이 장밋빛 일색이었다. 그가 풀어놓은 보따리만 보면 그럴 수도 있는 일이기는 했다. 하지만 한 발짝만 떨어지면 빈틈이 무수하게 보였는데도 그런 기사는 찾아보기 어려웠다. 사실 새삼스러운 일도 아니다. 사우디라면 모두 돈 많은 나라라고 생각하지 않는가. 1인당 국민소득이나 국가 예산이 한국에 훨씬 못 미친다는 사실을 아는 사람이 과연 얼마나 될까.

사우디의 2022년 국가 예산은 2,787억 달러이고 2021년 1인당

GDP는 2만 3,585달러다. 한국의 2022년 국가 예산은 5,087억 달러이고 2021년 1인당 GDP는 3만 4,757달러다. 사우디의 국가 예산은 한국의 절반이 조금 넘고 1인당 GDP는 한국의 3분의 2에 불과한 것이다. 게다가 인구도 사우디가 한국보다 훨씬 적으니, 국가 경제 규모의 척도인 GDP는 2021년 기준 사우디 8,335억 달러로 우리나라 1조 7,960억 달러의 절반에도 미치지 못한다.

그렇다면 캐내도 캐내도 끝없이 쏟아지는 원유는 다 어디로 갔는지 궁금하지 않은가? 사우디의 원유 생산량은 석유수출국기구(OPEC)에서 정한 쿼터에 제한을 받고 있기 때문에 대체로 일일 1,000만 배럴 정도를 생산한다. 2020년 초에 잠깐 1,200만 배럴을 생산했지만 그때를 제외하고는 900만~1,100만 배럴을 넘은 경우가 없다. 이 중에서 30퍼센트 정도가 내수로 소비되고 있어 원유 수출량은 720만 배럴을 맴돈다. 유가도 생각만큼 높지 않다. 2022년 초에 잠깐 유가가 100달러를 넘어선 경우가 있어서 독자들은 유가가 상당히 높은 것처럼 느낄지도 모르겠다. 그러나 2014년 이래 유가는 60달러에서 맴돌았고, 원유 생산량이 기록적으로 늘어났던 2020년 초에는 현물시장에서 오히려 유가가 마이너스를 기록한 일도 있다.

실제로 사우디가 한 해 동안 원유를 수출해 올린 수입은 유가가 가장 낮았던 2020년에는 1,120억 달러, 2021년에는 유가가 올라 1,825억 달러, 연평균 유가가 100달러에 근접했던 2022년에는 2,590억 달러 정도로 추정된다. 참고로 삼성전자의 2021년 매출액은 2,444억 달러였다. 결국 고유가 때 사우디가 원유를 수출해 올린 한 해 수입이 삼성전자 한 해 매출액과 비슷한 규모라는 것이다. 물론 사우디의 국가 수입이 이것뿐만은 아니다. 하지만 우리가 생각하는 어마어마한 원유 수출 대금의 규모가 고작 이 정도에 지나지 않는다니, 써놓고도 허탈하다는 생각마저 든다. 그러고 보면 우리나라 글로벌 기업의 총수들이 사우디 왕세자 앞에 다소곳이 앉아 있는 모습도 난센스가 아닐까 싶다.

이 책의 주인공인 무함마드 빈 살만(MBS)을 이해하는 것도 다르지 않다. 누구는 그의 재산이 2조 달러라고 이야기한다. 2조 원도 아니고 2조 달러라니 일반인으로서는 그게 도대체 어느 정도 큰 규모인지 짐작하기조차 어렵다. 그 금액은 사우디가 6~7년 열심히 원유를 수출해야 올릴 수 있는 수입이고, 사우디의 4년 치 국가 예산과 맞먹으며, 애플과 세계 최대 기업의 자리를 놓고 다투는 사우디 아람코의 시가총액보다도 크다.

더구나 그는 아버지 살만 국왕이 2015년 즉위하기 전에는 권력 서열을 따질 형편에도 미치지 못했던 사람이다. 그의 아버지 살만 국왕은 초대 압둘아지즈 국왕의 서른두 번째 아들로 태어났다. (성인이 되기 전에 사망한 왕자를 제외할 경우 스물다섯 번째 아들이다.) 그에게 국왕의 자리를 넘겨준 전임 압둘라 국왕은 열세 번째 아들로 태어났으니 압둘라 국왕 재위 당시 생존한 왕자 중 왕위 계승 순위가 살만보다 앞선 이가 열 명 가까이 되었다. 이때 왕세제(Crown Prince)는 살만의 동복형인 술탄 왕자였다. 동복형제 중에서 살만보다 순위가 높은 왕자도 술탄 다음으로 셋이나 더 있었다. 살만이 왕위에 오를 확률이 아주 희박했다는 말이다. 그런데 술탄 왕자가 노환으로 사망하고 이어서 왕세제에 오른 동복형 나예프 왕자도 역시 노환으로 사망한다. 술탄 왕자야 워낙 오랫동안 지병을 앓고 있었으니 그러려니 했어도 나예프 왕자까지 압둘라 국왕보다 앞서갈 것으로 짐작했던 사람들은 별로 없었다.

동복형인 나예프 왕자가 2012년 6월에 사망하고 살만이 왕세제 자리에 오른다. 그렇기는 했어도 MBS는 살만의 세 번째 부인의 맏

아들로, 아들 열두 명 중에서는 여섯째였다. 더구나 잘 나가는 이복 형들의 그늘에 가려 권력을 겨냥할 처지가 되지 못했다. 사우디 신문에 MBS가 언급되기 시작한 것은 살만이 국왕으로 즉위할 무렵이 아닌가 싶다. 그때까지 그는 베일에 가려진 인물이었다. 살만은 2015년 1월 국왕으로 즉위하자마자 2011년 11월부터 자신이 맡고 있던 국방부 장관 자리를 MBS에게 넘겨준다. 당시 사우디 국민은 MBS의 등장을 의외로 받아들였다. MBS가 어리다는 것은 알고 있었지만, 그가 1985년생이라는 것이 밝혀진 것은 국방부 장관 자리에 오르고도 한참이나 지나서였다.

결국 MBS가 권력을 쥐고 재산을 모으기 시작한 것은 길게 잡는다 해도 살만이 왕세제 자리에 오른 2012년 이후가 될 것이다. 그 이전에도 재산이 많기는 했겠지만 그저 여느 힘 있는 왕자 수준을 벗어나지 못했을 것이다. 그런 그가 어마어마한 재산을 이룬 것이다. 이 책에서 그의 재산 형성 과정에 대해 일부 언급한 부분이 있기는 하다. 하지만 그 방법으로는 그가 이룬 재산의 극히 일부분도 설명하지 못한다. 2조 달러에 이른다는 MBS의 재산은 국가 재산을 자기 것으로 여기지 않는 한 결코 이룰 수 없는 규모다. 물론 그의 재산이 정말 그 정도인지 아닌지는 알 수 없다. 그러나 그런 이야기가 나온다는 것은 그럴 수도 있다는 의미다. 그것은 그가 원하면 무엇이든, 그것이 국유재산이든 사유재산이든 가질 수 있다는 말이기도 하다.

———————

2015년 4월에 부왕세자의 자리에 오른 MBS는 다음 해인 2016년에 '국가개조계획(National Transformation Plan)'과 '비전 2030'을 연이어 발표하며 탈석유 시대를 선언한다. 탈석유란 석유가 고갈되고 난 이후를 대비한다는 개념이었다. 하지만 석유가 지구온난화의 주범으로 몰리면서 석유의 퇴장은 예상했던 것보다 훨씬 앞당겨지게 되었다. 그로 인해 산유국으로서는 탈석유 정책이 피할 수 없을 뿐 아니라 최우선으로 추진해야 할 시급한 과제가 되었다. 따라서 MBS의 선택은 당연하고 시의적절한 것이었다.

'비전 2030'이 선포되고 나서 처음으로 시장에 가해졌던 압박은 '자국민 의무 고용정책(Saudization)'과 '현지화 정책(Localization)'이었다. 물론 이전에도 그런 정책이 없었던 것은 아니지만 이때를 기점으로 이 정책이 사업 원가에 상당한 부담으로 작용하기 시작한다. 물론 가장 큰 사회 현안인 청년 실업을 줄이기 위한 '자국민 의무 고용정책'이나 석유산업 일색의 산업구조를 다각화하기 위해서 건설자재의 일부를 사우디 제품으로 채우게 하는 '현지화 정책'은 타당한 선택이었다. 주변에 있는 걸프협력이사회(GCC) 회원국들도 이미 채택하고 있던 정책이었다. 문제는 그 정책을 이행할 준비가 거의 이루어지지 않았다는 점이다. 가져다 쓸 물건도, 데려다 쓸 사람도 없었던 것이다.

현장이나 공장에 외국인 근로자를 채용하려면 '자국민 의무 고용정책'에 따라 일정 비율만큼 사우디 근로자를 채용해야 한다. 하지만 대부분은 급여는 그대로 지급하면서 오히려 그들이 나타나지 않기를 바란다. 작업에 도움이 되기는커녕 방해나 되지 않으면 다행이기 때문이다. 물론 사우디에도 직업훈련소가 있고 훈련 프로그램도 갖춰져 있지만 사우디 젊은이들은 냉방이 잘되는 사무실 근무만 원한다. 그렇다고 해서 사무실 근무를 제대로 하는 것도 아니다. 우리 회사에서도 '자국민 의무 고용정책' 때문에 열 명이 넘는 사우디 직원을 고용했지만 제대로 업무를 맡길 만한 사람은 아무도 없었다. 무엇보다 제시간에 출근하는 직원이 단 한 명도 없었고 결근은 예삿일이었다. 나 역시 주변에서 어려울 것이라고 말리는데도 우기다시피 해서 사우디 직원에게 업무를 배정했다가 결국 몇 달 후에 포기한 경험이 있다. '현지화 정책'도 이와 크게 다르지 않다. 그렇지만 사우디가 석유 의존적인 산업 체계에서 벗어나기 위해서는 이 정책들이 반드시 성공적으로 자리 잡아 더 큰 도약을 위한 발판을 마련할 수 있어야 한다.

2017년 왕세자에 오른 MBS는 그해 10월 미래 투자 이니셔티브에서 네옴 건설 계획을 발표한 것을 필두로 어마어마한 규모의 사업 계획을 연이어 쏟아낸다. 신도시 네옴 건설에 5,000억 달러, 홍해 리조트 개발에 300억 달러, 선사 유적지 알울라 개발에 150억 달러, 리야드 인근의 종합 레저 타운인 키디야 개발에 640억 달러, 리야드 인근의 왕가 발원지 디리야 복원에 500억 달러. 이밖에 아시르 국립공원 개발, 제2국영항공사 설립, 리야드 공항을 세계 최대 규모로 확장하는 사업은 사업비조차 공개되지 않았다.

2023년 2월에는 리야드에 가로세로 높이가 모두 400미터인 '무캅'이라는 마천루를 세우겠다는 계획을 발표했다. 3월에는 기존의 사우디에어에 이어 두 번째 국영항공사인 리야드에어를 설립하고 370억 달러를 들여 보잉 드림라이너 787을 72대 발주했다. 같은 달에 세 번째 국영항공사인 네옴에어라인을 설립해 2024년에 영업을 시작하겠다는 계획을 발표했다. 지금까지 발표한 사업에 소요되는 비용은 1조 달러가 훌쩍 넘는다. 많은 사람이 예상하는 대로 네옴 사업비가 두 배 이상 증가할 경우 전체 사업비는 2조 달러에 육박할 것으로 보인다.

그런데 한 해 원유를 수출해서 올릴 수 있는 수입이 최대 2,500억 달러, 한 해 국가 예산도 그 정도인 나라에서 불과 10년 안에 2조 달러에 육박하는 사업비를 어떻게 조달하겠다는 것일까? 물론 아람 코도 있고 국부 펀드로 유명한 공공투자기금(PIF)도 있지만 이 큰 사업비를 감당할 정도에는 미치지 못한다. 결국 외부 투자에 의존할 수밖에 없다. 사실 사우디에서는 이미 오래전부터 발주되는 사업의 상당수가 민간투자에 의존하고 있다. 발전소 건설의 경우 민간기업이 사업비를 대고 준공 후 전력 판매 대금으로 사업비를 회수하는 구조다. 왕세자가 추진하는 거대 사업들도 이와 마찬가지로 민간투자로 추진될 것이다. 물론 사우디 정부에서 지급보증을 서겠지만 사업이 엎어지거나 추진이 지지부진해지면 그 부담은 투자 기업이 그대로 떠안아야 한다.

왕세자가 추진하는 사업은 외국인을 대상으로 하는 관광사업이나 외국인이 유입되어야 해결될 신도시 건설 사업이다. 모두가 이슬람의 금기를 포기하지 않고는 성공하기 어려운 사업이다. 2022년 1월 살만 국왕은 기존의 건국 기념일인 National Day에 더해 2월 22일을 Founding Day로 삼겠다는 칙령을 발표했다. 사우디 안팎의 많은 사람은 이를 "왕권이 이슬람보다 우위에 있다는 것을 확실히 못 박은 것"이라고 여긴다. 그 이전에도 종교 경찰을 무력화하고 여성 운전을 허용하면서 왕권과 이슬람의 균형추가 왕실쪽으로 기울어지기는 했다. 그러니 외국인을 배려해 이슬람의 금기인 술과 향락을 허용한다고 해서 무슨 문제가 되겠느냐고 여길 수있다. 하지만 한편으로는 종교계와 독실한 무슬림들이 마냥 밀리기만 할까 싶은 생각도 든다. 게다가 관광이라는 것이 팬데믹에 속수무책인 사업이니 이래저래 사업 추진에 걸림돌이 되는 게 하나둘이아니다.

결국 노다지라고 생각했던 사업들은 재원도 마련되어 있지 않고 성공 가능성도 불투명하며 걸림돌이 사방에 널려있는 어쩌면 도박에 가까운 사업일지도 모른다. 재원이 없으니 투자를 유치해야 하는데, 성공 가능성이 불투명하고 걸림돌도 많아 투자 유치가 더욱 어려운 상황이다. 그런 가운데 왕세자가 2022년 11월 방한해 글로벌 기업의 총수들을 만난 것이다. 그러니 그 자리는 사업을 맡기겠다고 선심 쓰는 자리가 아니라 투자를 부탁하는 자리일 수밖에 없고, 기업 소식통을 통해 그것이 사실로 확인되기도 했다.

———

살만이 왕위에 오른 것은 뜻밖의 일이었지만 왕위가 그의 동복형제들인 '수다이리 세븐'으로 이어지는 것은 이미 합의된 사실이었다. 그런데도 전임 압둘라 국왕의 측근들은 합의를 깨고 살만 왕세제를 내치려 했다. 압둘라 국왕이 사망하고 우여곡절 끝에 살만이 왕위에 오르자 모든 것이 제자리로 돌아가는 듯했다. 살만 국왕은 압둘라 국왕이 왕세제로 세웠던 무끄린 왕자를 폐위하고 동복형의 아들인 무함마드 빈 나예프(MBN)를 왕세자로 책봉한다. 초대 압둘아지즈 국왕 이후 그 아들들로 이어져 내려오던 왕위가 드디어 손자에게로 넘어가게 된 것이다. 주변에 있는 사우디 사람들은 모두 환영 일색이었다.

2017년 6월 MBN이 왕세자에서 물러나고 MBS가 왕세자에 올랐다는 보도가 나왔다. MBN이 MBS에게 충성 맹세하는 영상도 방영되었다. 하지만 MBN이 스스로 왕세자에서 물러났다고 믿는 사람은 아무도 없었다. 우리 회사의 사우디 파트너는 살만 일가와 가까운 관계였는데도 그 결정에 격렬하게 반발했다. 묻지 않았는데도 왜 그것이 부당한 일인지 핏대를 세워가며 열변을 토했다. MBS가 국왕의 자질을 갖추지 못했을 뿐 아니라 지금까지 균형을 이루어

오던 권력 분점을 무너뜨려서는 안 된다는 것이었다. 시중의 반응도 그와 크게 다르지 않았다. 그러고 몇 달 뒤인 11월에 MBS는 서열이 높은 왕자들을 포함한 재계 인사 350명을 부패 혐의로 리츠칼튼 호텔에 감금한다. 대낮에 리야드 시내에서 총격 소리도 들리고 예멘 국경 근처에서 폐위된 무끄린 왕자의 아들인 만수르 왕자가 탔던 헬기가 추락해 일행이 모두 사망했다는 보도도 나온다. 시중에서는 만수르 왕자가 살해된 것을 기정사실로 여겼다.

결국 살만 국왕은 왕실의 합의를 깨고 아들을 왕세자에 책봉한 것이고, 이로 인해 살만 국왕은 동복형제인 '수다이리 세븐'을 포함한 왕실 전체, 그리고 힘을 가진 보수층과 대립하기에 이른다. 당시만 해도 살만 국왕이 권력을 장악했다고 보기에는 어려운 상태였다. 재력으로나 무력으로나 만만치 않은 세력이 버티고 있었다는 말이다. (리츠칼튼 호텔 사태는 아마 그런 균형을 깨뜨리기 위한 방편이었을 것이다.) 살만 국왕이 확실한 우위를 갖지 못한 상태에서 왕실이나 보수층을 상대하기 위해서는 그럴 만한 명분이라도 있어야 했다. 그 상황에서 왕세자가 눈길을 돌린 곳이 바로 청년과 여성이었다.

2018년 통계청 자료에 따르면 외국인을 제외한 사우디 국민 중 35세 미만이 67퍼센트다. 여기에 35세 이상인 여성을 더하면 청년과 여성은 사우디 국민의 83퍼센트에 이른다. 결국 청년과 여성을 위한 정책을 펼칠 경우 국왕으로서는 국민 절대다수의 지지를 얻게 되며, 그 지지를 자신과 대립하고 있는 세력을 제압할 명분으로 삼을 수 있게 되는 것이다. 그렇다면 왕실과 보수층에 확실한 우위를 보이고 있지 못한 살만 국왕, 아니 권력 실세인 왕세자에게는 청년과 여성을 위한 정책이야말로 망설이지 않고 선택해야 하는 카드가된다. MBS가 왕세자에 오르고 나서 석 달 뒤 여성 운전을 허용하겠다는 정책을 발표하고 청년 실업을 해소하기 위해 자국민 의무 고용정책을 몰아붙인 것도 모두 이런 상황의 연장선에서 나온 것으로 시중에서 받아들이고 있다.

나는 MBS에게 주어진 시간이 그리 많지 않을 것이라고 생각했다. 당장은 청년이나 여성이 의무 고용정책이나 여성 운전 허용 발표에 호의적인 반응을 보이고 있지만, 그 이상 진전이 없으면 민심이 돌아설 수 있고 그때까지 길어야 이삼 년을 넘기지 못할 것이라고 짐작했기 때문이다. 물론 왕세자가 그런 정책을 세우거나 서둘러 거대 사업을 추진한 것이 그런 이유 때문만은 아닐 것이다. 하지만 그것이 적지 않은 부담이 된 것도 사실일 것이다. MBS가 왕세자에 오른 지 6년이 되어간다. 아직 갈 길이 멀기는 하지만 여성 인권이 왕세자에 오를 당시에 짐작했던 것을 훨씬 뛰어넘을 만큼 크게 개선되었다. 이에 반해 실업률은 오히려 높아졌다. 왕세자가 거대 사업을 연이어 발표하고 있지만 그것이 아직 청년의 삶을 개선하지 못하고 있다는 말이다.

게다가 2018년부터 적용되기 시작한 부가가치세 5퍼센트가 코로나 팬데믹 와중에 15퍼센트로 올랐고 관세도 올랐다. 그 결과 생활 물가가 큰 폭으로 올랐는데도 정부 보조금은 오히려 축소되었다. 그러나 왕세자에게 집중된 권력은 더욱 강해졌고 상대가 될 만한 세력들은 대부분 거세되었다. 지금으로서는 특별한 계기가 없는 한 MBS의 장기 집권으로 이어질 것으로 보인다.

———————

살만 국왕은 즉위하자마자 국왕 산하에 있던 수많은 위원회를 정치안보위원회와 경제개발위원회로 통폐합하고, 정치안보위원회는 MBN에게 경제개발위원회는 MBS에게 맡긴다. 묘한 것은 MBS가

정치안보위원회 위원이기도 했다는 것이다. 그러다가 MBN 축출 후 정치안보위원회마저 MBS의 몫이 된다. MBS가 왕세자에 오르고 나서 몇 달 지나지 않았을 때 곧 양위가 발표될 것이라는 소문이 돌았다. 주변 사람들 대부분도 양위를 기정사실로 받아들였다. 하지만 살만 일가와 가까웠던 사우디 파트너는 그런 내 질문을 "살만 국왕이 국왕의 자리를 얼마나 즐기고 있는 줄 아느냐"며 일축해버렸다. 그렇기는 했어도 당시 신문에 보도된 내용으로는 국왕은 이미 '의전의 대상'이 되어버린 것으로 보였다.

이듬해인 2018년 10월 카슈끄지 살해가 국제적인 문제로 떠오르자 많은 사람이 살만 국왕이 이를 어떻게 처리할지 촉각을 곤두세웠다. 사건이 일어나고 MBS는 언론에서 모습을 감췄다. 그가 서너 달 보이지 않자 왕세자를 교체할 것이라는 관측이 나오기 시작했고, 영자 신문인 《아랍 뉴스》에 그의 이복형인 메디나 주지사 파이살 왕자가 자주 모습을 비췄다. 하지만 얼마 지나지 않아 MBS는 보란 듯이 예전의 모습으로 돌아온다. 그리고 2022년 9월에 그간 국왕이 겸임해 오던 총리 자리에 오른다. 그 발표가 날 당시에는 나는 그게 무슨 뜻인지 잘 몰랐다.

어차피 실권은 그의 손에 들어가 있으니 국왕에 오르지 않는 한 달라질 게 없다고 생각했기 때문이다. 나중에 카슈끄지 사건에 대한 면책을 위한 조치였다는 해석을 듣고 나서 의문이 풀렸다. 당시 그가 가진 공식적인 직함은 부총리였는데, 자신이 실세인 것과 관계없이 국가수반인 총리에 오르지 않고서는 자신을 보호할 수 없다고 생각했던 모양이다. 아무튼 살만 국왕은 고령인 데다가 즉위 당시부터 치매를 앓고 있다는 소문이 끊임없이 이어지고 있어 실질적인 권력은 MBS에게로 넘어간 지 이미 오래인 것으로 보인다. 최근 보도에 따르면 국왕은 그저 이름으로만 존재할 뿐 모든 결정은

MBS가 내린다는 것 또한 분명해 보인다.

사우디는 명실공히 전제 왕정 국가다. 모든 법령은 왕명이라는 이름으로 반포되고, 의회와 유사한 기능을 하는 슈라위원회가 있지만 그것은 그저 국왕 자문 기구에 지나지 않는다. 국왕의 권력을 통제할 아무런 장치가 없다는 말이다. 앞서 언급한 바와 같이 사우디의 권력은 이미 MBS의 손아귀에 들어가 있다. 그는 일 중독자라고 할 만큼 국정 운영에 심혈을 기울이고 있는 것으로 알려졌다. 얼마 전 그가 방한했을 때 누군가 그의 애국심만큼은 인정해야 한다는 글을 올리기도 했다. 문득 그런 논리라면 김정은도 애국자가 아닐까 싶었다.

문제는 무소불위의 권력을 손에 넣은 그가 자신의 결정에 이의를 제기하는 것을 용납하지 않는다는 것이다. 전제 왕정 국가이니 국왕의 권력을 통제할 장치가 없고 그저 국왕의 선정을 기대할 수밖에 없는데, 국왕의 권력을 행사하는 이가 이의를 용납하지 않는다는 것은 참으로 위험한 상황이 아닐 수 없다.

그가 권력의 실세가 되고 난 후 발표한 정책이나 계획 중에 이해하기 어렵고 즉흥적인 것으로 여겨지는 것이 한둘이 아니다. 더욱이 그 계획 하나하나가 국운을 걸어야 할 만큼 어마어마한 재원이 소요되는 일이니 지켜보는 사람으로서도 아슬아슬하기 짝이 없다. 신도시 네옴만 해도 그렇다. 사업 예산이 5,000억 달러라고 발표되었지만 많은 전문가는 1조 달러로도 모자랄 것이라고 평가한다. 네옴 사업의 랜드마크라고 할 수 있는 '더 라인(The Line)'은 높이 500미터, 폭 200미터, 길이 170킬로미터에 이르는 상상 이상의 건물인데, 전문가라는 사람치고 이 계획이 가능할 것이라고 여기는 사람은 아직 보지 못했다. 계획에 참여한 전문가가 이의를 제기하다 해고된 사례가 많고, 그러다 보니 왕세자 주변에는 '예스맨'들만

옮긴이 해제

남았다는 풍문이 사실로 여겨지고 있다.

사우디에서는 2018년부터 5퍼센트 부가가치세가 적용되기 시작했고, 이를 위해 2015년 하반기부터 계도와 교육이 이루어졌다. 코로나가 한창 기승을 부리던 2020년 6월 초에 갑자기 부가가치세를 15퍼센트로 올린다는 발표가 나왔다. 두 해 넘게 준비해 적용한 부가가치세 체계를 불과 보름을 남겨놓고 세 배로 올린다고 발표한 것이다. 그 자체가 충격이기는 했지만 그런 충격이 그다지 새로운 것은 아니었다. 그만큼 사우디는 예측 불가능한 곳이었다. 그런데도 신문에서는 연일 사우디가 '기업 친화적(business friendly)'인 국가 순위의 상위에 올랐다는 보도가 나왔다.

2021년 2월, 사우디 정부는 중동 사업 본부를 사우디로 옮기지 않는 기업에는 입찰 기회를 허용하지 않겠다고 발표했다. 이후에 몇몇 기업이 중동 사업 본부를 리야드로 옮겼다는 기사가 나기는 했지만 실적이 영 지지부진했다. 한국 기업 중에도 이전을 고려하는 경우가 없어 이유를 물어보니 정책이 언제 어떻게 바뀔지 몰라서 망설이고 있다고 했다. 어느 기업은 전혀 고려하지 않는다고도 했다. 결국 불확실성이 발목을 잡은 것이다. 그 이후에 몇몇 글로벌 기업들이 사우디로 중동 지역 본부를 옮겼다는 보도가 나오고, 한국 기업 중에도 옮길 것을 고려한다는 기사도 보이기는 했다. 그저 마지못해 내린 결정이 아니었을까 싶다.

———⊥——

지금까지 설명한 것처럼 사우디는 돈을 쌓아놓고 사는 나라가 아니다. 게다가 정책 결정 과정이 불투명할 뿐 아니라 언제 그 정책이 뒤집힐지 모르는 예측 불가능한 시장이다. 하지만 뭔가 역동적으로 움직이는 나라인 것은 분명하다. 실현 가능성이 있건 없건 하겠다고 벌여놓은 일이 천문학적인 규모에 이르고, 그중 일부는 이미 발주되기 시작했다. 이런 상황에서 그 시장을 외면할 수는 없는 일이다.

사우디 건설 분야에서 일해 본 사람들이 가지고 있는 경험은 크게 두 부류로 나눌 수 있다. 그런데 두 부류의 경험이 너무 달라서 이야기를 나누다 보면 같은 나라에서 일한 게 맞나 싶은 생각이 들 정도이다. 바로 '아람코'를 중심으로 하는 석유산업과 그 밖의 산업이다.

'아람코'라고 불리는 '사우디아라비아 석유 회사'는 2019년 기업공개를 통해 지분 5퍼센트를 상장한 것을 제외한 나머지 95퍼센트를 정부가 소유하는 국영기업이다. 사우디에서 생산되는 석유와 가스는 모두 정부 소유로, 아람코에서 석유와 가스의 생산과 정유 사업(up-stream)을 담당하고 있다. 아람코에서 지분 70퍼센트를 보유하고 있는 '사빅(SABIC, Saudi Arabia's Basic Industries Corporation)'에서는 아람코에서 생산한 원유를 원료로 사용하는 석유화학공장(down-stream)을 운영하고 있다. 사우디의 근간을 이루는 석유산업은 이 두 기업을 중심으로 돌아간다.

사우디 석유산업은 공급자 중심의 시장이다. 그러다 보니 시설을 계획하는 단계에서부터 제품 공급 계획을 세워놓는다. 공장이 돌아가기 전에 이미 물건이 다 팔린다는 말이다. 따라서 공장이 제날짜에 가동되지 않으면 큰 문제가 발생하고, 이는 대규모 손실로 이어진다. 그렇기 때문에 건설 공정관리가 매우 치밀하고 엄격하다. 아람코의 규정은 세계적으로도 까다롭기로 유명하다. 사우디에서는 아람코나 사빅의 등록 업체라는 것 자체가 업체의 기술력을 보증하는 간판이 될 정도이다. 그 대신 제대로 일만 마치면 공사비 지급 걱정은 할 필요가 없다. 국내 유수한 건설 업체가 아람코에서 발주한 석유 연구소 건설공사를 수행하는 과정에서 이 규정에 익숙하지 못해 공사 기간이 지연되었고, 결국 거액의 지체 보상금을 물어낸 일도 있다.

하지만 석유산업 이외의 분야로 눈을 돌리면 이야기가 완전히 달라진다. 일하다 보면 이 사람들에게 '공사 기간 준수'라는 개념이 있나 싶은 정도다. 나 역시 사우디 환경부에서 발주한 해안 복원 사업을 수행하다가 공사 기간을 연장해야 할 사유가 발생했는데, 발주처에서 이에 대한 지침을 제대로 내려주지 않아 무척 고생했던 일이 있다. 그렇게 하고 나서도 공사 기간 연장을 제대로 하지 않았다는 이유로 공사비에서 지체 보상금을 삭감했다. 나머지 공사비도 사실이 아닌 이유를 들어 지급하지 않고 있어 사우디에서 근무한 마지막 몇 년은 소송에 매달리느라 큰 고통을 겪었다.

올해 운행을 눈앞에 둔 리야드 지하철은 6개 노선 176킬로미터를 한꺼번에 건설했다. 2013년 10월, 리야드개발청이 3개 컨소시엄과 건설 계약을 맺을 당시 공사 기간은 60개월이었다. 워낙 무리한 계획이어서 모두 빨라야 1년, 아니면 2년 정도는 늦어질 것으로 예상했다. 올해 10월이 되면 이 공사를 시작하고 꼭 10년을 채운다. 애초 계획했던 5년의 두 배가 된 것이다. 이런 사례는 내가 아는 것만 해도 열 손가락으로 다 꼽기가 어렵다. 그래도 리야드 지하철은 공사비 지급 때문에 어려움을 겪지 않았다. MBS가 직접 챙기는 사업이었기 때문일 것이다.

MBS가 역점을 두고 추진하는 네옴 신도시 사업은 계획을 발표하기도 전인 2017년 7월 독일 지멘스 그룹의 수장이었던 클라우스

클라인펠트를 CEO로 내세운다. 그리고 일 년 후 아람코 출신의 나드미 알 나스르로 CEO를 교체해 지금에 이른다. 전임 압둘라 국왕은 재위 당시 킹압둘라과학기술대학(KAUST) 건립에 심혈을 기울였는데, 이를 위해 2008년 아람코에서 일하던 나드미를 책임자로 직접 발탁할 정도로 그의 사업 추진 능력이 뛰어났다. 그런 그가 대학 건립을 마치고 부총장으로 계속 일하고 있다가 MBS에게 발탁된 것이다. 국왕이 직접 발탁할 정도로 뛰어난 능력을 갖추었는데도 그가 부총장으로 대학에 남아 있던 것은 그가 전임 국왕의 사람이고 게다가 동부 시아파 출신이라는 점이 영향을 미쳤을 것이다. 그런데도 MBS가 그에게 자신의 브랜드인 네옴 신도시를 맡겼다는 것은 MBS가 네옴의 성공을 위해 얼마나 심혈을 기울이고 있는지를 역설적으로 보여주는 것이다.

네옴 CEO 교체를 전후해 네옴 참여 기술자 중에서 MBS의 계획에 이의를 제기하다 퇴출당한 사례가 적지 않다는 이야기가 흘러나왔다. 시중에서는 그것이 CEO 교체와 무관하지 않을 것이라고 보는 이들이 많았다. 어쨌든 나드미가 지휘봉을 잡은 이상 네옴 사업을 아람코 방식으로 추진할 것이라고 예상하는 것이 자연스럽다. 하지만 MBS가 추진하고 있는 사업은 아람코에서 추진하는 사업과는 비교할 수 없을 정도로 방대하다. 게다가 아람코 인력을 모두 투입할 수도 없는 일이니 아람코 방식으로 사업을 추진하는 범위가 극히 제한적일 수밖에 없다. 더구나 나드미는 사우디 국민이니 전임 CEO와는 처지가 달라 MBS에게 이의를 제기하기도 쉽지 않을 것이다. 결국 네옴을 비롯해 MBS가 추진하는 거대 사업은 아람코 방식이 아닌 일반 건설공사 방식으로 추진될 가능성이 높고, 따라서 사업 추진 과정에서 잦은 설계 변경과 의사결정 지연으로 인한 수많은 문제에 직면하게 될 것이다.

사우디에서는 이미 오래전부터 정부나 공기업에서 발주하는 사업 중 상당 부분을 민간투자 방식으로 진행하고 있으며, 사우디 정부의 재정 상태를 감안할 때 MBS가 추진하는 사업 대부분 역시 같은 방식으로 진행할 것으로 보인다. 지난해 MBS가 방문한 것도 이 사업에 투자 요청을 하기 위해서였던 것으로 알려졌다. 그렇다고 모든 사업이 민간투자로 이루어지는 것은 아니다. 사업비 중 일부를 정부 재정으로 충당할 뿐 아니라 본격적으로 투자가 이루어지기 전까지도 정부 재정으로 이끌어 나가야 할 것인데, 그 부분은 이전과 같이 재정 사업으로 발주될 것이다. 실제로 2022년 6월에 삼성물산과 현대건설이 왕세자가 추진하는 네옴 신도시에서 28킬로미터에 이르는 터널 공사를 수주했는데, 이 역시 재정 사업이며 공사비는 대략 2조 원 대인 것으로 알려졌다.

하지만 재정 사업을 수주하는 것도 만만한 일이 아니다. 공사 입찰은 기술력과 가격의 싸움이다. 기술력이야 우리 기업에 문제가 되지 않겠지만 가격으로 무섭게 치고 올라오는 중국 때문에 고전하는 것이 사실이다. 민간투자 방식의 사업이 우리나라에만 부담스러운 것이 아니라 모든 기업에 마찬가지라면, 재정 사업에 대한 경쟁도 그만큼 치열해질 수밖에 없다. 중국이 민간투자를 빌미로 재정 사업의 발주 요건을 자국 기업에 유리하도록 사우디 정부에 요구할 가능성도 높다. 기울어진 운동장에서 경기를 벌여야 할 상황도 배제할 수 없다는 말이다.

써놓고 나니 뭐 하나 만만한 것이 없다. 국내 건설 시장은 이미 포화되어 생존을 위해서는 해외로 진출할 수밖에 없다. 하지만 그렇다고 어디 하나 만만한 시장이 있을까. 기업으로서는 사면초가인 상황이다. 그렇기는 해도 나는 우리 기업이 그런 난관을 모두 극복해 낼 것이라는 점을 의심하지 않는다. 한국 기업이 사우디 시장에 진출한 역사가 그랬기 때문이다. 지금은 당시 사우디 시장에 진출한 것을 신화처럼 여기지만, 그 신화는 무모해 보이는 도전을 포기하지 않은 기업인들의 땀과 피로 이루어진 실체다. 사업에 착수해서도 잦은 설계 변경과 의사결정 지연은 예나 지금이나 다를 바 없지만, 과거에도 잘 극복했으니 앞으로도 잘 대응해 나갈 것이다. 그때나 지금이나 사우디 시장을 차지하는 일이 무모해 보이는 것은 다르지 않다. 다만, 무모한 용기만으로 시장을 차지하는 일이 더는 가능하지 않다는 점이 다를 뿐.

———

앞서 언급한 사우디 시장이 가지고 있는 수많은 위험 요소 중 불확실성이 가장 큰 문제일 것이다. 그리고 그 원천은 MBS의 의사결정 과정에서 비롯되었다고 생각한다. 물론 지금 그가 국운을 걸고 추진하는 사업의 성공 가능성이나 재원 확보 방안도 의문을 지우기 어렵다. 하지만 MBS의 결정에 이의를 다는 것이 불가능한 구조라는 것은 그와는 비교할 수 없는 치명적인 문제가 될 것이다. 그런 상황을 제대로 이해하기 위해서는 그가 등장하고 나서 권력의 중심에 서게 되기까지 과정을 알아야 한다.

그곳에서 십수 년 일했고, MBS의 등장을 지켜봤고, 누구보다 그 내막을 궁금해하던 나도 지금껏 MBS에 대해 제대로 정리된 글을 보지 못했다. 이번에 좋은 기회를 얻어 MBS의 실체를 파헤친 책을 번역하게 되었다. 2009년 초에 부임했으니 그가 권력의 중심으로 등장하기 이전의 사우디부터 지켜본 셈이고, 2021년 말 그곳을 떠났으니 그가 권력을 행사한 과정을 어지간히 지켜봤다고 할 수 있다. 그렇기는 해도 사우디는 언론이 통제된 곳이어서 겉으로 드러난 기사만으로 상황을 짐작해야 했다. 그러다 이 책을 번역하면서 비로소 상황을 이해하게 되었다. 개인적으로는 그동안 가졌던 많은 궁금증을 풀 기회를 얻은 셈이다.

한국에 돌아오고 나서 사우디에 대해 이야기할 기회가 적지 않았지만 의아할 정도로 나와 같은 생각을 찾아보기 어려웠다. 그래서 내 생각이 잘못된 것은 아닐까 싶기도 했다. 이 책을 번역하면서 무엇보다 저자의 시각이 나와 같다는 점이 반가웠고, 한편으로는 안심도 되었다.

사우디가 위험 요소가 많기는 하지만 앞서 여러 차례 언급한 것처럼 어쩔 수 없이 겨냥해야 하는 시장인 것도 사실이다. 알고 나면 매를 피할 수 있고, 어쩔 수 없이 맞는다 해도 피해를 최소화할 수 있지 않을까. 옮긴이로서 이 책이 그저 흥미를 돋우는 책을 넘어서 그런 역할도 감당할 수 있기를 바란다.